"十四五"普通高等教育工商管理专业创新规划教材

管理学

Management

李名梁 ◎ 编著

中国财富出版社有限公司

图书在版编目（CIP）数据

管理学／李名梁编著．—北京：中国财富出版社有限公司，2020.6

（“十四五”普通高等教育工商管理专业创新规划教材）

ISBN 978－7－5047－7171－1

Ⅰ.①管… Ⅱ.①李… Ⅲ.①管理学—高等学校—教材 Ⅳ.①C93

中国版本图书馆 CIP 数据核字（2020）第 098215 号

策划编辑 李彩琴 **责任编辑** 张红燕 王才识 孟 婷 杨白雪

责任印制 尚立业 **责任校对** 孙丽丽 **责任发行** 杨 江

出版发行	中国财富出版社有限公司		
社 址	北京市丰台区南四环西路 188 号 5 区 20 楼	**邮政编码**	100070
电 话	010－52227588 转 2098（发行部）		010－52227588 转 321（总编室）
	010－52227588 转 100（读者服务部）		010－52227588 转 305（质检部）
网 址	http://www.cfpress.com.cn	**排 版**	宝蕾元
经 销	新华书店	**印 刷**	宝蕾元仁浩（天津）印刷有限公司
书 号	ISBN 978－7－5047－7171－1/C·0233		
开 本	787mm×1092mm 1/16	**版 次**	2021 年 4 月第 1 版
印 张	22.5	**印 次**	2021 年 4 月第 1 次印刷
字 数	453 千字	**定 价**	62.00 元

前　言

一、在不确定性的世界中学习管理

当今的管理者和组织正经历着大量影响深远的社会、经济和技术变化，甚至包括一些突如其来的重大公共危机。曾经，美国大型金融机构一个接着一个倒闭，汽车制造商宣告破产，房地产市场崩溃，欧洲经济面临金融危机的挑战。2020 年，一场史无前例的新冠肺炎疫情席卷全球，对全人类的生产、生活、工作和学习方式造成重大影响。企业生产受制停摆，经济发展停滞不前，社区生活封闭管制，社交距离“遥不可及”，国家和社会治理面临巨大考验。

我相信，面对这一切，任何一个相信“确定”这一谬谈的管理者，其自满和自傲情绪都会在痛苦的自我反省中逐渐打消。显然，取而代之的一定是对环境“不确定性”的认同与共识。问题是，怎么去认识和理解这种“不确定性”？这里面是否有一个“确定”的认知模型，或者有一套“确定性”的解决问题的思路与方案？这是对管理学者提出的时代课题乃至永恒的命题，也在检验着每一个管理者的心智水平和解决问题的能力。如何拨开管理过程中的“不确定性”迷雾，找到通往组织高效运转和效益产出的路径，这也许是众多商学院以及管理者、企业要努力应对的挑战。正如管理大师彼得·德鲁克所说，管理是一种实践。其本质不在于知，而在于行；其验证不在于逻辑，而在于成果；其唯一的权威就是成就。

我们很难始终满怀热情地去追踪快速变化的事件，并能够充满智慧地去评估这个多变的历史时期会给未来的组织带来怎样的冲击。但我们能做到的是可以通过快速和持续的学习去追寻一个满意的答案。所以，对于管理学的学习显得如此重要。

许多学生毕业后有可能成为管理者，他们面临的将是一个经历了剧变的世界。公共危机、经济下行、失业威胁、伦理混乱、电子商务、技术迭代、全球化与逆全球化、社交媒体、全球供应链，以及其他种种挑战，都要求这些年轻管理者超越管理课程教给他们的那些传统技巧和思想。当今的管理需要的技巧和能力是非常广泛的。在传统的管理世界中，管理者的工作在于管控员工、强化规则、追求效率、设计一个自上而下的层级链、实现组织的利润目标。然而，要激发创新活力、达到高绩效，管理者需要与之不同的技能，尤其是当今社会的不确定性给员工带来了巨大的困扰。因此，管理者必须找到行之有效的方式，在激发员工工作热情和创造激情的同时，推动组织目标的达成，最终实现员工与组织的和谐共生。

我期望这版《管理学》能有效推动上述愿望的实现。所以，我希望这是一本内容体系新颖、全面，既能反映管理学的基本理论及最新发展，又注重实践性与趣味性；既便于教学，又方便自学的、实用性强的管理学教材。本教材力求趣味性与思辨性相结合，基础理论与应用技能相结合，从问题出发，帮助学生树立发现问题、分析问题的研究型学习态度。每章先提出“学习目标”，然后以“管理小故事”开篇，正文中适度穿插了“现实困境”“企业实践”“名人解读”等模块。章末再以“复习与思考题”辅助学生复习与讨论。

二、章节安排

第一篇是导论，包括三章内容。介绍了管理与管理者、管理的基本原理、管理理论的形成与发展，也提出了新时代管理者面临的一些挑战。

第二篇考察管理的环境，包括三章内容。介绍了企业的内外部环境，全球化环境，以及管理者的道德和企业的伦理与社会责任等内容。

第三篇阐述决策与计划，包括三章内容。描述了计划职能，包括决策、计划与目标管理、战略制定与实施过程。

第四篇关注组织职能，包括两章内容。阐述了组织的类型、组织结构设计的各个维度、组织变革；同时，重点介绍了人力资源管理的基本模块，包括人力资源计划、招聘和甄选、培训与发展、薪酬与福利、绩效评估和职业生涯发展。

第五篇致力于领导职能，包括三章内容。介绍了领导者、追随者、领导情境以及有关领导理论，并提出了21世纪的一些领导问题。后面专门讨论了激励和沟通的基本理论与技巧。

第六篇描述了管理的控制职能，包括两章内容。重点阐述了控制和控制过程，以及若干种控制方法，包括预算控制、生产控制、财务控制、成本控制和危机管理与控制。

第七篇探讨了管理的创新问题，包括一章内容。描述了创新的概念、类型，管理创新的内容以及创新的通用战略。

三、创新特色

本书的一个主要目标在于更好地利用教材这一媒介向读者传递管理知识。因此，为了吸引广大学生，帮助他们思考、消化和理解管理概念，本书做了一些创新性工作。比如，教材里面收集了一些经典的管理小故事、现实中存在的管理困境、企业实践案例、管理学者以及企业家的生活经历或者经典思想，旨在开启大家对管理知识的热望以及对解决组织管理问题能力的提升。

- 学习目标。每章开头是学习目标，也是本章内容概要，为学生提供了本章的总览，同时也可检验学生们对重要知识点的记忆、理解和掌握程度。
- 管理小故事。篇首都是来自国内外知名公司的管理实践，多半都是企业管理的经验或者特色，通过企业实践的感性认知将学生带入各章的理论学习世界。每个管理小故事的背后都蕴含着与本章有关的管理理论。
- 企业实践。在很多章节的关键点处，特意用方框格式开辟出了一个“企业实践”的专栏，分别描述了有关企业组织的管理场景，从管理问题解决出发去启发学生的管理思维和视野。
- 现实困境。为触发学生对问题的思考，在有些章节专门开辟“现实困境”专栏，旨在通过问题聚焦，引导大家对管理现实的思考与讨论。
- 名人解读。知名管理学者与优秀企业家具有远见卓识，是大家学习管理学的重要媒介，他们本身也是值得大家学习和研究的重要对象。如华为的任正非、通用的杰克·韦尔奇、阿里巴巴的马云、索尼的盛田昭夫等。
- 复习与思考题。每章都总结了有关的复习与思考题，有些是知识性的，有些是开放性的，主要供大家检验对知识点的记忆、理解和解决问题能力的提升。

四、致谢与说明

教材的编写过程中，国际商学院研究生归虞虔、王敏波、邢苑、郭涛、陈美红、梅灿和赵宁宁等同学在相关章节资料的收集、整理、编写和校对等方面做了大量艰辛且富有成效的工作。他们是一群新时代的有为青年，相信将来一定会在各自岗位上成为优秀乃至卓越的工作者和管理者。我相信，今天的学习与付出一定不会辜负明天的美好。

同时，此次编写参阅了国内外大量相关的教材、研究论文、专著、编著、新闻报道和人物专访等文献资料，汲取和借鉴了这些文献资料中的思想精华和研究成果。在此，对国内外同行们的贡献表示崇高的敬意和衷心的感谢！我还要衷心地感谢中国财富出版社的李彩琴编辑和她的同事们在教材的编写和审校过程中的悉心工作和辛勤付出。此外，我还要感谢天津外国语大学人事处、财务处以及国际商学院等相关部门领导的大力支持。这本书的最终出版获得了天津外国语大学首届“未来之星”、第二届“青蓝之星”优秀青年教师计划资助。

本教材既可以作为高等院校非经济管理类专业大学生的通用型教材，也可以作为经济管理类专业师生的教材及学习参考书，还可以作为企事业单位进行经济管理人才培训的实用教材。

当前，管理理论和实践的发展速度越来越快，各种组织面临的管理问题也越来越庞杂，显然，对于管理学的研究在不断加深，研究的广度也在随之拓展。管理学的跨学科特征非常明显，因此，尽管在教材的编写过程中参阅了大量管理学的教材及相关文献资料，但是由于编者水平有限和时间限制，书中一定存在诸多不足，敬请读者提出宝贵意见。

李名梁

2020 年 5 月于宏城御溪园“空中书房”

目录

第一篇　导论

管理是一种实践。其本质不在于知，而在于行；其验证不在于逻辑，而在于成果；其唯一的权威就是成就。

——彼得·德鲁克

第一章　管理与管理者

【学习目标】

通过本章的学习，你应该能够掌握以下几点。

- 解释为什么管理对组织如此重要。
- 描述管理者的具体职能。
- 定义管理者在组织中扮演的十种角色。
- 描述概念技能、人际技能和技术技能及它们与管理者的关系。
- 了解管理者在新时代面临的个人挑战。

【管理小故事】

谷歌：培养更好的老板

谷歌从来不半途而废。因此当它决定“培养更好的老板”时，它做了最擅长的事情——查看数据。使用来自绩效评估、调查反馈和提名最佳管理者的个人证明材料的数据，谷歌试图发现什么是好的管理者以及他们都做些什么。这项被称为“氧气项目”（Project Oxygen）的项目调查了100个变量，最终确定了谷歌最有效率的管理者的八种特征或习惯，包括以下内容：

①对未来有明确的蓝图。

②帮助员工实现长期工作目标。

③关心员工的幸福。

④确保有必要的技术能力扶持员工。

⑤展现有效的沟通技巧，尤其是聆听。

⑥在需要的时候提供指导。

⑦专注于高效和最终成果。

⑧避免管理过度，让团队有责任感。

随后，谷歌人力资源部门又将这八条按重要性排序，“氧气项目”变得有趣起来。依照这份清单，谷歌开始培训管理者。“氧气项目”给谷歌的管理者带来了新生活。

近些年，谷歌公司得到了快速发展，特别是在操作系统、自动驾驶及人工智能领域引领全球趋势，谷歌快速发展其实得益于谷歌管理理念的转变及正念领导力发展项目。

在早期的谷歌管理模式中，奉行工程师文化：管理者被鼓励不要打扰员工，让工程师去做自己的事情，如果他们有困难，会向厉害的技术专家或老板请教，其实这种管理文化在中国也是存在的。

资料来源：埃里克·施密特，乔纳森·罗森伯格，艾伦·伊格尔．重新定义公司：谷歌是如何运营的［M］．靳婷婷，译．北京：中信出版社，2015.

第一节　管理为什么如此重要

管理实践的历史悠久，世界上所有的文明古国如巴比伦、罗马等都早在几千年前就对自己的国家进行了有效的管理，并且建立了庞大严密的组织，完成了许多今天看来仍是十分巨大的建筑工程。但在过去几千年中管理始终只是一种零散的经验和某种闪光的思想。只是到了工业革命以后，随着现代工业技术的广泛应用和工商企业的大量发展，管理才得到了系统研究和普遍重视。但全球性的管理发展热潮是在第二次世界大战后形成的。战争中受到严重破坏的各国在寻找恢复本国经济的途径的过程中，发现了美国制造业在战争期间的惊人绩效，认为学习美国企业的管理方法可能成为复苏本国经济的良方，所以纷纷开始学习美国企业管理的理论和方法。在之后十多年时间内这股管理热潮席卷了整个欧洲和日本，并取得了举世瞩目的成效。

在中国，企业管理热潮的到来既是政府和国家领导人大力推动的结果，更是企业改革和经济发展实践的需要。随着企业改革的深化，人们愈来愈认识到加强管理的必要性和迫切性。下列关于管理必要性的观点，已经成为全国上下的共识。

（1）作为发展中国家，资源短缺将是一种长期的经济现象，特别是资金、能源、原材料往往成为企业和社会经济发展的桎梏。如何将有限的资源进行合理的配置和利用，使其最大可能地形成有效的社会生产力，则是管理应当解决的问题。如果管理不善，不仅资源得不到合理使用，社会经济不能迅速发展，甚至可能导致行贿受贿、贪污腐败等一系列影响社会经济发展的现象产生。

（2）作为发展中国家，科学技术落后是阻碍生产发展的重要因素之一。但是，无论是本国发明的科学技术或是引进的科学技术，并不一定都能自动转化为有效的生产力。许多科技发明被闲置，不少引进的项目技术水平一般，许多引进的先进设备也得不到充分利用……各种各样不成功的事例随处可见。关键在哪里？关键仍在管理。宏观管理失控、微观管理又缺乏约束机制。实践一再证明，只有通过有效的管理，才能使科学技术真正转化为生产力。

（3）高度专业化的社会分工是现代国家和现代企业建立的基础。如何把不同行业、不同专业、不同分工的各种人员合理地组织起来，协调他们相互间的关系，协调他们与政府的关系，协调他们与各种资源的关系，从而调动各种积极因素，都要靠有效的管理。如果管理不善，不仅不能调动或者只调动一部分人的积极性，甚至很可能引起社会或企业内部的矛盾和冲突，导致效率低下，从而阻碍社会或企业的发展。

（4）实现社会发展和企业或任何社会组织发展的预期目标，要靠全体成员长期的共同努力。如何把每个成员千差万别的局部目标引向组织的目标，把无数分力组成一个方向一致的合力也要靠管理。如果管理不善，组织就会像一盘散沙，内耗不止，毫无活力。不仅预期目标不可能实现，而且与竞争对手的差距越来越大，最后可能没有立足之地。

（5）近几年来，以计算机技术为基础，信息网络、互联网等在我国各行各业中得到了空前迅速地应用和普及。一方面大大推进了我国管理现代化的进程，另一方面也使人们亲身感受到现代管理的巨大能量。管理通过迅猛发展的信息技术和知识经济，正在改变着人类经济活动、社会活动及日常生活的方式、方法和内涵。工作质量、服务质量和生活质量的提高，都依赖于管理水平的提高。没有管理工作质的飞跃，就不可能得到现代科技和物质文明所给予的一切，就可能成为21世纪的野蛮人，贫穷、落后将成为不可避免的事实。

第二节　管理是什么

一、管理的定义

关于管理的定义，国内外学者从不同的角度均有重要描述。从定义描述的过程即可看出他们研究的出发点和侧重点。定义没能统一说明管理行为在不断进化，管理思想在不断升华，管理理论在不断丰富。

被称为“科学管理之父”的科学管理理论的创始人美国工程师弗雷德里克·泰勒认为，“管理是一门怎样建立目标，然后用最好的方法经过他人的努力来达到的艺术。”

泰勒肯定了管理是为建立组织目标并用最佳方式实现组织目标的工具。

管理过程学派鼻祖亨利·法约尔强调，管理是经营活动中的一种，包括计划、组织、指挥、协调和控制五个要素。这是从管理的职能出发，说明什么是管理，同时也说明管理是一个过程。

德国著名社会学家和政治学家马克斯·韦伯认为，管理就是协调活动。

诺贝尔经济学奖获得者美国的希尔伯特·西蒙提出，管理就是决策，决策贯穿于管理活动的全过程，任何一项管理活动都需要经过一系列决策才能完成。西蒙阐明了决策在管理过程中的核心作用。

美国现代管理学教授哈罗德·孔茨则认为，管理就是设计并保持一种良好的环境，使人在群体里高效率地完成既定目标的过程。这一定义可以展开为：作为管理人员，需要完成计划、组织、人事、领导、控制等管理职能；管理适用于任何一个组织；管理适用于各级组织的管理人员；所有管理人员都有一个共同的目标：创造盈余。管理关系到生产和效率。在这个描述性定义中，不仅强调了管理的服务职能，而且指出了管理的过程、管理的性质和管理的目标。

美国管理学家彼得·德鲁克认为，管理是一种以绩效和责任为基础的专业技能。

美国管理协会对管理的定义：管理是通过他人的努力来达到目标。这一观点揭示了对人的管理在管理过程中的重要地位，但是，仅通过发挥人的主观能动性还不能实现组织目标，还需要物质资源、精神资源及信息资源等多种形式的资源共同发挥作用。因此，仅强调对人的管理还不能全面概括管理的内涵。

综合前人的研究，我们认为管理的概念可以这样表述：管理是指组织中的如下活动或过程：通过信息获取、决策、计划、组织、领导、控制和创新等职能的发挥来分配、协调包括人力资源在内的一切可以调用的资源，以实现个人无法实现的目标。

从上述管理的定义中，可以总结出管理包含以下含义。

（1）管理是为实现组织目标服务的，是一个有意识、有目的地进行的活动。管理是任何组织都不可或缺的，但绝不是独立存在的。管理不具有自己的目标，而是一项有目标的活动，不能为管理而进行管理，只能使管理服务于组织目标的实现。管理的目的就是实现组织的目标。

（2）管理的载体就是组织，任何管理工作都是在某一特定的组织中进行的，是为特定组织服务的。所以管理是有范围的，管理总是存在于一定的组织之中。

（3）管理的本质是协调，协调的中心是人。

（4）管理的核心是人，管理活动应该在对人的思想、感情和需要充分了解的基础上，充分发挥人的主动性、创造性和积极性。

（5）管理工作的过程是由一系列相互关联、连续进行的活动所构成的。这些活动包括计划、组织、领导、控制等，它们成为管理的基本职能。

(6) 管理实现目标的手段是合理配置和使用组织中的各种资源。也就是说，管理负责把资源转化为成果，将投入转化为产出。所以管理的成效集中体现在是否能使组织投入最少的资源，取得最大的、符合需要的成果产出。管理的任务就是获取和利用各种资源来确保组织效率和效果双重目标的实现。

二、管理的性质

管理的性质是指管理的二重性、管理的科学性与艺术性以及管理的普遍性。

（一）管理的二重性

管理的二重性是马克思最早提出的关于管理问题的基本观点，体现了生产力和生产关系的辩证统一关系，它反映出管理的必要性和目的性。马克思在《资本论》中指出："凡是直接生产过程具有社会结合过程的形态，而不是表现为独立生产者的孤立劳动的地方，都必然会产生监督劳动和指挥劳动，不过它具有二重性。"这就是说管理一方面是由于有许多人进行协作劳动而产生的，是由生产社会化引起的，是有效地组织共同劳动所必需的，因此它具有生产力、社会化大生产相联系的自然属性。它不随社会形态的变化而变化，具有历史长期性，故管理的自然属性又称为管理的一般性。例如，一些资本主义企业所采用的现代化管理方法与技术，在社会主义企业管理中只要适用，是完全可以应用的。另外，管理又是在一定的生产关系条件下进行的，必然体现出生产资料占有者指挥劳动、监督劳动的意志，因此，它具有同生产关系、社会制度相联系的社会属性。不同社会形态下，管理的社会属性体现着统治阶级的意志，带有明显的政治性。故管理的社会属性又称管理的特殊性。这两方面的属性就是管理的二重性。

（二）管理的科学性与艺术性

关于管理的性质，许多管理学者从多方面进行过分析与总结，其中强调的管理工作具有科学性和艺术性的双重特征，最能刻画管理工作的本质特性。

首先，管理是一门科学，是指以反映客观规律的管理理论和方法为指导，有一套分析问题、解决问题的科学的方法论。管理学发展到今天，已经形成了比较系统的理论体系，揭示了一系列具有普遍应用价值的管理规律，总结出许多管理原则。这些规律和原则是由大量的学者和实业家在长期总结管理工作的客观规律的基础上形成的，是理论与实践高度凝结的产物，不会因为地域、文化乃至社会制度的差异而不同，也不以人们的主观意志为转移。

【企业实践】

管理的精髓就是铸造灵魂，而不是拿来主义。

面对由各种基因组合的企业，管理的最佳办法就是依据这些基础与特色，量身定制并铸造出属于企业自身的管理灵魂。管理灵魂，就是指在企业经营与管理活动中，从深层次、骨子里影响人们思想、行为的核心因素及价值取向。

如果用心去研究国内外那些知名企业，就会发现他们的管理体系都大同小异，很难说谁优谁劣，所以不同点在于管理体系之外的灵魂人物所铸造的管理灵魂。比如，华为任正非的“狼性”、阿里马云的“武侠”、富士康郭台铭的“霸气”、苹果乔布斯的“极致”等。

华为、富士康这些超级大企业十分重视企业文化，他们的企业文化与核心价值均来自企业创始人的个人灵魂与精神，他们在甄选与培养接班人时慎之又慎，就是要努力找到相同的灵魂人物来继承与发扬现有的管理灵魂。

那些不起眼的大大小小公司，都有各自的特色与隐藏其中的创业灵魂与精神，企业家们把这些灵魂思想注入企业管理中，形成了他们特有的管理风格。

其次，管理的艺术性就是强调其实践性。在管理过程中，可供选择的管理方式、手段多种多样，因此如何在众多可选择的管理方式中选择一种较合适的用于管理实践，这是管理者进行管理的一种艺术性技能。所以，管理的艺术性，就是强调管理活动除了要掌握一定的理论和方法外，还要有灵活运用这些知识和技能的技巧。可以说管理是一种艺术，也是一种创造。

从管理的科学性和艺术性可知，有成效的管理艺术是以对它所依据的管理理论的理解为决策的。而艺术性是科学性的突破和创新。管理的科学性与艺术性并不是互相排斥而是互相补充的。不注重管理工作的科学性，只强调管理工作的艺术性，这种艺术性将会表现为随意性；不注重管理工作的艺术性，管理科学将会是僵硬的教条。既具有科学性同时又具有艺术性的管理才是成功的管理。

（三）管理的普遍性

管理具有普遍性，这是指在不同的层次、不同的机构、甚至不同的国家中，管理者所从事的活动具有高度的一致性。管理的普遍性具体表现在以下几个方面：①组织中不同层次上的管理活动在本质上是相同的或类似的。无论是基层管理者还是高层管理者，他们同样在履行着计划、组织、领导和控制的职能，只不过从事各项职能的程度和重点有所区别而已。②不同类型的组织中的管理活动基本上是一样的。不管是营利性组织还是非营利性组织，是大型组织还是小型组织，尽管存在差异，但两者之间的共性远远超过差异。③管理在不同国家和不同地区之间是可以相互学习、相互参照的。改革开放以来，我国不仅从国外引进和吸收了大量的科学技术方面的先进成就，同时也学习了大量的管理方面的好经验、好办法。

正是由于这种普遍性，我们才有可能把握管理活动的普遍规律，才有必要学习管理，从事管理活动才越来越成为一种专门的职业，不同组织之间成功的经验和失败的教训才可能进行交流。

第三节　管理做什么

管理的职能涉及管理工作的内涵，即在组织中管理工作究竟包含哪些方面的内容。关于这个问题，与管理的定义一样，在管理学界颇有争议。在最早奠定管理学理论框架的亨利·法约尔的论述中，将管理工作划分为五种职能：计划、组织、指挥、协调和控制。而美国学者孔茨等则将计划、组织、人事、领导和控制看成管理的基本职能。有关管理所具有的具体职能，管理学者的观点随科技进步和管理实践的发展而发展。但管理学界普遍接受的观点是，管理具有四大具体职能，包括计划、组织、领导和控制。根据管理科学的发展，本书讲述的管理职能包括决策、计划、组织、领导、控制及创新。

一、决策

决策职能是组织或个人为了实现某种目标而对未来一定时期内有关活动的方向、内容及方式的选择或调整过程。管理就是决策，在企业外部环境复杂多变的情况下，决策正确与否对一个组织或个人的影响是生死攸关的，决策失误是管理最大的失误。

二、计划

组织是为了实现某些目标而存在的，这就需要制订组织目标和实现目标的方案。它包含确定组织的目标，建立实现这些目标的总体战略，以及制订方案来整合与协调组织的各项活动。计划是管理的首要职能，管理活动从计划工作开始。

三、组织

组织职能有两层含义：一是进行组织结构的设计、构建和调整，如成立某些机构或对现有机构进行调整和重塑；二是为达成计划目标所进行的必要的组织过程，如进行人员、资金、技术、物资等调配。为了实现组织的目标，人们需要相互间的合作。合作的人们如果要在实现目标的过程中能有比各合作个体总和更大的力量、更高的效率，就应根据工作的要求与人员的特点设计岗位，通过授权和分工，将适当的人员安排在适当的岗位上，用制度规定各个成员的职责和上下左右的相互关系，形成一个有机的组织结构，使整个组织协调地运转，这就是管理的组织职能。

四、领导

即使计划与组织工作做好了，也不一定能保证组织目标的实现，因为组织目标的实现要依靠组织全体成员的努力。配备在组织机构各种岗位上的人员，由于各自在个人目标、价值观、性格、素质及工作职责和掌握的信息量等方面存在很大差异，在相互合作的过程中必然会产生各种矛盾和冲突。因此就需要有权威的领导者指挥人们的行动，沟通人们之间的信息，增强相互的理解，统一人们的思想和行为，激励每个成员自觉地为实现组织目标而努力。

五、控制

在执行计划的过程中，由于受到各种因素的干扰，所以实践活动常常偏离原来的计划，这就需要有控制职能。控制的实质就是使实践活动与计划相符。管理者必须及时取得计划执行情况的信息，并将有关信息与计划进行比较，发现实践活动中存在的问题，分析原因，及时采取有效措施纠正偏差。

六、创新

创新职能是组织根据需要，运用组织成员的体力和脑力创造出新的物质或精神产品的过程。在英文中，创新是 Innovation，这个词起源于拉丁语，原意有三层含义：一是更新，二是创造新的东西，三是改变。对于一个组织来说，创新无处不在、无时不在，是各项管理职能的灵魂和生命。

尽管计划、组织、领导和控制职能都有不同的内容和表现形式，但在管理工作中，它们之间存在着内在的逻辑关系。计划职能具有先导性、首要性，根据计划的要求和安排确定组织的机构、部门的设置，然后选定有效的领导方式和恰当的激励方式，最后根据计划的要求设置控制的标准，并进行控制，以确保计划的完成。

每一项管理工作一般都从计划开始，经过组织、领导，到控制结束。各职能之间相互交叉的同时又相互渗透，控制的结果可能又导致新的计划，开始又一轮的管理循环。创新贯穿于各种管理职能和各个组织层次之中。如此循环往复，不断推动工作前进。

第四节 管理者

管理者合格与否在很大程度上取决于五种管理职能的履行情况。为了有效履行各种职能，管理者必须明确以下两点：要扮演哪些角色？在扮演这些角色的过程中，自己需要具备哪些技能？

一、管理者的定义

管理者是指在一个组织中，根据环境的变化，合理分配组织中的各种资源，协调组织内部各项活动，与组织中的其他成员一起实现组织在一定时期的既定目标的人。可以从以下几个角度来理解管理者这一概念。

（1）谈到管理者必须指明具体的组织。离开具体的组织来评价管理者没有任何意义。

（2）管理者的工作是分配资源和协调活动。资源是稀有的，所以需要合理分配，才能让资源发挥最大的作用。组织是由很多人组成的，这些人各不相同，又要求这些人共同努力去实现组织共同的目标，就需要有人来协调人们的活动，并保证活动顺利地进行。

（3）管理者是具有相应的职位和权力的人。管理者的职权是管理者从事管理活动的资格。一般来说，管理者的职位越高，其管理的权力也就越大。结合实践来看，一个成功的管理者除了运用职位所赋予的权力以外，还应该特别注意发展个人的魅力，充分发挥个人影响力，从而成为一名权威的管理者。

（4）管理者是负有一定责任的人。一定职位的权力和责任是对等的，一个职位有多大的权力，同时就必须承担多大的责任。对任何组织中的各级管理人员的权和责都必须做出明确的规定，没有责任的权力，必然会导致管理者用权不当，没有权力的责任亦是空洞的，没有相应的权力，管理者将无法承担责任。

（5）管理者的本职工作是让其他人一起努力。管理者不需要事必躬亲、事无巨细地亲力亲为，因为管理者的时间、能力、精力等毕竟是有限的，不可能完成所有的工作。因此，优秀的管理者应该通过科学的管理手段调动人们的积极性，让所有人都行动起来，共同努力实现组织的目标。

根据在组织中的地位和作用的不同，组织成员可以大致分为两类：管理者和专业人员。管理者是那些在组织中行使管理职能，从事管理工作并负有领导和指挥下属去完成任务和目标的组织成员，如公司的经理、政府机关的厅长、商店的店长、学校的校长、博物馆的馆长、列车的列车长等。专业人员包括工程师、理财专家、电脑专家、自然科学家、咨询顾问、律师等。

现实困境

一位质量副总曾有这样一个问题。

他有一个DQE（设计质量工程）部门，这个部门有十几个人，其中有两个人工作做得最好，他们负责的项目量产后直通率高、客户投诉少，但是这两个人和其他同事关系不太好。关系不好的原因在其他同事看来，是这两个人不合群，而且老出风头、爱表现，致使其他同事在领导面前挨批。在这两个人看来，是由于别人不像他们那样努力，而嫉妒他们。部门主管向老板建议，把这两个人赶走，以便重新建立部门的和谐。

老板左右为难：是迁就那两个能干的人，还是迁就大家？

管理者在管理过程中的基本作用可概括如下。

（1）处理好人际关系。一是建立一支优秀队伍；二是代表该组织的意志和利益；三是在组织内外进行有效的沟通；四是认真做好激励工作和指挥工作。

（2）信息运用与沟通。面对信息大爆炸的时代，有效地收集信息、加工信息和充分地运用信息是现代管理者的基本任务和基本职责。

（3）科学决策。管理过程中会有大量的问题等待管理者处理和决策。所以科学决策是管理者的一项经常性的工作。

二、管理者的类型

管理者的类型有很多划分方式，目前人们普遍接受的划分方式有三种，即按照业务内容、管理层次及管理范围大小来进行划分。

（1）按照业务内容（性质）的不同将管理者划分为首席行政执行官（Chief Executive Officer，CEO）、首席信息执行官（Chief Information Officer，CIO）、首席财务执行官（Chief Finance Officer，CFO）及首席知识长官（Chief Knowledge Officer，CKO），这“4C”构成管理的“四大金刚”。

（2）按照管理层次分为高层管理者、中层管理者、基层管理者三类。

高层管理者（Top Managers）是掌握着管理机构，对整个组织的管理负有全面责任，并侧重于负责制订总体规划、目标和大政方针，沟通组织与外界的交往联系的首脑级管理者。他们职权的运用是否得当、决策是否正确，直接关系到整个组织的成败。

中层管理者（Middle Managers）的职责是规划、发动和贯彻由高层管理者所制定的重大决策，并监督和协调基层管理者的工作。他们在组织中起着承上启下的作用，对上下级信息沟通、政令通行等均负有重要责任。

基层管理者（First－line Managers）的职责是直接指挥和监督现场作业人员，保证完成上级下达的各项计划和任务的管理人员。他们是整个管理系统的基础。

现实困境

部门中一位刚开始带队的主管说：做管理真的让人头大，手下各种各样的事情都要我交代安排好，说漏一个事情就可能砸了，一天到晚都在忙，但是自己的活儿没时间做。

我问他：你自己的工作是什么？

他说：管理团队，带领团队完成目标。

我说：对啊，既然是带领团队完成目标，那就要懂得依靠团队来做事。

如果你是主管，你该怎么做？

（3）按照管理范围大小分为综合管理者和专业管理者。

综合管理者是指其管理范围涉及组织某个层次的方方面面，而不是局限在某个专业领域，如董事长、总经理、厂长、校长等。

专业管理者是指其管理范围仅限于某一个专业领域，如销售部经理、人力资源部经理、生产副总、专业主任等。

三、管理者的角色

管理者在不同的场合可能代表不同的利益群体，为了不同的目的，需要扮演不同的角色。20 世纪 70 年代，经理角色学派的创始人亨利·明茨伯格在《管理工作的本质》一书中解释说“角色这一概念是行为科学从舞台术语中借用过来的。角色就是属于一定职责或者地位的一套有条理的行为”，并将经理的工作分为十种角色。这十种角色又归为三大类，即人际关系角色、信息传递角色和决策制订角色。

（一）人际关系角色

明茨伯格所确定的第一类角色是人际关系角色。人际关系角色直接产生自管理者的正式权力基础，管理者在处理与组织成员和其他利益相关者的关系时，他们就在扮演人际关系角色。管理者所扮演的三种人际关系角色是代表人角色、领导者角色和联络者角色。

1. 代表人角色

代表人角色是经理所担任的最基本的角色。由于经理是正式的权威，是一个组织的象征，因此要履行这方面的职责。作为组织的首脑，每位管理者有责任主持一些仪式，比如，接待重要的访客、参加某些职员的婚礼、与重要客户共进午餐等。很多职责有时可能是日常事务，然而对组织能否顺利运转非常重要，不能忽视。

2. 领导者角色

由于管理者是一个企业的正式领导，要对该组织成员的工作负责，在这一点上就构成了领导者的角色。这些行动有一些直接涉及领导关系，管理者通常负责雇用和培训职员，负责对员工进行激励或者引导，以某种方式使他们的个人需求与组织目的达到和谐。在领导者的角色里，我们能最清楚地看到管理者的影响。正式的权力赋予了管理者强大的潜在影响力。

3. 联络者角色

联络者角色指的是经理同他所领导的组织以外的无数个人或团体维持关系的重要责任人。通过对每种管理工作的研究发现，管理者花在同事和单位之外的其他人身上的时间与花在自己下属身上的时间一样多。这样的联络通常都是通过参加外部的各种会议、各种公共活动和社会事业来实现的。实际上，联络者角色是专门用于建立管理者自己的外部信息系统的——它是非正式的、私人的，但却是有效的。

（二）信息传递角色

明茨伯格所确定的第二类管理者角色是信息传递角色。在信息传递角色中，管理者负责确保和其一起工作的人具有足够的信息，从而能够顺利完成工作。管理责任的性质决定管理者既是所在单位的信息传递中心，也是组织内其他工作小组的信息传递渠道。整个组织的人依赖管理结构和管理者以获取或传递必要的信息，以便完成工作。

1. 监督者角色

作为监督者，管理者为了得到信息而不断审视自己所处的环境。他们询问联系人和下属，通过各种内部事务、外部事情和分析报告等主动收集信息。担任监督角色的管理者所收集的信息很多都是口头形式的，通常是传闻和流言。当然也有一些董事会的意见或者是社会机构的质问等。

2. 传播者角色

组织内部可能会需要这些通过管理者的外部个人联系收集到的信息。管理者必须分享并分配信息，要把外部信息传递到企业内部，把内部信息传给更多的人知道。当下属彼此之间缺乏便利联系时，管理者有时会分别向他们传递信息。

3. 发言人角色

发言人角色是面向组织外部的。管理者把一些信息发送给组织之外的人。而且，经理作为组织的权威，要求对外传递关于本组织的计划、政策和成果信息，使那些对企业有重大影响的人能够了解企业的经营状况。例如，首席执行官可能要花大量时间与有影响力的人周旋，向董事会和股东报告财务状况，还要履行组织的社会责任等。

（三）决策制订角色

管理者也起着决策者的作用。在决策制订角色中，管理者处理信息并得出结论。如果信息不用于组织的决策，这种信息就丧失其应有的价值。管理者负责做出组织决策，他们让工作小组按照既定的路线行事，并分配资源以保证小组计划的实施。

1. 企业家角色

企业家角色指的是经理在其职权范围之内充当本组织变革的发起者和设计者。管理者必须努力组织资源去适应周围环境的变化，要善于寻找和发现新的机会。而作为创业者，当出现一个好主意时，总裁要么决定一个开发项目，直接监督项目的进展，要么就把它委派给一个雇员。这就是开始决策的阶段。

2. 混乱驾驭者/冲突管理者角色

企业家角色把管理者描述为变革的发起人，而混乱驾驭者角色则是当组织面临着意外的、重大的动乱时，负责制订战略并采取补救行动。在危机的处理中，时机是非常重要的，且危机很少在例行的信息流程中被发觉，大多是一些突发的紧急事件。实际上，每位管理者必须花大量时间对付突发事件，没有组织能够事先考虑到每个偶发事件。

3. 资源分配者角色

管理者负责在组织内分配责任，他分配的最重要的资源也许就是他的时间。更重要的是，经理的时间安排决定着他的组织利益，并把组织的优先顺序付诸实施。接近管理者就等于接近了组织的神经中枢和决策者。管理者还负责设计组织的结构，即决定分工和协调工作的正式关系的模式，分配下属的工作。在这个角色里，重要决策在被执行之前，首先要获得管理者的批准，这能确保决策是互相关联的。

4. 谈判者角色

组织要不停地进行各种重大的、非正式的谈判，这多半由经理带领进行。对在各个层次进行的管理工作研究显示，管理者花了相当多的时间用于谈判。一方面，因为经理的参加能够增加谈判的可靠性；另一方面，因为经理有足够的权力来支配各种资源并迅速做出决定。谈判是管理者不可推卸的工作职责，而且是工作的主要部分。

这十种角色是一个整体，它们是互相联系、密不可分的。比如，人际关系方面的角色产生于经理在组织中的正式权威和地位；这又产生出信息传递方面的三个角色，使他成为某种特别的组织内部信息的重要神经中枢；而获得信息的独特地位又使经理在组织做出重大决策（战略性决策）中处于中心地位，使其得以担任决策制订方面的四个角色。虽然这十种角色是一个整体，但并不是说所有的管理者都给予每种角色同等的关注。不过，在任何情形下，人际关系的、信息传递的和决策制订的角色都不可分离。这十种角色表明，经理从组织的角度来看是一位全面负责的人，但事实上却要担任一系列专业化的工作，既是通才又是专家。

四、管理者的技能

为了提高管理效率，管理者必须具有各种各样的管理技能。不同的管理者拥有不同的技能，如业务经理需要懂得谈判技巧，总经理需要敏锐地洞察环境的变化，而车间主任则需要对生产技术了如指掌。根据罗伯特·卡茨的研究，管理者必须具备三方面的技能，即技术技能、人际技能和概念技能。一般而言，管理者的技能主要包括以下几点。

（一）技术技能

技术技能，指从事自身管理范围内的工作所需的基本技术和具体方法。例如，高校教师必须熟练掌握本专业的教学内容与教学方法；企业的部门主任，就要熟悉各种设备的性能、使用方法、操作程序，各种材料的用途、加工工序，各种成品或半成品的指标要求等。技术技能对基层管理者来说尤为重要，因为他们的大部分时间都是指导、训练、帮助下属人员或回答他们的有关问题，因而必须熟悉下属人员所做的各种工作。具备技术技能，方能更好地指导下属工作，更好地培养下属，成为受下属尊重的有效管理者。

现实困境

小王在一家公司干了一年，业绩突出，堪称是老板的左膀右臂，深得老板器重。老板在外人面前经常这样说："小王就是我兄弟，请大家多多关照。"见老板如此器重自己，小王心里也不免得意起来。

一次，小王和老板出去见大客户，老板叫他敬酒。敬完客人以后，小王很想敬老板一杯，感谢他对自己的栽培和器重。为了显示自己和老板关系不寻常，他很用力地把老板拉过来，说咱们兄弟喝一杯。老板面无表情地喝了那杯酒，没说什么。后来小王依然和老板称兄道弟，特别是在同事面前，为了表现自己的优越感，便和老板勾肩搭背，全然没有看到老板不悦的脸色。

结果因为一个工作上的小失误，小王被炒了鱿鱼。离开公司的时候，小王始终想不明白，自己不是老板最器重的兄弟吗？老板怎么一点手下留情的意思都没有？

资料来源：郑德明．中国式饭局人脉学［M］．北京：台海出版社，2011.

（二）人际技能

人际技能，指把握与处理人际关系的有关技能，即理解、动员、激励他人并与他人共事的能力。“世事洞明皆学问，人情练达即文章”。要成为一个好的管理者，离不开良好的人际关系，包括同上级、下属、同行等人的关系等，即在管理活动中调节人际关系的艺术。

协调同上级的关系，首先，必须正确认识自己的角色地位，努力做到到位而不越位，奋争而不添乱，即不该决断的时候不擅自决断，不该表态的时候不胡乱表态，不该干的工作不执意去干，不该答复的问题不随便答复，不该突出的场合不“抢镜头”等。其次，适当调整期望、节制欲望。但这并不是说唯上级和领导者之命是从，关键要看政策导向和领导决策是否正确合理，如有不当或者严重失误之处，也要坚持原则。要加强与上级的信息沟通和反馈，尽可能地了解事情的真相，以免出现判断失误。

公正、民主、平等、信任地处理与下级的关系，对搞好管理工作具有重要的意义。下级是管理者行使权力的主要对象，要讲究对下级的平衡艺术、引力艺术和弹性控制艺术。①平衡艺术。在公正、平等的基础上建立与下级平衡、和谐关系，实现心理预期。②引力艺术。努力缩小自己与下属的距离，使之与自己工作的欲望强烈，团队氛围和谐融洽。也就是说，管理者应该是一个引力场，具有“场效应”，上下级之间在目标、情感、心理、态度、利益等方面具有一致性，这样的管理者才有能力和水平。③弹性控制艺术。管理者通过有一定弹性空间或范围的标准控制、检查组织成员的行为，既要使下属感到有相应的自由，又能使之遵守必要的约束。这是管理者的重要能力与艺术。

协调好与同级之间的关系是影响个人发展的重要方面，也是整个团队积极向上、健康发展的重要因素。首先是增进与同级的感情。感情是人际关系的“协调器”，同级之间的关系应当融洽，没有“心理防线”，大家都工作顺利，心情愉快。其次是竞争与合作共存。要处理好与同级之间的关系，需要心胸开阔，放眼未来，把握分寸，控制情绪。同级之间的竞争是磨砺自身的良好环境，正确把握同级之间既竞争又合作的关系是成功管理者的技能之一。

沟通是实现人际技能的重要方式及渠道，在人际交往中起着桥梁与纽带作用。沟通技能是指管理者具有收集和发送信息的能力，通过书面、口头与肢体语言等媒介，明确、有效地向他人表达自己的想法、感受与态度，也能正确、快速地解读他人的信息，从而了解他人的想法、感受与态度。良好的沟通技能是管理者优秀人际技能的前提条件。

（三）概念技能

概念技能是指综观全局，把握关键，认真思考，扎实谋事的能力，也就是洞察组织与环境及其之间相互影响的能力，包括理解事物的相互关联性以及复杂性，从而找出关键性影响因素的能力；确定和协调各方面关系的能力；权衡不同方案优劣和内在风险的能力等。

在社会化大生产不断发展、知识经济已见端倪的今天，管理者能否创造新的适应环境的管理模式、方式、体制、机制，是衡量其认知技能高低的重要标志。创新是现代管理者素质的核心，包括管理者的创新意识、创新精神、创新思维与创新能力。管理者要有创新理念，真正认识到创新对组织生存与发展的决定性意义，善于通过科学的创新思维来完成创新构思，并在管理实践中坚持创新；要有创新精神，在工作过程中敢于创新，勇于突破常规，求新求是；要有创新能力，在管理实践中把创新理念和创新精神变成现实。创新能力是由相关的知识、经验、技能与创造性思维综合形成的，是现代管理者最重要的素质。

不同层次的管理者对管理技能的掌握具有差异性，一般情况下，处于较低层次的管理者，主要需要的是技术技能与人际技能：处于较高层次的管理者，更多地需要人际技能和概念技能；处于最高层次的管理者，尤其需要较强的概念技能。

五、新时代管理者面临的挑战

当前，全球进入一个新时代。有学者认为，这个时代的潮流集中表现为四大发展趋势，即信息网络化、经济全球化、知识资源化、管理人本化。这四大发展趋势给当今的管理者提出了一系列新的挑战。我们知道，管理者所处环境的性质决定了他们需要有效地管理变革。管理者负责管理资源——财务、人力以及其他。为了确保组织在一个迅速变化的环境中生存和竞争，他们必须进行战略性的管理。由于在今天的商业世界里，一些重大变化会迅速发生，管理者必须具备创业精神与创新能力，他们必须不断寻找途径，为顾客创造比竞争对手更多的价值。管理者的活动是在组织内进行的。管理者虽然是其所在组织的主要“驱动者”，但组织仍界定了管理者能做什么、不能做什么。

（一）管理变革

不管组织的属性如何，也不论其身处何方，管理变革是所有管理者必须面对的最持久、最普遍，也是最强大的挑战。无论是管理者新上任还是经验老到，都会面临变革的需求与创造变革的机会。不做任何变革，基本上是不可能的。在许多个世纪以前，一位希腊哲学家写道：“永恒不变的是变化。”这一哲理到今天依然适用。

管理变革不是一项简单的任务，特别是大多数人会本能地抵制变革。管理者必须面对变革的两个重要的根源，即新技术与全球化。因此，管理者必须想办法赢得员工的认可，从而有效地实施变革。对于管理者来说，要获得认可，最有效的方法就是创造“小的成功”。例如，管理者可以先在一个较小的范围内实施变革，并获得成功。接着，让员工在心中接受这一变革的合理性。

现实困境

1951 年，爱因斯坦在普林斯顿大学给学生考试，考完以后，他的助理很紧张地说：你为什么在这个班的学生出的考题跟去年一样？爱因斯坦很经典地回答说：答案变了。

陈春花教授认为：关键的事情是持续理解外部环境，一定要与外部环境做互动，所以每一个组织、每一个管理者每天要过三关，即忘记、进入和学习。今天的企业管理、组织管理最重要的不是解决问题，而是要找到关键问题，对这一特定问题进行系统分析，形成自己的方法论。

今天，我们要面对市场，要面对客户，要面对自己，我们要不断地读书、上课，因为我们很清楚答案要变。

（二）资源管理

管理者的一项重要工作就是管理组织的资源。管理者必须确保有效利用资源，以各种方式利用资源，最大限度地实现组织目标。对管理者来说，重要的资源是金融资本、人力资本、物质资源（如建筑物和设备）和技术。管理者要构建和管理一个资源组合。要构建这个组合，就必须获取与开发能够完成组织任务所需要的资源。例如，管理者需要招聘和甄选最合适的员工，然后继续拓展他们的知识和技能。当员工得到了发展，他们对组织的价值也随之增加。这意味着，管理者需要有效地评价员工的技能，挑出最佳人选，并确定他们需要进一步学习的技能。管理者还必须设计与实施可以推动这种组织内学习的方法。

建立起资源组合后，管理者必须配置与协调这些资源，以完成组织的各项目标。管理者还要负责制定与实施战略，利用组织的能力实现其目标。协调工作的一个重要方面就是处理人际关系，包括与其他管理者和员工的关系。在这一过程中，管理者的人际交往和沟通能力至关重要。因此，管理者主要依赖组织中的人员做事。管理者管理人力资本的方式对于他们的成功极为关键。

【企业实践】

腾讯的战略管理

腾讯成为互联网行业的领军企业已有多年，成功制定出三大战略，为自己的征战天下打牢了根基，这重要的三大战略便是聚焦战略、泛娱乐战略，以及双打战略。

聚焦战略，第一，识别出自己的核心能力。腾讯有着服务海量用户的经验，有着很强的应用和各项服务基础支撑能力，这是其他企业不具备的，而这又恰恰是腾讯的核心能力。第二，把工作重心聚焦在核心能力的建设和持续提升优化基础服务能力方面，逐步完善各核心能力对外服务的易用性、透明性、高性能及周边保障。第三，制定出开放的规则，让企业内部团队和外部合作伙伴都可以使用这种基础的核心能力，享受其提供的各项服务。

泛娱乐战略，不止于游戏。腾讯在香港联合交易所主板挂牌上市，游戏收入已经占据了总收入的相当份额，为企业带来了大量现金流的同时，更为企业尝试其他业务提供了雄厚资本、机会和可能性。内容产业本非腾讯的法宝，但腾讯因丰厚的回报把内容产业提升到和互联网行业连接器一样重要的地位，并主导企业今后的发展。

双打战略：互补，让一切更完美。所谓“双打”，指在重要的管理岗位上设置两个人。一方面，两人可以互相协作，共同推动公司业务发展；另一方面，两人合作可以减少风险，当其中一人遇到诸如出差、生病等急事时，另一人能及时补缺上。腾讯的管理层采用双打战略，“成双成对”地搭建起非常互补的核心领导班子，保证了高层决策层的稳定和企业发展的健步如飞。

资料来源：陈升平．腾讯的企业战略管理，聚焦战略，泛娱乐战略，以及双打战略［EB/OL］. https：//zhuanlan. zhihu. com/p/90296182.

（三）战略管理

管理挑战为大多数管理者创造了一个极为复杂的、动态的、充满竞争但又必须面对的格局。为了在这样的环境中生存下去并获得很好的绩效，组织中的全体管理者需要从战略的高度加以管理。组织的高层管理者设定目标，并制订用以实现这些目标的战略。为了实现目标，公司必须有效实施战略，这就要求公司各级管理者设立与实现有利于组织最终绩效的目标。

随着全球化的不断推进和技术应用的不断增加，组织认识到知识对企业的成功至关重要。组织的智力资本日益重要，这要求管理者必须有效利用自己的资源组合。其中，最重要的资源是无形资源，如员工以及企业的声誉。管理者有责任培育组织的能力，然后通过所制定的战略利用这些能力，获得超过对手的竞争优势。他们通常是通过为顾客创造出比竞争者更多的价值来实现这一目标的。

管理者同样有责任为组织中的重要部门制定战略。战略需要组织中的人来实施，因此，管理者必须高度重视人的因素。在实施战略时，管理者会遇到冲突。通常，这意味着管理者要同时管理多种情境，并保持灵活性，以适应不断变化的形势。事实上，2005 年，当联合利华遇到问题并由此改变其战略时，它们发现自己缺乏落实与执行战略的能力。因此，为了提高绩效，该公司制定并实施了一个叫作行动战略（Strategy In Action，SIA）的流程。该流程包括企业的一系列活动，即思考、计划、交付与复盘。管理者首先要开发与测试出一个很好的策略，然后为组织中管理团队实施战略做出计划。在此计划的基础上，管理团队采取行动去实现预期的目标。随后，管理团队要复盘、审核已取得的成果，提出改进计划。该流程的基本原则来自日本的方针管理（Hoshin Kanri）或政策部署。此外，为实现组织的目标，管理者需要时刻提醒自己，考虑如何改进与强化战略，以推进组织的愿景。最后，动态竞争的格局注定会引发重大变化，为了适应这种变化，管理者应具有创新与创业精神，不断寻找新的机会。

现实困境

万科式内部创业：变相裁员还是管理架构再造？

近期，一份由万科总裁郁亮签署的《万科集团内部创业管理办法》流出，这份文件提出：“鼓励员工在万科生态圈内创业，协助万科构建、丰富生态系统，为客户创造价值。”

根据万科提供的这份《内部创业管理办法》内容显示，万科支持内部员工创业限于在万科供职超过两年的员工，创业项目的范围必须符合万科的“城市配套服务商”导向以及对万科的生态系统建设有帮助，不损害万科的利益，对于符合上述条件的项目，万科将对创业团队给予一定的资源支持和倾斜，包括合作方介绍、内部专家及交流讨论平台的共享等。

但作为创业的前提条件，万科内部员工必须先从万科辞职，对于经过万科试错委员会批准创业的离职员工，万科将保留离职前的职位和经济利润集体奖金等既得权益，两年内，创业员工可随时选择回归万科。

针对不同的创业项目标准，万科将通过股权、债权、可转债等形式对创业项目出资，原则上单个项目的出资额不超过3000万元，累计出资额不超过3亿元，前提是在创业项目中，创业员工的出资额不能低于万科的出资额，对于轻资产、服务类、技术类业务，万科将优先支持。

在风险管控方面，万科员工的创业项目将不能使用万科的品牌，对规模较大项目，万科还会保留审计权利以控制运营风险。

万科方面向《中国经营报》记者透露，鼓励员工内部创业是万科推动以城市配套服务为中心的生态系统建设的重要一环。

资料来源：王小明．万科式内部创业：变相裁员还是管理架构再造？[N]．中国经营报，2015－04－25.

（四）创业管理

管理者应当定期从当前的市场中寻找新的机会，或者识别可以创造新市场的想法。所谓创业精神，指识别新的机会，并利用这些机会。因此，管理者必须具有创业精神。创业活动不仅发生在初创期的小公司，发展期大公司的管理者也必须具有创业精神，努力开发新的业务。开发新业务，就需要公司的领导者以及其他人员采取创业行动。在大多数国家和行业里，企业面临大量的变革与创新，没有创业精神就无法生存。

要具备创业精神，管理者就必须形成一套创业思维模式。创业思维模式是一种思考商业的方式，强调利用不确定性采取行动。管理者具有创业思维，就可以感知到机会，并采取行动利用机会。环境中的不确定性为各种规模的组织提供了一个竞争的"场地"。无论组织在资源上是富裕还是匮乏，不确定性使它们能够识别并利用机会，以获得竞争优势。要开发创业思维模式，管理者首先要关注新的想法，并使用它们为顾客创造价值。

无论规模大小，无论新成立的还是已有的企业，都可以具有创业精神。正如前文所述，企业只有具备了创业精神，才能生存下去。在快速成像行业，宝丽来公司曾经是一个具有创业精神的公司和市场领导者。但是，由于它失去了自己的创业精神，而且随着数码摄影技术的引进，原有的市场份额逐渐消失殆尽，因此风光不再。买下宝丽来品牌的公司几经挣扎，最终也倒闭了，把资产出售给了一个创业者。这位创业者专门向艺术家和所剩不多的持有宝丽来相机的顾客出售特殊胶片。一般地，小型的新成立企业更具有创业精神，但常常缺乏保持这种优势的能力。大型的已有企业善于利用自己的规模获得优势，并在新的竞争产品进入市场之前保持自己的地位。但是，大公司要具有创业精神也非常困难。

复习与思考题

1. 管理者与非管理者有何不同?

2. 你的课程老师是管理者吗? 根据管理者的职能、角色和技能展开讨论。

3. “毫无疑问，管理是人类最重要的发明之一。”你同意吗? 为什么?

4. 采访两个不同的管理者，向他们询问以下问题：管理者最好的方面和最坏的方面是什么? 你曾经收到过的最好的管理建议是什么? 写下答案和同学们讨论。

5. 为什么管理者对组织很重要?

6. 谁是管理者? 他们在何处工作?

7. 解释学习管理学的价值。

第二章　管理的基本原理

【学习目标】

通过本章的学习，你应该能够掌握以下几点。

- 解释何为系统并描述管理的系统原理。
- 如何认知人本管理的核心思想。
- 阐述管理中的责任如何才能践行。
- 讨论提升组织效益的基本途径。

【管理小故事】

日立："鹊桥"相会

在大多数企业，都有不成文的规矩，即禁止内部员工恋爱。其实，这种做法是不合法，也不可取的。"棒打鸳鸯"只能导致军心涣散，让员工对组织感到寒心。获得如此"待遇"的员工即便留下，也会"身在曹营心在汉"！

日本日立公司有一位名叫田中的工程师，他为日立公司工作了很多年，对他来说，公司就是他的家，因为甚至连他美满的婚姻都是公司为他解决的。原来，日立公司内设了一个专门为职员架设"鹊桥"的"婚姻介绍所"。日立公司人力资源站的管理人员说：这样做还能起到稳定员工、增强企业凝聚力的作用。日立"鹊桥"总部设在东京日立保险公司大厦八楼，田中刚进公司，便在同事的鼓动下，把学历、爱好、家庭背景、身高、体重等资料输入"鹊桥"电脑网络，在日立公司，当某名员工递上求偶申请书后，他（她）便有权调阅电脑档案，申请者往往利用休息日坐在沙发上慢慢地、仔细地翻阅这些档案，直到找到满意的对象为止，一旦他（她）被选中，联系人会将挑选方的一切资料寄给被选方，被选方如果同意见面，公司就安排双方约会，约会后双方都必须向联系人报告对对方的看法。

终于有一天，同在日立公司当接线员的富泽惠子从电脑上走下来，走进了田中的生活，他俩的第一次约会，是在离办公室不远的一家餐厅里共进午餐，这一顿饭吃了大约四个小时，不到一年，他们便结婚了，婚礼是由公司“月下老”办的，而来宾中70%都是田中夫妇的同事。

有了家庭的温暖，员工自然就能一心一意扑在工作上，由于这个家是公司“玉成”的，员工对公司就不仅是感恩了，而是油然而生一种“鱼水之情”。这样的管理成效是一般意义的奖金、晋升所无法比拟的。如果一个人能在公司中体味到如家庭般的气氛，他便会安心，士气在无形中自然也就增高了。

资料来源：田中语．“鹊桥”管理［J］．才智（智谋鸡汤），2005（2）：51.

第一节 系统原理

原理是指某种客观事物的实质及运动的基本规律。管理原理是对管理工作的实质内容进行科学分析总结而形成的基本原理，它是现实管理现象的抽象，是对各项管理制度和管理方法的高度综合与概括，因而对一切管理活动具有普遍的指导意义。

任何社会组织都是由人、物、信息组成的系统，任何管理都是对系统的管理，没有系统，也就没有管理。系统原理不仅为认识管理的本质和方法提供了新的视角，而且它所提供的观点和方法广泛渗透到人本原理、责任原理、效益原理和伦理原理之中，从某种程度上来说，在管理原理的有机体系中起着统率的作用。

一、系统的概念

人们对系统这个词并不陌生，它广泛存在于我们的学习和生活中。在自然界和人类社会中，一切事物都是以系统的形式存在的，任何事物都可以看作是一个系统。例如，人的呼吸系统，生态系统，复杂的工程技术系统等，还有行政系统、经济系统、教育系统，等等。

系统，指由若干相互联系、相互作用的部分组成，在一定环境中具有特定功能的有机整体。就其本质来说，系统是“过程的复合体”。要构成系统，必须有以下三个条件。

（1）要有两个或两个以上的元素才能构成系统；

（2）要素之间要相互联系、相互作用，按一定方式形成一个整体；

（3）要素之间的联系和作用必须产生整体功能，并且整体的功能是其要素或部分所没有的。

二、系统的分类

1. 依据系统的形成来源，系统可分为自然系统与人造系统

自然系统即由“自然物”（物质或客观规律）所形成的系统。如地球的岩石圈、生物圈和大气层等。人造系统是人类为达到某种目的而建造的，例如，钟表、自行车、机床、计算机集成制造系统、工厂、学校、城市等。

2. 依据系统存在的形式，系统可分为实体系统与抽象（概念）系统

实体系统是以诸如矿物、生物、机械、能量和人等实体为元素所构成的系统。例如，工厂、军队、学校等。抽象（概念）系统是以诸如概念、原理、原则、方法、制度、程序等理性的元素所构成的系统。例如，一本书、一场演讲、知识体系、社会道德、宗教体系等。现实中的系统往往是实体系统和概念系统的复合系统。

3. 依据系统与环境的关系，系统可分为开放系统与封闭系统

开放系统即系统与外部环境有交换的系统。例如，一个商业系统就与社会有物质、能量、信息的交换。从理论上说，封闭系统是与外部环境无任何形式交换的系统。但由于事物总是运动变化的，实际上没有不与外部环境发生任何联系的系统，即严格的封闭系统是不存在的。不过，在一定的时间内不依赖于外部而且具有稳定运行能力的系统，即可近似地看作一个封闭系统。例如，在较长时间内不需要人的干预就能按程序完成其功能的自动机（一只上紧了发条自行运转的钟表、一台计算机控制的自动机床等）。

4. 依据系统存在的状态，系统可分为静态系统和动态系统

三、系统的特征

1. 相关性

相关性是指系统内各要素之间存在着某种相互依赖和相互制约的特定关系，某一要素的变化会影响另一些要素的变化。正是由于这些特定关系把各种要素有机地结合在一起，形成一定的结构，才使系统显示出整体功能和综合行为。

系统中要素的这种相关性在系统论和控制论中也叫耦合，指的是各要素之间的因果关系链，即一个要素的存在与变化和另一个要素的存在与变化之间的关系。相关的内容有物质流、能量流、信息流。比如，一个生产系统，原材料的传送、加工是物质流；电、热等能源的输送是能量流；为了协调运转，实施的各项计划、指令、控制信号等是信息流。两个要素（A，B）之间的相关性有四种形式：正向相关 A→B；反向相关 A←B；双向相关 A⟷B；无关联（作为一种特殊的联系形式）。

2. 目的性

任何一个系统的存在都具有其特定的目的，因而具有一定的功能。这正是系统间

区别的标志。研究、设计、组建、管理系统都是为了实现特定的功能目标。例如，经营管理系统通过优化和配置企业的人、财、物等资源而形成，其目的是实现企业利润最大化；成本和能源使用最小化等。系统的目的既有单一的也有多样的，现代化系统多半是多目标的系统。例如，高等学校就是一个多目标系统，它要培养人才（包括大学生、研究生、进修生等）；要进行科学研究，取得研究成果；以及要为社会提供服务，等等。例如，电脑也是一个多目标系统，它可供娱乐、学习、工作等。

四、系统的基本原理

1. 整体性原理

整体性是系统最基本的性质，也是系统分析最基本的思想方法。系统是个整体，虽然它是由各个要素组成的，但不是各个要素的简单相加，而是这些元素按一定的结构、为实现系统目标所构成的一个整体。当各个元素构成一个整体之后，系统就产生出一种整体的功能，即系统的功能。这种整体功能不是各元素所单独具有的，相对于各元素而言，是一种质变。

系统功能大于组成系统的各部分功能之和，这就是我们常说的“2 >1 +1”。例如，钢筋混凝土结构的强度就大于钢筋、水泥、沙石的强度之和。企业效益不是生产、营销、研发、行政等各部门效益的简单加和，而是各要素部门的协同效应。

2. 动态性原理

物质系统都有物流、能流、信息流在不断地运动，系统本身都有生命周期，都有一个从孕育、产生、发展到衰退、消亡的过程。系统的这种运动、发展、变化过程就是它的“动态性”。任何系统都是作为过程而展开的动态系统，具有时间性程序，例如，人本身这个系统，从出生到死亡，无时不在与外界进行能量、物质的交换，处于一个动态变化过程中。企业系统就是在这种不断变化的动态过程中生存和发展的，因此，企业的产品结构、工艺过程、生产组织、管理机构、规章制度、经营方针、管理方法等都具有很强的时限性。

需要指出的是静止是相对的，绝对静止的系统是不存在的。任何系统都在不断与外界环境进行物质和能量的交换，只是有的系统表现不明显而已。

掌握系统动态原理，研究系统的动态规律，可以使我们预见系统的发展趋势，树立起超前观念，减少偏差，掌握主动，使系统向期望的目标顺利发展。

3. 开放性原理

封闭系统因受热力学第二定律作用，其熵将逐渐增大，活力逐步减少。严格地说，完全封闭系统是不能存在的，即不存在一个与外部环境完全没有物质、能量、信息交换的系统。任何有机系统都是耗散结构系统，系统与外界不断交流物质、能量和信息，才能维持其生命。并且只有当系统从外部获得的能量大于系统内部消耗散失的能量时，系统才能克服熵而不断发展壮大。所以，对外开放是系统的生命。在管理工作中，任何试图把本系统封闭起来与外界隔绝的做法都只会导致失败。明智的管理者应当从开放性原理出发，充分估计到外部对本系统的种种影响，努力从开放中扩大本系统从外部吸入的物质、能量和信息。

管理寓言

一位哲学家坐上一个渔夫的小船准备渡河。船行到河中之际，这位哲学家问渔夫："你懂数学吗?"渔夫摇了摇头："不懂。"

哲学家又问："你懂物理吗?"渔夫又摇了摇头："不懂。"哲学家再次问道："那你懂化学吗?"渔夫还是回答说不懂。哲学家听了叹道："那真是遗憾！这样你就等于失去了一半的生命。"

刚说完，水面上刮起了一阵狂风，把小船给掀翻了。渔夫和哲学家都掉进了河里。这时渔夫对哲学家喊道："先生，你会游泳吗?"哲学家回答说："不会。"

渔夫非常遗憾地告诉他："那么你就失去整个生命了！"

资料来源：https：//m. sohu. com/a/411030747_120407355/? _trans_ =000014_bdss_dksteqs&pvid =000115_3w_a.

4. 环境适应性原理

一个系统之外的一切事物或系统的总和，称为该系统的环境。大系统中各个的子系统，相对于某一特定或单个子系统来说就是环境。

在研究系统时首先要区分哪些是系统内部要素，哪些是系统外部要素——环境要素。把系统与环境分开的假想线叫作边界。边界是事物的规定性在人们头脑中的反映，用以区分系统与环境的本质不同和系统所包含的要素的界限。确定系统的边界能够使问题更加明确。

比如，人们在工作中划分职责范围，就是区分系统的边界。系统的边界不是固定不变的，要依据具体情况而定。确定边界的主要依据是某要素与系统中的其他要素相互联系的紧密程度，即该要素发生变化时能否对系统功能产生决定的影响。应把那些联系紧密，对系统功能有决定影响的要素归为系统内部要素。

系统不能脱离环境而独立存在。系统和包围它的环境之间通常有物质、能量和信息的交换。外界环境特性的变化往往会引起系统特性的变化，即系统的形成和发展要受到环境的制约。因此系统必须适应外部环境的变化，否则系统就不能继续存在下去。

第二节 人本原理

管理学大师彼得·德鲁克一直到晚年，都在谆谆告诫企业家们："他们不是雇员，他们是人"。德鲁克大师的告诫，是想唤醒当时的企业家和管理者加强对人的重视，让企业经营回归到人本位，而不是事本位。人本原理就是以人为中心的管理思想，这是管理理论发展到20世纪末的主要特点。人本原理的核心在于，不同于"见物不见人"或把人作为工具、手段的传统管理思想，而是在深刻认识人在社会经济活动中的作用的基础上，突出人在管理中的地位，实现以人为中心的管理。人本原理是与以"物"为中心的管理思想相对应的概念，它要求理解人、尊重人、充分发挥人的主动性和积极性。

人本原理主要包括下述主要观点：员工是企业的主体；强化员工参与管理；管理的核心在于人性的发展；服务于人是管理的根本目的。

【企业实践】

小小医药箱 浓浓关怀情

"我今天头有点不太舒服，过来量量血压。""我有点高烧，来领一盒感冒药。"连日来，十五局四公司S237项目部综合办公室里的人络绎不绝，新购置的小小的医药箱，很快就受到员工们的青睐。

该项目部位于淮安市郊区，周围人烟稀少，员工自行就诊较为不便。加上连续几天的高温天气给项目上的员工带来诸多不适，气温突变更是令人措手不及。针对这种情况，项目工会设立了兼职医务人员，并专门配备了医药箱，包括感冒药、消炎药、藿香正气水、创可贴、棉签等各类医用品。员工们在工作中有点头疼脑热、肠胃不适、磕磕碰碰等，都能得到及时治疗，解决了职工的燃眉之急。同时，还配备了血压仪，让员工定期测量血压，并登记在册，便于观察。

除此之外，项目还按规定给职工进行健康体检，劳保用品按规定每月及时发放；对员工进行健康知识培训，建立职工卫生应急预案，增强员工的保健意识；建立卫生值日制度，加强卫生防疫工作，定期对职工宿舍，周边环境进行卫生防疫检查，做好生活区各内传染病预防工作。

项目部小小的医药箱，发挥的作用虽然有限，但是却温暖了每一位员工的心，项目工会也充分发挥了"职工小家"的作用，让远在他乡的员工感受家的温暖。

资料来源：侯艳秋，王彤．小小医药箱 浓浓关怀情［EB/OL］．http://www.crcc.cn/art/2019/6/18/art_620_2921610.html，2019-06-18.

一、员工是企业的主体

1. 依靠员工

在过去相当长的时间内，企业热衷于片面追求产值和利润，却忽视了创造产值、创造财富的人和使用产品的人。在生产经营实践中，人们越来越认识到，决定一个企业、一个社会发展能力的，主要并不在于机器设备，而在于员工拥有的知识、智慧、才能和技巧。人是社会经济活动的主体，是一切资源中最重要的资源。归根结底，一切经济行为都是由人来进行的。员工没有活力，企业就没有活力和竞争力。因而必须树立依靠人的经营理念，通过全体成员的共同努力去创造组织的辉煌业绩。

2. 开发员工的潜能

生命有限，智慧无穷，人通常都潜藏着大量的才智和能力。企业管理的任务在于如何最大限度地调动员工的积极性，释放其潜藏的能量，让员工以极大的热情和创造力投身于事业之中。解放生产力，首先就是人的解放。我们目前所进行的企业改革，从根本上说，正是为亿万人民聪明才智的充分发挥创造良好的环境和机制。

3. 尊重每一个员工

每一个员工，无论是领导人，还是普通员工，都具有独立人格，都有做人的尊严和应有权利。无论是东方或是西方，人们常常把尊严看作比生命更重要的精神象征。我国是社会主义国家，理所当然地应当使人受到最大的尊重，使人的权利得到更好的保护；不允许任何侮辱人格、损害人权的现象存在。一个有尊严的人会对自己有严格的要求，当他的工作被充分肯定和尊重时，他会尽最大努力去承担自己应尽的责任。

作为一个企业，不仅要尊重每一名员工，更要尊重每一位消费者、每一个用户。因为一个企业之所以能够存在，是由于它们被消费者所接受、所承认，所以应当尽一切努力使消费者满意并让他们感到自己是被重视的。

4. 塑造高素质的员工队伍

一支训练有素的员工队伍，对企业是至关重要的。每一个企业都应把培育员工、不断提高员工的整体素质作为经常性的任务。尤其是在当前这个不确定性的时代，技术生命周期不断缩短，知识更新速度不断加快，每个人、每个组织都必须不断学习，以适应环境的变化并重新塑造自己。提高员工素质，也就是提高企业的生命力。

5. 凝聚员工的合力

组织本身是一个生命体，组织中的每一个人不过是这有机生命体中的一分子。因此，管理不仅要研究每一个成员的积极性、创造力和素质，还要研究整个组织的凝聚力与向心力，以形成组织整体的强大合力。从这一本质要求出发，一个有竞争力的现代企业就应当是齐心合力、配合默契、协同作战的团队。如何增强组织的凝聚力，把企业建设成现代化的有强大竞争力的团队，也是人本管理所要研究的重要内容之一。

二、强化员工参与管理

强调员工参与的重要性，主要是员工参与管理对员工和企业双方都有益处。对员工自身而言，可发挥其聪明才智，改善人际关系，锻炼自身能力，实现自我价值。对企业而言，员工参与管理则可降低成本、提高效率、增强企业效益。不同的员工参与管理形式体现了不同的权利，参与管理的效果也有所差异。员工参与管理的途径是多种多样的，各个国家都有一些适合本国国情和地方特色的途径。

从国外的情况看，第二次世界大战以来，西欧、日本、美国等西方资本主义国家为振兴企业，缓解劳资冲突，创造了许多职工参与的方式。如德国的职工参与采取了监督型模式，即选举职工代表参与公司监事会；瑞典采取经营管理型模式，即选举职工代表参与公司董事会。此外，还有“职工建议制度”“初级董事会”“劳资协议机关参与”等多种多样的职工参与方式。

有学者总结出西方国家企业员工参与公司治理的主要形式：欧洲的员工参与共决制；日本企业员工参与公司治理的形式——企业内工会、终身雇佣制和年功序列制；英美企业员工参与公司治理的形式——依靠工会，通过集体谈判，以及车间班组自主管理、合理化建议；职工代表制度，让员工代表直接进入公司的决策层；劳资协商制度；平等协商集体合同制度；职工持股制度；职工董事监事制度。

中国企业体制改革的推进和全球化经济的整体进步，使得中国企业在总结外国先进经验的基础上，逐步迈入员工参与管理的规范化轨道。总结其基本途径有两种：直接参与和间接参与。

1. 企业员工直接参与管理

全体职工参加企业经营管理决策及其运作的整个过程、各个方面。直接参与管理可以使员工充分获得企业的各种信息，从而使企业的决策及其运作结果指向整个职工集体的共同利益与目标。然而，需要注意的是，当企业的规模达到一定程度时，这种方式可能会降低决策效率，增加决策成本等，因此这种形式一般更适用于员工规模较小的企业。

2. 企业员工间接参与管理

由全体职工以一定的方式委派他们的代表参加企业管理，主要是参与做出重大经营决策。虽说在这种参与形式中未能使全体员工对企业的每一个重要决策做出自己的判断与选择，然而员工代表的意见也反映了集体的共同利益目标。

参与式管理有利于增强员工参与意识，提高员工积极主动适应和接受变革的能力，提高决策的质量，我国企业员工参与管理可以借助以下的运作制度。

1. 职工代表大会制度

就中国现实状况来看，职工代表大会是中国企业员工参与管理的主要途径。不论是在国有股份制企业还是私有股份制企业中，职工代表大会成为其他参与方式的基础，有力地推动了企业职工参与管理的进程，很好地保障了企业员工长久、有效地参与企业管理的权利。

2. 厂务公开制度

厂务公开主要是对企业的相关生产、销售和经营信息的公开，从而可以使员工更多地了解企业的状况，为企业的经营出谋划策。厂务公开制度从根本上减少了管理层与职工间的信息不对称，从而提高员工参与管理的积极性。

3. 职工董事、监事制度

职工董事、监事制度可以使职工代表直接参与到企业的管理与决策中来，目前，这一制度在国有股份制企业中得到了有力的推广和实施，而私营股份制企业中还没有得到真正的贯彻。

4. 合理化建议制度

在企业中推行合理化建议运动非常重要，因为企业的生存发展过程中随时随地都会出现新问题，必须群策群力，集思广益，而员工合理化建议制度就是激发员工的全员参与，并使这些措施更有效。如一些公司总经理亲自召开工作会议，研究具体解决方案，并确定了一些由职工参与管理的制度，使企业员工参与管理真正获得了实效。

5. 集体合同制度

新的《中华人民共和国劳动法》的颁布使得劳动者的合法权益得到了更好的保障。集体合同制度可以从根本上保证职工的就业、福利、工资待遇等切身权益，使企业与职工双方都达到满意的程度。

三、管理的核心在于人性的发展

人之初，性本善，还是性本恶，人们对这个问题已经争论了许多世纪。这个争论，不论在中外古代的伦理思想中，还是在现代管理学的研究中，都得到了不同程度的反映。这两种相互对立的观点都可在社会生活中找到支持或反对的论据与事例。这个事实本身就表明，世界上并不存在绝对善或恶的人性。人性是受后天环境影响而形成的，因而也是可以塑造和改变的。

现实困境

有很多人说企业用狼性管理方法很好，但很多时候不知道在什么时候用狼性，用了狼性，团队企业的人走光了！有很多人说企业用人性管理方法很好，但很多时候不知道在什么时候用人性，用了人性，企业没有战斗力！

如何灵活运用人性管理与狼性管理，使企业具备高效战斗力？

很多企业家在问："为什么狼性管理这么重要，但很多企业在做人性化管理呢？"

要弄清楚这个问题，究竟要从什么角度来思考？

不同的时代，人性都不可避免地被打上历史的烙印。在封建社会，超经济的人身依附成为人性中最普遍的现象。君臣之间、官民之间、夫妇之间、父子之间、地主农民之间、师徒之间、主仆之间……几乎无不以人身依附作为建立正常关系的准则，并且以是否完全遵守这一准则作为评价人性是否完美的标准。一切管理也都是建立在一方完全无条件服从另一方的基础之上的。资本主义社会摧毁了这种封建的人身依附关系，建立了以人的利己本性为基础的商品经济关系。资本家拥有资本，劳动者拥有自己的劳动力，人们都是"平等"的"商品"所有者，都是为了利己的目的通过市场进行"自由"交换和买卖，相互讨价还价，然后成交、签订协议。因而"利己"和"守信"就成为资本主义条件下人际关系的基本准则，并以能否遵守这一准则作为评价人性是否正常、完美的标准。一切管理活动也都建立在这一准则之上。

按照马克思的设想，在资本主义高度发达基础上建立的社会主义社会，由于物质财富极大丰富，人们的思想觉悟极大提高，人们之间将形成完全平等的友爱关系。毫不利己、专门利人的品格将成为人性的主流。但是实际上，由于社会生产力尚不发达，今天的中国社会主义尚处于初级阶段，人们的物质生活尚不富裕，传统的思想意识尚有较大影响，因此管理所面临的人性状况极为复杂。有专门利他的奉献精神，也有专门利己的个人主义；有自由平等的民主要求，也有官贵民贱的等级观念。这就是中国管理界所面临的挑战。成功的管理者要在应对这个挑战的过程中，引导和促进人性的发展。

事实上，任何管理者都会在管理过程中影响下属人性的发展。同时，管理者行为本身又是其人性的反映。只有管理者的人性达到比较完美的境界，才能使企业职工的人性得到完美的发展，而职工队伍的状况又是企业成功的关键。社会主义精神文明建设实质上是新时代人性的塑造。这绝不是靠喋喋不休的说教能够完成的，而是要靠管理的实践。在实施每一项管理措施、制度、办法时，不仅要看到取得的经济效果，同时要考虑对人精神状态的影响，要分析它们是促使职工的精神状态更加健康，人性更加完美，还是起相反的作用。

四、服务于人是管理的根本目的

我们说管理是以人为中心，是为人服务，是为了实现人的发展的，这个“人”当然不仅包括企业内部、参与企业生产经营活动的人（虽然在大多数情况下，这类人是管理学研究的主要对象），而且包括存在于企业外部的、企业通过提供产品为之服务的用户。

为社会生产和提供某种物质产品（或服务），是企业存在的主要理由。在我国传统的计划经济体制下，企业是根据国家指令性计划来组织产品生产的。据此生产出来的产品，交由国家有关部门统一销售，企业不需研究社会和用户的要求。因此，执行上级指令成为企业活动的主要任务，服务于行政主管部门成为企业管理明显的或隐含的宗旨。随着经济体制改革的开展和不断深入，企业被逐渐推向市场，市场需求的特点及发展趋势逐渐取代国家指令性计划，成为企业组织生产经营活动的主要依据，市场是否愿意接纳和吸收企业的产品成为企业能否继续生存、经营能否成功的主要决定因素。“服务用户”“服务市场”逐渐取代“服务上级”“服务计划”，成为企业以及企业管理必须依循的基本宗旨。

在市场经济条件下，用户是企业存在的社会土壤，是企业利润的来源。我们知道，作为商品生产者，企业生产不是为了企业自己或企业职工对某种产品的直接使用或消费，而是为了通过这些产品的销售，获得销售收入，旨在补偿生产过程中的各种消耗后实现营利。只有获得销售收入和销售利润，企业才能获得继续生存的权力或发展（在更大规模上生存）的条件。销售收入与利润的实现是以市场用户愿意接受和购买企业产品为前提的，而用户是否愿意接受和购买企业的产品，则取决于这些产品的消费和使用能否满足他们的需要。因此，为用户服务，满足用户的需要，是企业存在的基本条件。

（1）企业要在这种思想的指导下，研究市场需求的特点及发展趋势，据此确定企业的经营和产品发展方向。由于人的社会发展通常需要借助物质产品的消费来实现，因此为广义的人的发展服务的企业经营及管理，不仅要研究作为社会成员的消费者已经表现出的需求的特点，更应重视那些尚未被消费者认识的新产品的开发，以帮助消费者挖掘他们的潜在需求。

（2）企业要从用户的角度出发，努力提高设备和材料的使用效率，加速资金周转，以减少资金占用和材料消耗，降低生产成本，从而降低产品的销售价格。以使消费者能够充分利用有限的货币购买力，获取更多的物质产品，满足更多的需要。

（3）企业还要在这种思想的指导下，研究消费者使用本企业产品要求得到的满足的实现条件。消费者购买某种产品不是为了这种产品的物质本身，而是为了获得这种产品所具有的使用价值。为了保证产品的使用价值能充分实现，消费者不仅要求企业提供符合需要的产品，而且要求企业提供与其使用有关的各种服务。

因此，为用户服务，还要求企业在提供的产品品种对路、功能完善、质量优异、价格合理的前提下，提供使用方法培训和指导、使用过程中的维护和修理等售后服务。

第三节　责任原理

德鲁克对“责任”谈得很多，并把管理诠释为管理任务、承担责任、勇于实践。他强调，责任就像一个严厉的主人，如果只对别人提要求而不对自己提要求，那是没有用的，而且也是不负责任的。如果员工不能肯定自己的组织是认真的、负责的、有能力的，他们就不会为自己的工作、团队和所在单位的事务承担起责任来。管理是追求效率和效益的过程。在这个过程中，要挖掘人的潜能，就必须在合理分工的基础上明确规定这些部门和个人必须完成的工作任务和必须承担的与此相应的责任。

一、明确每个人的职责

挖掘人潜能的最好办法是明确每个人的职责。分工，是生产力发展的必然要求。在合理分工的基础上确定每个人的职位，明确规定各职位应担负的任务，这就是职责。所以，职责是整体赋予个体的任务，也是维护整体正常秩序的一种约束力。它是以行政性规定来体现的客观规律的要求，绝不是随心所欲的产物。

职责不是抽象的概念，而是在数量、质量、时间、效益等方面有严格规定的行为规范。表达职责的形式主要有各种规程、条例、范围、目标、计划等。

一般来说，分工明确，职责也会明确。但是实际上两者的对应关系并不这么简单。这是因为分工一般只是对工作范围做了形式上的划分，至于工作的数量、质量、完成时间、效益等要求，分工本身还不能完全体现出来。所以，必须在分工的基础上，通过适当方式对每个人的职责做出明确规定。

（1）职责界限要清楚。在实际工作中，工作职位离实体成果越近，职责越容易明确；工作职位离实体成果越远，职责越容易模糊。应按照与实体成果联系的密切程度，划分出直接责任与间接责任，实时责任和事后责任。例如，在生产第一线的，应负直接责任和实时责任，而在后方部门和管理部门的，主要负间接责任和事后责任。另外，职责内容要具体，并要做出明文规定。只有这样，才便于执行、检查与考核。

（2）职责中要包括横向联系的内容。在规定某个岗位工作职责的同时，必须规定同其他单位、个人协同配合的要求，只有这样，才能提高组织整体的功效。

（3）职责一定要落实到每个人，进而做到事事有人负责。没有分工的共同负责，实际上是职责不清、无人负责，其结果必然导致管理上的混乱和效率的低下。

二、职位设计和权限委授要合理

列宁曾说："管理的基本原则是一定的人对所管的一定的工作完全负责。"怎样才能做到完全负责？一定的人对所管的一定的工作能否做到完全负责，基本上取决于以下三个因素。

1. 权限

明确了职责，就要授予相应的权力。实行任何管理都要借助于一定的权力。管理总离不开人、财、物的使用。如果没有一定的人权、物权、财权，任何人都不可能对任何工作实行真正的管理。职责和权限虽然很难从数量上画等号，但有责无权，责大权小，许多事情都得请示上级，由上级决策、批准，当上级过多地对下级分内的工作发指令、做批示的时候，实际上等于宣告此事下级不必完全负责。所以，明智的上级必须克制自己的权力欲，要把下级完成职责所必需的权限全部委授给下级，由其独立决策，自己只在必要时给予适当的帮助和支持。

2. 利益

权限的合理委授，只是完全负责所需的必要条件之一。完全负责就意味着责任者要承担全部风险。而任何管理者在承担风险时，都要对风险与收益进行权衡，然后才决定是否值得去承担这种风险。为什么有时上级放权，下级反而不要？原因就是在于风险与收益不对称，没有足够的利益。当然，这种利益不仅仅是物质利益，也包括精神上的满足感。

3. 能力

能力是完全负责的关键因素。管理是一门科学，也是一门艺术。管理者既要有生产、技术、经济、社会、管理、心理等方面的科学知识，又需要处理人际关系的组织才能，还要有一定的实践经验。科学知识、组织才能和实践经验这三者构成了管理能力。在一定时期内，每个人的时间和精力有限，管理能力也是有限的，并且每个人的能力各不相同。因此，每个人所能承担的职责也是不一样的。有的人能挑 100 斤，有的人只能挑 50 斤。只能挑 50 斤的人硬要他挑 100 斤，其结果只能是：或者依靠上级，遇事多多请示，多多汇报；或者主要依赖助手，遇事就商量和研究；或者凑合应付，遇事上推下卸，让别人去干。这样，就不可能做到完全负责。

现实困境

公司组织回馈客户活动，要求每名销售人员邀请5名老用户和5名新用户，重点是新用户发展，完不成任务的少一名罚款200元。这样一条规定公布后，销售人员还是按照以往的电话邀约方式，能来的就来了，不能来的也就不来了。几乎没有人能完成任务，最终结果是罚钱成了摆设。既然这条规定总经理会议上已经公布了，也写进了会议纪要，员工签字确认了，那要不要执行罚款呢？

公司召开员工会议，总有员工迟到。领导说迟到的罚200元，当场交钱。刚说完的第一次，没有人迟到，结果第二次又回到原来的迟到状态。然而某大型公司董事长因为约见一个客户，耽误了公司会议，按照规定，主动在门外站了半个小时。

公司规定，凡是研发新项目有功的员工，给予5000元以上奖励，但是当研发完成以后，企业找借口说那是本职工作，无须奖励。

资料来源：三茅网，作者：曹玉秋。

三、奖惩要分明、公正而及时

人无完人，但人总是向上的。对每个人的工作表现及绩效给予公正而及时的奖惩，有助于提高人的积极性，挖掘每个人的潜力，从而不断提高管理水平，及时引导每个人的行为朝向符合组织需要的方向变化。

对每个人进行公正的奖惩，要求以准确的考核为前提。若考核不细致或不准确，奖惩就难以做到恰如其分。因此，首先要明确工作绩效的考核标准。

有成绩有贡献的人员，要及时予以肯定和奖励，使他们的积极行为维持下去。奖励包括物质奖励和精神奖励，两者都是必需的。如果长期埋没人们的工作成果，就会挫伤他们的积极性。过时的奖赏会失去其本身的作用和意义。

及时而公正的惩罚也是必不可缺的，惩罚是利用令人不喜欢的东西或取消某些为人所喜爱的东西，改变人们的工作行为。惩罚可能引致挫折感，从而可能在一定程度上影响人的工作热情。但惩罚的真正意义在于杀一儆百，利用人们害怕惩罚的心理，通过惩罚少数人来教育多数人，从而强化管理的权威。惩罚也可以及时制止这些人的不良行为，以免给企业造成更大损失。

为了做到严格奖惩，要建立健全组织的奖惩制度。使奖惩工作尽可能地规范化、制度化，这一点是实现奖惩公正而及时的可靠保证。

第四节 效益原理

效益是管理的永恒主题。任何组织的管理都是为了获得某种效益。效益的高低直接影响组织的生存和发展。管理的效益原理亦称为管理的价值原理。

一、效益的概念

效果、效率和效益三个概念之间有联系也有区别。

效果是指人们或组织通过某种行为、力量、手段、方式而产生的结果。这种结果中有的是有效益的，有的是无效益的。例如，有的企业生产的产品虽然质量合格，但产销不对路，在市场上卖不出去，积压在仓库里，最后甚至会变成废弃的物品。这些产品是不具有效益的。所以，只有那些为社会所接受的产品，才是有效益的。

效率是指特定的系统在单位时间内的投入与所取得的效果之间的比率。这个比率是一个经常用来衡量管理水平的标准。例如，要衡量企业管理的水平，就必须考察企业投入的资金、技术、人力、物力等因素与所获得的利润之间的比率。在一定的时间内，如果消耗的物资、能量等因素越少，而产生的效果越大，就意味着效率越高；反之，如果消耗的物资、能量等因素越多，而产生的效果越小，就意味着效率越低。

效益是某种活动所产生的有益效果及其所达到的程度，是效果和利益的总称。它可分为经济效益和社会效益两类，其中经济效益是人们在社会经济活动中所取得的收益性成果；社会效益则是在经济效益之外的对社会生活有益的效果。经济效益和社会效益，两者既有联系又有区别。经济效益是讲求社会效益的基础，而追求社会效益又是促进经济效益提高的重要条件。两者的区别主要表现在，经济效益比社会效益更加直接，更显而易见，可以运用若干经济指标来计算，而社会效益则难以计量，必须借助于其他形式来间接考核。

一般而言，企业组织所开展的诸多管理活动就是为取得经济效益而服务的，企业追求良好的经济效益，不仅是企业出于积累资金自我发展的需要，而且更为重要的是能够促进社会进步、国民经济的发展以及社会生产力的提高。因此，经济效益与社会效益从根本上说应该是一致的。但是，当有的企业从局部考虑问题，或者采取不合理、不合法的手段获得经济效益时，二者就会产生矛盾，管理的作用就在于要消除这种矛盾，力求将经济效益与社会效益有机地结合起来。

二、效益的评价

效益的评价，可由不同主体（如首长、群众、专家、市场等），从多个不同角度去进行，因此没有一个绝对的标准。不同的评价标准和方法，得出的结论也会不同，甚至相反。有效的管理首先要求对效益的评价尽可能公正和客观，因为评价的结果直接影响组织对效益的追求和获得，结果越是公正和客观，组织对效益追求的积极性就越高，动力也越大，客观上产生的效益也就越多。

一般来说，首长评价，有一定的权威性，全局性掌握得较好，其结果对组织的影响也较大，但可能不够细致和具体；群众评价，一般比较公正和客观，但可能要花费较多的时间和费用，才能获得最后的评价结果；专家评价，一般比较细致，技术性强，但可能只注重直接效益而忽视间接效益；市场评价，其结果与市场发育程度有很大的关系，越是成熟、规范的市场，其评价结果就越客观公正，越是发育不成熟或行为扭曲的市场，其评价结果就越不客观、不公正，甚至具有很强的欺骗性。市场评价体现的主要是经济效益。显然，不同的评价都有它自身的长处和不足，应配合运用，以求获得客观公正的评价结果。

【企业实践】

大数据时代，电梯行业如何把“数据”变成“效益”？

从目前发展来看，大数据精准匹配更多是互联网巨头在运用。如我们打开购物 App，系统就会给我们推荐需要的商品，打开打车软件就会知道我们要去哪里。这些都是因为大数据产生的作用。

在未来，不论是什么企业或者行业，想要提升整体的效益，从效益层面来讲，就要具备智能匹配和精准判断的能力，那么想要实现这个目标，就需要有云计算、物联网、互联网做支撑。只有这样实现万物连接，通过物联网实现多端的交互，通过云计算在不同的场景收集行为痕迹，才可获取更多信息。

如果在应用程序或者云端平台记录电梯注册信息、梯龄、品牌、型号、使用管理单位、维护保养单位、检验检测等信息，那么行为痕迹，也就是在应用程序的任何行为动态，都会被云计算记录下来形成大数据。

这样，我们就可以清楚地知道，不同梯龄、品牌、电梯的运行情况、承载能力、故障数据及更换配件情况。通过汇聚海量数据，形成大数据分析，针对不同电梯厂商、电梯维护保养、电梯质量安全等进行评估，实现精准管控。

因此，拥有大数据就相当于拥有了巨大的资产。在未来，想要跟上时代发展，必须借助大数据实现智能诊断和智能分析。

资料来源：https：//cloud. tencent. com/developer/news/671547.

三、效益的追求

所有的管理都是致力于提高效益，但并不是所有的管理都是有效的。从管理的角度来看效益的提高，涉及的因素是多种多样的，如管理思想、管理制度、管理方法、管理环境和管理措施等，这些因素对管理效益的影响是十分显著的，尤其是像管理者的思想观念、行为方式，能够直接影响管理的决策、组织、领导和控制的一系列活动，并对管理效益产生直接的作用。因此，遵循效益原理，就要求管理者必须有以下几个方面作为。

1. 确立可持续发展的效益观

自然资源的短缺与自然环境的恶化已成为整个人类社会生存和发展的重大威胁，因此，组织管理者在提高效益的过程中，必须确立可持续发展的效益观。所谓可持续发展，就是既满足目前的需要，也不危害下一代的发展。

将可持续发展与效益原理结合起来，就是要兼顾需要与可能，在讲究经济效率的同时保持与生态环境和社会环境的协调发展。既要注重技术的先进性、经济上的合理性，又要注重对社会的效用性和天人合一的和谐性。对那些在生产过程中排放出大量的工业废气，污染周围环境的企业，或以次充好，质量掺假而高价出售产品的企业，社会必须通过经济、法律、行政和教育的手段给予严厉的制裁，创造出一种具有一定的强制性约束力的激励环境，使各组织能够正确处理好经济效益和社会效益、局部效益与全局效益、短期效益和长远效益、间接效益和直接效益等方面的关系，把过程与结果、动机与效果有机结合起来。

2. 处理好局部效益和全局效益的关系

全局效益是一个比局部效益更为重要的问题。如果全局效益很差，局部效益提高就难以持久。不过，局部效益是全局效益的基础，没有局部效益的提高，全局效益的提高也是难以实现的。局部效益和全局效益是统一的，有时又是矛盾的。因此，当局部效益与整体效益发生冲突时，管理者必须把全局效益放在首位，做到局部效益服从整体。管理者在实践中把握这一关系必须做到以下两方面。

一方面，应该遵循整体优化原则。因为整体优化是决策的关键步骤。它要求经过系统的分析和综合，提出各种不同方案、途径和办法，从不同的方案中选出符合整体优化原则要求的方案，做出科学的决策。无论在哪一类组织中，从事任何一项工作，都应该考虑两个以上的方案，并将远期和近期、直接和间接的效果进行整体分析比较，因事、因时、因地制宜做出整体而科学的评价。通过比较分析各种方案带来的影响和后果，进而考虑各种方案所需的人力、物力、财力等要素的条件，选择最优方案。在选择整体优化方案之后，有时还要进行局部试验，成功之后进行全面推广，实行由点到面的工作方法。

另一方面，遵循要素有效性原则。任何一个组织的管理都离不开人、财、物、时间和信息，它是由这些互为作用的要素组合而成。为取得组织整体效益的最优化，管理者必须充分激发每个要素的作用。这一原则要求管理者用科学手段来处理系统内的矛盾，以便做到人尽其才、物尽其用、息（信息）尽其流。在现代管理中，人是管理要素中的主体，只有充分发挥人的积极性、主动性和创造性，才能使系统内各要素各尽所能，为组织创造更多、更好的经济效益和社会效益。

3. 追求组织长期稳定的高效益

管理者要追求组织长期稳定的高效益，一方面，不仅要“正确地做事”，更为重要的是要“做正确的事”。这是因为效益与组织的目标方向紧密相连：如果目标方向正确，工作效率越高，获得的效益越大；如果目标方向完全错误，工作效益越高，反而效益会出现负值。因此，管理者在管理工作中，首要的问题是确定正确的目标方向，搞好组织的战略管理，并在此前提下讲究工作的高效率。只有这样，才能获得较高的经济效益和社会效益。另一方面，组织管理者必须具有创新精神。如企业管理者不能只满足眼前的经济效益水平，而应该居安思危，不断地推出新产品，以高质量、低成本的优势去迎接市场的挑战。只有不断地积极进行企业的技术改造、技术开发、产品开发和人才开发，才能保证企业有长期稳定的、较高的经济效益。

复习与思考题

1. 什么是系统？系统有什么特征？
2. 怎么理解管理的核心在于人性的完美发展？
3. 如何理解责任原理？
4. 效益与效率的区别是什么？
5. 怎么理解“管理是一种严肃的爱”这句话？
6. “自始至终把人放在第一位，尊重员工是企业成功的关键”体现了管理学的什么原理？

第三章　管理理论的形成与发展

【学习目标】

通过本章的学习，你应该能够掌握以下几点。

- 了解并解释管理思想的主要历史演变过程。
- 描述古典理论和人本主义思想的主要内容。
- 讨论管理科学及其在现代组织中的应用。
- 解释系统思维、权变管理观点和全面质量管理的概念。
- 了解管理理论最新发展的主要概况。

【管理小故事】

通用：一切皆有可能

一天，美国通用汽车公司的庞帝雅克（Pontiac）部门收到一封客户抱怨信，上面是这样写的：这是我为了同一件事第二次写信给你，我不会怪你们为什么没有回信给我，因为我也觉得这样别人会认为我疯了，但这的确是一个事实。我们家有一个传统的习惯：每天在吃完晚餐后，都会以冰激凌来当我们的饭后甜点。由于冰激凌的口味很多，所以我们家每天在饭后才投票决定要吃哪一种口味，等大家决定后我就会开车去买。但自从最近我买了一台新的庞帝雅克后，在我去买冰激凌的这段路程问题就发生了。每当我买的冰激凌是香草口味时，我从店里出来车子就无法正常发动。但如果我买的是其他的口味，车子发动就很顺利。我要让你知道，我对这件事情是非常认真的，尽管这个问题听起来很“猪头”。为什么这台庞帝雅克当我买了香草冰激凌它就“秀逗”，而我不管什么时候买其他口味的冰激凌，它就生龙活虎？为什么？为什么？

事实上，庞帝雅克的总经理对这封信还真的心存怀疑，但他还是派了一位工程师去查看究竟。当工程师去找这位仁兄时，很惊讶地发现写这封信的是一位事业成功、乐观、且接受过高等教育的人。工程师安排与这位仁兄的见面时间刚好是在用完晚餐后，两人于是一个箭步跃上车，往冰激凌店开去。那个晚上投票结果是香草口味，当买好香草冰激凌回到车上后，车子又“秀逗”了。这位工程师之后又依约来了三个晚上。第一晚，巧克力冰激凌，车子没事。第二晚，草莓冰激凌，车子也没事。第三晚，香草冰激凌，车子“秀逗”。

这位工程师，到目前还是不相信这位仁兄的车子对香草过敏。因此，他继续安排相同的行程，希望能够将这个问题解决。

工程师开始记下从头到现在所发生的种种详细资料，如时间、车子使用油的种类、车子开出及开回的时间……根据资料他有了一个结论：

这位仁兄买香草冰激凌所花的时间比其他口味的冰激凌要少。为什么呢？原因是出在这家冰激凌店的内部设置。因为，香草冰激凌是所有冰激凌中最畅销的冰激凌，店家为了让顾客每次都能很快地拿取，将香草口味冰激凌特别分开陈列在单独的冰柜，并将冰柜放置在店的前端；至于其他口味冰激凌则放置在距离收银台较远的后端。

现在，工程师的疑问是，为什么这部车会因为从熄火到重新激活的时间较短时就会“秀逗”？原因很清楚，绝对不是因为香草冰激凌的关系，工程师很快找出答案：应该是“蒸汽锁”。因为当这位仁兄买其他口味冰激凌时，由于时间较久，引擎有足够的时间散热，重新发动时就没有太大的问题。但是买香草口味冰激凌时，由于时间较短，引擎太热以至于还无法让“蒸汽锁”有足够的散热时间来解锁。

资料来源：汇佚．对冰淇淋过敏的车［J］．商务周刊，2002（1）：71.

第一节　中外早期管理思想

一、中国早期管理思想

中华民族悠久的历史积累了丰富的管理实践和许多影响深远的管理思想和理论，为人类社会的进步和管理理论的发展做出了重要贡献。

中国古代管理思想在许多著作中都有记载和论述，如春秋战国时期杰出的军事家孙武所著的《孙子兵法》，该书共 13 篇，篇篇闪烁着智慧的光芒。“知己知彼，百战不殆”这句名言就是一例，这种辩证的策略思想在书中比比皆是。孙武的策略思想不仅适用于军事，在管理上也具有指导意义和参考价值。日本和美国的一些大公司甚至把《孙子兵法》作为培训经理的必用书籍。

战国时期周公旦所著《周礼》一书，对封建国家的管理体制进行了理想化的设计，内容涉及政治、经济、财政、教育、军事、司法和工程等方面，特别是对封建国家的经济管理方面的论述和设计都达到了相当高的水平。

孙膑运用运筹学和对策论的思想，帮助田忌在赛马中胜了齐威王。齐威王和田忌赛马，各出三匹，每匹马出场一次，共赛三场，胜数多者获胜。然而齐威王具有优势，因为两人的三匹马以速度快慢排序后，齐威王的三匹马都分别比田忌的三匹马快一些，如果这样比赛，齐威王肯定以 3∶0 获胜。田忌请孙膑帮忙出主意，以己方最慢的马对齐威王最快的马，以己方最快的马对齐威王第二快的马，以己方第二快的马对齐威王最慢的马，结果田忌以 2∶1 的比分获胜。

中国古代的管理思想极为丰富。春秋时期，可以说是中国古代文明的鼎盛时期，各种管理思想也出现了百家争鸣的局面，自秦汉以后，尽管也涌现了许多杰出的管理思想家，但这些思想理论大都是在前人基础上的补充和发展，因此，我们以其中的儒、法、道三家的思想体系为代表进行分析，需要强调的是，他们的管理思想还不能称为科学，其属性属于经验管理，研究的主要内容是治国之道、为君之方、做吏之规。

儒家首先提出人性本善的基本假设，进而提出仁政、德治、礼制的管理方法，最后提出要实现“齐家、治国、平天下”的管理目标。

法家首先提出人性本恶的基本假设，进而提出法制、刑治的管理方法，最后提出要达到崇君权和富国强兵的管理目标。

道家首先提出人性自然的主张，进而提出无为而治的管理方法，最后指出要实现的管理目标是至德之世。

（一）儒家的仁政德治管理思想

以孔子、孟子为代表的儒家，作为利益一元化管理体制的维护者，积极主张恢复周王朝初期的管理模式，并赋予自己的理想于其中，在“人性本善”的前提下提出了以仁政、德治、礼制为主要内容的管理思想体系。

1. 仁政

孔子提出“仁”。“民之仁也，甚于水火”。孟子依此提出“仁政”。“仁者，爱人。”“以不忍人之心，行不忍人之政，治天下可运之于掌上。”“不忍人之心，是为仁心；不忍人之政，是为仁政。”他进一步指出：“仁者无敌。”“天子不仁，不保四海；诸侯不仁，不保社稷；卿大夫不仁，不保宗庙。”

2. 德治

儒家主张施仁政，其中的重要内容是反对苛政与任意刑杀，认为“苛政猛于虎”。儒家倡导用道德感化的方式来统治人民，因此主张德治。孔子主张“导之以政，齐之以刑，民免而无耻。导之以德，齐之以礼，有耻且格。”政、刑只能起镇压作用，使人不敢犯罪；德、礼则可以笼络人心，使人知耻归心。要“为政以德”“导之以德”“齐之以礼”“其使民也义”。孟子主张“以德服人者，心悦而诚服也”。

3. 礼制

推行仁政德治，必须要借助一定的制度规范，这就是“礼”。“礼”最初指祭祀的器物和仪式，到了周代把礼从仪式中区别开来，发展成“君君、臣臣、父父、子子”的奴隶主贵族等级制度和以奴隶主贵族的血缘关系为纽带的宗法制度。儒家认为：“人无礼则不生，事无礼则不成，国无礼则不宁”。

从上面的介绍可以看出儒家管理思想体系的逻辑结构。儒家首先提出人性本善的基本假设，进而提出仁政、德治、礼制的管理方法，最后提出要实现齐家、治国、平天下的管理目标。儒家管理思想是以血缘宗法关系为基础，道德伦理为本位，把整个管理和治国思想、方略都伦理化了，具有理想化的色彩。儒家管理思想忽视法律、制度、体制等“政道”作用，主要着眼于“治道”的探讨。儒家的管理思想十分丰富，影响了中国社会几千年，甚至辐射附近其他亚洲国家，至今还发挥着重要作用。

（二）法家的法制刑治管理思想

以韩非为代表的法家，作为新生地主阶级的代言人，冲破利益一元化的以血缘关系为基础的情感管理体制，试图用法律制度和法制手段建立和维护新的多元化的管理体制，在“人性本恶”的前提下提出以法制刑治为主要内容的管理思想体系。

1. 崇君权

法家推崇君权专制。管子认为：“神圣者王，仁智者君，武勇者长，此天之道，人之情也。”法家崇尚君权，竭力维护最高统治者的权威，目的是为推行其法制刑治的管理思想寻求实施主体和保障条件。法家不可能有现代民主思想并将法制与民主相联系。在他们所处的时代，只可能将法制与专制相联系，试图以专制君权为支撑，推行他们的管理理念和制度。

2. 倡法制

在崇君权的基础上，法家主推法制。商鞅认为：“不别亲疏，不殊贵贱，一断于法。”管子认为：“法令者，君臣之所共立也。”“君臣上下贵贱皆从法。”法制是治世之宝。法制，主要是指以法律制度作为治国的依据。法家主张以法为本，以法为教。韩非认为，治理国家必须“以法治国”“循法而治”“唯法为治”，反对“释法任智”“舍法上贤”“去法务德”的治理方略。

3. 施刑治

推行法制的手段是用严刑重罚，以刑推法，以刑护法。韩非说：“刑赏，人主大柄也。”法家主张的法制，主要是突出刑罚的重要功能，辅之以赏。

法家的管理思想十分丰富，绝非只是上述内容。法家重法治、崇强力的管理方略对中国历史的发展有着重要的意义。秦朝用法家的理论统一海内，功劳卓著。汉代独尊儒术，也不是完全不用法家的方略，只是使法家的方略由显变隐，使国家暴力披上道德的外衣，以义统利，以力辅德，补德治教化之不足。同时，通过上面的介绍也可以发现，法家的管理思想尽管是为专制皇权服务的，但他们揭示出来的法制管理的一些基本原则和方法，在今天仍然有着很宝贵的借鉴意义。

（三）道家的无为而治管理思想

道家是以老子的"道"的学说为中心的学派，用道来说明宇宙万物的本质、构成和变化，主张"道法自然""天道无为"、万物自然化生，因此认为人性自然。在管理国家上主张清静无为、无为而治、顺天则、任自然、居静行简、省欲节用、绝圣弃智、绝仁弃义。

任何管理思想都是根植于一定的社会文化土壤之中的，而一定的社会文化又都割不断与历史传统的联系，并且总是在继承中发展，在发展中继承。只有这样，才能形成适合本国国情的特色，才能具有强大的生命力。

二、外国早期管理思想

西方文化起源于古希腊、古罗马、古埃及、古巴比伦等文明古国，他们在公元前6世纪左右即建立了高度发达的奴隶制国家，在文化、艺术、哲学、数学、物理学、天文学和建筑等方面都对人类做出了巨大的贡献。这些古国在国家管理、生产管理、军事和法律等方面也都曾有过许多有益的实践。公元3世纪后，随着奴隶制的衰落和基督教的兴起，这些古文化逐渐被基督教文化所取代。《圣经》中所包含的伦理观念和管理思想，对以后西方封建社会的管理实践起着指导性的作用。

随着资本主义的发展和工厂制度的形成，旧的基督教教义与资本主义精神发生了冲突，于是产生了基督教新教的兴起。在新教教义的鼓励下，经商和管理日益得到社会的重视，有愈来愈多的人来研究社会实践中的经济与管理问题。其中，最早对经济管理思想进行系统论述的学者首推英国经济学家亚当·斯密。他在1776年（当时正值英国的工场手工业开始向机器工业过渡时期）出版了《国民财富的性质和原因研究》一书，在书中系统地阐述了劳动价值论及劳动分工理论。

名人解读

关于《国富论》

18世纪五六十年代，英国正处在工场手工业向大机器工业的过渡时期，但残余的封建制度政策还阻碍着新兴产业的发展。《国富论》一书中的经济思想代表了产业资本同封建残余做斗争，迅速发展资本主义经济的要求。

《国富论》1776 年在伦敦出版，19 世纪末中国清末维新派代表人物严复将该书第一次译为中文，译名《原富》，并于 1902 年出版。

《国富论》是英国古典政治经济学的划时代巨著，这本书把资产阶级经济学发展成一个完整的体系。全书以国民财富为研究对象，认为政治经济学的目的就在于促进国民财富的增长。书中指出："政治经济学提出两个目标：第一，给人民提供充足的收入或生计，第二，给国家或社会提供充分的收入，使公务得以进行。总之，其目的在于富国裕民。"

亚当·斯密认为，劳动是国民财富的源泉，各国人民每年消费的一切生活日用必需品的源泉是本国人民每年的劳动。这些日用必需品供应情况的好坏取决于两个因素：一是这个国家人民的劳动熟练程度、劳动技巧和判断力的高低；二是从事有用劳动的人数和从事无用劳动的人数的比例。他还提出，劳动创造的价值是工资和利润的源泉，并经过分析得出了工资越低，利润就越高，工资越高，利润就会降低的结论——这揭示出了资本主义经营管理的本质。

亚当·斯密在分析增进"劳动生产力"的因素时，特别强调了分工的作用。他对比了一些工艺和手工制造业实行分工前后的变化，对比了易于分工的制造业和当时不易分工的农业的情况，说明分工可以提高劳动生产率。他认为，分工的益处主要有以下几方面。

（1）劳动分工可以使工人重复完成单项操作，从而提高劳动熟练程度，提高劳动效率。

（2）劳动分工可以减少由于变换工作而损失的时间。

（3）劳动分工可以使劳动简化，使劳动者的注意力集中在特定的对象上，有利于创造新工具和改进设备。

他的上述分析和主张不仅符合当时生产发展的需要，也成为以后企业管理理论中的重要原理。

亚当·斯密在研究经济现象时，提出了一个重要的论点：经济现象是基于具有利己主义目的的人们的活动所产生的。他认为，人们在经济行为中，追求的完全是私人的利益。但是，每个人的利益又为其他人的利益所限制。这就迫使每个人必须顾及其他人的利益。由此，就产生了相互的共同利益，进而产生和发展了社会利益。社会利益正是以个人利益为基础的。亚当·斯密曾经这样来描述人们之间的相互关系："人类几乎随时随地都需要同胞的协助，但只想依赖他人的恩惠，那是肯定不行的。""他如果能够刺激他们的利己心，使他们有利于他，并告诉他们，为他做事对他们自己也有利，他要达到目的就容易多了。”这种认为人都要追求自己经济利益的“经济人”观点，正是以“看不见的手”为标志的资本主义生产关系的反映。

在亚当·斯密之后，另一位英国人查尔斯·巴贝奇（Charles Babbage），发展了斯密的论点，提出了许多关于生产组织机构和经济学方面的带有启发性的问题。巴贝奇原来是一名数学家，后来对制造业产生了兴趣。1832 年，他在《论机械和制造业的经济》一书中，概述了自己的思想。巴贝奇赞同亚当·斯密的劳动分工能提高劳动效率的论点，但认为他忽略了分工可以减少支付工资这一好处。巴贝奇对制针（普通直针）业做了典型调查，把制针业的生产过程划分为七个基本操作工序，并按工序的复杂程度和劳动强度雇用不同的工人，支付不同的工资。如果不实行分工，整个制造过程由一个人完成，那就要求每个工人都有全面的技艺，完成制造过程中技巧性强的工序的同时又有足够的体力来完成繁重的操作。工厂主必须按照全部工序中技术要求最高、体力要求最强的标准来支付工资。由此，巴贝奇提出了“边际熟练”原则，即对技艺水平、劳动强度定出界限，作为支付工资的依据。

亚当·斯密和巴贝奇之后，在生产过程中进行劳动分工的做法有了迅速的发展。到了 20 世纪，大量流水生产线的形成，使劳动分工的主张得到了充分体现。

巴贝奇虽然是一位数学家，却没有忽视人的作用。他认为工人同工厂主之间存在利益共同点，并竭力提倡所谓利润分配制度，即工人可以按照其在生产中所做的贡献，分到工厂利润的一部分。巴贝奇也很重视对生产的研究和改进，主张实行有益的建议制度，鼓励工人提出改进生产的建议。他认为工人的收入应该由三部分组成：①按照工作性质所确定的固定工资。②按照生产效率及所做贡献分得的利润。③为提高劳动效率而提出建议所应给予的奖励。提出按照生产效率不同来确定报酬的具有刺激作用的制度，是巴贝奇做出的重要贡献。

这一时期的著名管理学者除了亚当·斯密和巴贝奇之外，还有英国的空想社会主义者罗伯特·欧文。他经过一系列试验，首先提出在工厂生产中要重视人的因素，要缩短工人的工作时间，提高工资，改善工人住宅。他的改革试验证实，重视人的作用和尊重人的地位，也可以使工厂获得更多的利润。所以，也有人认为欧文是人事管理的创始人。

上述各种管理思想是随着生产力的发展，适应了当时的工厂制度发展的需要而产生的。这些管理思想虽然不系统、不全面，没有形成专门的管理理论和学派，但对于促进生产及以后科学管理理论的产生和发展，都有积极的影响。

名人解读

巴贝奇的经历

童年的查尔斯·巴贝奇家庭非常富裕，他的爸爸是伦敦的银行家。幼年的巴贝奇体弱多病，没有接受学校的正规教育，而是由家庭教师对他进行辅导，14 岁才进入中学学习。

天才总是难以掩盖光芒。19 岁的巴贝奇被保送进剑桥大学三一学院，攻读数学和化学。在这里，巴贝奇显示出了过人的数学天赋，他所掌握的数学知识甚至超过了老师。

19 世纪初的剑桥大学以数学教学为中心，推崇牛顿的科学理论，学校为此专门设立了数学竞赛荣誉学位奖。巴贝奇参与创建了致力于数学研究和科学普及的“分析学会”。他的学术地位和名望也与日俱增。1816 年，25 岁的巴贝奇被选为英国皇家学会会员。

在数学才能得到社会认可的同时，巴贝奇的发明才能也开始显现。他运用运筹学理论提出的“一便士邮资”制度，统一了邮资收费，简化了邮局工作；他发明了供火车使用的速度计和排障器，还提出保持灯塔灯光闪烁的方法，以便更好地为过往船只导航。

第二节　古典管理理论

古典管理理论起源于 20 世纪初，奠定了管理学科的理论基础。古典管理理论的成长过程也是西方社会从农业社会向工业社会转型的过程，在这个转型时期，困扰社会的两个最主要的问题是物质财富的需求与供应紧张，劳资矛盾的日益激化。古典管理理论回应现实需求，体现了鲜明的时代特点。提高效率、协调劳资矛盾，是其现实目标；更多、更快、更少成本、更大收益，是其价值取向；理性主义、科学主义，是其思想基础；对管理对象实行精确、量化、有效的控制，是其基点；制度化、科层制化的制度与组织建设，是其实践路线；劳资矛盾的协调，是其最大难点。

一、科学管理理论

（一）泰勒的生平

弗雷德里克·温斯洛·泰勒（Frederick Winslow Taylor）出生于美国费拉德尔菲亚

（即费城）一个富裕的律师家庭。他年幼时就很爱好科学研究和实验，对任何事情都想找出“一种最好的办法”。家里希望他子承父业成为一位律师，经过努力他考上了哈佛大学的法律系。但由于学习过于勤奋得了眼疾，不得不辍学。1878 年进入费拉德尔菲亚的一个小机械厂做学徒工。1878 年进入费拉德尔菲亚的米德维尔钢铁厂当机械工人直到 1890 年，在此期间，他从一般工人先后被提拔为车间管理员、技师、小组长、工长、维修工长、制图部主任，并于 1884 年被提升为总工程师。在米德维尔钢铁厂的实践中，他感到当时的企业管理当局不懂得用科学方法来进行管理，不懂得各种程序、劳动节奏和疲劳因素对劳动生产率的影响；而工人则缺少训练，没有正确的操作方法和适用的工具，这些都大大影响了劳动生产率的提高。为了改进管理，他从 1880 年开始在米德维尔钢铁厂进行试验，系统地研究和分析工人的操作方法和劳动所花的时间。在此基础上逐步形成后来被称为“科学管理”或“泰勒制”的管理理论和制度。1890—1893 年，他在一家制造纸板纤维的制造投资公司担任总经理；1893—1898 年，他独立开业从事工厂管理咨询工作；1898—1901 年，他受雇于宾夕法尼亚的贝瑟利恩钢铁公司做咨询工作，并继续进行试验；1901 年他从贝瑟利恩钢铁公司退休。以后，他无偿地从事于咨询和演讲等工作，为科学管理理论在美国和国外得到传播做出了贡献。他于 1915 年 3 月 21 日死于费拉德尔菲亚，终年 59 岁。

泰勒既有从事科学研究和发明的才能，又有从事社会活动和劳动工作的才能。他一生获得各种专利权约 100 种。他在管理方面的重要著作有《计件工资制》（1895）、《工厂管理》（1903）、《科学管理的原理和方法》（1911）等。1912 年他在美国国会众议院特别委员会对泰勒制和其他工场管理制的听证会上的证词也是研究科学管理的一篇重要文献。他被后人称为“科学管理之父”。这个称号被刻在他的墓碑上。

（二）科学管理理论的要点

（1）科学管理的中心问题是提高劳动生产率。泰勒在 1912 年出版的《科学管理》一书中曾强调了提高劳动生产率的重要性。他说：“生产率的巨大增长这一事实标志着文明国家和不文明国家的区别，标志着我们在一两百年内的巨大进步。正是由于生产率的增长，使得今日的劳动人民（尽管有人谈论着他们的悲惨处境和可怕遭遇）过得几乎同 250 年以前的国王一样好……这是由于劳动生产率的增长。我们在这个问题上讲了这么多，因为科学管理的根本就在于此，科学管理如同节省劳动的机器一样，其目的正是提高每一单位劳动的产量。”

泰勒认为当时工人提高劳动生产率的潜力是很大的。泰勒在一项工人搬运生铁的试验中，使工人每天搬运生铁的数量从 12. 5 吨增加到 47. 5 吨，增加了 3. 8 倍。可是，当时不论是雇主或是工人，对于一个工人一天应该干多少活都没有概念。工人对资本家的剥削不满，普遍采用“磨洋工”的方式抗争。雇主或管理人员也只是凭着印象和一些不完全的统计来确定工作标准，因而常常引起劳动纠纷。泰勒认为要制定出有科学依据的“合理日工作量”就必须进行实验和研究，即进行工时和动作研究。他选择合适而熟练的工人，对他们的每一项动作、每一道工序的时间记录下来加总，再加上必要的休息时间和其他延误时间，就得出完成该项工作所需的总时间，据此得出一个工人的“合理日工作量”，即工作定额原理。

（2）为了提高劳动生产率，必须为工作挑选“第一流的工人”。所谓“第一流的工人”，泰勒在美国国会特别委员会的证词中做了如下的说明：“我认为那些能够工作而不想工作的人不能称为我所说的‘第一流的工人’。我曾试图阐明，每一种类型的工人都能找到某些工作使他成为第一流的工人，除了那些完全能做这些工作而不愿做的人。”泰勒所谓的“第一流的工人”，是指那些自己愿意努力干，工作对他又适合的工人。泰勒还认为培训工人成为“第一流的工人”是管理者的责任。

（3）要使工人掌握标准化的操作方法，使用标准化的工具、机器和材料，并使作业环境标准化，即标准化原理。为工作挑选到“第一流的工人”后，必须用科学的方法对工人的操作方法、使用的工具、劳动和休息时间的搭配，以及机器的安排和作业环境的布置等进行分析，消除各种不合理的因素，把各种最好的因素结合起来，形成一种最好的方法。他认为这是企业管理当局的主要职责。为了做到这一点，泰勒亲自做了大量的试验，如在米德维尔钢铁厂进行的金属切屑试验，在贝瑟利恩钢铁公司进行的搬运生铁和铲铁试验，使工人装运生铁从每天的12.5吨增加到47.5吨。在工具方面泰勒也曾做了试验，工人所铲物资的轻重不同，铲子的大小也应该不同。为此，他专门设立了一个工具室，存有10余种大小不同的铲子供工人挑选使用，结果劳动生产率成倍增长。

（4）实行刺激性的工资报酬制度。为了鼓励工人努力工作，完成定额，泰勒提出了计件工资的原则。其方案包括两点：①通过研究和分析，制定出一个定额或标准。这要由管理者来做。②采用一种“差别计件制”的刺激性付酬制度。如果工人达到或者超过了定额，就按“高”工资率付酬，为正常工资率的125%，而且不仅是超过部分，全部工作量都按这个“高”工资率计算；如果工人的生产没有达到定额，就按低工资率付酬，为正常工资率的80%，以此来鼓励、督促工人完成甚至超额完成定额。假设某项工作每日的定额是20件，每天的正常工资率为0.1美元。如果一个工人完成了20件，他一天的工资只有1.52美元。仅相差一件，工资相差几乎1美元。如果工人没有完成定额不是由于懒惰，那么责任在企业管理者。管理者应该根据工人的实际工作表现而并不是根据工作类别来支付工资。这样，既克服了工人“磨洋工”的现象，更重要的是能调动工人的积极性。

（5）为提高劳动生产率，工人和雇主双方都要进行一次“精神革命”。雇主关心的是低成本，工人关心的是高工资，只要劳动生产率提高了，他们才可以都达到自己的目的。所以，双方必须变相互指责、怀疑、对抗为互相信任和合作。他们共同努力所创造的盈余足够给工人增加工资，并同样给制造业者增加利润。为了实现这种精神革命，工人应该做到以下五点：①不再为生产中的盈余如何在工资和利润之间进行分配而烦恼和斗争。②同意在提高生产率的基础上，工资提高30%到100%，这个标准是通过试验而科学地确定的。③放弃一切怠工的想法并帮助企业管理者建立科学的生产方法。④同意由企业管理者科学地决定做什么，什么时候做，如何做，做多长时间。⑤同意按企业管理者规定的新方法来进行培训。企业管理者应该做到：①为每种作业制定一种科学的方法代替主观和经验的方法。②科学、精确地确定从事每项作业的正确时间和方法。③选择并训练工人，使之担任最合适的工作。④建立一个合适的组织，从工人那里接受除了工作的实际执行以外的全部责任。⑤同意自己也接受每项作业的科学和事实的控制，从而放弃自己对工人的专断权力。

（6）把计划职能与执行职能分开，变原来的经验工作法为科学工作法。所谓经验工作法，就是每个工人用什么方法操作，使用什么工具等，都由他根据自己或师傅等人的经验来决定。所以，工作效率的高低取决于他所采用的操作方法和工具是否合理，以及本人技术熟练和努力的程度。科学的工作方法是，在试验和研究的基础上制定标准的操作方法，采用标准化的工具、设备等。泰勒认为，工人单凭自己的经验是不能找到科学的方法的，而且他们也没有时间和条件去从事这方面的试验和研究。所以，必须把计划职能和执行职能分开：计划职能归企业管理者，并设立专门的计划部门来承担。计划部门从事全部的计划工作并对工人发出命令。现场工人和工头则从事执行工作，即按照计划部门制定的操作方法和指示，使用规定标准化工具，从事实际的操作，不得自行改变。

（7）实行职能工长制。泰勒指出，在传统的组织机构中，一个工长为了圆满地履行他的职责，必须具备以下素质：智能、教养、专门的或技术性的知识，敏捷而又有力量，才能、精力、坚韧、刚毅、正直、判断力或常识、健康。但是，一般人很难完全具备这些素质，只能具备少数几种。这样，为了使工长能有效地履行他的职责，就必须把管理的工作进行细分，使所有的工长只承担一种管理职能。泰勒实际用了八个职能工长，代替原来的一个工长。

泰勒的这种职能工长制是以机械工业为依据而提出的，但他认为也适用于其他行业。他认为职能工长制有三个优点：①由于管理者（职能工长）只承担某项职能，所以其培训只需要花费较少的时间。②管理者的职责明确，可以提高效率。③由于作业计划已由计划部门拟订，工具和操作方法都已标准化，车间现场的职能工长只需进行指挥监督，因此，低工资的工人也可以从事比较繁杂的工作，从而降低整个企业的生产费用。

事实表明，一个工人同时接受几个职能工长的多头领导，容易引起混乱。所以，这种职能工长制没有得到推广。但这种职能管理的思想为以后职能部门的建立和管理的专业化提供了参考。

（8）在组织机构的管理控制上实行例外原则。例外原则，就是企业的高级管理人员把一般的日常事务授权给下级管理人员去处理，而自己只保留对例外事项（即重要事项）的决策权和监督权，如有关企业重大政策的决定和重要人事的任免等。泰勒在《工厂管理》一书中说，在例外原则下，“经理只接受有关超出常规或标准的所有例外情况的——特别好和特别坏的例外情况的——概括性的、压缩的及比较的报告，以便使他有时间考虑大政方针，研究在他手下的重要人员的性格和合适性”。泰勒提出的这种以例外原则为依据的管理控制原则，以后发展成为管理上的分权化原则和实行事业部制等管理体制。

（三）对科学管理理论的评价

1. 泰勒科学管理理论的贡献

泰勒对管理科学的最大贡献是他主张一切管理问题都应当而且可以用科学方法加以研究和解决，实行多方面的标准化、规范化，使管理不再是凭个人的经验办事，改变了多年沿袭下来的落后的经验管理办法，把科学引进了管理领域，并创立了一套具体的科学管理办法来代替单凭个人经验进行作业和管理的旧办法。这是管理理论上的进步，也为管理实践开创了新局面，从而开创了科学管理的新阶段。

第一，管理哲学。首先是建立一种严格的科学，其次是科学地选择工人，然后对工人进行科学教育和培训，最后是管理者与工人之间亲密友好的合作。这些原则不能割裂，它是科学管理全部因素的综合。

第二，组织管理。首先，把计划职能和执行职能分开。计划职能归企业管理者，并设立专门的计划部门，负责制定工作定额和各种标准，对工人发出指令，并检查控制执行情况。生产工人不再自行安排生产进度等计划管理工作，而是按照计划部门制定的操作方法、工具和指示进行实地操作。其次，实行职能管理。把管理工作加以细分，管理人员实行专业分工，工人不只接受一个工长的管理指挥。这种职能组织制虽然容易造成缺乏统一指挥、工人无所适从的局面，但具有管理者责任明确、能提高管理效率的优点。因此，这种职能管理思想为以后职能部门的建立和管理的专业化提供了依据。最后，实行例外原则。即企业管理的高层人员把一般日常事务授权给下层管理人员去处理，而自己只保留对例外事项如对重大政策性问题的决策权。这种以例外原则为依据的管理控制原理，以后逐步发展为分权化原则和事业部制等管理体制。

第三，提高效率。泰勒认为，为了提高效率就得使用第一流的工人，首先必须科学地了解工人。泰勒将工人分成两类：那些能干而又有强烈工作意愿的称为头等工人；那些在身体条件上完全能够胜任工作但又十分懒惰的称为二等工人。工人的劳动方法和劳动时间要根据头等工人的情况来确定。当然，做到上述两点，还不能称为第一流的工人，于是产生了最早的培训，即对工人进行必要的教育、训练，使他们成为第一流的工人。过去的管理没有形成科学的理论体系，工人的操作方法都是由师傅带徒弟，采取代代相传的方式进行。泰勒认为，应该把工人交给一位称职的老师，用心地去培训操作方法，直到工人能够连续而习惯地按照科学规律去操作。

2. 泰勒科学管理理论的局限

（1）泰勒对人的看法是错误的。他把人看作纯粹的“经济人”，认为人的活动仅仅出于个人的经济动机，忽视企业成员之间的交往以及工人的感情、态度等社会因素对生产效率的影响。

（2）泰勒的科学管理仅重视技术的因素，不重视人群社会的因素。

（3）泰勒的科学管理理论仅仅解决的是具体工作的作业效率问题，而不是从整体上解决企业的经营管理问题，研究的范围比较狭窄。

（四）泰勒的追随者

与泰勒同时代的对管理改革作出过贡献的还有亨利·劳伦斯·甘特、弗兰克·杰布雷斯夫妇及亨利·福特等。

亨利·劳伦斯·甘特（Henry L. Gantt）曾是泰勒的同事，后来独立从事企业管理技术咨询工作。他的重要贡献之一是设计了一种用线条表示的计划图表，称作甘特图。这种图现在常用于编制进度计划。甘特图内在思想简单，即以图示的方式通过活动列表和时间刻度形象地表示出任何特定项目的活动顺序与持续时间。基本是一条线条图，横轴表示时间，纵轴表示活动（项目），线条表示在整个期间上计划和实际的活动完成情况。它直观地表明任务计划在什么时候进行，及实际进展与计划要求的对比。管理者由此可便利地弄清一项任务（项目）的剩余工作，并可评估工作进度。

甘特还提出了“计件奖励工资制”，即除了支付日常工资外，超额完成定额部分，再计件给予奖金；完不成定额的，只能拿到日常工资。甘特在他的《劳动、工资和利润》中，论述了他的任务加奖金制设想。按照任务加奖金制的设想，工人在规定时间内完成规定定额，可以拿到规定报酬，另加一定奖金。如果工人在规定时间内不能完成定额，则不能拿到奖金。如果工人少于规定时间完成定额，则按时间比例另加奖金。另外，每一个工人达到定额标准，其工长可以拿到一定比例的奖金。一名工长领导下的工人完成定额的人数越多，工长的奖金比例就越高。甘特所设计的这种奖金制度，对于工人来说形成了基本的工资保证，对于工长来说矫正了他们的管理方式。过去，工长与工人处于对立状态，而甘特的办法第一次把管理者培训工人的职责和工长的利益结合起来。这种制度比泰勒的“差别计件制”更加优化，可使工人感到收入有保证，从而激发劳动积极性。这个事实第一次说明，工资收入有保证也是一种工作动力。甘特的代表作是1916年出版的《工业的领导》和1919年出版的《工作组织》。

机械师弗兰克·杰布雷斯（Frank B. Gilbreth）和他的妻子——心理学者莉莲·杰布雷斯（Lillian M. Gilbreth）以进行“动作研究”而著称。他们开始是在建筑行业分析研究用哪种姿势砌砖省力、舒适、效率高。经过试验，制定出了一套砌砖的标准作业方法，可使每人每日砌砖量增加两倍。他们还在其他行业进行过动作研究，并把工人劳动时手和臂的活动分解成十七项基本动作。他们的动作研究比泰勒的研究更为细致和广泛，研究成果反映在1911年出版的《动作研究》一书中。

美国的亨利·福特（Henry Ford）在泰勒的单工序动作研究的基础上，为了提高企业的竞争力，对如何提高整个生产过程的生产效率进行了研究。他充分考虑了大量生产的优点，规定了各个工序的标准时间，使整个生产过程在时间上得以协调，创造了第一条流水生产线——汽车流水生产线，从而提高了整个企业的生产效率，并使成本明显降低。

泰勒及其他同期先行者的理论和实践构成了泰勒制。可以看出泰勒制着重解决的是用科学的方法提高生产现场的生产效率问题。所以，人们称以泰勒为代表的这些学者所形成的学派为科学管理学派。

二、组织管理理论

（一）法约尔的一般管理思想

亨利·法约尔（Henri Fayol），古典管理理论代表之一，出生在法国一个小资产阶级家庭。1860年矿业学院毕业后进入康门塔里福尔香堡采矿冶金公司，成为一名采矿工程师，从1866年开始一直担任高级管理职务。他写了很多著作，其内容包括采矿、地质、教育和管理等。特别是在管理领域的贡献使法约尔受到后人的瞩目。法约尔与泰勒的经历不同，研究管理的着眼点也不同，他着重研究企业全面经营管理的问题。1916年，法约尔出版了《工业管理和一般管理》一书，提出了他的一般管理理论，后人称其为“现代经营管理之父”或“管理过程理论之父”。

法约尔指出，任何企业都存在着六种基本活动，管理只是其中的一种。这六种基本活动：①技术活动（指生产、制造、加工等）。②商业活动（指采购、销售和交换等)。③财务活动(指资金的筹措、运用和控制等)。④安全活动(指设备的维护和人员的保护等)。⑤会计活动(指货物盘点、成本统计和核算等)。⑥管理活动(指计划、组织、指挥、协调和控制五项职能活动)。在这六种基本活动中,管理活动处于核心地位。在管理活动中计划是指预测未来并制订行动方案;组织是指建立企业的物质结构和社会结构;指挥是指使企业人员发挥作用;协调是指让企业人员团结一致,使企业中的所有活动和努力统一和谐;控制是指保证企业中进行的一切活动符合制定的计划和所下达的命令。

法约尔对管理的上述定义明确了管理与经营的关系。法约尔写道:"所谓经营,就是努力确保六种基本活动的顺利运转,从而把组织拥有的资源变成最大的成果,促使组织目标的实现。"

1. 管理的五项职能

法约尔把管理单独列出来作为自己的研究对象,认为管理是由计划、组织、指挥、协调和控制五个要素构成的,并对这五个要素进行了深入分析,强调计划和组织是重点。管理的五要素实际上是管理的五种职能,这五种管理职能形成了一个完整的管理过程,比 1913 年亚历山大·丘奇(Alexander H. Church)提出的设计、设备、控制、比较、作业五项管理职能更为完整和具体。所以,法约尔被认为是管理过程学派的创始人。

法约尔指出:"管理,就是实行计划、组织、指挥、协调和控制;计划,就是探索未来、制订行动计划;组织,就是建立企业的物质和社会的双重结构;指挥,就是使其人员发挥作用;协调,就是连接、联合、调和所有的活动及力量;控制,就是注意是否一切都按已制定的规章和下达的命令进行。"

(1)计划。法约尔强调"管理应当预见未来"。他认为,如果说预见性不是管理的全部的话,至少也是其中一个基本的部分。

计划工作表现的场合有许多,并且有不同的方法。它的主要表现、明显标志和最有效的工具就是行动计划。行动计划既反映了所要达到的结果,又指出所遵循的行动路线、通过的阶段和所使用的手段。在制订计划时,要考虑到下级管理人员以及一般工人的意见,这样才能使所有的资源被有效利用起来,从而有利于企业的发展。法约尔还认为一个好计划应具有以下特点:统一性,每项计划不仅有总体计划还有具体的计划;连续性,不仅有长期的计划还有短期的计划;灵活性,能应付意外事件的发生;精确性,应尽量使计划具有客观性,没有主观的臆测。制订工作计划是非常重要的,这是法约尔对当时管理思想的一个比较大的贡献。

(2)组织。法约尔指出,好的计划需要有好的组织。组织是对企业计划执行的分工。组织一个企业就是为企业的经营提供所有必要的原料、设备、资本、人员。组织大体可以分为物质组织和社会组织两大部分。在配备了必要的物质资源以后，人员或社会组织就应该能够完成其基本职能，即进行企业所有的经营活动。

（3）指挥。指挥是一种以某些工人品质和对管理一般原则的了解为基础的艺术。法约尔要求指挥人员做到：①透彻了解自己的手下人员。领导者至少要做到了解他的直接部下，明白对每个人可寄予什么期望，给予多大信任。②淘汰没有工作能力的人。领导是整体利益的裁决者与负责者，只有整体利益可以迫使他及时地执行这项措施。③十分通晓约束企业和雇员的协议。在各项工作中，领导者都起着双重作用。在职工面前，他起到维持企业利益的作用；在厂主面前，他起到维护职工利益的作用。④做好榜样。领导做出榜样，是使职工对领导者的管理心悦诚服的最有效的方法之一。⑤对组织的账目进行定期检查，并使用概括的图表来促进这项工作。⑥召开会议。把主要助手召集起来，参加酝酿统一领导和集中力量搞好工作的会议。⑦不要在工作的细节上花费精力，在工作细节上耗费大量时间是一个大企业领导的严重缺点，领导者不应因关心小事情而忽视了重大的事情，工作组织得好能使领导者做到这一点。

（4）协调。协调就是使企业的一切工作都要和谐地配合，以便于企业经营的顺利进行，并且有利于企业取得成功。法约尔说："协调就是指企业的一切都要和谐地配合，这样做的目的就是使企业的工作能够顺利地进行，并有利于企业获取成功。协调的另一种功能就是使职能的社会组织机构和物资设备机构之间保持一定的比例。这个比例是每个机构高效、保质保量完成任务的保证……总之，协调的目的是让事情和行为都有一个合适的比例。"

法约尔认为，部门领导有必要召开每周的例会。召开例会的目的是根据企业工作进展情况讲明企业发展方向，明确各部门之间应有的协作，利用领导们出席会议的机会来解决共同关心的各种问题。

（5）控制。控制就是要证实一下是否各项工作都与已定计划相符合，是否与下达的指标及已定规则相符合。法约尔认为，控制的目的是指出工作中的缺点和错误，以便纠正并避免重犯。从管理的角度来看，应确保企业有计划并且确实执行，而且更要及时地加以修正。最好做到不管对什么工作都能够回答"怎样进行控制呢"这样的问题。由于控制作用于各种性质的工作和各级工作人员，所以控制有许多不同的方法，像管理的预测、组织指挥和协调一样，控制这一要素在执行时总是需要有持久的专心工作的精神和较高的艺术。

法约尔还根据长期的亲身经验，提出了 14 条著名的管理原则：①分工。分工不局限于技术工作，也可适用于管理职能专业化和权限的划分。②权力和责任。权力是下达命令的权力和使人服从的职权。法约尔把因职务地位而拥有的正式权力与由于其智慧、经验、品质、能力及过去的功绩而产生的个人权力区别开来。这两者是相互补充的。此外，权力和责任也是相互联系的，行使权力就要承担责任，委以责任就要授予相应的权力。③纪律。纪律建立在尊重而不是畏惧的基础上，纪律好坏关系到企业的成败。④统一指挥。“一个雇员不管采取什么行动，只应接受一个上级的命令。”⑤统一指导。同一目标的许多工作只能有一个领导和一个计划指导。⑥个人利益服从整体利益。⑦人员报酬。报酬必须公平合理。⑧集权。根据企业的规模、特点和领导者的能力等具体条件，规定集权和分权的程度，把集权和分权做到恰到好处。⑨等级链。从最高的权力机构到最基层的上下级关系要形成阶梯形的权力锁链，表明权力等级的顺序和传递消息的途径。为了克服由于统一指导原则而产生的信息沟通方式的延误，法约尔提出了允许横跨权力线进行横向交往的联系板，即“法约尔跳板”。⑩秩序。物资存放有秩序，厂区必须整洁，每个职工都有明确的岗位职责。⑪公平。在管理中贯彻公平原则，带着善意，公正地处理职工之间的关系。⑫人员保持稳定。人员的稳定是相对的，人员的流动是绝对的。企业要掌握人员的稳定和流动的合适的度，以利于企业中成员能力得以充分发挥。⑬创造性。在一切工作中要积极主动、充满热情、富有创造精神。⑭集体精神。在企业内部建立和谐、团结的工作氛围。法约尔的 14 条管理原则具有独创性的见解，对于管理理论研究和实际工作都具有很大的启发性。

2. 法约尔管理思想的深远影响

法约尔提出的一般管理原则与职能实际上奠定了 20 世纪 50 年代兴起的管理过程研究的基本理论基础，许多管理论著在某种程度上可直接追溯到一般管理理论的研究。法约尔提出的一般管理理论至今仍有相当大的影响力，对现代管理仍然具有现实的指导意义。这主要是基于以下几点：首先，法约尔对现代管理学研究提出了总框架，对管理内涵的概括体现了全局性和战略性的特点。其次，法约尔把管理同其他容易混淆的术语区分开来，更加体现了管理的独立性和专业性，这对管理者正确理解自己的特殊职业含义很重要。最后，法约尔提出的 14 条原则至今仍然是规范现代管理活动的重要准则。

法约尔的理论起着承上启下的作用。他的管理理论处于泰勒和韦伯之间，是出自企业管理或“工业管理”，但落脚于普遍性的“一般管理”。法约尔是从企业管理角度出发，抽象出管理的一般性原则和要素，与泰勒和韦伯的管理理论相比更加清楚。泰勒于 1911 年发表的《科学管理原理》的中心思想是提高劳动生产率。此外，泰勒还对计划职能和执行职能的划分、职能管理制的采用和组织结构上的管理控制原理进行了分析。泰勒的理论主要是企业管理理论。韦伯管理理论的贡献在于提出了理想行政组织体系理论，这集中表现在他的代表作《社会组织与经济组织理论》一书中。他主张，为了实现一个组织的目标，要把组织的全部活动划分为各种基本的作业作为公务分配给组织的各个成员。各种公职与职位是按照职权的等级原则组织起来的，每一职位有明文规定的权力与义务，形成一个指挥体系或阶层体系。组织中人员的任用完全根据职务上的要求，通过正式考试或教育训练来实行。管理人员必须严格遵守组织规定的规则和纪律。韦伯认为，这种理想的行政组织体系能提高工作效率，在精确性、稳定性、纪律性和可靠性方面优于其他组织体系。由此看来，法约尔介于泰勒与韦伯之间，如果说泰勒侧重于企业管理理论，韦伯侧重于行政管理理论，那么法约尔的“一般管理理论”既可以说是企业管理理论，也可以说是行政管理理论。

然而，泰勒的科学管理理论并非没有对行政管理产生影响，其实科学管理作为一种运动在美国对行政管理方面的思索产生了巨大的影响。虽然泰勒集中于对工业车间和工人的工作过程进行深入细致地分析，“但是，他的见解加速了一场趋向于合理化的工厂生产方法的运动，促进了把‘效率’作为管理理论和实践的指导标准。泰勒强调专业管理的需要，工作过程的研究和设计，以及创立一种促进工人和组织之间相关利益的社会精神气质。”因此，科学管理在强调“效率”及其价值观和方法这两个方面对公共行政有极大的影响。“科学管理强调的是合理性、可预测性、专业化和技术能力，但是它的焦点比韦伯窄得多。”韦伯认为，在某种程度上，官僚制的组织形式比其他行政管理系统效率高，它使规定与程序非人格化，因此能在决策中取得高度的可预测性，因而最终在集约效率和业务范围方面占有优势，并且可能运用于各种行政任务。由此可见，中性合理，即合法的行政规定是韦伯理想形式的核心所在。显然，韦伯的理论与法约尔的理论相比，较少涉及企业管理，而与泰勒的理论相比则要更加宽泛，侧重于行政组织形式。

法约尔很早就倡导对经营管理活动进行理论分析，这一主张在经历了近半个世纪的激烈争论以后，才被大多数组织理论家所接受。

3. 对法约尔一般管理思想的评价

亨利·法约尔发表的著作虽然为人们所接受，但是，20 世纪初期的欧洲仍然处于泰勒主义精神的笼罩之下，其主要原因有两个：一方面泰勒的效率方法被迅速应用于法国支援战争的需要。当时的法国国防部长曾命令所有生产战争物资的工厂研究和应用泰勒的管理方法。另一方面亨利·勒夏特利埃和夏尔·弗雷曼维尔翻译并普及了泰勒的著作《科学管理原理》，阐述了泰勒的管理思想和管理方法。一直到后来出现了其他的文化条件，法约尔的管理思想才引起人们的注意和重视。

（1）提出了管理的“普遍性”。法约尔强调所有的机构（即工业、商业、政治、宗教等任何机构）都需要实行管理。这种对管理“普遍性”的认识和实践，在当时是一个重大的贡献。他把管理活动从经营中单独列出来，作为一个独立的职能和研究项目。泰勒看到了企业中科学管理法和哲学思想的普遍性，但他没有像法约尔那样，在更广泛的领域里看到管理活动的普遍性。

（2）管理理论更具有一般性。法约尔的管理理论是概括性的，所涉及的是具有普遍性的管理理论问题，其形式和对象均是在极其普遍的条件下有关管理的一般理论，所以更具理论性和一般性。由于能适用于各种事业的共同原理，人们称为“一般管理理论”。从理论的角度来讲，它对管理理论发展的影响也许比科学管理法的影响还要大。

（3）为管理过程学派奠定了理论基础。法约尔的一般管理理论最先将经营与管理区别开来，最先归纳了管理的五大职能，在管理学史上是一个重要的里程碑。他所开创的一般管理理论，后来成了管理过程学派的基础理论。

（二）韦伯的行政组织理论

组织管理理论的另一个主要代表人物是马克斯·韦伯（Max Weber）。他出生在德国一个有着广泛社会和政治联系的富裕家庭，是德国著名的社会学家、经济学家和政治学家。他提出了行政组织体系理论，因而被称为“组织理论之父”。

名人解读

韦伯的著作

按照德国学者迪尔克·克斯勒的整理，韦伯一共留下了226个学术文本。从20世纪70年代开始，德国摩尔·兹贝克出版社开始整理出版《韦伯全集》。全集分为三个部分——著作和演讲、书信、讲稿和讲课记录。

一般认为，韦伯的所有著作可以分为以下四个部分：第一部分是韦伯博士论文和教授资格考试论文中关注的国民经济学和经济史的研究。韦伯在1892—1894年，还对东易北河地区农业工人状况进行了系统调查。

第二部分是韦伯的宗教社会学研究，其中包括《新教伦理与资本主义精神》（1904）、《新教教派与资本主义精神》（1906）。《新教伦理与资本主义精神》发表之后，韦伯收到了大量的评论和批评，他对此进行了回应和反批评。在第一次世界大战的隆隆炮火中，韦伯重拾问题，将研究视野扩展到了世界范围内的比较研究，着手开始了《诸世界宗教的经济伦理》（1916—1919）的写作。

第三部分是他的一般社会学的研究，包括法律社会学、城市社会学、统治（又称“支配”）社会学和音乐社会学。

第四部分是韦伯对社会学研究方法论问题的反思，其中包括《罗舍尔和克尼斯与国民经济学中的逻辑问题》（1903）、《社会科学与社会政治的“客观性”》（1904）、《论理解社会学的一些范畴》（1913）等。

韦伯对权威的类型和行政组织进行了深入研究，在《社会和经济组织的理论》一书中，提出了“理想的行政组织体系”（官僚行政组织）理论。韦伯认为等级、权威和行政制是一切社会组织的基础。任何一种组织都是以某种形式的权威为基础的。他认为有这样三种类型的权威：魅力型权威、传统型权威和法理型权威，这三种权威中只有法理型权威是理想的现代行政组织的基础。这种理想的现代行政组织形式是被法律化了的，在这种组织中存在着一系列的行为规则和程序，组织成员必须依法行事。

行政组织体系，指的是通过公职或者职位，而不是通过个人或者世袭来管理，即集体活动理想化。所谓“理想化”，并不是指合乎需要的，而是指组织的“纯粹形态”。韦伯认为，任何一种组织都是以某种形式的权力为基础的。权力能够消除混乱，建立秩序。他认为被社会接受的权力有三种纯粹形式：①理性——法律的权力，这是一种由法律确定的职位或地位产生的权力。②世袭式权力，这是由于个人占据着世袭或上代移下的权力和地位而产生的权力。③神授权力，这是由宗教信徒而产生的权力。他认为理性——法律的权力是行政组织体系的基础。

一个理想的行政组织体系具有四个主要特点：①组织体系中的每个职位都有明文规定其权力和责任，由职务地位产生的正式权力和由个人才能、威望产生的个人权力要相互补充。组织中的全部活动划分为各种基本的职能，在分工的基础上每个职能单位都有权威的专家。②各种职位是按职权的等级原则组织起来的，形成一个金字塔形的指挥层次系统。每个下级要接受其上级的控制和监督，上级要对自己以及下属的决定和行动负责。③组织中人员的任用，完全通过职位上的要求，通过正式考核或教育训练来实现。④组织中人员的关系不受感情的影响，完全以理性准则为指导。他认为这种理性的行政组织体系能提高工作效率、精确性、稳定性和纪律性。

作为韦伯组织理论的基础，官僚制在19世纪的欧洲非常盛行。韦伯认为一套支配行为的特殊规则的存在，是组织概念的本质所在。这些规则对行政人员的作用是双重性的：一方面，他们自己的行为受其制约，另一方面，他们有责任监督其他成员服从于这些规则。韦伯理论的主要创新之处源于他对有关官僚制效率争论的忽略，而把目光投向其准确性、连续性、纪律性、严整性与可靠性。韦伯这种强调规则、强调能力和强调知识的行政组织理论为社会发展提供了一种高效率、合乎理性的管理体制。韦伯的行政组织理论虽然只是社会实践的理论总结，而不是管理思想的全新开创，但我们在重温韦伯行政组织理论之时，不仅要赞美他在历史上的重大贡献，更是认同其思想对现代组织行为的现实指导意义。

“官僚”一词已从技术意义上的“行政组织”（中性）演变成“效率低下”的代名词（贬义）。然而现今社会行政组织的过分低效，并不是“官僚制”本身的错误，而是由于官僚行政组织内部机制障碍所致。长期以来，我国政府和企业机构臃肿、效率低下，对照一下韦伯关于理想的官僚组织理论，也许它们可以作为政府机构改革和企业内部重整的准则。

被誉为“组织理论之父”的马克斯·韦伯对组织管理理论的伟大贡献在于明确而系统地指出理想的组织应以合理合法权力为基础，这样才能有效地维系组织的连续和目标的达成。为此，韦伯首推官僚组织，并且阐述了规章制度是组织得以良性运作的基础和保证。企业的不断进步和发展不仅仅依赖于其英雄人物的“超凡卓识”，还应在更大程度上依赖于其“顺应自然”的原则体系——公正地识人、用人的体系。

（三）巴纳德的贡献

巴纳德长期担任美国新泽西州贝尔电话公司总经理职务。他对管理理论的贡献主要体现在1938年出版的《经理人员的职能》一书中。巴纳德认为，组织是两人或更多人经过有意识地协调而形成的活动或力量系统。在组织中，经理人员是最为重要的因素，经理人员的职能主要有制订并维持一个信息系统、使组织中每个人都能做出贡献以及阐明并确定本组织的目标。巴纳德把组织分为正式组织和非正式组织。对正式组织来说，不论级别高低和规模大小，其存在和发展都必须具备三个条件：明确的目标、协作的意愿和良好的沟通。在正式组织中还存在着一种因为工作上的联系而形成的有一定的看法、习惯和准则的无形的组织，即非正式组织。它的活动对正式组织有双重作用，既有不利影响，也可能对组织的效率有利。巴纳德的这一理论为后来的社会系统学派的理论奠定了基础。

第二节 行为科学理论

古典管理理论，一方面，因为顺应了当时的经济、社会发展和管理实践的需要，有力地促进了当时生产力的发展和社会的进步；另一方面，因为它所解决的不仅是特殊时代的管理问题，而是任何时代都必须面对的管理问题，所以对以后管理理论和管理实践的发展也产生了深远的影响，其中的许多原理和做法至今仍被众多国家或地区的各类社会组织所采用。

但尽管古典管理理论的广泛流传和实际运用，大大提高了组织的效率，但古典管理理论着重于生产过程、组织控制方面的研究，较多地强调科学性、精密性和纪律性，对人的因素关注得较少，把工人当作机器的附属品，让工人像牛马一样干活，这就激起了工人的强烈不满。20世纪20年代后，一方面，劳资双方的矛盾日益激化；另一方面，经济的发展和周期性经济危机的加剧，尤其是随着科学技术的发展和应用，单纯依靠传统的管理理论与管理方法已不可能有效地控制工人以达到提高生产率和利润的目的。一些学者开始研究企业中关于人的一些问题，于是人际关系学说应运而生。这个学派为以后的行为科学学派奠定了基础，也成为由科学管理过渡到现代管理的跳板。人际关系理论的产生也成为科学管理时代衰落的标志。

行为科学这个名称产生于20世纪50年代的美国。行为科学的原文有复数和单数两种用法。复数的行为科学是指一个学科群。按照美国管理百科全书的定义，行为科学是“运用自然科学的实验和观察方法，研究在自然和社会环境中人的行为以及低级动物的行为的科学，已经确认的学科包括心理学、人类学、社会学以及其他相关学科中类似的观点和方法”。这个定义就是把行为科学看作包括心理学、社会学、人类学在内的学科群，这是对行为科学的广义理解。单数的行为科学是指作为管理科学中的一门学科。通常所说的行为科学多数是指狭义的行为科学。行为科学理论是伴随资本主义矛盾的加剧而产生的。泰勒等人创立的科学管理理论忽视了人的因素，其有效性受到质疑。一些经济管理学者尝试将社会学和心理学等引进企业管理的领域，提出用调节人际关系、改善劳动条件、注重人的内在因素等办法来提高劳动生产率。

一、人际关系学说的早期贡献者

罗伯特·欧文（Robert Owen）。罗伯特·欧文是空想社会主义的代表人物之一，早在18世纪末期，欧文就为实践自己的政治主张而进行了“纽兰纳克”及“新协和村”的试验。试验虽未获得成功，但他的实践与思想却对管理学的形成做出了贡献。欧文提出了理想的工作场所的设想，并主张花钱改进劳动力的状况是一种明智的投资。他认为“至少要像对待无生命的机器那样重视对于有生命的人的福利”。另外，他还注重对工人的行为教育。现代管理中的行为学派将其公认为其先驱者之一。

雨果·蒙斯特伯格（Hugo Munsterberg）。雨果·蒙斯特伯格是德国人，工业心理学的创始人之一。他的专业是心理学和医学，但他对实验心理学却很感兴趣，之后便把兴趣转向了心理学在工业中的运用。1912年，他在《心理学与工业效率》一书中强调他的目标在于发现：

（1）最合适的人。这是要研究工作对人们的要求，识别最适合从事某种工作的人，用心理学的实验方法在人事选择、职业指导和工作安排方面做出贡献。

（2）最合适的工作。即有了合适的工人，还必须有合适的工作方法和手段才能有助于提高工作效率，学习和训练是最经济的手段和方法，物理和社会因素对工作有较强的影响。

（3）最理想的效果。这是要研究工人处于什么心理状态才能生产出最大、最满意的产量，或者说一个企业应当用什么样的方法影响工人，才能从他们那里取得最好的结果。

玛丽·帕克·福莱特（Mary Parker Follett）。福莱特是最早（20世纪初）认识到应当从个人行为和群体行为的角度来观察组织的学者之一。她比众多的科学管理先驱者提出了更多的人员导向的理念。她提出："人们在团体中寻求归属，在联合中寻求安慰，在隶属中寻求实现。"她认为组织应该建立在群体道德的基础之上，管理的本质就是寻求合作。领导不是对他人的统治和支配，而是领导者与被领导者的相互影响。

切斯特·巴纳德（Chester Irving Barnard）。巴纳德认为，组织是一个由人们有意识地加以协调的各种活动的系统。每个人在克服其生理、心理、物质和社会的限制时，必须自觉地进行协作，组织就是这种自觉协作活动的一个系统。协作固然可以通过命令和指挥的形式来实现，但只有具备以下四个条件，个人才会承认这种命令的权威并接受命令：①理解这个命令。②认为这个命令同组织的目标是一致的。③认为这个命令同个人利益是符合的。④有执行这个命令的能力。

二、行为科学产生的社会历史背景

古典管理理论的代表人物泰勒、法约尔、韦伯等，都把人理解为"经济人"，因此将问题的重点放在操作方法、规章制度、管理原则上，强调作业的科学性、精密性、纪律性较多，而对人的因素分析较少。但20世纪20年代以后，一方面，工人日益觉醒，工会组织逐渐发展，劳资关系趋于紧张；另一方面，经济发展和周期性危机的加剧，以及科学技术的发展和应用，使越来越多的资本家感到，单纯运用古典管理理论和方法已经不能有效地控制工人为提高劳动生产率和利润而努力，有些管理学家、心理学家也意识到社会化大生产的发展需要与之相适应的新的理论，于是行为科学就应运而生。

三、梅奥及霍桑试验

1. 乔治·埃尔顿·梅奥

乔治·埃尔顿·梅奥（George Elton Mayo）是原籍澳大利亚的美国行为科学家，获得过逻辑和哲学硕士学位，以后在苏格兰的爱丁堡学习医学，并进行过精神病理学的研究。在第一次世界大战期间，他利用业余时间用心理疗法给受战争创伤的士兵治病。1926年任哈佛大学工商管理研究院工业研究室副教授直至退休。他的著作有《工业文明的人类问题》《工业文明的社会问题》，书中记载了他所有参加的霍桑试验的过程和结论，并进一步阐明了他的观点。

2. 霍桑试验

1924—1932年，由美国国家研究委员会和西方电器公司共同主持了一项研究活动，由于研究是在西方电器公司的霍桑工厂进行的，因此被后人称为霍桑试验。

霍桑工厂当时拥有 25000 名职工，并且以女工为主，主要生产电话机和电器设备。霍桑试验分为几个阶段，其中影响最大的是以下几次。

（1）照明与工人工作效率的关系试验。这是第一个阶段的试验，从 25000 名职工中找出 12 名女工，将她们 6 人一组分为两组，一组为“控制组”，其照明条件始终不变；另一组叫“试验组”，其照明条件经常改变。试验结果出乎研究人员的意料，两组女工的产品产量都呈增长趋势。研究人员为此大惑不解，几乎要宣布试验失败，梅奥了解到这一情况后，对试验很感兴趣，在他的领导下试验继续进行。梅奥曾受过心理学方面的训练，因此提出应该换一个角度来分析试验的结果，工人的劳动热情提高一定是受到了激励，既然共同的环境和条件没有构成激励的主要原因，那么这巨大的动力就来自参与者参加了试验活动的社会满足感。

在第一个阶段还做了继电器装配室的试验。找一组工人到继电器装配室干活，研究人员经常与工人交流，工人能自由发表意见，结果工人的劳动热情大大提高，缺勤率下降。因此梅奥等人认为，工作条件、休息时间以及工资报酬等方面的改变都不是影响劳动生产率的第一位因素，最重要的是企业管理者与工人之间以及工人相互之间的社会关系。

（2）访谈与普查试验。这是霍桑试验的第二阶段，对两万左右的职工进行访问和交谈，了解他们对公司和各方面情况的意见和态度。访问开始采用的方式是调查人员提问，工人回答，但效果很差。一些人不敢说，另一些人对问题不感兴趣，不愿说，后来改为让工人主动、随意发表意见，调查人员只是倾听，这样工人参与谈话就积极踊跃了。工人将心中的不满发泄出来。因此，梅奥认为应该对管理者进行训练，让他们能更好地倾听工人的意见，了解工人的情绪。

（3）电话线圈装配工试验。这次试验选了 14 名工人，其中 9 名绕线工，按每 3 人一组分为 3 组，每组再配 1 名焊接工，然后有 2 人为检验工。试验开始后研究人员发现，各组的产量都达不到管理当局的要求，但差距也不是很大。分析原因，主要是工人担心工资下降，或定额上涨。这个非正式的产量定额是靠小团体的压力维持的，工人们都不愿意被小团体所抛弃，因此都自觉维持着非正式的定额。

霍桑试验得出了三点结论：①职工是“社会人”；②企业正式组织中存在着“非正式组织”；③新的企业领导能力在于通过提高职工的满足度来提高士气。这三点结论为以后行为科学的发展奠定了理论基础。

四、行为科学理论

梅奥在霍桑实验的基础上，于 1933 年出版了《工业文明中人的问题》一书，提出了人群关系理论（亦称人际关系学说）。与古典管理理论相比，梅奥的人际关系学说提出了以下新的观点。

第一，人是“社会人”，企业管理应注意从社会心理的角度来调动人的积极性。传统的科学管理理论把人看作“经济人”，认为金钱与物质刺激是调动人的积极性的唯一动力。企业家以“经济人”的身份追求最大利润，工人则以“经济人”的身份追求最高工资。霍桑实验则证明了人是“社会人”。影响人的生产积极性的因素，除了物质利益之外，还有社会心理的因素。每一个人都有自己的特点，个体的观点和个性都会影响个人对上级命令的反应和工作的表现。因此，企业的管理者应该把职工当作不同的个体来看待，当作“社会人”来对待，而不应该将其视作无差别的“机器”或“机器”的一部分。

第二，生产效率主要取决于人的工作态度和企业内部的人际关系。传统的科学管理理论认为，生产效率纯粹受工作方法和工作条件的制约。因而在管理上只强调实行工作方法的科学化、劳动组织的专业化、作业程序的标准化。总之，传统管理是以“事”为中心的管理。而霍桑实验证明，生产效率主要取决于职工的积极性。职工积极性的提高又取决于职工的工作情绪、态度与士气，以及企业内部的人际关系。

第三，企业组织内部存在着“非正式组织”，它们对职工的行为产生了不可忽视的影响。非正式组织是与正式组织相对而言的。所谓正式组织是指为了有效地实现企业目标，随企业成员的职位、责任、权力及其相互的关系进行明确划分而形成的组织体系。传统的科学管理理论只注重发挥诸如组织机构、职权划分、规章制度等“正式组织”的作用。霍桑实验发现，工人在企业内部共同劳动的过程中，必然会发生一些工作以外的联系，这种联系会加深他们之间的相互了解，从而形成某种共识，建立起一定程度的感情，逐渐发展成为一种相对稳定的非正式组织。这种无形的非正规群体，有特殊的感情、规范和态度倾向，对于成员的行为有着十分重要的影响。不管承认与否，梅奥等人认为，非正式组织都是存在的。它与正式组织相互依存，而且会通过影响工人的工作态度来影响企业的生产效率和目标的达成。因此，管理人员应该正视这种非正式组织的存在，利用非正式组织为正式组织的活动和目标服务。

第四，新型的领导能力在于提高职工的满足程度。传统的科学管理理论认为，生产效率主要取决于作业方法、工作条件和工资制度。因此，只要采用恰当的工资制度、改善工作条件、制定科学的作业方法，就可以提高工人的劳动生产率。而霍桑实验却发现了不同的结论。梅奥等人认为，生产效率的高低主要取决于工人的士气，而工人的士气则取决于他们感受到各种需要的满足程度。在这些需要中，金钱与物质方面的需要只占很少的一部分，更多的是获取友谊、得到尊重或保证安全等方面的社会需要。因此，要提高生产率就要提高职工的士气，而提高职工士气就要努力提高职工的满足程度。所以，新型的管理人员应该认真分析职工的需要，不仅解决工人生产技术或者物质生活方面的问题，还要掌握他们的心理状态，了解他们的思想情绪，以便采取相应的措施，如工人参与管理、倾听职工的意见、沟通人际关系、改善工人对公司的态度等。只有这样，才能适时、充分地激励工人，达到提高劳动生产率的目的。

【企业实践】

管理者对待非正式组织的办法

对于消极型的群体，要找出有影响力的成员，谋求与他们的合作。管理者应对非正式群体中的领袖的影响给予高度重视，积极谋求与他们在各个层面上进行有效沟通，使其理解和接受组织的目标。

对于兴趣型群体，应理解其存在及立场，并提供支持和帮助，为其成员提供自我表现和发展的机会，使他们的需求在组织中也能得到满足，引导其群体的目标和价值观与组织保持一致，使他们慢慢向积极型群体转化。

对于破坏型群体，当教育、引导不能使其向有益于企业的方向发展的时候，对群体中极具破坏性的人物要坚决清除，使其接受应有的惩罚。

对于积极型的群体，应有意识地对其进行方向性的引导，使群体内部的凝聚力与企业文化接轨、群体目标与企业目标保持高度的一致。

企业的领导人应加入非正式群体中并主动与员工接触，尽可能地参与非正式群体的活动，使组织的领导者同时又是非正式群体的领袖，确保非正式群体的行为和利益与组织目标保持一致。

引导和建立非正式沟通机制，从而使企业内部上下级之间、同级之间，有更多的机会了解、沟通，缓解工作压力，增进人际关系。

霍桑实验的结论以及由此总结出来的人际关系学说，第一次正式将社会学和心理学引入企业管理中，因而有力冲击了传统的管理理论，使管理者认识到他们的下属是一些有思想、有情感的活生生的人，而所谓的组织、群体，就是由这些具有不同心理特征的人组成的。因此，作为一个管理者或领导者，不仅必须具有组织、控制整个企业经营事业的能力，还必须具备满足职工社会与心理需求、激发职工积极性和创造性的能力以及控制或者操纵整个群体的能力。显然，人群关系理论的出现，使企业管理开始注重对人的因素的研究。管理者们认识到人和物比较起来，人是企业的主体，只有充分发挥人的主动作用，才能更好地发挥现代技术的作用。这种观念使得企业管理的手段由原来只重视机器、设备等物的作用逐步转变为更加重视人的作用。

霍桑实验和人际关系学说在一定的意义上开创了企业管理中研究职工需要、动机、行为激励、群体心理和领导行为的新方向。随着时间的推移，其影响也逐步扩大。一些大学开始设立相应的课程，人际关系学说及其观点也因此逐步地被引入到企业。1948 年，美国成立了全国性的工业关系研究会。1949 年，该学科被定名为行为科学以后，福特基金会成立了行为科学部，次年建立了行为科学的高级研究中心。之后，洛克菲勒基金会、卡耐基基金会也相继拨款支持行为科学的研究。1956 年，美国出版了第一期《行为科学》杂志。

从此以后，许多管理学家、社会学家和心理学家从行为的特点、行为和环境的关系、行为的过程以及行为的原因等多种角度开展了对人的行为的研究，并形成了一系列的理论，使行为科学成为现代西方管理论的一个重要流派。在某种意义上，行为科学是以人际关系学说为基础和开端而形成的一门管理科学。其主要的研究成果包括：马斯洛的“需求层次理论”，他将人的需求按其重要性和发展次序分为五个等级，即生理、安全、社交、尊重和自我实现；赫茨伯格的“双因素理论”将人类的需要划分为两种因素，即“保健因素”和“激励因素”；弗鲁姆的“期望理论”认为人的行为的激发力取决于目标价值的高低和期望率的大小，即激发力量 = 效价 × 期望值；麦格雷戈的“X 理论—Y 理论”，他表示传统的 X 理论认为工人本性是不诚实、懒惰、愚蠢，必须实行强制管束才能提高劳动效率，而 Y 理论则认为人都是愿意取得成就的，只要善于诱导就能激发其积极性和主动性，因此他主张现代企业管理在管理的指导思想上要变 X 理论为 Y 理论。

第四节　现代管理理论的丛林

第二次世界大战以后，随着现代自然科学和技术日新月异的发展，生产和组织规模急剧扩大，生产力迅速发展，生产社会化程度不断提高，管理理论引起了人们的普遍重视。许多学者结合前人的理论和实践经验，从不同的角度、用不同方法来研究管理理论，出现了许多管理理论和新学派。美国管理学家哈罗德 · 孔茨（Harold Koontz）把管理理论的各个流派称为“管理丛林”。20 世纪 60 年代孔茨对各种学派加以分类，并发表了一篇名为《管理理论的丛林》的论文，将管理理论分为 6 个学派。到 1980 年，孔茨又发表了《再论管理理论的丛林》一文，指出了管理理论已发展为 11 个学派。孔茨也被称为“管理丛林游侠”。

现代管理理论丛林的特点包括：①理论创造非常多，名家辈出，新的理论层出不穷；②把很多现代的科学技术方法应用于管理（计算机应用于管理，西蒙）；③没有对管理进行全面性的思考的理论。同一时期还有一个新的现象不容忽视，就是对顾客需求的重视。经济的发展、市场的繁荣促使卖方市场开始向买方市场转变，于是由美国质量管理专家费根鲍姆（A. V. Feigenbaum）首倡的全面质量管理理论“始于顾客，终于顾客”的思想开始引起管理界的重视，并逐渐为世界各国所接受。

一、管理过程学派

管理过程学派认为，管理是个过程，由五个职能组成，即计划、组织、指挥、协调和控制。管理过程学派的早期代表人物是法约尔，代表著作是《工业管理与一般管理》，第二次世界大战后的代表人物是孔茨，代表作是孔茨和奥唐奈合著的《管理学》。

管理过程学派主张按照管理职能建立一个作为研究管理问题的概念框架。代表人物创始人法约尔，第二次世界大战后代表人物孔茨《管理学》。管理过程学派的理论要点：①管理是一个过程。②管理过程由五大职能构成（计划、组织、人员配备、指挥和控制）。③管理职能具有普遍性。④管理应具有灵活性。

二、社会系统学派

社会系统学派从社会学的观点来研究管理，把企业组织中人们的相互关系看成是一种协作的社会系统。这个学派的创始人是美国高级经理人员和管理学家切斯特·巴纳德。他认为，作为正式组织的协作系统，不论其级别的高低和规模的大小，都包含有三个基本要素，即协作的意愿、共同的目标和信息联系。

代表人物：巴纳德，其代表作为《经理的职能》。他将社会学概念用于管理之中，在组织性质和理论方面做出杰出贡献，被称为现代管理理论之父。社会系统理论（组织平衡理论）的基本观点：组织是一个复杂的社会系统；人际关系理论仅研究了人与人之间的关系而忽略了人与组织之间的关系；若要组织运转有效，就必然涉及人与组织之间的协调；社会系统理论（组织平衡理论）以研究个人与集体之间的关系为主导：企业员工都有自己的目标，如果一个企业员工的个人目标能够相融于企业目标，员工的积极性就能被充分调动起来。

组织良好运行以获得和付出的平衡为基础，个人对两者权衡后做出选择。提出协作效力（成员总体满足）与协作效率（成员个体满足）二分法观念。其核心思想是用协作统领组织。现代组织的三大基石是明确组织目标、权力结构和决策机制；明确组织的激励机制；明确组织内部的信息沟通机制。

三、决策理论学派

决策理论学派的代表人物是美国经济学家和社会学家赫伯特·西蒙（Herbert Alexander Simon）。西蒙研究的主要是生产者的行为，特别是当代公司中决策的组织基础和心理依据。由于他在决策理论的研究中做出了突出贡献，因此获得了1978年诺贝尔经济学奖。西蒙的代表著作有《管理行为》《管理决策的新科学》。西蒙的公司行为理论对微观经济学中追求利润最大化假设的"经济人"模型提出了挑战，提出了理性人基于"令人满意"而不是"最优"的决策模型。借助心理学研究成果，概括出决策过程理论。

"管理就是决策"，决策贯穿管理全过程。由于决策是管理者的主要任务，应该集中研究决策问题，而管理又是以决策为特征的，所以应该围绕决策这个核心来形成管理理论。①强调决策的重要性。②分析决策过程中的组织影响。③提出决策应遵循的准则。用"令人满意准则"代替"最优化原则"。④分析决策的条件。⑤归纳决策的类型和过程。

西蒙认为寻找最优化方案的过程比寻找合乎要求方案的过程复杂得多：最优化的首要条件是完全理性，而现实中的人或组织仅具有有限理性；决策可以区分为两种性质相反的决策：程序性决策、非程序性决策；区分的依据是两种决策采用的技术不同。西蒙的有限理性决策是现代管理理论的基石之一。

四、系统理论学派

系统理论学派是在一般系统理论的基础上建立起来的。这一学派的代表人物有理查德·约翰逊、弗里蒙特·卡斯特、詹姆士·罗森茨韦克等，他们三人合著的《系统理论与管理》一书，从系统概念出发，建立了企业管理的系统模式，称为系统理论学派的代表作。他们认为，系统观点、系统分析、系统管理都是以系统理论为指导的，三者之间既有联系，又有区别。

系统观点是由两个以上的有机联系、相互作用的部分所组成的，具有特定结构和功能的整体。系统分析是对一个系统内的基本问题，用逻辑推理、科学分析的方法，在确定条件和不确定条件下，找出各种可行的方案。系统管理四个特点，以目标为中心、以整个系统为中心、以责任为中心和以人为中心。

封闭系统是指系统与环境之间没有交换，系统是确定的；开放系统是指系统与环境之间是相互作用的，系统的结构是变化的，系统不是确定的。组织是人们建立起来的相互联系、共同运作的系统；要把企业等各种组织作为一种开放系统来看待。企业是由各种子系统组成的整体。任何子系统的变化都会影响其他子系统或系统的变化；系统既有自己的特性，又有与外部沟通的特性；从系统观点来考察和管理企业有助于提高企业的效率与效益。

五、社会技术系统学派

社会技术系统学派是由特里斯特等人对英国达勒姆煤矿采煤现场的作业组织和印

度艾默达巴德纺织厂进行研究的基础上提出来的。他们认为，组织既是一个社会系统，又是一个技术系统，两者有密切的关系并相互影响。只有既满足社会系统的需要，又满足技术系统的需要的组织才是最好的组织，而且应将组织看作对外开放的社会——技术系统。

六、经验主义学派

经验主义学派以向大企业的经理人员提供管理企业的成功经验与科学方法为目标。他们认为，企业管理的科学应该从企业管理的实际出发，以大企业的管理经验为主要研究对象，以便在一定的情况下把这些经验加以概括和理论化——但在更多的情况下，只是为了把这些经验传授给企业实际管理工作者和研究人员，为他们提供建议。

经验学派代表人物有彼得·德鲁克（Peter F. Drucker）、斯隆（A. P. Sloan）等，他们否认管理理论的普遍价值，主张从“实例研究”“比较研究”中导出通用规范：由经验研究来分析管理。以大公司的管理经验为主要研究对象，通过成功或失败的案例学习管理。主要贡献：①明确管理的性质和任务。②提出目标管理思想。③概括企业管理的组织结构（集权的职能式结构、分权的“联邦式”结构、矩阵结构、模拟性分权管理结构、系统结构）。④主张使用比较方法研究和概括企业管理经验。主要观点：①管理者的工作着重在两方面：形成“生产统一体”，有效调动资源；决策要将眼前利益与长远利益结合起来。②重视建立合理的组织结构。③对科学管理和行为科学重新评价，只有将两者结合才能真正适用。④提倡目标管理，管理的方方面面都要指向目标，服从目标。

名人解读

德鲁克的管理人生

彼得·德鲁克，管理学科开创者，他被尊为“大师中的大师”“现代管理学之父”。他曾连续20年每月为《华尔街日报》撰写专栏文章。在《哈佛商业评论》上共发表38篇文章，至今无人打破这项纪录。他的思想传播、影响了130多个国家，他的几十本著作被翻译成三十余种文字，总销售量超过1000万册。

20世纪80年代，德鲁克思想被引入中国；2004年，德鲁克管理学全面进入中国的管理教育，从那以后，德鲁克先生的思想和理论造福了无数中国企业及其管理者。以下是“德鲁克学说”的五个支柱：

(1) 对功能社会重要性的信念。一个功能社会需要各种可持续性的组织贯穿于所有部门，这些组织皆由品行端正和有责任感的经理人来运营，他们很在意自己为社会带来的影响以及所做的贡献。

(2) 对人的关注。德鲁克笃信管理是一门博雅艺术，即建立一种情境，使博雅艺术在其中得以践行。德鲁克笃信人的潜质和能力，而且认为卓有成效的管理者是通过人来做成事情的，因为工作会给人带来社会地位和归属感。

(3) 对绩效的关注。经理人有责任使一个组织健康运营并且持续下去。考量经理人的凭据是成果，因此他们要为那些成果负责。

(4) 对自我管理的关注。卓有成效的管理者必须能自如地掌控他们自己的想法、情绪和行动。换言之，内在意愿在先，外在成效在后。

(5) 基于实践的、跨学科的、终身的学习观念。"不要告诉我你跟我有过一次精彩的会面，告诉我你下周一打算有哪些不同。"德鲁克崇尚终身学习，因为他相信经理人必须要与变化保持同步。

七、权变理论学派

权变理论学派于20世纪70年代在西方形成。权变理论认为，在企业管理中没有什么一成不变、普遍适用的"最好的"管理理论和方法，只有根据企业所处的内外部环境权宜应变、灵活地处理问题。权变理论的最终目标是提出最适合于具体情境的组织设计和管理活动。

权变管理学派的代表人物菲德勒（Fred E. Fiedler），代表性的著作是《领导与有效管理》。权变的大致意思就是权宜应变，因地制宜，其内涵为依面临的情势改变策略。权变理论认为现实中不存在一成不变、普遍适用的理想化管理理论和方法，管理应随机应变，即采用什么样的管理理论、方法及技术应取决于组织环境。管理学者们的任务在于归纳出管理中的情境究竟是由哪些因素组成，有多少种存在状态及不同管理方法。

菲德勒提出"权变领导理论"，即领导行为是否有效取决于三种环境因素：领导者与下属成员的关系，工作任务结构，地位权力；最佳领导方式的"权变"取决于团体工作情景的有利性。

八、管理科学学派

管理科学学派也叫数量学派或运筹学派，它产生于第二次世界大战之后。管理科学学派认为，管理就是制定和运用数学模型与程序的系统，就是用数学符号和公式来表示计划、组织、控制、决策等合乎逻辑的程序，并求出最优的解答以达到企业的目标。管理科学学派解决问题的七个步骤是观察和分析、确定问题、建立一个代表所研究系统的模型、从模型中得出解决方案、对模型和得出的解决方案进行验证、建立对解决方案的控制以及把解决方案付诸实施，以上这七个步骤相互联系，相互影响。

管理科学学派的代表人物为伯法（E·S·Buffa），代表性的著作为《生产管理基础》。科学管理学派的继续与发展，侧重于管理中的定量技术与方法，提倡用逻辑步骤构造问题、收集信息、建立数学问题的解决方法并应用于实践，要求管理者具备数学、统计学、工程学、经济学和一般商业技能。该学派主要内容：组织是由“经济人”组成的追求经济利益的系统，也是物质技术和决策网络组成的系统；强调管理程序中的计划与控制职能；减少管理活动中的经验、直觉、主观判断或个人艺术成分；应用先进的计算工具。主要特征：①将数学应用于组织管理。②在管理中应用电子计算机技术。③将系统概念引进管理的方法中。④各个领域的各项活动都以经济效果作为评价标准。管理科学学派的出现标志着管理从定性阶段走向定量阶段。重视不同学科的交融与渗透，有助于优势互补、开阔思路，形成全面、合理的决策。

九、全面质量管理学派

在20世纪50年代，戴明和朱兰提出的全面质量管理思想在美国没有得到支持和欢迎，而在日本得到认可和实践。而到20世纪八九十年代，在诸如电子、家电、汽车等产业，日本企业的产品质量和竞争力超过美国，这引起了美国等西方国家理论界和实践界对全面质量管理的高度重视，掀起了一场质量革命——全面质量管理，因此，人们称戴明和朱兰是质量管理之父。

名人解读

戴明的PDCA循环

PDCA是英语单词首字母缩写组成，Plan（计划）、Do（执行）、Check（检查）和Action（行动）的第一个字母，PDCA循环就是按照这样的顺序进行质量管理，并且循环不止地进行下去的科学程序。

P（Plan）计划，包括方针和目标的确定，以及活动规划的制订。

D（Do）执行，根据已知的信息，设计具体的方法、方案和计划布局；再根据设计和布局，进行具体运作，实现计划中的内容。

C（Check）检查，总结执行计划的结果，分清哪些对了，哪些错了，明确效果，找出问题。

A（Action）行动，对总结检查的结果进行处理，对成功的经验加以肯定并予以标准化；对于失败的教训也要总结，引起重视。对于没有解决的问题，应提交给下一个 PDCA 循环中去解决。

全面质量管理的本质是由顾客需求和期望驱动企业持续不断地改善的管理理念。它包括以下几个要点：①关注顾客。顾客不仅包括购买组织产品或服务的外部顾客，而且包括组织内相互联系的内部顾客（如上下游价值活动间的员工）。②注重持续改善。“很好”不是终点，质量能够永远被提升和改善。③关注流程。全面质量管理不仅重视产品和服务本身，而且更重视改善产品或服务质量的工作流程。④精确测量。全面质量管理运用统计方法对组织工作流程的每一道关键工序或工作进行测量，把测量的结果与标准或标杆进行比较，识别问题，深究问题根源，消除问题产生的原因。⑤授权于员工。质量管理是全体员工而不仅仅是管理者或质检员的职责和任务。全面质量管理事关组织中的一切员工——质量管理小组、工作团队等，全面质量管理被广泛运用于工作之中。

全面质量管理涉及许多技术，包括质量圈、标杆分析法、六西格玛原则、质量合作以及持续改进等。

第五节　管理理论的最新发展

借助于信息网络的帮助，知识、技术和经济在全球迅速流动，市场竞争成为全球竞争。人类已进入新经济时代，新经济时代表现出信息化、网络化、知识化、全球化等显著特征。20 世纪 90 年代以来，产生了一些体现时代特征的管理理论，主要有学习型组织、精益思想、业务流程再造、核心能力理论和质量管理理论等。

一、学习型组织

学习型组织是指具有持续不断学习、适应和变革能力的组织。学习型组织与传统型组织具有以下几方面的明显不同。

（1）在对待变革的态度上，传统组织认为，只要还管用就不要改变它；而学习型组织认为，如果不变革那就不管用了。

（2）在对待新观点的态度上，传统组织认为，应该全盘接受当下的一些观点和实践；而学习型组织认为，应该拒绝当下不合时宜的思想和实践。

（3）关于谁对创新负责，传统组织认为，创新是研发部门的事；而学习型组织认为，创新是组织中每位成员的事。

（4）传统组织主要担心的是发生错误，而学习型组织主要担心不学习、不适应。

（5）传统组织认为产品和服务是组织的竞争优势，而学习型组织认为学习能力、知识和专门技术是组织的竞争优势。

（6）管理者的职责，传统组织认为，管理者的职责是控制别人；而学习型组织认为，管理者的职责是调动别人、授权给别人。彼得·圣吉（Peter M. Senge）在《第五项修炼：学习型组织的艺术与实务》中指出，企业应成为一个学习型组织，并提出了建立学习型组织的四条标准：①人们能否不断检验自己的经验；②人们有没有生产知识；③大家能否分享组织中的知识；④组织中的学习是否和组织的目标息息相关。他提出了建立学习型组织的技能，即五项修炼：自我超越、改善心智模式、建立共同愿景、团体学习和系统思考。圣吉还指出，在学习型组织之中，领导者是设计师、仆人和教师。他们负责建立一种组织，能够让其他人不断增进了解复杂性、愿景和改善共同心智模式的能力，也就是领导者要对组织的学习负责。

二、精益思想

1985 年，麻省理工发起了“国际汽车计划（IMVP）”。IMVP 组织了一支国际性的研究队伍，耗资 500 万美元，历时五年，访问了北美、西欧、日本、韩国、墨西哥以及中国等国家和地区与汽车有关的公司和工厂，写出了大量的研究报告，最后出版一本名为《改变世界的机器》的著作，推出了一种以日本丰田生产方式为原型的“精益生产方式”。“精益生产”即企业把客户、销售代理商、供应商、协作单位纳入生产体系，同他们建立起利益共享的合作伙伴关系，进而组成一个企业的供应链。消除无价值活动是精益生产方式的精髓。精益生产方式不同于大规模生产方式。沃麦克和琼斯在《精益思想》一书中指出，所谓精益思想，就是根据用户需求定义企业生产价值，按照价值流组织全部生产活动，使要保留下来的、创造价值的各个活动流动起来，让用户的需要拉动产品生产，而不是把产品硬推给用户，暴露出价值流中所隐藏的无价值活动，从而不断完善，尽善尽美。

三、业务流程再造

传统的组织结构建立在职能和等级的基础上。虽然这种模式过去曾经很好地服务于企业，但是面对知识经济时代竞争环境的要求，它的反应已经显得缓慢和笨拙。业务流程再造对许多传统组织结构原则提出了挑战，将流程推到管理日程表的前列。通过重新设计流程，可以在绩效的改善上取得飞跃，激发和增进企业的竞争力。迈克尔·哈默（Michael Hammer）和詹姆斯·钱皮（James Champy）在 1993 年出版的《企业的再造》一书中以福特、IBM 和贝尔公司的案例及相关的成功经验，介绍企业如何进行自我改造—再造，将再造定义为："针对企业业务流程的基本问题进行反思，并对它进行彻底的重新设计，以便在衡量绩效的重要指标上，如成本、质量、服务和效率等方面取得显著的进展。"再造就是企业对战略、增值营运流程，以及支撑它们的系统、政策、组织结构的快速、彻底、急剧的重塑，以达到工作流程和生产率的最优化。

【企业实践】

精益思想五个原则

1. 精确地定义特定产品的价值流；
2. 识别出每种产品的价值流；
3. 使价值不间断地流动；
4. 让客户从生产者方面拉动价值；
5. 永远追求尽善尽美。

精益生产十大工具的使用步骤

这里列出的步骤仅供参考，因为实施精益生产是必须要对企业现场进行调研诊断后，根据现场实际情况设立针对性的实施步骤的。

◆ 第一步：现场 5S 活动；
◆ 第二步：看板管理；
◆ 第三步：价值流分析；
◆ 第四步：标准化作业；
◆ 第五步：拉动生产；
◆ 第六步：JIT 生产；
◆ 第七步：均衡生产；
◆ 第八步：快速切换；
◆ 第九步：TPM 管理；
◆ 第十步：持续改善。

再造的核心是业务流程再造，强调以业务流程为改造对象和中心、以关心客户的需求和满意度为目标，对现行的业务流程进行根本的再思考和彻底的再设计，并且利用先进的制导技术、信息技术以及现代化的管理手段，最大限度地实现技术上的功能集成和管理上的职能集成，从而实现企业经营在成本、质量、服务和速度等方面的巨大改善。

四、核心能力理论

1990 年，普拉哈拉德（C. K. Prahalad）和哈默尔（Gary Hamel）在《哈佛商业评论》中首先提出“核心能力”的概念。核心能力是指公司的主要能力，即使公司在竞争中处于优势地位的强项，是其他对手很难达到或者无法具备的一种能力。在技术方面主要是对多种技术和功能进行调整和整合，在组织方面强调组织的整个协调，从而可以给企业带来长期竞争优势和超额利润。核心能力具有以下特点：价值性、独特性、持续创造价值的能力、难以模仿、不可替代性及长期性。

复习与思考题

1. 简述泰勒科学管理理论的内容、贡献与局限性。
2. 法约尔的跳板原则指什么？
3. 简述法约尔提出的管理的 5 大职能及 14 条原则。
4. 简要介绍韦伯的贡献。
5. 简述人际关系学说的主要内容。
6. 简述巴纳德的主要贡献。
7. 权变理论指什么？
8. 学习型组织与传统组织有何不同？
9. 解释为何学习管理史如此重要。
10. 霍桑实验对管理史的发展为何如此重要。

第二篇 管理的环境

管理的艺术就是把内部平衡和外部适应和谐地综合起来。各级组织都是社会这个大协作系统的某个部分和方面，每一个组织必须符合一定的条件才能生存。

——巴纳德

第四章　管理的环境

【学习目标】

通过本章的学习，你应该能够掌握以下几点。

- 定义管理环境并能阐述管理环境不确定性的内涵。
- 阐述管理的外部环境构成要素。
- 了解管理的内部环境。
- 讨论组织文化的特点及呈现方式。

【管理小故事】

谷歌：允许员工相互捐赠休假时间

在谷歌，工作三年的员工每年可以获得 15 天的带薪休假；工作四年的员工可以获得 20 天的带薪休假；工作六年或更长时间的员工可以获得 25 天的休假。但是，谷歌的休假政策有一个独到之处，那就是它允许员工相互捐赠他们的休假时间。

这种做法开始于几年前，当时有一名谷歌员工的家人卧病在床。这名员工休假回家照顾家人。但是，在他的假日快结束的时候，家人的病情仍然没有好转。这名员工面临两种选择：要么继续选择不带薪的休假，要么停止照顾生病的家人。这名员工的同事了解到这种情况后，深表同情，于是向公司提议，动员其他员工从自己的休假中挪出几天给这名员工。

就这样，谷歌的休假捐赠制度形成了。

在谷歌举行的第三届“带上父母来上班”（Take Your Parents to Work Day）活动中，该公司的人力资源主管拉兹洛·博克（Laszlo Bock）讲述了谷歌员工捐赠休假的故事。谷歌在其位于山景城的园区举办了“带上父母来上班”活动，很多员工的父母从全美国甚至世界各地飞过来，参加谷歌高管举办的讲座，走进谷歌员工开设的课堂和演示活动并参观谷歌的园区。

“所以，从那以后，我们就制定了一个政策：如果员工有需要，你就可以从你的带薪休假中抽出几天，捐给他们。”博克在阶梯教室里对着数千名员工家长们说，“这项政策最妙的地方是，它不是来自业务部门员工的要求，而是来自自己家人的由衷的心声——休假陪伴家人很重要！因此，我们将这项政策纳入企业制度中，让人人都能够从中受益，而不单单是哪一个人。”

谷歌的管理理念就是创造自由轻松的环境，让聪明、富有创意的人自由地在全公司范围内推行变革。上面这则轶事表明，在谷歌，员工的好想法确实能够实现。

资料来源：乐学（编译）．谷歌允许员工相互捐赠休假时间［EB/OL］．https：//xw. qq. com/tech/20160717020447/TEC2016071702044700，2016 - 07 - 17.

第一节 管理环境的内涵

大多数的管理人员并不喜欢像消防员一样戴着安全帽、穿着防火服去指导一个处在动荡变化中的组织。丰田汽车公司总裁丰田章男（Akio Toyoda）在就任总裁的最初几年面对一系列灾难的时候，他利用考取驾驶证的技能——高耐力、精确地把握方向和注意力高度集中，带领丰田出人意料地重返巅峰。在经历全球经济衰退、800 万辆汽车召回及致命的日本海啸事件后，2011 年，丰田从全球汽车制造商第一名下滑到第三名，位居通用汽车和大众汽车之后。但在组织内部，风暴还在继续酝酿。丰田扭曲的官僚系统降低了决策能力，延长了做出响应的时间。而且，丰田已经不能再打动顾客。丰田的成长一直以“质量、可信赖、可靠”为基础，但顾客也希望汽车有时尚感和设计感，于是纷纷转向占据设计领先地位的韩国现代汽车公司。

这些外部和内部的环境因素对一家变得越来越傲慢的公司来说如同敲响了警钟。丰田章男的对策是重建企业文化，创建一个更具响应性的组织，这样，即使面临更复杂的环境变化，组织也能轻松应对。

管理活动离不开内、外部环境的制约，同时管理活动对组织环境具有能动的反作用。一方面，管理的计划决策都是建立在对组织内、外部环境的认知把握和预测的基础上；另一方面，管理的各项职能的相互作用又能够使得组织快速适应环境并在一定程度上改变环境。

一、管理环境的定义

任何组织都是在一定环境中从事活动，任何管理也都要在一定的环境中进行，这个环境就是管理环境。管理环境的特点制约和影响管理活动的内容。环境对组织的管理活动会产生各种影响，而组织的管理实践也会作用于环境。

斯蒂芬·P. 罗宾斯（Stephen P. Robbins）将管理环境定义为对组织绩效起着潜在影响的外部机构或力量。管理的环境是组织生存发展的物质条件的综合体，它存在于组织界限之外，并可能对管理当局的行为产生直接或间接影响。

因此，管理环境是指存在于社会组织内部与外部的影响管理实施和管理效果的各种力量、条件和因素的总和。

现实困境

如何面对不确定性

在《确定性的寻求：关于知行关系的研究》中，美国哲学家杜威写道：

“人生活在危险的世界里，便不得不寻求安全。”人寻求安全的途径有两条，一条途径是与四周决定他命运的各种力量进行和解，于是从祈祷、献祭、礼仪、巫祀中发展出了宗教。另一条途径是发明许多技艺，通过它们来利用自然的力量，于是发展出了科学和技术，哲学与艺术。

由此，人类历史可以被理解为我们对抗不确定性或寻求确定性的长久努力。但一个残酷的事实是，我们从未真正成功过。

二、管理环境的不确定性

组织之所以这么关心环境中的因素，是因为对组织管理者来说，环境会产生不确定性，他们必须做出回应，即通过组织设计来适应环境。不确定性意味着管理者没有足够的环境因素信息来理解和预测环境的需求和变化。带来不确定性的环境特征包括组织环境因素的数量和这些因素变化的速度。环境不确定性（Environmental Uncertainty）是指组织环境的变化程度和复杂程度。

（1）不确定性的第一个方面是变化的程度。如果组织环境的构成要素变化非常频繁，就是动态环境。如果变化很微小，就是稳定环境。稳定的环境可能没有新的竞争者，现有竞争者很少有技术突破，压力群体影响组织的活动很少等。例如，以之宝打火机闻名的之宝制造公司面临着相对稳定的环境，几乎没有竞争者和技术变化。公司主要的外部担忧可能是吸烟者的减少，虽然公司的打火机还有其他用途，而且在全球市场仍有吸引力。相反，音乐唱片市场面临动态环境（高度不确定性和不可预测性）。数码格式和音乐下载网颠覆了整个行业，带来了高度不确定性。当我们谈论变化程度时，是指不可预测的变化。如果变化可以被准确预测，对于管理者来说就不是不确定性。

（2）不确定性的另一个维度描述了环境复杂性（Environmental Complexity）的程度，考察组织环境构成要素的个数，以及组织对这些要素的了解程度。组织面对的竞争者、消费者、供应商、政府机构等越少，越面临低复杂程度和低不确定性的环境。组织用各种方法处理环境复杂性。例如，孩之宝玩具公司通过收购很多竞争者简化组织环境。复杂性也可根据组织需要了解的、关于环境的知识来衡量。例如，如果品趣志（Pinterest）的管理者要确保他们的网站可以让顾客使用、可靠且安全，他们就必须深入了解其互联网服务供应商的操作。大学书店的管理者则不太需要对供应商有过多的了解。

第二节　管理环境的内容

管理环境分为外部环境和内部环境。外部环境一般包括政治环境、经济环境、社会文化环境、技术环境和自然环境。内部环境一般包括人力资源环境、物力资源环境、财力资源环境以及内部文化环境。

一、外部环境

外部环境是组织之外的客观存在的各种影响因素的总和。它不以组织的意志为转移，是组织的管理必须面对的重要影响因素。外部环境还可以进一步划分为一般环境和任务环境。

（一）一般环境

一般环境也称宏观环境，就是所有组织都共同面临的整个社会的环境因素，包括可能影响这种环境的广泛的政治法律环境、经济环境、社会文化环境、技术环境和自然环境等。

1. 政治法律环境

政治法律环境包括一个国家的社会制度、执政党的性质、政府的方针、政策、法令等。不同的国家有着不同的社会制度，不同的社会制度对组织活动有着不同的限制和要求。即使社会制度不变的同一个国家，在不同时期，由于执政党的不同，其政府的方针特点、政策倾向对组织活动的态度和影响也是不断变化的。对于这些变化，组织可能无法预测，然而一旦变化产生后，它们对组织活动可能产生何种影响，组织是可以分析的。组织必须通过对政治环境的研究，了解国家和政府目前禁止组织干什么、允许组织干什么、鼓励组织干什么，从而使组织活动符合社会利益，受到政府的保护和支持。

2. 经济环境

经济环境是影响组织，特别是作为经济组织的企业活动的重要环境因素，主要包括宏观和微观两个方面的内容。

宏观经济环境主要指一个国家的人口数量及增长趋势、国民收入、国民生产总值及其变化情况，以及通过这些指标能够反映的国民经济发展水平和发展速度。经济背景的繁荣显然为企业等经济组织的发展提供了机会，而宏观经济的衰退则可能给所有经济组织带来生存困难。

微观经济环境主要指企业所在地区或所需服务地区的消费者的收入水平、消费偏好、储蓄情况、就业程度等因素。这些因素直接决定着企业目前及未来的市场规模。假定其他条件不变，一个地区的就业越充分，收入水平越高，那么该地区的购买能力就越强，对某种活动及其产品的需求就越大。

3. 社会文化环境

社会文化环境包括一个国家或地区的居民教育程度和文化水平、宗教信仰、风俗习惯、审美观念、价值观念等。文化水平会影响居民的需求层次；宗教信仰和风俗习惯会禁止或抵制某些活动的进行；价值观念会影响居民对组织目标、组织活动以及组织存在的态度；审美观念则会影响人们对组织活动内容、活动方式以及活动成果的态度。

4. 技术环境

任何组织的活动都需要利用一定的物质条件，这些物质条件反映出一定的技术水平。社会的技术进步会影响这些物质条件的技术水平的先进程度，从而影响利用这些条件的组织活动的效率。不同的产品代表着不同的技术水平。对劳动者和劳动条件有着不同技术要求的技术进步了，可能使企业产品被代表新技术的竞争产品取代，或者使生产实施和工艺方法显得落后，还可能使生产作业人员的操作技能和知识结构不再符合技术环境等。

5. 自然环境

自然环境包括地理位置、气候条件和自然资源状况，这些因素会对企业的经营活动产生一定影响。地理位置是制约组织活动的一个重要因素。当国家在经济发展的某个时期对某些地区采取倾斜政策时，尤其如此。气候条件及其变化亦然。气候趋暖或趋寒会影响空调厂家的生产或服装行业的销售，而四季如春、气候温和则会鼓励人们去郊外旅游，从而为与旅行或郊游有关的产品生产企业提供机会。资源状况则与地理位置有密切的关系。“靠山吃山，靠水吃水”，资源，特别是稀缺资源的蕴藏不仅是国家或地区发展的基础，更为所在地区经济组织的发展提供了机会。

现实困境

心理学家认为，在突发灾难面前，人们通常会经历双重的崩塌。

第一层是物理世界的崩塌，你会觉得这个世界不再安全。

第二层是心理世界的崩塌，我们之前形成的关于自己、关于这个世界的概念系统会遭到严峻的挑战。比如，我们在日常生活中应对风险的信心会遭到重击。同样遭到重创的，还有一个人的价值感，即一个人认为自己的世界是可以理解的，人生是有价值的、有意义的。

这种时候，很多人不得不面对一个现实，之前我们关于世界的那些已知的、舒适的假设都不成立了，我们必须建立一个新的假设。

（二）任务环境

任务环境也称微观环境或具体环境，包括那些对管理者的决策和行动产生直接影响并与实现组织目标直接相关的要素。具体环境对每一个组织而言都是不同的，并随条件的改变而变化。例如，一家工商企业可能与一所学校面临相同的宏观环境，但它所面临的任务环境不但与学校的任务环境不同，而且与其他企业的任务环境也可能不同。对工商企业而言，任务环境主要包括供应商、顾客、竞争者、管理部门及联合体等。

1. 供应商

供应商是指为组织供应原材料和设备的上游厂商，以及资本和劳动等生产要素的供给者。供应商对组织的影响至关重要，因为任何组织特别是企业，离开供应商就不能获得生产要素的供给，从而也就不能进行生产经营活动或组织其他活动。如对于肯德基快餐店来说，鸡肉及土豆的供应商对其正常经营就具有非同寻常的意义。

2. 顾客

所谓顾客就是指组织产品或服务的购买者，主要包括所有出于直接使用目的而购买以及为再加工或再销售目的而购买产品或服务的个体或组织。由于组织通常都是为了满足某种顾客需要而设立的，因此顾客或消费者便构成了组织的消费市场或“衣食父母”。没有他们，组织便不能生存，即使生存也没有意义。作为组织，要想方设法争取更多的顾客支持，使其购买本组织的产品或服务，这是组织生存与发展的根本。

3. 竞争者

竞争者就是指与本组织竞争外部资源的其他组织。这些外部资源既包括组织从外部环境中获取的投入，如人才、原材料等，也包括外部环境中接受组织输出的组织和个人，如顾客。竞争者不仅限于营利性的企业之间，而且也存在于非营利性的组织之间。组织在研究竞争者时，主要从以下三个方面进行分析。

（1）现有竞争者的状况。所谓现有竞争者，就是已经和组织展开资源争夺的组织。对现有竞争者主要分析其数量、实力、分布及发展方向等，并由此确定自己的主要竞争者。

（2）潜在竞争者的状况。所谓潜在竞争者就是现在还没有和组织争夺资源，但是在不久的将来可能会进入组织所在市场并与之争夺资源的组织。判断潜在竞争者会不会加入，主要取决于进入该市场的难易程度以及该市场的利润情况。如果某个市场的利润很大，但是进入该市场的壁垒非常高，则潜在竞争者也会望而却步。

（3）替代品的提供者。替代品是指虽然和组织所提供的产品或服务的形式不一样，但其功能却大致相似的产品或服务。如轿车和摩托车都可以作为交通工具使用。替代品的提供者虽然一般不会和组织争夺生产资料，但往往会争夺最主要的市场资源——顾客。因此组织在分析竞争者时，要考虑到相关替代品的影响。

4. 管理部门

管理部门，指政府代理机构和一些利益代表组织（或者社会公众机构）。这些管理部门对一个组织的政策和活动有着控制作用。政府代理机构包括政府有关的各个部门如财政、质检、物价、税务等机构，它们有特殊的官方权力。利益代表组织，如妇女组织、老年人协会、消费者协会、新闻机构等，这些组织尽管与组织没有直接的制约和管制关系，但同样也是组织生存和发展所不能回避的，它们对组织的影响有时甚至是巨大的，如新闻媒体对组织的表扬或批评抑或“曝光”，都会对组织产生很大的正面或负面社会影响，从而影响组织的形象、声誉及生存发展环境。因此，组织应与这些组织建立良好的沟通协作关系，尽可能取得它们对组织的支持。

5. 联合体

联合体，指一个组织控制支配着两个或者更多的相对独立的其他组织，如集团公司、跨国公司等，有些受母公司控制多一些，有些基本上是各自独立的松散联合体。

二、内部环境

内部环境是指组织内部的各种影响因素的总和。它是随组织产生而产生的，在一定条件下内部环境是可以控制和调节的。内部环境决定了管理活动可选择的方式方法，而且在很大程度上影响组织管理的成功与失败。

管理者工作的内部环境包括企业文化、生产技术、组织结构和物理设施。也有学者认为，组织的内部环境包括人力资源、物力资源、财力资源和文化环境。

人力资源对于任何组织都始终是最关键和最重要的因素。人力资源的划分根据不同组织、不同标准有不同的类型。比如，企业人力资源根据他们所从事的工作性质的不同，可分为生产工人、技术工人和管理人员三类。物力资源是指内部物质环境的构成内容，即在组织活动过程中需要运用的物质条件的拥有数量和利用程度。财力资源是一种能够获取和改善组织其他状况的资源，是反映组织活动条件的一项综合因素。财力资源指的是组织的资金拥有情况、构成情况、筹措渠道、利用情况。财力资源的状况决定组织业务的拓展和组织活动的进行等。文化环境是指组织的文化体系，包括组织的精神信仰、生存理念、规章制度、道德要求、行为规范等。

其中，组织文化对于公司的竞争优势尤为重要。组织文化必须适应外部环境和公司战略的需要。当两者匹配好时，高度忠诚的雇员就会形成一个高绩效的组织，这样的组织是很难被打败的。大多数人不关心文化，对他们来说，文化只是“我们公司怎么做事情”或者“这么做事情的理由”。然而，管理者必须要考虑文化，因为文化在组织的成功中通常扮演一个非常重要的角色。

我们把文化定义为组织成员共享的一系列关键价值观、信仰、理解和规范。文化的概念有助于管理者理解组织生活背后复杂的一面。文化是一种共享价值观模式，也是对组织中做事方式的一种假设。员工在处理内外部事务时学会了这种模式，并将其作为认知、思考和感受的正确方法教授给新成员。

文化可以从两个层面来分析。其表面是看得见的东西，如着装、行为方式、符号、组织仪式及办公室陈列等，表面的东西都是我们能够通过观察组织成员而看到、听到和观察到的。更深的、不太明显的层次是价值观和信仰，它们不能被观察到，但是能够从人们解释和辩护自己的所作所为中得知。组织成员会在潜意识中持有某些价值观，这些价值观可以由组织成员自己的故事、语言和符号表现出来。有些价值观深深地嵌入文化中，以至于成员不会意识到它们的存在。这些基本的、隐含的假设和信仰是文化的本质，它们会潜移默化地指导成员的行为和决定。

员工学习组织文化有多种方式。最常见的是故事、仪式、物质象征和语言。

1. 故事

组织的故事通常包含对重要事件或人物的叙述，诸如组织创始人、规则破坏者、对以往错误的反应等。西南航空公司管理者所讲述的故事是赞扬为顾客做出英勇行为的员工。这样的故事传达了什么是被看重的、并且为人们提供了学习的榜样。在3M公司，有关产品创新的故事非常具有传奇性。有个故事讲，3M的某个科学家将化学物质洒在她的网球鞋上，从而创造了思高洁（Scotchgard）牌织物保护剂。为了帮助员工了解文化，组织故事以过去作为现在的精神支柱，为现在的所作所为提供解释和合理性，举例说明什么对组织是重要的，并且为组织目标绘制了引人入胜的图景。

2. 仪式

在脸书网站发展的初期，创始人马克·扎克伯格（Mark Elliot Zuckerberg）让一位画家在公司总部的墙壁上画下了孩子们使用笔记本电脑了解世界的画面。在宣布员工会议结束时，他会挥舞拳头，带领员工喊出“统治”的口号。尽管这样的庆祝仪式只是为了有趣，公司其他管理者仍建议他放弃这些，因为这让他看起来很傻，他们也担心竞争者会以此作为垄断目标的证据。这就是仪式在塑造员工以何为重的信念中所起到的作用。公司仪式是表达与强化重要价值观和组织目标的一系列重复活动。较有名的公司仪式之一是玫琳凯化妆品公司为销售代表举行的年度颁奖典礼。

3. 物质象征

当你进入不同类型的企业，你是否会对工作环境有一种感觉——正式的、随意的、有趣的、严肃的，等等？这些反应证明了物质象征在创造组织个性方面的作用。组织中设施的陈设、员工的穿着、高级管理者配备的车辆类型和公务机的可用性都是物质象征。其他还包括办公室的大小、布置的优雅程度、高层津贴（提供给管理者的额外福利，如健康俱乐部会员、公司设施使用权等）、员工健身中心或餐饮设施，以及特定员工的预留停车位等。

物质象征向员工传达了谁是重要的以及被期望和赞赏的行为类型（如承受风险的、保守的、专制的、参与性的和个人主义的行为等）。

4. 语言

很多组织和组织中的单元，将语言作为识别和团结成员的方法。通过学习这种语言，成员们可以证明他们对组织文化的接受程度和他们维护组织文化的意愿。例如，在西雅图的一家名为 Cranium 的桌游公司，“chiff”一词被用来提醒员工无论做什么事都要保持不断创新。“chiff”代表着“机智、高质量、创新、友好、有趣”。

随着时间的推移，组织往往会出现一些专用术语来描述设备、主要工作人员、供应商、顾客、流程或与企业有关的产品。新员工往往会对这些缩略语和行话感到不知所措，但是一段时间后，这些也成为他们语言的一部分了。一旦被习得，这种语言就会成为连接成员们的纽带。

复习与思考题

1. “企业建立在关系之上。”你对此有何想法？对管理外部环境有何暗示？

2. 怎么理解管理环境的不确定性？

3. 设想一下你是某家大型连锁书店的区域经理。通过使用互联网，你可以识别哪些环境和竞争信息类型？对每个来源，你找到了哪些可以帮助你更好工作的信息？

第五章　管理道德与社会责任

【学习目标】

通过本章的学习，你应该能够掌握以下几点。

- 阐述伦理道德对企业的价值。
- 讨论企业伦理道德建设的现实误区及解决路径。
- 描述影响管理者道德的若干因素。
- 定义企业的社会责任及其表现形式。

【管理小故事】

万向：企业信誉无价

1980年初春，鲁冠球收到一封来自安徽芜湖的客户退货信，信中说："贵厂的产品价格虽公道，但有些万向节出现了裂缝……"鲁冠球马上召集会议说："把合格的产品送过去换那些次品，不论在哪里，统统背回来！"

全厂30多名销售员跑遍全国各地走访客户，凡有不合格的产品，全部免费退货、调换。谁知，这退回来的次品竟有3万多套，堆在仓库里像个小山包。

厂部下通知召开"报废产品现场会"，全体干部、精加工车间工人、质量和工程技术人员，都到了仓库。站在那堆次品前，鲁冠球神情凝重，深深自责道："生产出这些次品，不但是对'钱潮'牌万向节信誉的损害，更是对国家，对人民的犯罪。我作为一厂之长，有不可推卸的责任。请财务科长扣除我半年的奖金！"大家惊呆了。有人低声说道："这些产品再维修一下，总好用吧。"有人心痛地说："这些产品值几十万元呢，将就将就吧。"

鲁冠球说："我知道这是个什么样的大数目。我们是在办厂，要真正站住脚，靠什么？靠质量，靠信誉！"他口气坚决，"从今天起，我们立个规矩：凡是'将就'用的产品，一律按报废品处理。至于这堆次品，统统当废铁卖掉!”

说完，鲁冠球第一个扛起了装满次品的草包，朝镇上的废品收购站走去。人们迟疑了一会儿，也扛起草包跟了上去。40多人，来回扛了十几趟，把3万多套万向节全部搬到了废品站。

一一过磅，6分钱一斤。算下来，厂里直接损失43万元，相当于当时大半年的利润。不少职工当场就掉了眼泪。厂里一下子就损失43万元，农民出身的工人们一时又不能适应高标准的要求，这样，产值和利润都下降了，全厂一连6个月没发奖金。

这件事，真是刻骨铭心，让全体员工知道了企业的信誉是无价的。全厂上下奋起一搏，为了生存，更为了如同生命的信誉。

资料来源：佚名．“商界常青树”鲁冠球的三个企业社会责任故事［J］．共产党员，2009（3）：55.

第一节　伦理道德的作用

伦理很难准确地定义。广义的伦理（Ethics）是一套关于道德原则和价值观的准则，它们支配着个人和团队的行为，帮助人们判断什么是对的、什么是错的。一般来说，伦理和道德都可以看作同义词，基本上表示的含义是一致的。究其本质来说，管理道德（Managerial Ethics）是关于商业行为的道德和准则，尤其是与管理当中的人休戚相关。

伦理道德以其特有的社会功能对企业发展施以影响。在企业内部，伦理道德规范作为一种校正人们行为及人际关系的软约束，它能使企业人员明确善良与邪恶，正义与非正义等一系列相互对立的道德范畴和道德界限，从而具有明确的是非观、善恶观，提高工作效率和道德水准。伦理道德以其规范力量，有助于企业确立整体价值观和发扬企业精神，有助于群体行为合理化，提高群体绩效。没有伦理道德素质的普遍加强，最终将妨碍企业发展的力度和速度，甚至将企业的发展引上歧路。在企业经营管理中，伦理道德发挥重要作用，成为现代企业存在和发展的重要条件，是现代企业制度和管理中不可缺少的软件。

一、处理外部关系的作用

企业伦理道德是企业正确认识和处理它在社会、市场上的角色、功能、责任、义务所不可缺少的，可以为企业正确处理它和社会、生态环境之间的关系提供正确的指导原则。企业作为一个生产经营单位，其经济功能是为社会、为市场提供有益的商品和服务，但是企业在提供商品和服务的过程中，会对社会和生态环境产生各种影响。有些影响是消极的负面的，社会为了克服或忍受这种消极的、负面的影响，常常要支付一定的社会成本。这就要企业对社会、对环境承担一定的义务和责任，要求企业分清有益和有害、正当和不正当、合理和不合理的伦理道德界限；要求企业提供有益的而不是有害的供求，采取正当的而不是不正当的手段，获取合理的而不是不合理的利润和效益；要求企业正确处理经济效益、社会效益、环境效益三者之间的关系。

企业伦理道德可以为企业处理上述问题和关系提供一种基本的理念、原则和方法，在企业和社会、环境之间建立一种融洽、和谐、协调发展的关系。这种关系既是现代社会、现代市场经济发展所需要的，也是现代企业发展所需要的。在当代社会文化条件下，我们已经不能设想一个同社会、环境处于尖锐矛盾、对立的企业能够生存和发展下去，那些对环境造成了严重污染的企业、违法经营的企业已经越来越难以逃脱社会舆论的谴责和法律的制裁。

二、处理内部关系的作用

企业伦理道德是正确处理企业内部各种关系、化解企业内部的各种矛盾、增加企业内部的团结和凝聚力所不可缺少的影响因素。现代企业在管理过程中首先会碰到投资者、经营者、劳动者三者之间的责权利关系问题，这牵涉如何认识和评价资本、劳动、管理在企业生存和发展中的地位和作用，也牵涉如何在分配过程中恰当地处理三者之间的利益关系问题，处理不当就会侵犯某一方的正当利益，影响某一方的积极性，而任何一方的正当利益受到侵犯、积极性受到影响，都不利于企业的生存和发展。

解决这类问题的复杂性还在于，这三者在生产经营过程中的贡献及相应的利益关系并不是能够完全依据技术原则、经济原则精确地定量确定的，已经采用的各种定量计算的方法实际上都存在着不确定的、不准确的因素。因此在处理这三者关系的时候，还要不同程度地依赖伦理道德原则，即在进行分配的时候，既要从技术原则、经济原则出发，根据三者的贡献去分配所得，又要使三者所得的差距符合伦理道德上的公正合理的原则。

三、处理人机关系的作用

现代企业管理过程中还碰到如何对待人和机器的关系问题。现代社会化大生产企业一般都是机械化乃至自动化的企业，人（无论是劳动者还是管理者）往往成为机械化、自动化机器体系中的一种附件。这就提出了一个问题：是把人作为机器体系的一个组成部分加以管理，还是把人同机器体系区别开来加以管理。如果按照前一观点去管理，有可能忽视人所具有的主观能动性；如果按照后一观点去管理，有可能违反机器体系所具有的运动规律。显然，要解决这个问题除了根据技术原则、经济原则之外，还要根据伦理原则。在按照技术原则、经济原则把人整合到机器体系中去的时候，要考虑对人的要求的伦理合理性；在按照科学的、技术的、经济的原则对生产经营过程进行严格管理，以求得最有效地利用资源并获得高效率、高效益的时候，不能违反尊重人的尊严、人格及各种基本权利的伦理原则。

第二节　几种错误的企业伦理观

一、企业不具有伦理性

企业是一种营利组织而非公益性慈善组织，其任务是生产、分配、交换物质财富和经济价值，因此它和伦理道德无关，也无须讲究企业伦理。这一认识的前提是正确的，但结论却是错误的。和伦理道德不发生任何关系、超越社会伦理道德关系而采取所谓“伦理道德中立”的企业历来不存在。企业这种社会经济形式，从其历史上产生的那天起就不可避免地处于人、群体、社会所形成的各种社会关系之中，不可避免地在各种伦理关系中充当伦理道德的主体。

作为企业人格化代表的企业家，既是经济关系中的角色，也是伦理道德关系中的角色。经济人和经济单位只存在于经济学家的理论抽象之中；现实生活中根本不存在无伦理的企业或企业家，只存在具有不同伦理道德观念和态度的企业和企业家。因为企业和企业家的活动，无论从其目的还是手段来说，都存在着对人和社会发展的影响或价值关系问题；人们总是可以从人和社会发展的角度，对企业的活动做出是善的还是恶的、有利的还是不利的评价。

一个企业在实现经济价值和物质财富增加的时候，如果采取了不利于人的发展的手段和形式，很可能在伦理道德上存在争议。这种情况恰恰说明企业不可能不具有伦理性质，不可能和伦理不发生关系。

二、企业无须讲伦理道德

有人认为，伦理上有问题的目的和手段也可以达到企业利润的最大化，因而无须讲伦理。但事实上，由于市场经济体制的完善常常需要一定的历史过程，且社会上不正当需求的存在，确实有一些不义之商通过从事反伦理反社会的营利活动而大发横财，即使在工业发达国家市场经济法制建设十分完备的情况下，因为市场经济体制本身固有的缺陷，上述情况仍然存在。但是，非法的营利活动腐蚀、破坏着人和社会的进步和发展，历来为社会的伦理道德所不容，也为经济法律所不准。非法的营利活动虽有可能一时得逞，但终究会暴露进而失败。即使从事合法的经营活动，如果不讲伦理道德，也会使企业日益陷入困境。

随着商品经济的发展，卖方市场转为买方市场，消费者选择空间不断扩大，消费者对供应者的要求越来越高，卖方提供商品和服务过程中的伦理道德态度就会被消费者越来越重视。讲究伦理道德的营销活动会在消费者心目中产生积极影响，提高企业在消费者心目中的信誉，是消费者下次购买活动准备好的心理前提；反之，不讲究伦理道德的营销活动，则会在消费者心目中产生消极影响，降低企业的信誉，增加消费者下次购买活动的心理障碍。

三、企业讲伦理的代价太大

有人认为，讲伦理道德会使企业增加投入减少营收，对企业来说是经济上得不偿失的事情。讲伦理道德，就意味着一个企业要从事伦理道德建设，制定伦理道德原则和规范，对全体员工进行伦理道德教育，对生产经营活动进行伦理道德监督，还要设置从事伦理道德建设的组织机构，在实际的生产经营活动中要讲究社会效益、生态效益，讲究商品和服务的质量，这些毫无疑问地要加大投入；同时，讲伦理道德也意味着不能去经营那些有巨额利润却有害于人和社会发展的供给和需求，也不能采取有损于伦理道德的经营手段，这也必将会减少营收。但是不能否认，上述投入的增加归根到底是有利于企业长远发展的，未来一定会给企业带来经济效益；所谓减少的营收本来也是不应该获得的。企业不染指这种不义之财，在长远上也是有利于企业的生存和发展的。

在现代社会和市场中，一个企业越是具有伦理道德水平，就越有可能在市场和社会上赢得消费者与同行的信任和声誉。在一个讲道德、伦理、文明的社会和市场中，企业的信用、声誉是一种无形的资本、潜在的市场。这种无形的资本、潜在的市场在企业发展中长期起到积极的作用。从这个角度看，企业伦理建设虽然直接提高的是企业的伦理素质、水平、价值和形象，但却可以将其转化为企业的经济效益，进而成为企业在经济上的利润和收入。

第三节　影响道德与不道德行为的因素

当面临道德困境时，个人的行为是否合乎道德受到以下因素的影响：道德发展阶段和其他中介变量，包括个人特征、组织结构、组织文化和道德问题严重性。如果道德感不强的人受到规则、政策、工作描述或反对某些行为的强文化标准制约，那么他们做出错误行为的可能性就小得多。相反，道德感很强的人可能被允许或鼓励不道德行为的组织结构和文化腐蚀。

一、道德发展阶段

国外学者的研究表明，道德发展要经历三个层次，每个层次又分为两个阶段。在每个连续的阶段，个人的道德判断对外界影响的依赖减少，变得更加内在化。随着阶段的上升，个人的道德判断越来越不受外部因素的影响。道德发展所经历的三个层次和六个阶段，如表 5－1 所示。

表 5－1　　道德发展阶段

层次	阶段
前惯例层次： 1. 只受个人利益的影响。 2. 决策的依据是本人利益，这种利益是由不同行为方式带来的奖赏和惩罚决定的	1. 规则以避免受到物质惩罚为主。 2. 符合个人的直接利益时才遵守规则
惯例层次： 1. 受他人期望的影响。 2. 包括对法律的遵守，对重要人物期望的反应，以及对他人期望的一般感觉	3. 做周围的人所期望的事。 4. 通过履行允诺的义务来维持平常秩序
原则层次： 1. 受个人辨别是非的伦理准则的影响。 2. 这些准则可以与社会的规则或法律一致，也可以不一致	5. 尊重他人的权利，支持不相干的价值观和权利。 6. 遵守自己选择的伦理准则，即使这些准则违背了法律

道德发展的最低层次是前惯例层次，在这一层次，个人只有在其利益受到影响的情况下才会做出道德判断。道德发展的中间层次是惯例层次，在这一层次，道德判断的标准是个人是否维持平常的秩序并满足他人的期望。道德发展的最高层次是原则层次，在这一层次，个人试图在组织或社会的权威之外建立道德准则。

有关道德发展阶段的研究表明：

（1）人们一步一步地依次通过这六个阶段，而不能跨域。

（2）道德发展可能中断，可能停留在任何一个阶段上，也可能倒退和堕落。

（3）多数成年人的道德发展处在第四阶段上。中国企业家史玉柱在巨人集团破产后东山再起时，坚持要还清法律规定可以不用偿还的欠款。这一行为表明其道德当时已发展到第六阶段。

二、个人特征

管理者的个人特征对组织的管理道德有着直接的影响。这里所讲的个人特征主要是指管理者的个人价值观（包括道德观）、自信心和自控力。

人的价值观是由家庭、朋友、社区环境、教育环境、生活和工作经历等因素影响而逐渐形成的。由于每个人所遇到的这些因素千差万别，因而每个人判断是非善恶的标准就不可能完全相同。每个人对待权力、财富、爱情、家庭、子女、社会、人生以及个人责任等的态度也各式各样。所以在同样的管理道德问题面前，每个管理者做出的决策不可能完全相同，甚至可能相反。

管理者个人的自信心和自控力与管理道德也有很大关系。自信心和自控力强的人，一般都会深信自己的判断是正确的。因而通常都能坚持去做自己认为正确的事。他们也会听取不同的意见，但自己确定的方向和底线不会轻易改变。由于涉及道德的管理问题一般都有较大争议，都会受到利益与道德风险两方面的巨大压力，自信心和自控力弱的人就会摇摆不定、困惑不解，很容易屈服于外在压力，而难以坚持自己的主张。

名人解读

任正非的家国情怀

2019 年 5 月 21 日，在接受《面对面》记者采访时，任正非谈到了他对中国教育的见解。任正非说：

“一个国家强大的基础是什么？有硬件基础，比如说铁路、公路、交通设施、城市建设、自来水等各个环节的硬件设施，但硬件设施是没有灵魂的，灵魂在于文化、哲学、教育，在于人类文化素质。一个国家有硬的基础设施，也一定要有软的土壤，没有这层软的土壤，任何庄稼都不能生长。

我关心教育不是关心华为，而是关心我们国家。如果不重视教育，实际上我们会重返贫穷的。”

三、组织结构

组织结构设计可以影响员工是否遵守道德。使用正式的规则和监管来最小化其模糊性和不确定性，以及时刻提醒员工什么样的组织机构更可能鼓励符合道德的行为。其他影响道德选择的结构变量包括组织目标、绩效评价系统和奖励分配。

（1）组织目标。尽管许多组织用目标指导和激励员工，但是这些目标也可能带来一些意想不到的问题。研究发现，没有达到预定目标的人存在更强烈的参与不道德的意愿，不管他们有没有经济动因。

（2）绩效考评系统。一些体系只注重成果，而其他体系对方法和手段同样重视。

当对员工的评价仅仅基于成果时，他们迫于压力可能会做任何事，而不在意过程中使用的方法和手段。研究显示，“成功可能为不道德行为提供借口”。如果管理者对纠正成功员工的不道德行为表现得过于仁慈，其他员工可能会仿效这种行为。

（3）奖励分配。奖励或惩罚越取决于特定的目标成果，员工就越可能迫于压力去做他们必须做的任何事情来达到目标——即使在道德标准上做出让步。

四、组织文化

组织文化的内容和强度也会影响道德行为。一般来说，组织文化由共享的组织价值观构成。这些价值观反映了组织代表和相信什么，也创造了一个影响员工采取道德或不道德行为的环境。当谈到道德行为，风险承受能力、管控能力以及对冲突的包容能力越强的文化，越可能鼓励较高的道德标准。这种文化鼓励员工更加有进取心和创新能力，明白不道德的行为可能被发现，可以公开质疑他们认为不切实际或违背个人意愿的期望。

因为共享的价值观可以产生有力的影响，因此很多组织都在使用基于价值观的管理（Values - based Management），即利用组织的价值观引导员工完成工作的方式。例如，添柏岚（Timberland）是使用基于价值观管理的公司。利用一句简单的话“做得更好”，添柏岚的员工就知道企业期待和重视的是什么：即他们找到方法来“做得更好”——不论是为消费者创造高质量的产品、参加社区服务活动、设计员工培训项目，还是找到方法让包装更加环保。

【企业实践】

大家普遍认为华为是中国企业“狼性文化”的缔造者。

任正非曾经说过，企业发展就是要发展一匹狼，他还对这匹“狼”的特性做出了定义：一是敏锐的嗅觉；二是不屈不挠、奋不顾身的进攻精神；三是群体奋斗的意识。

狼性分析：

1. 嗅觉敏锐：善于抓住任何的机会，瞬间出击。

2. 强攻击性：崇尚进攻，进攻就是最好的防守，决不窝里斗。

3. 团队协作：狼群是最讲究群体生存的，它们任何一次猎食都是分工合作，各司其职。

4. 锁定目标：专注目标、坚守目标。狼一生 80% 的时间都在解决饥饿问题，目标决不动摇。不管多么困难，也决不吃草。

五、问题强度

道德问题强度会直接影响管理者的决策。所谓问题强度，指该问题如果采取不道德的处理行为可能产生后果的严重程度。例如，有多少人会受到伤害？有多少舆论会谴责这种行为？这种行为造成危害的概率有多大？人们是否能直接感觉到？潜在受害者与这种不道德行为距离有多近？这种行为的危害是否会集中爆发？如果这些问题的答案是肯定的，那么管理者很可能采取道德的行为。但是当问题本身对组织具有特别重大影响时，管理者为了保护本组织的利益也可能甘愿冒着被揭露的风险而采取不道德的管理行为。美国安然公司造假账事件就是一个典型的例子。

第四节　推动企业伦理建设的路径

一、制定并执行企业伦理守则

伦理守则所规范的主要内容是企业与其利益相关者、员工、顾客、股东、政府、社区、社会大众等的责任关系，它同时包含公司的经营理念与道德理想——如同人的座右铭——多少可以反映公司的文化与行为、生存的基本意义和行为的基本方向。企业信奉的伦理守则应贯彻到经营决策的制定以及重要的企业行为中。在建立伦理法则的同时，通过一系列的奖励、审核以及控制系统加以强化，并对破坏伦理规范的行为予以惩罚，公司必须让大家都明白，组织里决不允许有违反伦理的行为。管理人员对违规者的默许，将会严重破坏组织走向更具伦理氛围的环境。

二、设定企业伦理目标

企业伦理目标强调企业行为不仅具有经济价值，还必须具有伦理价值。企业在追求经济目标的同时，往往不由自主地将获利作为衡量行为价值的唯一尺度。于是，为了实现利润最大化不惜损害他人利益的行为在现实生活中时有发生，这说明企业的经济目标需要伦理目标的调节和制约。企业目标制约下的行为不仅不能违背以法规形式体现出来的经济活动的游戏规则，而且要进一步以伦理准则来约束自己，主动实现道德自律。经营者必须不断提醒自己：企业生存的根本意义是什么。企业的生存其实并不是一个目的，而是一个手段，即通过企业的生存求得顾客的满意。所以，当一个企业非要用违背伦理的手段才能生存的话，它就不再有存在的意义和价值了。

三、加强员工企业伦理教育

企业应加强员工相关企业伦理教育，注重培养反映企业价值观的态度观念、思考方式等，让员工深刻了解企业更高一层的使命。

不少国外的大企业在员工的教育训练课程中，邀请诗人、哲学家为员工上课，目的就是希望员工能对身边的人与物有更高的敏感度，帮助员工在道德思想和行为中形成强大个人意志，防止道德沦丧。企业也可以参与一些有意义的社会活动，协助推动社会良性改革，这样不仅可以提高公司的向心力，激励员工士气，同时也可提升个人的品质，满足员工更高层次的精神需求。这样会进一步激发员工的积极性、创造性，培养员工的敬业精神，从而更有利于企业经济目标的实现。因此，道德伦理风范不再是企业必须维持的一个负担，而是统治一个企业的精神风貌。

四、自上而下推动伦理建设

作为成功的企业，应该是一个合乎高标准伦理的公司，在劳资关系、尊重知识产权、遵守法律等企业文化上都有相当的进步性；而成功企业中卓有成就、德高望重的领袖人物，恰恰是最有资格提升社会伦理道德的人物。因此，高层领导的重要职责之一是赋予企业的指导价值观以生命，建立一个支持各种道德行为的环境，并培养员工共同承担的责任感，让员工体会到遵守伦理是企业积极生活的一面，而不是被权威强加的限制条件。领导要敢于承诺，并为自己所倡导的价值观念而采取行动，同时当道德义务存在冲突时，敢于以身作则。

企业管理的主要责任是教导、促进、启发员工诚实、正直、公正感。一个真正的企业家，应该是净化社会风气的先锋。当年，张瑞敏自己抡起铁锤砸掉了 76 台冰箱，在家电行业里以“挥大锤的企业家”著称。也正是这把大锤，为海尔走向世界立了大功。如今，“精细化，零缺陷”变成海尔全体员工的心愿和行动，那把大锤依然摆在展厅里，让每一位员工可以时刻铭记。

第五节　企业的社会责任

从某种意义上来说，社会责任的概念就像伦理一样很容易理解：它是指明辨是非且做正确的事情。正式定义：企业追求有利于社会长远目标的一种义务，它超越了法律与经济对企业所要求的义务。社会责任是企业管理道德的要求，也是企业出于义务的自愿行为。

一、社会责任的定义

在 20 世纪 60 年代前，企业的社会责任问题很少引起人们的注意。不过那时的社会活动家已开始对企业的单一经济目标提出异议。

时至今日，社会责任问题已引起人们的普通关注。一方面，管理者在管理实践中经常会碰到与社会责任有关的决策，如是否为慈善事业出一份力、如何确定产品的价格、怎样处理好和员工的关系、是否保护自然环境以及如何保护、如何保证产品的质量和安全等。另一方面，翻开任何一本新近出版的中外管理学教科书，也不乏专门讨论社会责任问题的章节。

在正式讨论社会责任之前，有必要对它下一个较准确的定义。如果企业在承担法律和经济上义务（法律上的义务是指企业要遵守有关法律，经济上的义务是指企业要追求经济利益）的前提下，还承担追求对社会有利的长期目标的义务，那么，我们就说该企业是有社会责任的。

为了更好地理解"社会责任"这一概念，有必要对它和另外两个概念——社会义务和社会反应作逐一比较。社会义务是企业参与社会活动的基础。如果一个企业仅仅履行了经济和法律上的义务，我们就说该企业履行了它的社会义务，或达到了法律上的最低要求。只履行了社会义务的企业只追求那些对其经济目标有利的社会目标。与社会义务相比，社会责任和社会反应超出了基本的经济和法律标准。有社会责任的企业受道德力量的驱动会去做对社会有利的事，而不做对社会不利的事。社会反应则是指企业适应不断变化的社会环境的能力。

二、组织的利益相关者

我们很难理解和应用企业社会责任的原因之一是管理者必须面对"对谁负责"这一问题。回忆前面章节学过的内容，组织环境包括任务环境和一般环境中的多方面因素。从社会责任的角度看，开明的组织把内外部环境都看作多种多样的利益相关者。

利益相关者（Stakeholder）是指组织内外部所有对组织有各种形式的投资或与组织绩效有利害关系，并且受组织行动影响的群体或个人（员工、顾客、股东等）。每个利益相关者对公司负有的责任有不同的标准，因为他们与组织的利害关系不同。

现在有一种工具——利益相关者图谱（Stakeholder Mapping）变得越来越流行，它为明确不同利益相关者的期待、需求、重要性和它们的相对影响力提供了一种系统的方法，但是利益相关者的这些特征会随时间而改变。利益相关者图谱帮助管理者明确某个特定问题或项目的重要利益相关者，或者帮助他们对利益相关者的重要程度进行排序，如图 5－1 所示。例如，GAP 公司曾焦头烂额地处理针对该公司发起的游行示威，因为公司使用了污染环境的承包商。之前，这些承包商还被指控雇用童工。GAP 公司决定利用利益相关者图谱来明确哪些利益相关者适合与公司继续开展更深入、更透明的合作。

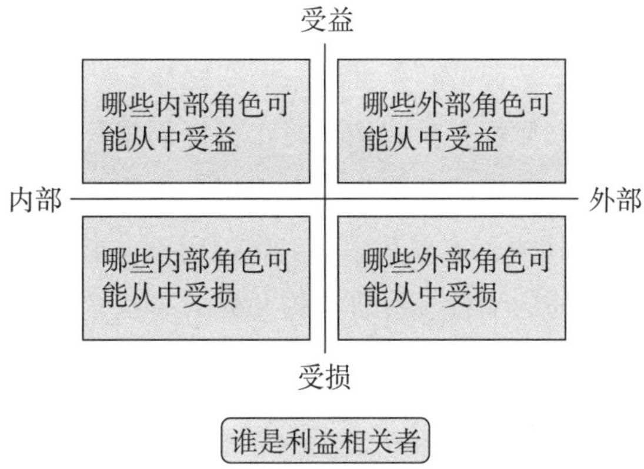

图 5 - 1　利益相关者四象限

三、企业社会责任的体现

(一) 企业对环境的责任

企业既受环境的影响又影响着环境。从自身的生存和发展角度看，企业有承担保护环境的责任。企业对环境的责任主要体现在以下 3 点。

(1) 企业要在保护环境方面发挥主导作用，特别要在推动环保技术的应用方面发挥示范作用，有社会责任的企业有着强烈的环境保护意识，他们积极采用生态生产技术。生态生产技术主要是指利用生态系统的物质循环和能量流动原理，以闭路循环的形式，在生态过程中实现资源合理而充分的利用，使整个生产过程保持高度的生态效率和环境的零污染。企业要紧密跟踪生态生产技术的研究进展，在条件许可的情况下，将最新的技术应用到生产中，使技术能尽快转化为生产力，造福人类。这样做使企业自身的发展得到了有力的保证。

(2) 企业要以“绿色产品”为研究和开发的主要对象。企业研制并生产绿色产品既体现了企业的社会责任，推动了“绿色市场”的发育，也推动着环保宣传教育，提高了整个社会的生态意识。

(3) 企业要治理环境。污染环境的企业要采取切实有效的措施来治理环境，“谁污染谁治理”，不能推诿，更不能采取转嫁生态危机的不道德措施。

(二) 企业对员工的责任

员工是企业最宝贵的财富。企业对员工的责任主要体现在以下几方面。

1. 不歧视员工

现代企业的一个显著特征是员工队伍的多元化。为了调动各方面的积极性，企业对待所有员工要一视同仁。

2. 关注员工培训

决定员工（尤其是高素质员工）去留的一个关键因素是员工能否在本企业中得到锻炼和发展的机会。有社会责任的企业不仅要根据员工的综合素质，把他安排在合适的工作岗位上，做到人尽其才，才尽其用，工作过程中，也要根据情况的需要，对其进行培训，如送他到国内外的学校、科研机构和兄弟单位学习深造。这样做既满足了员工自身的需要，也满足了企业的需要，通常情况下，经过培训后的员工能胜任更具挑战性的工作。

3. 营造一个良好的工作环境

工作环境直接影响到员工的身心健康和工作效率。企业不仅要为员工营造一个安全、关系融洽、压力适中的工作环境，更要根据本单位的实际情况为员工配备必要的设施。

4. 善待员工的其他举措

例如，推行民主管理，提高员工的物质待遇，对工作表现好的员工予以奖励，等等。

（三）企业对顾客的责任

“顾客是上帝”，忠诚顾客的数量以及顾客的忠诚程度往往决定着企业的成败得失。企业对顾客的责任主要体现在以下几方面。

1. 提供安全的产品

安全的权利是顾客的“一项基本权利，企业不仅要让顾客得到所需的产品，还要让他们得到安全的产品”，产品的安全越来越受到企业（尤其是知名企业）的重视。

2. 提供正确的产品信息

企业要想赢得顾客的信赖，在提供产品信息方面不能弄虚作假，欺骗顾客。

3. 提供售后服务

企业要重视售后服务，要把售后服务看作对顾客的承诺和责任，要建立与顾客沟通的有效渠道，如设立意见箱、热线电话等，及时解决顾客在使用本企业产品时遇到的问题和困难。

4. 提供必要的指导

在产品使用前或使用过程中，企业要尽可能为顾客提供培训或指导，帮助他们正确使用产品。

5. 赋予顾客自主选择的权利

在市场经济条件下，顾客拥有自主选择产品的权利。企业不能限制竞争，以防止垄断或限制的出现给顾客带来的不利影响。

（四）企业对竞争对手的责任

在市场经济条件下，竞争是一种有序竞争。企业不能压制竞争，也不能搞恶意竞争。企业要处理好与竞争对手的关系，在竞争中合作。有社会责任的企业不会为了暂时之利，通过不正当手段挤垮对手。

（五）企业对投资者的责任

企业首先要为投资者带来有吸引力的投资报酬。那种只想从投资者手中获取资金却不愿给投资者以合理报酬的企业是对投资者极不负责的企业，这种企业注定被投资者抛弃。此外，企业还要将其财务状况及时、准确地报告给投资者。企业错报或谎报财务状况，是对投资者的欺骗。

（六）企业对所在社区的责任

企业不仅要为所在社区提供就业机会和创造财富，还要尽可能为所在社区做出贡献。有社会责任的企业意识到通过适当的方式把利润中的一部分回报给所在社区是其应尽的义务。他们积极寻找途径参与各种社会活动，通过此类活动，不仅回报了社区和社会，还为企业树立了良好的公众形象。

复习与思考题

1. 解释社会责任的性质。
2. 简要论述几种相关道德观。
3. 影响管理伦理的因素有哪些?
4. 管理者可以采取哪些办法改善企业自身道德问题?
5. 企业的社会责任主要体现在哪些方面?
6. 解释当前管理者面临的道德和社会责任问题。

第六章 全球化与管理

【学习目标】

通过本章的学习，你应该能够掌握以下几点。

- 描述全球化的内涵。
- 阐述全球化管理者应具备的关键能力。
- 解释全球化经营的组织模式。
- 讨论全球化经营的领导风格。

【管理小故事】

吉利：开放包容打造全球化汽车产业

在2018年度“一带一路”媒体合作论坛上，浙江吉利控股集团董事长李书福说：“‘一带一路’是一种互联互通、共同繁荣的理念，是一种发展哲学与合作共赢的思想。”他认为，企业“走出去”只是第一步，相互融合才是关键，要实现民心相通，践行“全球型企业文化”建设。

吉利控股集团深化海外布局，不仅推动沃尔沃汽车品牌的复兴和持续发展，还实现了吉利汽车与沃尔沃汽车、伦敦电动汽车、宝腾汽车的文化融合、人才融合与技术融合，协同效应正在发生聚变。在英国，伦敦电动汽车公司已成为浙江吉利控股集团的全资子公司。伦敦电动汽车安斯蒂新工厂直接创造就业岗位超过1000个，还带动产业上下游新增岗位300多个。在马来西亚，吉利入股宝腾汽车，改变了以往中国企业用资本换技术的旧有模式，提供了新鲜血液和增长动力，走出用技术和资本换市场的新路径。在瑞典，沃尔沃根特工厂是中国、比利时、瑞典三方经济技术合作的典范，在“中国投资”和“欧洲技术”之间架起了一座互利共赢的桥梁。

此外，吉利在中国杭州、宁波杭州湾、瑞典哥德堡、英国考文垂、德国法兰克福设有五大工程研发中心，在中国上海、瑞典哥德堡、西班牙巴塞罗那、美国加州设有四大造型设计中心，形成了强大的技术研发体系和技术原创能力。

目前吉利汽车在海外拥有多个制造工厂，建立了400多家销售网点，出口20多个国家，包括古巴、苏丹、俄罗斯、沙特、阿联酋等。

在“一带一路”沿线国家，吉利还在探索各种可能的合作模式、开拓多元合作平台，带动更多的中国投资走出国门，构建海外产业融合生态圈。

吉利汽车希望，在“共商、共建、共享”的前提下，协同发展，取长补短，各取所需，做大做强中国、英国、马来西亚等国家的汽车产业，最终目标是实现合作共赢。同时，在人文交流、民心相通方面继续加强研究，希望通过项目的商业化可行性落地，给沿线人民带去更多的发展机会、获得感和幸福感。

资料来源：刘阳．吉利汽车开放包容打造全球化汽车产业［N］．新京报，2019-04-24.

第一节 全球化内涵

全球化既是一个事实，又是一个过程。说全球化是一个事实，是指其反映的是世界各国及民众之间比以往任何时候都更加相互依赖，而且这种依赖程度越来越高。说全球化是一个过程，是指其既是技术发展又是人类发展的过程，反映了全球化背后的两股最根本的推动力。一方面，随着交通、信息与通信技术的发展，如高速飞机、移动电话、因特网、可视电话等，当今世界好似一个地球村。实现全球范围内的瞬间协调和交流正变得十分平常。另一方面，各种政治、经济和文化的力量都在促进全球化进程，如联合国、世界贸易组织等在全球范围内建立共同的规则，如企业家为寻求一种国际效益，在全球范围配置资源、销售产品，甚至改变消费者偏好。食品的口味和饮食习惯长久以来都被认为是与文化最密切联系的消费者行为，但是，像麦当劳和可口可乐全球化的成功已经说明，即便是这些与文化密切相关的偏好也可以被改变。

我们可以从不同层面来定义和理解全球化，如世界、国家或地区、产业、公司，甚至是公司内的某一部门或业务。

现实困境

凯恩斯曾经描述过第一次世界大战前英国伦敦居民的生活，生动地“总结”了宏观趋势：

躺在床上喝着早茶，伦敦居民可以根据自己的需要通过电话订购全球各种商品，并期待着这些商品被及时地送到自己的家门口；还可以在同一时间里用同样的方法把自己的财富投资于全世界的任何一个角落、任何一类资产，毫不费力地分享这些资产未来的果实和好处；如果他愿意的话，还可以随时利用廉价且舒适的交通工具来往于世界上任何国家。

如果不特别注明这是第一次世界大战前的伦敦，而将这些描述用在今天的中国、美国、欧洲和日本，也丝毫不会有任何的违和感。

2020年新冠肺炎疫情对全球供应链的冲击，迫使企业不得不对原先产业链进行重构，对本土供应商更加倾斜。同时，医疗防护和呼吸机等重要物资的短缺，更让发达国家对制造业“空心化”所可能造成的后果有了更清醒的认识。

一、世界层面上的全球化内涵

在世界层面上，全球化是指国家之间日益增长的经济相互依赖性，反映在商品、服务、资本和信息等方面不断增长的跨国流通上。具体表现在跨国服务贸易增长迅速，国外直接投资（FDI）发展迅猛，同国旅游人数快速增长，跨国并购进程加快。2000—2007年，跨国商品贸易年均增长率为5.5%，跨国商业服务年均增长率为12%，几乎分别是同期世界国内生产总值（GDP）年均增长率（3.0%）的2～4倍。从2000年到2007年，国外直接投资（FDI）从13981.8亿美元增加到18330亿美元，增加近5000亿美元，分别占当年全世界GDP的4.49%和3.4%。从2000年到2006年，全世界的出国旅游人数从7.6亿上升到10.3亿，出国旅游人数占当年全球总人口数的比例从11.3%上升为13.0%。1990年，超过10亿美元的跨国企业并购发生48起，并购额达837亿美元，占世界并购总额的41.7%，2000年这些数据分别上升为207起，9990亿美元和74.0%，2007年这些数据分别为300起、11610亿美元和70.9%。

二、国家或地区层面上的全球化内涵

在国家或地区层面上，全球化是指一个国家或地区的经济与世界其他领域之间的联系程度。衡量某个国家或地区的经济全球化的一些关键性指标包括进出口额占GDP的比例、国外直接投资和有价证券的进出流动额等。

北京师范大学一带一路研究院院长胡必亮认为，谈到经济全球化，一般包括了产品的全球化生产、国际贸易、国际投资、人员的跨国流动、技术开放与运用的全球化、国际经济组织和国家货币金融体系的建立等内容。经济全球化就是历史发展的基本趋势，无人可以逆转经济全球化过程与趋势。在错失了前两次经济全球化浪潮及其机会后，中国从1978年年底，开始实施改革开放新政策与新战略，正好赶上了第三次经济全球化大潮，并积极主动地参与其中。中国既从经济全球化中受益，又为推进经济全球化发展做出了重要贡献。

改革开放初期，中国基本没有对外投资，到近年来，每年都有超过1000亿美元的对外投资。特别是中国提出共建“一带一路”倡议后，对外直接投资大幅增加，2014年，中国第一次出现对外投资大于外商直接投资的情况。2018年，中国在全球188个国家和地区设立了4.3万家对外直接投资企业，其中在“一带一路”沿线国家和地区设立的境外企业超过1万家，全球80%以上国家和地区都有中国的投资。2018年，中国对外直接投资1430亿美元，占当年全球对外直接投资流量的14.1%，略低于日本，成为全球第二大对外投资国。到2018年，中国对外直接投资存量达1.98万亿美元，仅次于美国和荷兰，位居世界第三。

三、产业层面上的全球化内涵

在产业层面上，全球化是指某一产业在全球范围内的扩张和活动，以及在全球国家或地区间相互依赖的程度。全球化产业的市场往往由若干个全球化公司所主导，比如运动鞋产业是由耐克、锐步和阿迪达斯这三个全球化公司所控制。衡量产业全球化的关键指标通常包括该产业跨国贸易额在世界总产值中所占的百分比、该产业跨国投资额在该产业实现的投资总额中所占的百分比等。如制药业在1980年和1994年的世界产值分别为750亿美元和2050亿美元，该产业跨国贸易额分别为131亿美元和559亿美元，分别占该产业当年总产值的17.5%和27.3%。并且该产业的跨国投资额从1980年的123亿美元上升到1994的374亿美元，年均增长率为14.9%。

跨国化指数（Transnationality Index，TNI）和国际化指数（Internationalization Index，II）都是基于跨国公司而定义的，但两指数既可用作测量公司的全球化程度，也可反映产业的全球化程度。有时也用作一个国家或地区的全球化程度的测量。联合国贸易与发展会议所定义的跨国化指数是由跨国公司的国外资产占总资产的比率、国外销售额占总销售额的比率和国外雇员数占总雇员数的比率平均而得。联合国贸易与发展会议所定义的国际化指数是指跨国公司的国外机构数占总机构数的比率。

四、企业层面上的全球化内涵

在公司层面上，全球化是指公司在各国或地区的收入份额和资产扩展的程度，以及与各国或地区的资本、商品和信息的跨国或地区交流程度。在信息产业，个人电脑在亚洲第一位、全球第三位的联想集团的全球化发展是一个很好的例子。

1984 年 11 月 1 日，柳传志等科技人员响应中国科学院科技体制改革的号召，成立中国科学院计算机新技术发展公司，这是联想的前身。经过 20 年的发展，2004 年 12 月 8 日，联想集团以 12.5 亿美元收购“PC 产业缔造者”“蓝色巨人”IBM 个人电脑事业部。收购完成后的联想拥有 IBM 的“Think”品牌及相关专利、IBM 深圳公司、大和（日本）和罗利（美国北卡罗来纳州）的研发中心，以及遍及全球 160 个国家的庞大分销与销售网络和广泛的全球认知度。

很多家电厂商的全球化之路是贴牌代工、出口创汇，仅仅是产品全球化。在家电制造业，海尔集团的全球化发展又是一个很好的例子。海尔的“全球化”做得彻底、通透，是真真正正的“全球化”。主要体现在三个方面：是品牌的全球化，而非产品的全球化；是世界的全球化，而非局域的全球化；是生态品牌的全球化，而不仅是传统家电的全球化。从 1984 年开始，海尔先后实施了名牌战略（1984—1991 年）、多元化战略（1992—1998 年）和国际化战略（1999—2004 年），2005 年年底，海尔进入第四个战略发展阶段：全球化品牌战略，即在每一个国家的市场创造本土化的海尔品牌。

具体来说，就是三个 1/3 的全球化战略，即海尔产品 1/3 国内生产国内销售，1/3 国内生产国外销售和 1/3 国外生产国外销售。

第二节　全球化与管理者

那些只局限于一国或地区范围内的业务正在逐步地减少，如今的管理者都必须具有全球化视角。越来越多的情形是，管理者需要在不同地区、不同国家和不同文化情况下进行管理工作。如海尔在美洲、欧洲、非洲、亚洲等几十个国家与地区都有生产基地或研发中心。海尔的管理者面临着更为广泛和复杂的问题，并且这些问题对管理者提出了特殊的挑战。正如管理学家南西·J. 阿德勒（Adler Nancy J.）所说，“全球化管理者主要关心的是在不同文化之间的人员和思想的互动，而不是关注于在管理者的祖国中原来的特定领导方式的效果和对来自不同国家或地区的管理者的管理方式的比较。”斯蒂芬·莱因史密斯强调“全球化思考，本地化行动（Thank globally & Act locally）”这一全球化管理的全新范式。

因此，作为一名全球化管理者，首先需要理解全球化管理的环境，即一般环境（主要是国家和文化）和任务环境（主要是供应商、竞争对手、销售商、顾客和劳动力市场与工会），以及理解这些环境因素对管理的影响。所谓“知己知彼，百战不殆”。其次需要理解与掌握一些全球化管理所必需的关键能力，如国际商务知识掌握能力、文化适应能力、换位思考能力和创新能力。这四项能力是一个整体，即学者马可辛·

道尔顿等所说的“跨地区、跨国家和跨文化管理能力”。

一、全球化管理的环境因素

（一）全球化的一般环境

1. 政治与法律环境

世界上不同国家有着不同的政治制度与法律制度，并且这些制度还在不断地变化。全球化管理者必须充分理解不同政治与法律制度的内涵与运作方式。

（1）国家政治体制。国家政治体制是指统治阶级为实现阶级专政而采取的统治方式、方法的总和，包括国家政权的组织形式、国家结构形式、政党制度及选举制度等。

（2）政治的稳定性。政治的稳定性通常是指东道国政局的稳定性以及社会的安定状况。如国家领导人的更换、政府的更迭可能导致国家政体的变化以及政治主张的改变；再比如政变、社会内乱以及一些国家的种族和宗教冲突等，都将导致政局动荡不安。

（3）政府对外来经营者的态度。政府对外来经营者的态度通常反映在对外政策上，主要是政府对外国企业的鼓励和限制程度、对国外经营者所提供的便利条件和优惠措施、对外国企业生产经营活动的干预程度以及对外国企业的经营政策的连续性和稳定性等。

（4）法律环境。法律环境是指本国和东道国颁布的各种法规，以及各国之间缔结的贸易条约、协定和国际贸易法规等。东道国的有关诽谤、个人隐私、消费者保护、就业和安全以及劳资等方面的各种法律条例，全球化公司必须遵从。对于中国企业全球化管理者来说，尤其应该了解目的国或地区的法律环境，特别是那些与我国差别较大的法律法规，如个人隐私、就业与安全、消费者保护等方面的法律条例。

2. 经济和技术环境

在全球范围内，经济体制主要包括三大类型：自由市场经济、命令经济和混合型经济。一个国家或地区的经济体制还在不断发展与变化。全球化管理者必须了解不同经济体制的运行方式。除此之外，还有一国或地区的经济发展水平与技术发展水平，从而更好地理解与它们之间的各种机会与威胁。

（1）经济体制和经济政策。在自由市场经济中，产品的生产和劳务主要由私人提供，其价格与数量主要由供求关系所决定，资源主要由市场进行配置，不受政府的支配与干预。在命令经济中，一个国家或地区所生产的产品、所提供劳务的价格和数量都是由政府来决定的，资源主要由政府进行配置。在混合型经济中，有些部门由私营企业根据市场机制运行，有些部门则由政府支配与干预。不同国家或地区经济体制的特点不尽相同，市场经济的发展水平也不平衡。加之各国或地区在贸易政策、工业化政策、地区开发政策和外汇管理政策上的不同，从而对全球化经营和管理有着不同的影响。

（2）经济发展水平及其发展潜力。在不同经济发展水平下，市场需求能力、消费偏好和产业特征各不相同，对国际经营企业的吸引力和影响程度也有差别。根据美国经济史学家罗斯托（Walt Whitman Rostow）的分类，当今世界各个国家或地区的经济发展水平存在着较大差异，有的国家或地区经济上主要依赖原料资源和农产品，仍然处于传统社会阶段；有的国家或地区处于经济起飞阶段，工业化水平逐步提高，经济持续稳定增长；有的则处于成熟阶段，经济上完全工业化，生产处于世界领先地位。除此以外，经济发展潜力也是全球化经营所必须考虑的因素。有的新兴国家或地区即使现在的经济水平较低，但市场广阔，经济日趋开放，具有良好的后续发展潜力；而有些国家或地区虽然工业化程度很高，但市场趋于饱和，发展明显乏力。

（3）市场规模及其准入程度。一个国家的市场大小、有无市场潜力、对外来产品的准入程度，都直接影响着全球化经营机会的大小。衡量市场规模的指标主要有人口数量及其增长速度、人口分布状况、人均国民收入水平、市场消费水平、消费性质和消费结构，以及市场的竞争态势、物价水平等。衡量市场的准入程度则要看东道国的贸易和关税政策、对国外企业销售的政策等。

（4）科技发展水平。科技发展水平通常反映在科技发展现状，科技发展结构，科技人员的素质和数量，科学技术的普及程度，现有工业技术基础的水平，产业结构的现代化水平，以及与企业经营相关的原材料、制造工艺、能源、技术装备等科学技术发展动向等多方面。

（5）社会基础设施。社会基础设施主要是指一个国家或地区的交通运输条件、能源供应、通信设施和商业基础设施等。

3. 文化环境

文化因素是指企业所在的国家或地区中人们的处世态度、价值取向、道德行为准则、教育程度、风俗习惯等构成的环境因素。文化因素与政治因素不同，政治因素一般带有强制性，而文化因素则带有习惯性。文化环境包括的内容非常广泛，如宗教、语言、教育体制等。霍夫斯泰德（Geert Hofstede）通过对 IBM 跨国工作人员的问卷调查，提出了现今被广泛接受的反映各国或地区文化环境的几个指标。

（1）权力距离（Power Distance）。在一个社会组织中，权力分配往往是不均等的，即存在着权力等级。有的国家或地区对权力距离的接受程度较高，即高权力距离差距社会；有的国家或地区，对权力距离接受程度较低，即低权力距离社会。

（2）不确定性的避免（Uncertainty Avoidance）。任何一个社会，对于不确定的、含糊的情境，都会认为是一种威胁，从而总是试图加以防止。防止的方法很多，例如，提供更稳定的职业，建立更多的正规条例，不允许出现越轨的思想和行为，追求绝对真实的东西，努力获得专门的知识等。一个强烈追求防止不确定性的社会，一般来说会产生高度的紧迫感和进取心，会激发人们努力工作。

(3) 个人主义（Individualism）或集体主义（Collectivism）。个人主义是指一种结合松散的社会组织结构，每一个人只关心自己，而且也只依靠个人的努力来为自己谋取利益。集体主义则指一种结合紧密的社会组织结构，所有人往往以"在群体之内"和"在群体之外"来区分，他们期望得到"群体之内"，如小集团内、组织内以及亲戚朋友的照顾，但同时也以对该群体绝对的忠诚作为报答。

(4) 男性化（Masculinity）或女性化（Femininity）。这个指标表示的是所谓"男子气概"价值观在社会中占统治地位的程度。"男子气概"是指自信武断、进取好胜、喜欢冒险。

(5) 长期导向（Long Term Orientation）或短期导向（Short Term Orientation）。长期导向型价值观崇尚节俭和对目标执着的追求；而短期导向型价值观比较注重个人的稳定和幸福，只为眼前的生活着想。该指标反映了人们对于工作和生活的态度。

（二）全球化的任务环境

1. 供应商

全球化进程使得全球化采购和全球化外包（Global Outsourcing）得以进行。全球化采购和外包不仅能够降低成本，而且能够提高产品质量。在低成本国家采购，跨国公司平均采购节约成本 20% ~40%，个别类别的成本节约甚至高达 70%。在低成本国家或地区采购，一方面降低公司成本，另一方面提高新兴市场供应商的竞争力。

例如，德国大众 2006 年在中国采购的汽车零部件总额达 10 亿美元，其关键零部件厂均由大众及其配套企业在国内独资或控股。2007 年，通用汽车在中国共签约 198 家供应商。菲亚特集团也正在扩大低成本汽车配件的采购，采购比例由原来的 8% 扩大到 1%，金额将达到 15 亿欧元。再如，波音公司生产的新型 777 商用喷气式飞机的 132500 种零件由全球 545 个不同供应商提供。尽管波音负责大部分零件的生产，但是机身、机门、机翼由 8 家日本供应商生产，1 家新加坡供应商负责前降轮的门，3 家意大利供应商负责生产襟翼。波音的理念是：这些供应商都是世界上生产这些零部件最好的企业，同他们做生意能够帮助波音生产出高质量的飞机。

但是，全球化采购和全球化外包也带来一些挑战，如复杂的质量控制、物流成本、供应时滞风险等。因此，全球化供应商和外包商的选择、控制与管理非常重要。

2. 销售商

全球化给企业带来更为丰富的销售商选择机会。企业既可以利用境内外的传统销售商，又可以利用网络来营销自己的产品和服务。零售商往往同时拥有传统商店和网上商城。截至2009年5月底，国内的家电零售商国美、苏宁在国内拥有连锁商店分别超过1300家和850家，积极向海外扩张的同时也开设了网上商城。

3. 顾客

早在20世纪80年代，营销学家西奥多·莱维特（Theodore Levitt）就预测全球化对需求方的影响，“以同样的方式在世界各地销售标准化……由于各国的喜好结构越来越接近，事物与事物之间也就变得越来越相似……不同的文化嗜好、不同的民族风格和标准及不同的商业机构已成为旧时代的遗迹。”确实，曾经一度界限分明的国内或地区内市场已逐渐融合为一个全球市场，许多种类的产品或服务可以被销往世界各地。这种融合不仅发生在消费品领域，而且也同时发生在工业品领域，为管理者提供了大量的机会。现在，人们可以在全世界各地看到海尔、苹果计算机、可口可乐的广告等。然而也不能过分强调这种融合，因为各国的文化以及消费者的口味仍然存在着很大的差别，许多公司就认识到这一点。如AO史密斯是一家拥有100多年历史的美国公司，它的主要产品是热水器和电动工具。它在中国市场生产和销售热水器产品时，根据中国消费者的住房特征以及消费习惯对热水器进行了改进，并根据中国市场的厂商关系，建立自己的仓储中心、销售队伍和顾客服务中心。

4. 竞争对手

不论是跨国经营还是当地经营，全球化环境导致来自国内外日益加剧的竞争挑战。例如，在海外市场的海尔管理者，既要面对当地的竞争者，如惠尔普、通用电器、Maytag等，还要面对其他国际竞争对手，如来自亚洲的松下、夏普、LG、三星，来自欧洲的西门子、菲利浦、伊莱克斯（Electrolux）等。在国内市场竞争的海尔，同样面对着这些竞争对手。全球化已经使竞争对手无处不在。

5. 劳动力市场及工会

全球化不仅促进了劳动力在不同国家或地区间的流动，而且加快了劳动力市场的一体化和规范化。在经济全球化条件下，许多国家或地区的劳动市场变得更开放，成为全球一体化的一个组成部分。一个国家或地区的全球化程度依赖于该国或地区的经济发展水平开放程度、关税保护政策以及习俗等。

对于中国企业的全球化管理者，不仅应该关注东道国的劳动力结构以及供求关系，而且应该关注东道国的工会、雇员协会和其他层次上的雇员组织，以及这些组织的具体作用。例如，法国1884年法律允许成立工会，到1895年出现了第一个规模较大的全国性工会。目前，除了法国总工会（CGD）、法国工人力量总会（FO）、法国工人民主联合会（CFDT）、基督教工会联盟（CFTC）、法国干部总会（CGC）这五大工会以外，还有许多各具特色的工会组织。在法国，劳资关系由《劳动法》、行业协议和企业协议共同调整。《劳动法》提供了最基本、最普遍的劳动标准，适用于境内的一切行业和企业；在此基础上，法国的700 多个行业均有工会与雇主协会经过谈判签订的行业协议（即企业集体合同），行业协议根据行业特点具体确定本行业的劳动标准，这些标准适用于包括会员和非会员在内的全体职工。依据行业协议，有条件的企业还可以签订企业协议，这取决于该企业是否存在有实力与雇主谈判的工会。在法国，工会具有强大的力量，代表雇员与雇主签订各种劳动协议以及调整劳资关系。由于工会功能的差别，中国企业管理者没有处理与工会关系的能力和经验，所以中国企业的全球化管理者必须深入了解东道国的工会组织及运作方式，并培养与工会打交道的能力。2004 年，TCL 公司收购法国汤姆逊公司的彩电和 DVD 资产，组建合资公司 TTE。后来的经营亏损巨大。TCL 公司对法国工会组织的作用和运行方式的了解不够深入，以及与工会沟通和处理问题能力的欠缺，可能是其中一个原因。

二、全球化管理者的关键能力

创造性领导力中心（Center for Creative Leadership）成立于 1970 年，是世界上致力于为个人和组织传播领导能力知识的较大机构之一。研究认为，为了成为有效的全球化管理者，其必须具备四种关键知识与能力，即国际商务知识掌握能力、文化适应能力、视角转换能力和创新能力。

（一）国际商务知识掌握能力

国际商务知识至少包含三层含义：一是对管理者所负责的所有国家或地区的一般环境因素的深入了解，如政治、法律、文化、经济、历史等；二是对管理者所负责业务的任务环境因素的深入了解，如竞争对手、顾客、供应商、销售商等；三是深入理解一般环境和任务环境对市场和商业活动的影响，并能够有效地开展一系列的管理活动。为了成为一名有效的全球化管理者，首先要参加培训，阅读大量书籍，并与相关专业人士和商业人士交流与讨论；其次要实践、实践再实践。

（二）文化适应能力

管理者了解所负责的所有国家或地区的文化价值、特点和行为倾向，这仅仅是一个开始。文化知识是文化适应能力的重要组成部分，但是要成为一位有效的全球化管理者，关键是要理解并学会如何恰当地改变自己的行为。文化适应能力也是管理者抗压能力的一种。不同文化会产生管理上的各种压力，这要求管理者能够学习和理解不同文化的特点和性质，以改变自己的行为来适应这些文化的要求。

（三）视角转换能力

视角是对事物是怎样的或者应该是怎样的一种观点或假设，每个人都有自己的视角。当管理者试图理解来自另一种文化的人的观点的时候，必须在思想上对那种文化有个基本框架，然后从该框架确定的视角来审视事物。转换到别人的视角就可以明白别人对事物的看法，理解他们的想法。然而，转换视角是一件比较困难的事，因为每个人都有根深蒂固的价值观和信仰，转换视角的难易程度也会因人而异。作为一位优秀的全球化管理者，转换视角去看问题是必需的。在实践中，转换视角的学习和行动正如彼得·德鲁克所说，管理有效性是一种习惯，可以培养，可以学会。转换视角能力也是可以培养的，它包括良好的倾听能力，了解不同看法的意愿，认识到其他人对事物是或者应该是什么样的看法与自己不同，愿意征求其他人的意见，并且承认自己的视野是有限的。

（四）创新能力

掌握足够的国际商务知识，改变自己的行为以适应不同的文化期望，能够从不同文化价值结构去理解事物，作为一位全球化管理者来说，这些都是为了创造出新的有效的管理方式。创造新事物正是一位有效的全球化管理者的本质所在。创新者的技能是一步一步地积累信息、学习倾听和注意观察、引导正确的需求，以及寻找有用的行为组合等这一长期过程的积累结果。

在《成功的全球化管理者》中作者给出了约翰·史密斯的例子。史密斯是一家美国跨国公司的经理，在调查外派工作人员项目的费用时发现，外派人员费用远高于预算，这与移居国外的人及其家人频繁回国的旅费有关，并且回国频率高的人大部分都是沙特阿拉伯公民。史密斯想颁布一条命令来禁止超量人员回国。但是，史密斯认识到，中东的价值观体系包括一个大家庭的概念，即几代人、各种亲戚和朋友联合起来相互支持。与这些大家庭联系的减少，对于那些移居国外的家庭的影响都是非常大的，所以他们频繁地回国。有了这些文化知识后，史密斯决定飞往沙特阿拉伯去会见一些回国的夫妻并与他们交谈。在长达一个星期的系列交谈后，史密斯和这些回国的夫妻协商了一个新的解决方法。史密斯与信息技术小组一起努力，建立了一个视频会议功能系统，让移居国外的人和当地家庭使用。这些移居国外的人非常感激管理者认识到他们的需求，从而在第一年末的年终结算中，回国开支这项减到了零，视频会议系统的费用却不到回国费用的1%。史密斯本可以颁布一条命令，但他没有这么做，而是试图掌握文化知识，转换视角，通过交谈与协商，创造性地提出了一个崭新的解决方案。

从这个案例可以知道，四种关键能力是一个整体。创新是落脚点，但创新建立在全球化管理者对国际商务知识的掌握与理解的基础上。在掌握和理解恰当的商务知识基础上，作为一位成功的全球化管理者，还必须能够转换视角看问题，调整自己行为以适应不同文化的期望，通过组建跨文化的合作团队与他人沟通交流、进行良好的倾听等，从而创造出新事物，如产品、服务、规则、程序与管理方法等。

一位管理者如何才能培养全球化管理的关键能力呢?

首先，从经历中学习。你可以讲多少种语言？你在多少个国家生活过？你是否在跨国公司工作过？显然全球化管理者并不一定要掌握多种语言，但是研究表明，管理者可以掌握的语言种类越多就越具有更多的国际商务知识、更高的文化适应能力和创新能力。要想成为一位优秀的全球化管理者，可能需要花费大量时间学习不同的文化，如果条件允许，尽量到不同文化的国家或地区旅行、生活或工作。事实上，大多数全球化管理者不太可能掌握多种语言，也不太可能到不同国家或地区生活和工作。在本国或本地区，管理者同样可以成为出色的全球化管理者。管理者在跨国公司里工作，管理性别不同、种族不同、宗教信仰不同或民族不同的员工，在管理的同时，学习不同的文化知识，学会从别人的视角看待这个世界。

其次，从工作任务中学习。在自己的工作中，管理者通过完成一系列任务，学会解决问题、处理各项关系的技巧与能力。尤其在负责跨地区、跨文化的工作任务时，管理者能够学习与国家或地区相关的政治经济、法律、宗教文化等方面的知识，培养文化适应能力和转换视角能力。在这个过程中，管理者为有效地完成工作任务，往往会努力创造新的方法。

最后，从关系中学习。管理者可以从他人身上学习，他们可能是上司、同事、下属或朋友。优秀的上司成为管理者的模板，而普通的上司也会促进管理者反思。例如，从一位优秀的全球化管理者的上司身上，管理者们学会了如何培养人，如何组建团队，如何倾听和协调，如何换位思考，如何同他人一道完成任务等。

现实困境

海尔国际化所面对的三道坎

“简单地说，‘走出去’就好比是到国外留学，人家认识你了；‘走进去’相当于在那里拿了一个绿卡，有一定身份了；‘走上去’，你就成为当地一个名流，这个非常难。”

张瑞敏曾将海尔所面临的挑战概括为“三道坎”。

第一道坎，从“入围资格”到“决赛圈”，即企业参与国际竞争的前提是企业能否具备良好的产品和运营竞争力，与国外知名企业站在一个水平上进行决战。

第二道坎，即能否从“机遇利润”（从改革开放的巨大机遇中获得的利润）过渡到“双赢利润”（从激烈的市场竞争中与他人交换优势资源而获得的利润）。之前，中国企业很多得益于市场机遇，而现在则是要靠自己的运营。

第三道坎，即能否从“单一文化”平稳过渡到“多元文化”。在国际经营中，企业面临多元文化问题，能否求同存异、充分理解、尊重当地文化，并将当地文化与企业自身文化很好地结合起来，是中国企业国际化过程中要面临的“文化坎”。

资料来源：张瑞敏．海尔不能回避的三道坎［J］．中国企业家，2006（3）：30－32.

第三节　全球化与管理职能

全球化环境和经营对管理的主要职能，如计划、组织、领导和控制，都提出了新的挑战。

一、全球化经营的进入方式

企业应该在外部环境评估和内部条件分析的基础上，首先考虑如何进行国际化经营。国际化经营的进入方式主要有出口、非股权安排和国际直接投资。企业可以根据所进入国或地区的环境，以及企业自身的发展阶段，选择恰当的进入方式。

（一）出口

出口是指企业将国内生产和加工的产品输往海外目标市场的活动。它既是一国企业实施国际化经营在初级阶段的表现形式，也是一个企业进入海外市场传统的、基本的方式。根据该企业与目标市场联系的紧密程度不同，可以将其区分为间接出口进入与直接出口进入两种类型。

1. 间接出口进入

间接出口是一种与目标市场联系较为松散的进入方式，一般也是国际化经营的最初阶段。在间接出口方式下，企业通过本国的中间商向海外市场销售产品、服务，以达到市场进入扩张的经营目的。这种进入方式比较适用于中小企业和刚刚介入对外贸易活动的企业。

2. 直接出口进入

直接出口进入是出口阶段的高级形式。采用这种出口方式的大多是通过间接出口累积到一定经验的企业。在直接出口方式下，企业绕开国内中间商直接与海外需求者联系，以实现对海外目标市场的进入与扩张。其贸易对象可以是海外中间商、分销商，也可以是最终消费者。

作为国际经营的初级方式，出口方式并不需要企业拥有丰富的国际化经营的知识和经验。另外，出口方式的资源投入相对较少，风险也相对较小。非生产性成本支出较大是出口进入方式面临的最大问题。在出口进入方式下，企业往往会遇到东道国的关税与非关税壁垒，此外还需要支付高额的运输和保险费用。控制程度低是出口方式的另外一个缺点。在出口进入方式下，本企业难以对其行为进行直接干预。对营销渠道及其运行效率的控制必然会被削弱，于是国际经营计划的实施与发展所必需的稳定性也会受到影响。

（二）非股权安排

非股权安排又被称为合同安排。非股权安排是国际化经营的第二阶段，该种方式的主要特征是不以股权控制为目标，且所涉及的财务风险较小。非股权安排的种类很多，主要包括特许、合同制造和管理合同等。

1. 特许

特许是当事人一方将其技术、商标或专利的使用权转让给另一方，由后者按合同规定使用的交易行为。技术、商标和专利是企业所有权优势的重要组成部分，也是企业赖以开展对外经济与贸易的重要条件。

2. 合同制造

合同制造是介于许可贸易与直接投资之间的一种市场进入方式。它是指企业利用目标市场国厂商现有的设备和条件生产规定产品的经营方式。它与许可贸易的区别：该企业仍保有合同制造产品的营销权和售后服务权。这种市场进入方式主要适用于目标市场规模较小、进口限制和经营成本较高的情况。

3. 管理合同

管理合同是通过向目标市场国的某一企业提供管理技术，或负责该企业的经营管理等，借以进入海外市场的一种方式。以这种方式进入海外市场的企业所取得的管理权限可能是某一方面的，也可能是全面的。但是，不论管理权限的大小，按照一般规定，该企业都不享有被管理企业的所有权，它得到的只是合同规定的报酬。

相对于出口进入，非股权安排的资源投入增大，所面临的风险也在增大。但是从事非股权安排的企业在进入东道国时，可以绕开贸易壁垒，节省关税支出；还可以通过技术渗透实施对东道国企业的控制。由于不涉及股权，因此就大多数情况而言，非股权安排对东道国企业的控制是相当有限的。非股权安排的另外一个威胁在于，这种进入方式极易造成技术泄密，从而使企业丧失所有权优势。例如，企业在东道国特许的情况下接触并使用许可技术品牌或专利，很可能会掌握其中的诀窍。

（三）国际直接投资

国际直接投资是指以控制权为目的的国际资本流动，控制权的获得是通过股权的占有来实现的。国际直接投资进入主要包括合资进入和独资进入，新建进入和并购进入等方式。

1. 合资进入

合资进入方式是指企业通过与东道国投资者共同投资，依照东道国法律在其境内设立实体的经营方式。合资进入具有两个明显的特点，一是共同投资，合资企业的股权是由投资各方共同拥有的，股权拥有的比例可以不同；二是共同经营，共负盈亏，共担风险，参与投资的各方均拥有对企业的经营管理权，并依据各自的出资比例获得利益。

许多着力吸引外资的国家希望通过合资来使本国企业获得国外企业的知识外溢，对合资经营方式往往持欢迎和鼓励的态度，因此采取合资经营往往能够享受比较好的优惠待遇；与东道国投资者共同投资经营企业，也可以减少由于东道国政治环境因素变化而带来的政治风险；借助于东道国投资方熟悉当地情况的优势，有利于提高企业对东道国政治、经济、文化环境的适应能力。

当然，合资经营也有不利的一面，主要表现：一是由于合资企业是由投资各方共同管理，而投资者各方投资动机不尽相同，会造成合资企业在经营目标、经营战略和策略等方面难以协调统一，从而影响合资企业的生产经营活动。二是由于不能独立地掌握对企业完全的经营自主权，合资企业在整体经营战略的制订、调整和实现等方面会受到一定程度的制约。三是合资经营经常会受到跨文化冲突的困扰。

2. 独资进入

独资进入方式是指企业依据东道国的法律，在东道国境内建立全部资本为投资者所有的企业。独资企业的投资者拥有企业的全部股权，因而可以享有企业的全部所有权相关经营权，并独立承担企业经营的全部责任和风险。

独资企业在所有权和经营权上有着独特的优势：一是不存在与其他投资者的利益冲突和调整问题，可以享有完全的经营自主权；二是有利于企业在跨国经营中整体战略的制订、调整和实现，有利于在资源和生产配置、利益实现方面进行最佳的调整；三是有利于母公司对子公司的控制，使母子公司之间协调统一，保证子公司的经营活动符合母公司全球战略利益的要求；四是可以保证母公司转移给子公司的技术资产不易扩散。

但采用独资进入的方式难度较大。一方面，许多国家通常对独资企业与合资企业采取区别待遇，如有的国家不允许外资占有全部股权；有的国家对独资企业审批严格，要求其承担高技术投入或产品出口义务，给予的优惠措施也少于合资企业等。另一方面，投资者在投资所在地独立经营，对东道国的政治、经济、文化环境的适应能力相对较差，经营活动的开展有较大难度。此外企业独立承担全部投资费用，资本投入大，风险也大。

3. 新建进入

新建进入是指国际企业在对外直接投资过程中，通过建立一个新的企业进入国外市场的行为。新建企业要求跨国公司在投资时必须从选择厂址开始，进行企业的基本建设，购置安装设备，招聘与培训员工，直至企业正式投入生产。

企业通过新建的方式进行对外直接投资的有利之处：①有利于与跨国企业整体战略更紧密地协调配合。新建形式可以不受已有企业的束缚，跨国公司可以按照自己所希望的规模筹建新的企业，在企业的选址、生产布局、生产规模、适用技术等方面，完全按照自己的意愿做出安排。②有利于母公司对子公司的控制和管理。与收购方式相比，新建企业没有固有管理模式的束缚，跨国企业可以采用更适合自己的管理模式。

新建的不利之处：形成生产能力所需的投入大、周期长。由于新建企业需要大量的筹建工作，因而在国际市场变化很快的情况下，不利于企业迅速进入市场。另外，通过新建方式增加的生产能力意味着对原有市场格局的重新整合，这在市场竞争较激烈的行业中更易导致竞争对手的剧烈反应，从而加大企业进入市场的难度。

4. 并购进入

并购进入是指国际企业通过收购投资所在国的企业的股份或购买企业产权以达到控制被收购企业、进入东道国市场的目的。实施并购战略的基本点是以占有被并购企业的股份份额，获得被并购企业的控股权，从而达到对被并购企业的实际控制。

跨国并购可采取的方式也很多。按照被并购对象所在产业部门划分，并购的方式有：横向并购，指对隶属同一产业部门、其产品属于同一商品市场的企业并购；纵向并购，指对与国际企业母子公司之间在产品生产经营中有着前后生产过程、销售与生产之间联系的企业收购；混合并购，指对与国际企业处于不同产业部门，不同市场，且相互之间没有特别的生产技术联系的企业收购。

通过并购方式进行对外直接投资有其明显的优越性。一是有利于企业迅速进入目标市场，并购方式可以省掉建厂的时间，从而迅速建立起国外的产销体系。二是有利于节省企业的资金投入。在大多数情况下，并购投入要大大低于新建投入。三是有利于充分利用被并购企业的现有资源，如迅速获得现有的管理人员、技术人员和生产设备，获得被并购企业的先进技术，利用被并购企业的分销渠道。四是有利于降低行业进入障碍，通过并购形式，一方面可以获得被并购企业在原行业内的市场份额，不至于使原来的市场格局发生巨大变化；另一方面并购也直接起到了减少竞争对手的作用。

并购进入的不利之处有以下几个方面。首先，实施并购的前提是对被并购企业资产价值的评估，但由于国家间的会计准则不同，国外市场信息收集的难度大，一些资产特别是无形资产的价值难以准确估计，因此对目标企业价值评估的难度往往较大。其次，被并购企业固有的管理模式与跨国公司的管理模式一般会有较大差异，国际企业与被并购企业需要进行全方位的磨合，因此国际企业对被并购企业的有效控制和管理通常是一个缓慢而充满风险的过程。

一般来说，制造业企业会从出口，建立海外营销机构、生产企业到研发中心循序渐进地全球化经营。如海尔、万向、科龙、正泰等都是先从贸易做起，再发展到在国外建立生产基地和研发中心。近年来，境外收购、参股、重组性投资都成为我国企业全球化经营的新趋势。2006 年，通过收购、兼并方式实现的直接投资达 82.5 亿美元，占当年流量的 39%。其中非金融类 70 亿美元，金融类 12.5 亿美元。如上工集团收购了在世界工业缝纫机领域排名第三的德国 DA 公司，中国网通收购香港电讯盈科，蓝星集团收购法国安迪苏集团，中国移动通信集团公司收购巴基斯坦第五大移动运营商巴科泰尔有限公司等。

二、全球化经营的组织模式

在选择目标市场和东道国市场的进入方式后，管理者就需要在战略目标的指引下，管理和组织分布在世界各地的子公司和代理机构。这就需要企业在全球化和当地化之间进行权衡，选择恰当的组织模式。

（一）全球化的压力

当不同国家的消费者对某一种商品的品位和喜好相近时，就存在着普遍的需求，如电阻器和半导体芯片等电子产品和钢材等建筑用产品。满足普遍需求的产品几乎不需要按照不同的市场来改变。

由于产品需求的同质性，使得降低成本成为竞争优势的唯一来源，这迫使公司进行集中化生产。对于把价格作为竞争武器并且竞争激烈的产品来说是很重要的，对于把基地设在要素成本低廉的（劳动力成本和能源成本）国际性竞争企业来说同样也是重要的。

全球战略协调的竞争对手的出现是产生全球化压力的另一个要素。对全球竞争做出反应需要进行全球战略协调，这给公司总部进行全球战略决策带来了压力。同时，一旦公司采用全球战略协调的做法，它的竞争者可能被迫以同样的方法做出反应。

（二）本地压力

由于国际企业的产品需要在多个国家进行销售，公司必须考虑在不同国家中的不同需求。当不同国家的政策导向、市场需求存在差异时，当地化压力随之而生。以汽车产品为例，在2009年上海国际汽车工业展览上可以看出，欧洲和美国特别强调环保和节能，尤其在金融危机压力下，政府和大众十分关注节能环保型、电油混合型、太阳能型以及微型汽车。另外，虽然国际汽车市场受金融危机影响十分疲软，但是中国车市很热，特别是豪华车纷纷涌入中国。因此，汽车厂家需要根据不同国家或地区的政策导向和需求差异改变其经营策略。

当不同国家的习惯不同的时候也会带来当代化压力。例如，世界最大的牛肉生产供应商巴西JBS公司（Jose Batista Sobrinho，JBS S. A.）根据不同文化背景提供不同类型的牛肉，如在埃及市场，其根据伊斯兰法律供应清真牛肉，在西班牙市场供应牛肚，在俄罗斯市场供应牛心脏。JBS公司认为，运营全球化和按文化规范提供产品是企业创造价值的关键。

不同国家之间分销渠道和销售方式的差异也会带来本地化压力。在制药业，日本的分销体制与美国有着根本的不同。日本的医生不喜欢美国式的硬性销售方式。因此，美国的制药公司不得不适应日本的销售做法。

东道国政府在经济和政治上的要求也可能造成一定程度的当地化压力。十分重要的一点是，地方保护主义、经济民族主义要求国际公司在本地加工产品。

（三）全球化组织模式的选择

从图6－1中可以看出有四种可供选择的全球化组织模式，即多国组织模式、国际组织模式、全球组织模式和跨国组织模式。采用不同组织模式的企业在资产和能力配置、海外业务的角色、知识的开发和扩散等方面有着不同的特点。

1. 多国组织模式

这是第二次世界大战前公司用来海外扩张的古典组织模式，也是最普遍的一种组

全球化的压力	低（当地化的压力）	高（当地化的压力）
高	全球组织模式（Global Organization Model）：全球视为单一的市场，公司总部统一经营	跨国组织模式（Transnational Organization Model）：专业化工厂符合本地化的要求，通过复杂的协调机制进行全球一体化
低	国际组织模式（International Organization Model）：利用现有能力向国际市场拓展	多国组织模式（Multinational Organization Model）：设在多个国家的子公司作为独立的业务单位来运营

图6－1 全球化经营的组织模式

织模式。多国组织模式中母公司虽然也行使最终控制权，但它赋予子公司很大的自主权，各子公司可以根据当地的情况做出相应的改变。在多国组织模式下，每个子公司是一个自治的单位，具备在当地市场运作所需要的所有职能。这样，每一个子公司都有自己的制造、销售、研发和人事职能。由于具备这样的自主性，每一个子公司能够按照当地客户的品位和喜好，以及当地的竞争环境、政治、法律和社会结构，对产品和策略进行“量体裁衣”。这种资源分散与责任下放的结构可以称为分权联盟（Decentralized Federation）。多国组织模型有三大特点：对资产与责任都实行分权的联盟，在非正式人际协调基础上用简单财务系统进行控制的管理思想，以及将公司海外经营视为相互独立业务所构成的投资组合的主导战略思想。多国组织模式被许多欧洲公司，如联合利华和壳牌石油公司所采用。多国模式的优点是允许子公司根据当地市场的情况做出反应，很少需要公司总部来进行协调和指导。同时，由于子公司是自治单位，产品和服务很少在子公司之间相互转移。

多国组织模式的主要缺点是较高的制造成本和重复工作。尽管多国组织模式中核心技术也由母公司向各东道国传递，但不能通过实行集中制造和向全球市场提供标准产品的方式实现规模经济。而且由于多国组织模式倾向于将战略决策权分散，因此在许多情况下，难以向竞争对手发起协调一致的、全球性的进攻。

2. 国际组织模式

国际组织模式是一种由母公司开发现有的核心能力并传递到子公司的战略模式。在国际组织模式下，子公司虽然有一定程度的根据当地情况革新产品的自由，但像研发这样的核心能力倾向于集中在母公司。子公司在新产品、新工艺、新概念上依赖于母公司，需要母公司进行大量的协调和控制。这种组织构架也被称为协同联盟（Coordinated Federation）。

在国际组织模式下，母公司向世界各地的子公司转移技术和知识。美国公司的管理文化与这种结构非常吻合。如 IBM、施乐公司均受益于把其核心技术向海外转移。国际组织模式一个突出的缺点是它不能为子公司提供最大限度的自由使它们能够根据当地的情况做出反应。此外，它通常不能实现低成本的规模经济。

3. 全球组织模式

全球组织模式的特点是由母公司集中决策，并对海外的大部分业务实行严格的控制。那些采取低成本全球竞争战略的公司通常采用这种模式。采用全球组织模式的公司通常在成本最低和技术最好的地方进行生产，将标准化的产品向全球市场销售。这些公司把全球作为一个单一的市场，认为不同国家的消费者的品位和喜好没有实质性的差别。这种结构也被称作集权中心（Centralized Hub）。全球化经营的先行者们，如亨利·福特和约翰·戴维森·洛克菲勒（John Davison Rockofeller）最早采用这种模式。20 世纪 70 年代及 80 年代，日本企业的全球化经营也以此为基础。

采用全球组织模式的公司为了寻求低成本，通常选择少数几个成本低廉的地方建立全球规模的加工设施以实现规模经济。规模经济可以通过在新产品开发、工厂和设备以及全球营销中分摊投资中的固定成本而实现，通过集中制造和全球市场战略而实现。索尼公司是采取全球组织模式取得成功的经典范例。

采用全球组织模式的企业很少根据不同国家用户的不同品位和喜好做出反应，因此，试图采取全球组织模式的跨国公司事先必须考察不同市场中的消费者是否偏好相似。例如，花王是日本日化产品的重要生产商，它将海外子公司视为公司标准化产品与服务的输出渠道，所以整个公司都依赖于母公司。但花王的管理人员发现他们的产品在欧美的销售遇到了困难，原因在于根据东方人特点开发的产品并不一定适合西方人，在亚洲很先进的产品技术在欧美只不过是一般产品；在营销方面，欧美市场与亚洲市场也存在很大区别。

使用全球组织模式的公司需要做大量的协调工作，同时这类公司还必须为在不同国家的子公司之间进行的产品转移而确定价格。

4. 跨国组织模式

在全球经济中，要想获得竞争优势，需要同时从适应当地情况、转移技术和节约成本中追求利润，从而使企业能够同时获得全球扩展的所有利益。这就产生了一个新的组织模式——跨国组织模式。

跨国组织模式的特点是将某些职能集中在最能节约成本的地方，把其他一些职能交给子公司以便更多地适应当地的情况，并促进子公司之间的交流以及技术的转移。在采用跨国组织模式的公司中，某些职能特别是研发倾向于集中在本国进行，其他一些职能也集中但不一定必须在本国。为了节约成本，公司可以把劳动力密集型产品的全球规模的工厂建立在低劳动力成本的国家，把需要技术型劳动力的工厂建立在技术发达的国家。其他的职能，特别是销售、服务和最后组装，倾向于交给各国的子公司，以便更大程度地适应当地的情况。因此，大部分零件在集中的工厂制造以实现规模经济，然后运到各地的工厂组装成最终产品，并且按照当地的情况对产品做出改动。这种结构也可以称为一体化网络，强调了人、财、物、信息在跨国间的流动。

美国卡特彼勒公司（Caterpillar，成立于1925年，是世界上较大的工程机械和矿山设备、燃气发动机和工业用燃气轮机生产厂家之一，也是世界上较大的柴油机厂家之一）将产品分解为许多完全相同的标准零部件，投资建立大规模的零部件加工厂以实现规模经济。公司集中加工零部件的同时，在大市场地区还建有组装厂。在这些组装厂中，将当地的特点嵌入产品中，使最终产品适合当地市场的要求。这样，卡特彼勒公司既能实现全球化生产的利润，又能为不同国家的市场改变其产品，以解决当地化问题。

跨国组织模式需要子公司之间进行大量和广泛的沟通。为了互利，子公司之间相互转让技术和知识，同时集中化的加工厂与各地的组装厂相互协调，从而高效率地运行全球集成的生产体系。分权联盟、协同联盟、集权中心和一体化网络分别体现了多国型、国际型、全球型和跨国型公司的典型组织结构。表6－1表明了不同组织模式的全球化公司的组织特征。

表6－1　不同组织模式的全球化公司的组织特征

组织特征	多国型公司	全球型公司	国际型公司	跨国型公司
资产和能力配置	分散，各国自足	集中，全球规模	核心能力的来源集中，其他的分散	细分，相互依存，专业化
海外业务的角色	寻找和利用各地机会	贯彻母公司的战略	调整并利用母公司的能力	各子公司对全球经营的贡献不同
知识的开发和扩散	各单位自己开发和保有知识	母公司开发并拥有知识	母公司开发知识并将其转移到海外各单位	世界范围地开发和分享知识

三、全球化经营的领导风格

由著名领导学家罗伯特·豪斯（Robert House）领导的来自全球53个国家的170位研究人员参与的GLOBE项目研究发现了22个通用的领导特性，这些特性被普遍认为是杰出的领导风格；同时也发现了被普遍地认为是糟糕的领导风格的8个通用特性。研究还发现，普遍被认为是杰出领导风格的22个特性属于魅力型/价值观基础型领导风格和团队导向型领导风格。8 个糟糕的领导特性：①无情的（Ruthless）；②不合群的（Asocial）；③易怒的（Irritable）；④孤独者（Loner）；⑤自我中心的（Egocentric）；⑥含糊的（Non - explicit）；⑦不合作的（Noncooperative）；⑧独裁的（Dictatorial）。表 6 - 2 给出的是 22 个通用的杰出领导特性。虽然豪斯提醒，这些特性在不同文化背景下表现有所不同，但是它们的文化普遍性特征，对全球化管理者培养杰出领导风格并避免糟糕的领导风格具有很好的指导意义。

表 6 - 2　　来自 53 个国家的下属们评出的杰出领导的 22 个普遍特性

1. 积极的（Positive）	给人的印象是乐观自信
2. 可靠的（Trustworthy）	值得信赖的
3. 具有管理技巧的（Administratively Skilled）	可以计划、组织、协调和控制许多下属的工作
4. 公正的（Just）	依据事情的是非曲直来采取行动
5. 双赢的问题解决者（Win - win Problem Solver）	可以确定解决方案，使得兴趣不同甚至相反的员工们感到满意
6. 鼓励的（Encouraging）	通过打消下属的顾虑和给下属适当的建议，使下属充满自信和希望
7. 聪明的（Intelligent）	精明，学习和理解事情比较容易
8. 果断的（Decisive）	果断地进行决策
9. 见多识广的（Informed）	知识渊博，对信息有感知力
10. 有效的谈判者（Effective Bargainer）	能够有效地进行谈判，在互利的基础上与别人做交易
11. 远见（Foresight）	预测将来可能发生的事件
12. 未雨绸缪（Plans Ahead）	提前进行预测和准备
13. 动机激发者（Motive Arouser）	激发下属将自己的努力建立在责任和自我牺牲的基础上
14. 善于沟通的（Communicative）	与下属经常进行沟通
15. 精益求精（Excellence Oriented）	对自己和下属的绩效精益求精
16. 信心建造者（Confidence Builder）	通过对下属展示自己对他们的信任，来使下属也充满自信
17. 诚实的（Honest）	说话和行为诚实
18. 充满活力的（Dynamic）	全心投入，精力充沛，热心和主动的
19. 协调者（Coordinator）	可以对下属的工作进行整合和管理
20. 团队建造者（Team Builder）	能够引导团队成员一起进行工作
21. 激发的（Motivational）	动员和激励下属
22. 可信赖的（Dependable）	值得信赖的，人们相信他/她会履行承诺

四、全球化经营的管理控制

国外分公司是全球化经营的重要问题之一。相对于单一国家或地区经营的企业来说，全球化经营的母公司管理控制系统的建设复杂和困难得多。一个管理控制系统必须从母公司和分公司两个角度来考察。

（一）管理控制系统的制定逻辑

为国外分公司建立管理控制系统必须同时解决两个问题，虽然二者是一种矛盾。

其一，全球化企业必须通过分公司的战略实施而服务于总部协调确定的价值创造过程；其二，管理控制系统必须帮助分公司适应当地环境，有利于分公司挖掘当地所有的机会与潜力。

如果按第一个要求，建立与母公司一致的、集中式的管理控制系统是合理的。如果考虑第二个要求，复制母公司的集中式管理控制系统是无效的。但是，全球化企业的管理控制系统必须同时满足这两个要求。这也体现在许多全球化企业的经营思想中，最著名的当是由ABB（Asea Brown Boveri Ltd.，电力和自动化技术领域的全球领导厂商）公司提出的“全球化思考，本地化行动”的经营原则。

（二）管理控制系统的设计

分公司的管理控制系统的设计必须同时用于解决政治风险、经济风险和文化差异。政治风险如政局动荡性、政策限制、法律法规对经营成果的扭曲等。经济风险如汇率波动、不公平竞争、市场扭曲等。文化差异是指母公司与分公司文化之间的差异。

同时，分公司的管理控制系统还必须反映分公司的战略。设计分公司的目的是什么？母公司能够从分公司中获得什么？分公司在整个公司体系中的地位是什么？

如果考虑上述两大因素，那么很明显，同一种管理控制系统不可能用于协调母公司与所有分公司之间的关系。每个分公司与母公司的关系不同，设立目的不同，并且与其相关的政治、经济风险和文化差异也不同，分公司的管理控制系统必须反映这些不同。另外，与分公司相关的政治经济风险可能发生变化，分公司与母公司的关系可能也发生变化，因此，全球化经营的企业必须不断地更新分公司的管理控制系统。

复习与思考题

1. 全球化管理的一般环境有哪些？

2. 全球化经营的任务环境的具体内容有哪些?
3. 我们可以从哪几个层面来定义和理解全球化内涵?
4. 全球化管理者的关键能力是什么?
5. 全球化经营的进入方式有哪些?请分析各自的优点和局限性。
6. 怎么理解当前的逆全球化现象?

第三篇　决策与计划

决策是管理的心脏，管理是由一系列决策组成的，管理就是决策。

——赫伯特·西蒙

第七章　决策

【学习目标】

通过本章的学习，你应该能够掌握以下几点。

- 掌握决策的概念及其类型。
- 讨论决策的整个过程。
- 掌握决策有哪些方法。
- 了解当代一些有效的决策方法。

【管理小故事】

可口可乐：公司换配方的风波

曾经在很长的一段时间里，相对于百事可乐而言，可口可乐在市场份额方面是拥有绝对优势的。但是随着百事可乐不断作出正确而高效的营销投入判断，百事可乐正快速地缩小着自己与可口可乐之间的差距。面对百事可乐愈加嚣张的挑战，原本不将这些放在心上的可口可乐终于无法再高枕无忧、安于现状了。

于是，可口可乐的最高管理层召开了一次会议，决定在可乐的口味上作出改变，并期望以此来挽救不断下降的市场份额。

可口可乐的技术人员开发出了一种味道更甜的新配方，这个新配方顺利地通过了口味测试，测试结果证明这种新配方在口味上是胜过百事可乐的。于是在1985年4月23日，可口可乐公司董事长罗伯特·戈伊祖艾塔向外宣布了一项惊人的决定，他宣布可口可乐公司决定放弃已经保持了99年没有变化过的传统配方，原因是现在的消费者偏好口味更甜的软饮料。为了迎合这一需要，可口可乐公司决定更改配方，引入新配方来调整口味，并最终推出新一代可口可乐。

正当可口可乐的高层们满心欢喜地等待着自己的销售员带来好消息的时候，现实给了他们当头一棒。

在“新可乐”上市后的一个月，可口可乐公司每天接到超过5000个抗议电话，而且更有雪片般飞来的抗议信件。可口可乐公司不得不为此而专门开辟83条热线，并雇用更多的公关人员来处理这些抱怨和批评。有的顾客称可口可乐是美国的象征，不应该随意变化，有的顾客称情愿改喝茶水也不愿意再购买这个新口味的可口可乐，更有忠于传统可口可乐的人们组成了“美国老可乐饮者”组织并在全国范围内发动抵制“新可乐”的运动。而且越来越多的人开始寻找已停产的传统可口可乐。导致这些“老可乐”的价格一涨再涨。面市后两个月，“新可乐”的销量远远低于公司的预期值，不少瓶装商强烈要求改回销售传统可口可乐。

最终，拗不过消费者与媒体铺天盖地的批评，可口可乐在坚持了几个月后就宣布放弃新配方，全面启用传统配方。至此，可口可乐的新配方改革可以说是以完全失败告终。

资料来源：12Reads. 从可口可乐的决策失败看管理决策的重要［EB/OL］.（2016－02－22）［2020－09－02］https：//www. 12reads. cn/35798. html.

第一节　决策的定义及类型

一、决策的定义

决策往往是从众多备选方案中作出的选择。例如，一名财务经理要从柯林、塔莎和卡洛斯中选出一个人担任初级审计师，这就是个决策。很多人认为作出选择是决策的主要工作，实际上它仅仅是决策的一个组成部分。

决策（Decision－making）是一个发现问题和机会，然后解决问题和把握机会的过程。决策包含选择前后的努力。所以，究竟是选择柯林、塔莎还是卡洛斯，要求财务经理首先确定是否需要一名新晋初级审计师，其次确定是否有潜在的候选人，然后面试候选人以获得必要的信息，最终从中选出一位并了解他进入组织后的社会化情况，以进一步确保决策的成功。

至于决策的定义，不同的学者看法不同。一种简单的定义是，“从两个以上的备选方案中选择一个方案的过程就是决策”（杨洪兰，1996）。一种较具体的定义是，“所谓决策，指组织或个人为了实现某种目标而对未来一定时期内有关活动的方向、内容及方式的选择或调整过程”（周三多等，1999）。

在本书中，我们采纳路易斯、古德曼和范特（Lewis、Goodman and Fandt，1998）的做法。将决策定义为“管理者识别并解决问题以及利用机会的过程”。对于这一定义，可做如下理解：第一，决策的主体是管理者（既可以是单个的管理者，也可以是多个管理者组成的集体或小组）；第二，决策的本质是一个过程，这一过程由多个步骤组成；第三，决策的目的是解决问题和利用机会，这就是说，决策不仅仅是为了解决问题，有时也是为了利用机会。

二、决策的类型

对决策问题进行科学分类，有助于决策者正确把握不同类型决策问题的基本特点。选用正确的决策方式和方法，可以提高决策的效率和效果。

（一）按决策的重要程度划分

根据决策的重要程度不同，可以分为战略决策、战术决策和业务决策。

1. 战略决策

战略决策是有关组织长远发展的具有全局性、整体性和方向性特征的重大决策。其涉及的时间较长，对组织未来的发展影响十分深远。战略决策旨在谋求组织与环境之间达成动态平衡，是由组织高层管理者作出的决策。它可以是一国的发展战略，如西部大开发；也可以是组织的经营方针、发展方向，如若干年后企业的产品市场占有率、整体布局、组织结构调整、竞争重点等。战略决策的特点决定它需要解决的问题更为复杂，对决策者的洞察力、判断力、前瞻性等方面的能力和素质都有很高的要求。

2. 战术决策

战术决策又称为管理决策，是有关组织战略决策的贯彻和执行的决策。战术决策旨在实现组织内部各环节、各活动的高度协调和资源的合理配置，以提高组织的管理效能和经济效益，如企业的财务决策、产品定价决策、设备更新决策等。战术决策虽然不直接决定组织的命运，但决策的行为和质量直接影响组织战略决策的实现和工作效率的高低。战术决策一般由组织的中层管理人员负责进行。

3. 业务决策

业务决策又称为执行性决策，指组织为了解决日常工作中的业务问题，提高工作效率所作出的决策。业务决策一般涉及组织中的日常管理和具体工作，具有局部性、常规性、技术性的特点，大多由基层管理人员进行。如工作任务的日常分配与检查、设备维修、库存控制与原材料采购等。业务决策虽然是组织所有决策中范围较小、影响较小的具体决策，但是由于它是其他决策得以实现的基础性工作，因此，业务决策者不仅应具备较强的工作责任心，而且要深入领会战略、战术决策的意图和内容，在实际工作中加以分解落实。

【企业实践】

2020年4月22日上午，任正非在深圳华为总部接受《龙》杂志总编辑贾正的专访。

贾正：任总，我读过您撰写的很多关于华为的文章，比如《华为的红旗到底能打多久》，我想知道，如果有一天华为迈入后任正非时代，传承了33年的企业文化基因会变异吗？您对华为未来10年甚至更长时间的发展，有怎样的规划？

任正非：我在与不在都不会有什么影响，华为一样会惯性前进。我现在也影响不了华为，我在华为是没有权力的人，权力不在我手里，权力在公司的流程里，我可以讲讲我的想法和看法，但不影响决策和规划。

贾正：您是华为的当家人和创始人，年届76岁，这几天媒体报道您半年内两次卸任华为子公司的董事，猜测这是您对外传递要退休的信息，是有这样的打算吗？如果有一天退休了，您的生活有什么安排和计划？

任正非：这是为了清理一些子公司，我退出去以后让基层年轻人担任职务，这不代表什么信号。公司按程序让我从子公司退出了，按程序把我免职了，这是一个正常的操作，不代表什么。

资料来源：中国青年网，2020年4月28日。

（二）按决策的主体构成划分

根据决策主体的构成不同，可以分为个体决策和群体决策。

1. 个体决策

个体决策是由组织领导者凭借个人的智慧、经验及所掌握的信息进行的决策。决策迅速、效率高和责任明确是其优点，适用于信息较为准确和简单的决策问题，或常规事务及非常紧迫的决策问题。受个人的学识、经验、才干、精力的制约，个体决策的最大缺点是带有主观性和片面性，因此，全局性重大问题不宜采用。

2. 群体决策

群体决策是指由两个或两个以上的人组成的集体所作出的决策。群体决策形式一般包括会议机构决策和上下相结合决策。会议机构决策是通过董事会、经理扩大会、职工代表大会等权力机构集体成员共同作出的决策。上下相结合决策则是领导机构与下属相关机构结合，领导与群众相结合形成的决策。群体决策的优点是能充分发挥集体智慧，决策更为慎重，从而保证决策的正确性、有效性；缺点是决策过程较为复杂，耗费时间较多，还可能导致责任不清。因此，群体决策适用于长远规划、全局性的问题。

（三）按决策问题的重复性划分

根据决策问题的重复性，可以分为程序化决策和非程序化决策。

1. 程序化决策

程序化决策也称为常规决策，是指那些经常重复出现，可以根据已有的经验、程序、规则进行决策的问题，如企业不合格产品的处理、学校的教学安排、上班迟到的处罚等就属于程序化决策。

2. 非程序化决策

非程序化决策也称为非常规决策，是指那些尚未发生过，不容易重复出现的，没有固定的模式、经验去解决，要靠决策者作出新的判断来解决的决策问题，如企业开辟新的销售市场、商品流通渠道的更换、选择新的促销方式等属于非常规决策。

【企业实践】

腾讯：马拉松会议

在公司的决策上，腾讯形成了总办会的制度。公司每两周召开一次总办会，参加者为5位创始人和各核心业务部门主管，总人数多为10～12人。这个人数规模一直没有被大幅调整过，一直到2013年，腾讯的总员工人数已超过2万人，总办会的参与者也几乎不会超过16人。

总办会是腾讯最为核心的决策会议，马化腾要求所有与会者无论日常工作多么繁忙，都务必前来参加。几乎每次会议都在上午10点准时开始，一般都要延续到凌晨两三点，因此是一种非常考验体力的马拉松会议。

在关系到公司整体战略的事务上，以与会者达成共识为决策前提，若反对的人多，该事务便会被暂时搁置，而一旦为大多数人所赞同，反对者也可以保留自己的意见。在这一过程中，马化腾并没有被授予“一票赞同”或“一票否决”的权力。

资料来源：红钻财经，赵炯。

（四）按环境因素的可控程度划分

根据环境因素的可控程度不同，可以分为确定型决策、风险型决策和不确定型决策。

1. 确定型决策

确定型决策是指每一种可供选择的方案所需要的条件都是已知的，每一方案实施的后果也是可以通过计算来确定的，只需比较其结果优劣，就能作出最优选择的决策。确定型决策是一种肯定状态下的决策。决策者对被决策问题的条件、性质、后果都有充分了解，各个备选的方案只能有一种结果。这类决策的关键在于选择肯定状态下的最佳方案。例如，某企业要贷款，可从三家银行获得，银行利率分别为8%、7%、9%，在其他条件相同的情况下，当然是选择利率为7%的银行贷款。

2. 风险型决策

风险型决策是指每个备选方案都会遇到几种不同的可能状态，同时只能知道每种状态可能发生的概率，而难以获得充分可靠信息的决策问题。在这样条件下的决策，不论选择哪一种方案，都要承担一定的风险，故称为风险型决策。例如，某企业为了增加利润，提出两个备选方案：一个方案是扩大老产品的销售；另一个方案是开发新产品。不论哪一种方案都会遇到市场需求高、市场需求一般和市场需求低的可能状态，它们发生的概率都可测算，若遇到市场需求低，企业大概率会亏损。因而在上述条件下决策，带有一定的风险性。

3. 不确定型决策

不确定型决策是指那些难以获得各种可能状态发生的概率，甚至对未来状态都难以把握的决策问题。这类决策比较复杂，难度大，风险也大，只有把科学方法与决策者经验结合起来，才有可能作出比较正确的选择。例如，某企业拟将一种新产品投放市场，有大批量、中批量、小批量三种生产方案，由于缺乏历史资料和统计数据，产品投放市场后的销售情况如何无法确定，只有销路好、一般、较差的大致估计，此时的决策即为不确定型决策。

（五）按决策需要解决的问题和时间先后顺序划分

按决策需要解决的问题和时间先后顺序，可把决策分为初始决策和追踪决策。

1. 初始决策

初始决策是指组织在从事多种活动的方案中进行的初次选择，是在对组织内外环境形成某种认识的基础上所作出的决策。初始决策是零起点决策，它是在有关活动尚未进行、环境未受到影响的情况下进行的。

2. 追踪决策

追踪决策是初始决策实施以后，由于组织内外环境发生变化或者组织对环境特点认识发生变化，使得组织不能按照原来的决策方案开展工作，需要对组织的活动方向、内容或方式进行重新调整所作出的决策。追踪决策并不是以原有决策的起点为起点，而是以已经发生了变化的主客观条件为起点。它所面临的问题已经不是问题的初始状态，因此，追踪决策是非零起点决策。

第二节 决策的过程

决策过程是指从发现问题到方案确定所经历的过程。决策是一项复杂的活动，有其自身的工作规律性，需要遵循一定的科学程序。明确和掌握科学的决策过程，是管理者提高决策正确率的一个重要方面。一般来说，决策过程大致包括以下几个步骤。

一、识别决策需求

当管理者面对某个问题或者某个机会时，就出现了决策需求。当组织没能达到既定目标，即有些方面的绩效不能令人满意时，就出现了问题。当管理者看到潜在的成就可以超过当前的既定目标时，即管理者看到了提高绩效、超越当前水平的可能性时，机会就出现了。决策是为了解决现实中提出的需要解决的问题，或者是为了达到需要实现的目标。决策是围绕着问题而展开的。没有问题就不需要决策；问题不明，则难以作出正确的决策。决策过程的第一步是识别机会或诊断问题。

管理活动中的问题主要来自两个方面：一是应该做的（目标）与实际做的（成果）之间的差距，这个差距就是问题；二是环境变化出现了新情况，组织有了新的机遇或挑战，这也是问题的表现。管理者应从时间、空间、影响面、影响程度等多方面对环境变化进行认真分析，同时还要判断这个问题是偶然的还是必然的，是局部的还是整体的，以及产生问题的原因等。这些分析既有利于了解问题的性质，也有利于把握问题的重要性与复杂性，从而有助于判断是否将它作为重点问题进行研究。

为了识别决策问题，决策者必须知道哪里出现了问题，哪里需要立即行动。为此，决策者要对事件进行具体分析，运用有效的逻辑推理找到问题的本质。

不过，因为对形势的分析会受到决策者个人行为的影响，因此对同一现象，不同的管理者会得到不同的结果，他们自然也会作出不同的决策。例如，日本索尼公司的盛田昭夫经常讲一个故事：两个卖鞋的商人旅行，来到非洲一个落后的农村地区，其中一个商人向他的公司发电报，说“当地人都赤脚，没有销售前景”；另一个商人也向他的公司发电报，内容却是“居民赤脚，急需鞋子，立即运货”。

二、确定决策目标

目标体现的是组织想要获得的理想状态和结果。组织所要解决的问题及其责任人明确以后，要确定应当解决到什么程度，明确预期的结果是什么，也就是要明确决策目标。

目标的确定十分重要，同样的问题，由于目标不同，可采用的决策方案也会大不相同。目标的确定必须满足以下几个方面的要求：一是目标应明确而具体；二是目标要分清主次；三是规定目标的约束条件；四是决策目标要有时间要求；五是决策目标要尽可能数量化。

三、拟订备选方案

方案是实现目标的途径。拟订方案就是寻找多种途径实现目标的过程。拟订多套可行性方案解决某一特定问题有利于决策者比较、鉴别、选择，从而作出满意的决策；反之，如果解决某一特定问题只有一个方案，也就无所谓决策。国外的决策人员常用这样的格言来提醒自己："如果你感到似乎只有一条路可走，那很可能这条路就是走不通的。"

拟订各种可行性方案，可遵循头脑风暴法、德尔菲法、风险型决策法等现代决策方法。只要方案是可行的，那么就应具备如下共同条件：一是能够保证决策目标的实现；二是符合组织内部条件和外部环境的要求；三是具有排他性。

【企业实践】

肯德基的选址妙法

肯德基对店铺的选址非常重视，选址决策一般是两级审批制，需要通过两个委员会的同意（一个是地方公司，另一个是总部）。其选址成功率几乎是百分之百，故而，高成功选址概率成为了肯德基的核心竞争力之一。

在进入某个城市之前，他们往往通过有关部门或专业调查公司收集这个地区的资料，然后根据这些资料开始划分商圈。商圈规划采取的是记分的方法，有无大型商场、商场营业额为多少、有多少条公交线路、有无地铁线路……这些因素会对应不同的分值，最后进行汇总。这些分值的标准，经过多年积累，就成为了一个较准确的经验值。

在商圈确定下来之后，调查人员接着要考察这个商圈内最主要的人群聚集点在哪里。比如，北京的王府井是热闹的商业区，但这并不意味着王府井的每一个地点都会是聚客点。肯德基所追求的目标，就是力争在人群最集中的地方开店。地点确定下来后，调查人员还要搞清楚这一区域的人群流动线路是怎样的。

比如，人们从地铁口出来后都会向哪些方向走，每个方向的人流量是多少，调查人员都要如实地掐表测量。得到数据后，再将采集到的数据输入专用的计算机，这样，就可以测算出在此开店的前景及最高投资额是多少了。

资料来源：《青年博览》，2011 年第 10 期。

四、选择理想方案

决策过程的第四步是对已制订的备选方案逐个进行评价并作出最终的选择。首先，建立一套有助于指导和检验判断正确性的决策准则。决策准则表明了决策者关心的主要是哪些问题，其中主要包括目标达成度、成本、可行性程度等。其次，根据这些问题来衡量每一个方案，并据此列出各方案满足决策准则的程度和限制因素，即确定每一个方案对于解决问题或实现目标所能达到的程度和所需的代价，以及采用这些方案后可能带来的后果。再次，分析每一个方案的利弊，比较各方案之间的优劣。最后，根据决策者对各决策目标的重视程度和对各种代价的承受程度进行综合评价，结合分析比较结果，提出推荐方案。

在分析评价的基础上，管理者可以作出最终的选择。在决策的时候，要注意不要一味追求最佳方案。由于环境的不断变化和决策者预测能力的局限性，以及备选方案的数量和质量受到未充分考虑信息的影响，决策者期望的结果，只能是作出一个相对令人满意的决策。

五、实施选定方案

选定方案之后就是认真贯彻实施了。只有通过付诸实施，才能最终检验决策是否合理、有效，才能发现新的问题并进行必要的修改。方案的实施要有广大组织成员的积极参与。为了有效组织实施，决策者应通过各种渠道将决策方案向组织成员通报，争取成员的认同，对成员给予支持和具体的指导，调动成员的积极性。当然最可取的方法是设计出一种决策模式争取所有的成员参与决策、了解决策，以便更好地实施决策，并且在方案实施的过程中还要对新出现的问题进行协调和解决。

六、评价和反馈

在决策付诸实施之后，对方案的执行效果要随时检查，与当初所设计的目标进行对比分析，对没有达到预期效果的项目要找出原因。这里一般有两种情况：①在执行过程中没有认真负责地去落实，那么管理者就应加强对方案执行的监督力度并采取切实有效的措施。因为原定方案还有不够完善的地方导致预期效果没有达到，这时就要对原定方案进行修订。②如果原定方案确实存在较为严重的问题，就应废弃它，并返回到第一阶段按照决策程序重新审定目标，直到选出新的最优方案为止。

值得注意的是，不能教条地看待决策程序。在具体决策过程中，各个阶段往往是相互联系、交错重叠的；由于决策对象不同，各个阶段的比例也不尽一致，在某些决策中，省略某个阶段也是可以的。总之，要视决策者的经验多少、决策对象及手段的不同等情况灵活处理。

第三节 决策的方法

一、定性决策方法

定性决策方法又称软方法，指在决策中主要依靠决策者本人或有关专家的智慧来进行决策的方法。管理决策者运用社会科学的原理并依据个人的经验和判断能力，采取一些有效的组织形式，充分发挥各自丰富的经验、知识和能力，从对决策对象本质特征的研究入手，掌握事物的内在联系及其运行规律，对企业的经营管理决策目标、决策方案的拟订以及方案的选择和实施作出判断。定性决策方法较多地运用于高层次战略问题、多因素错综复杂的问题、涉及社会心理因素较多的问题，以及难以用准确数量表示的综合性问题。定性决策方法有很多种，下面重点介绍几种常用的方法。

（一）头脑风暴法

在群体决策中，由于群体成员心理相互作用影响，群体成员会变得易屈于权威或大多数人意见，形成所谓的“群体思维”。群体思维削弱了群体的批判精神和创造力，损害了决策的质量。为了保证群体决策的创造性，提高决策质量，发展了一系列改善群体决策的方法，头脑风暴法是较为典型的一种。

头脑风暴法也称智力激励法。它是美国创造学家 A. F. 奥斯本于 1939 年首次提出、1953 年正式发表的一种激发性思维的方法。头脑风暴原是精神病理学上的术语，指精神病患者精神错乱时的胡思乱想，A. F. 奥斯本借用来转其意为思维无拘无束，打破常规，自由奔放地联想，创造性地思考问题。具体来说，头脑风暴法是针对需要解决的问题，将相关专家或研究人员集合在一起，在宽松的氛围中，敞开思路、畅所欲言、互相启发、互相激励，使创造性设想起到连锁反应，从而获得众多解决问题的方法。该方法实施有四条原则：①各自发表自己的意见，对他人的意见不做评价，将相互讨论控制在最低限度内。②鼓励每个人独立思考，广开思路，想法越新颖奇异越好。③追求数量，建议不必深思熟虑，越多越好。④可以补充和完善已有的意见，使某种意见更具说服力。

头脑风暴法的特点就是倡导创新思维。时间一般为 1 ~2 小时，参与者最佳为 5 ~6 人，多则十余人为宜。

头脑风暴如何能激发创新思维？根据 A. F. 奥斯本本人及其他研究者的看法，主要有以下几点。

（1）联想反应。联想是产生新观念的基本过程。在集体讨论问题的过程中，每提出一个新的观念，都能引发他人的联想。并相继产生一连串的新观念，产生连锁反应，形成新观念堆，为创造性地解决问题提供了更多的可能性。

（2）热情感染。在不受任何限制的情况下，集体讨论问题能激发人的热情。人人自由发言、相互影响、相互感染，能形成热潮，突破固有观念的束缚，最大限度地发挥创造性思维能力。

（3）竞争意识。在有竞争意识情况下，人人争先恐后，竞相发言，不断地开动脑筋，力求有独到见解和新奇观念。心理学的原理表示，人类有争强好胜的心理，在有竞争意识的情况下，人的心理活动效率可增加50%或更多。

（4）个人欲望。在集体讨论解决问题的过程中，个人的欲望自由不受任何干扰和控制是非常重要的。头脑风暴法有一条原则，不得批评仓促的发言，甚至不许有任何怀疑的表情、动作、神色。这就能使每个人畅所欲言，提出大量的新观念。

（二）德尔菲法

德尔菲法是由美国兰德公司于1946年创始实行，最早用于预测，后来推广应用到决策中。在德尔菲有座阿波罗神殿，是一个可以预卜未来的神谕之地，因而借用其名。概括地说，德尔菲法是采用函询调查，就一定的问题发函给某些专家，请他们提出意见或看法，将收到的专家答复意见加以综合、整理、反馈，以匿名的方式再将归纳后的结果寄回给专家，继续征询意见。如此经过几轮的反复，直到意见趋于集中为止。其实质是利用专家的主观判断，通过信息的交流与反馈，使调查意见趋向一致，逼近实际值。

这种函询调查方法的好处是，由于专家之间互相不知道姓名，征询和回答是用书信方式进行的，因而个人权威、资历、口才、劝说、压力等就不会对回答产生影响，有利于专家们真实坦率地表达自己的意见。而且由于采取多轮反馈的方法，意见越来越集中，结论的可靠性就越来越大。具体实施过程有以下几步。

第一步，组织者确定所要研究和解决的问题，并设计问卷调查表。问题的提出必须十分明确，且不应带任何倾向性。

第二步，根据问题的特点和复杂程度，选择和邀请相关的研究专家，组成专家小组，人数一般以10～50人为宜。

为了保证获得的见解更科学合理，德尔菲法要求通过三个渠道选择专家，首先选择本企业、本部门对要解决问题有研究、了解市场的专家；其次是选择与本企业、本部门有业务联系、关系密切的行业专家；最后是从社会上有影响的知名人士中间选择对市场和行业有研究的专家。他们各占总人数1/3左右。

第三步，组织者发函给专家小组各成员，要求他们对表中所列各事件提出意见及相应依据，并说明是否需要补充资料。征询表收回后，组织者要对专家意见进行统计、归纳和综合。

第四步，根据上面综合的结果制成第二轮征询表，同时把汇总的情况一同寄发给各位专家，由他们进一步作出评价，并阐明其理由。特别注意让持独特意见的专家充分陈述理由，这是因为他们的依据可能是其他专家忽略的外部因素或未曾研究过的问题，这些依据往往对其他专家重新判断产生重要影响。

第五步，组织者在收到第二轮意见之后进一步进行归纳整理，将意见进一步集中，然后制成第三轮表格，再一次请专家进行分析判断，这样既可以使他们充分阐述其理由，也可以改变他们以前的意见而选择另一种意见。如此经过几轮的反复之后，专家的意见就逐步集中和收敛，从而确定出专家们趋于一致的决策结果。

必须注意：最后一轮专家们的意见必须趋于一致或基本稳定，即大多数专家不再修改自己的意见。因此，征询次数应灵活掌握。

德尔菲法具有如下三个特点。

(1) 匿名性。德尔菲法采用匿名函询的方式征求意见，即每位专家的分析判断是在“背靠背”的情况下进行的。在实施德尔菲法的过程中，应邀参加意见征询的专家互不相见，只与组织者单线联系，消除了不良心理因素对专家判断客观性的影响。由于德尔菲法的匿名性，避免了当面开会对权威人士意见随声附和或对多数人意见随大溜，从而有利于各种不同的观点得到充分的发表。

(2) 反馈性。德尔菲法在调查过程中，要进行几轮（一般为3~5轮）专家意见征询。组织机构对每一轮的调查结果进行统计、汇总，同时提供有关专家的论证依据和资料，作为反馈材料发给每一位专家，供下一轮征询时参考。专家们从多次的反馈资料中进行分析、选择，参考有价值的意见，深入思考，反复比较，有利于提出更好的意见。

(3) 收敛性。为了科学地综合专家们的决策意见和定量表示决策的结果，德尔菲法采用统计方法对专家意见进行处理，专家意见逐渐趋向一致，结果趋于收敛。

决策的软技术更多地运用于定量决策建立数学模型之前的定性分析，如怎样确定适当的决策目标、决策过程应如何组织等，以及在缺乏足够数据资料或环境变化多端时的决策。

(三) SWOT 分析法

所谓SWOT分析，即基于内外部竞争环境和竞争条件下的态势分析，将与研究对象密切相关的各种主要内部优势、劣势和外部的机会、威胁等，通过调查列举出来，并依照矩阵形式排列，然后用系统分析的思想把各种因素相互匹配起来加以分析，从中得出一系列相应的结论，而结论通常带有一定的决策性。

运用这种方法，可以对研究对象所处的情景进行全面、系统、准确的研究，从而根据研究结果制订相应的发展战略、计划以及对策等。

S（Strengths）是优势、W（Weaknesses）是劣势，O（Opportunities）是机会、T（Threats）是威胁。按照企业竞争战略的完整概念，战略应是一个企业“能够做的”（即组织的强项和弱项）和“可能做的”（即环境带来的机会和威胁）之间的有机组合。

优势与劣势分析（SW）。企业是一个整体，竞争优势来源广泛，所以，在做优劣势分析时必须从整个价值链的每个环节将企业与竞争对手做详细的对比。如产品设计是否新颖，制造工艺是否复杂，销售渠道是否畅通，以及价格是否具有竞争力等。如果一个企业在某一方面或几方面的优势正是该行业企业应具备的关键成功要素，那么，该企业的综合竞争优势也许会更强一些。需要指出的是，衡量一个企业及其产品是否具有竞争优势，只能站在现有潜在用户角度上，而不是站在企业的角度上。

机会与威胁分析（OT）。比如当前社会上流行的盗版威胁，盗版替代品限定了公司产品的最高价，替代品对公司不仅有威胁，也可能带来机会。企业必须分析，替代品给公司的产品或服务带来的是“灭顶之灾”呢，还是提供了更高的利润或价值；购买者转而购买替代品的转移成本；公司可以采取什么措施来降低成本或增加附加值来降低消费者购买盗版替代品的风险。

整体分析。从整体上看，SWOT 可以分为两部分。第一部分为 SW，主要用来分析内部条件；第二部分为 OT，主要用来分析外部条件。利用这种方法可以从中找出对自己有利的、值得发扬的因素，以及对自己不利的、要避开的因素，发现存在的问题，找出解决办法，并明确以后的发展方向。根据这些分析，可以将问题按轻重缓急进行分类，明确哪些是急需解决的问题，哪些是可以稍后解决的问题，哪些属于战略目标上的障碍，哪些属于战术上的问题，并将这些研究对象列举出来，依照矩阵形式排列，然后用系统分析的思想，把各种因素相互匹配起来加以分析，从中得出一系列相应的且带有一定决策性的结论，有利于领导者和管理者作出较正确的决策和规划。

二、定量决策方法

管理者选好组织的活动方向之后，接下来需要考虑的问题是如何通往这一活动方向。由于活动方案通常不止一种，所以管理者要在这些方案中作出选择。在决定选择哪一个方案时，要比较不同的方案，而比较的一个重要标准是各种方案实施后的经济效果。由于方案是在未来实施的，所以管理者在计算方案的经济效果时要考虑到未来的情况。根据未来情况的可控程度，有关活动方案的决策方法可分为三大类：确定型决策方法、风险型决策方法和非确定型决策方法。

（一）确定型决策方法

在比较和选择活动方案时，如果未来可能发生的情况只有一种并且这种情况为管理者所知，则须采用确定型决策方法。常用的确定型决策方法有线性规划、库存论、排队论、网络技术等数学模型法，微分极值法，盈亏平衡分析法等。

其中，盈亏平衡分析法又称量本利分析法、保本分析法，是通过考察产量（或销售量）、成本和利润的关系以及盈亏变化的规律来为决策提供依据的方法。在应用量本利分析法时，关键是找出企业不盈不亏时的产量（称为保本产量或盈亏平衡产量，此时企业的总收入等于总成本），而找出保本产量的方法有图解法和代数法两种。

（二）风险型决策方法

风险型决策方法是指决策者在对未来可能发生的情况无法作出肯定判断的情况下，通过预测各种情况发生，根据不同概率来进行决策的方法。风险型决策的方法很多，最常用的是决策树法。

决策树法是把每一个决策方案各种状态的相互关系用树形图表示出来，并且注明对应的概率及其报酬值，从而选择出最优决策方案。由于根据这种方法的基本要素就可以描画出一个树状的图形，因而管理学把这一树状图形称作为决策树。决策树的构成一般有五个要素：决策点、方案枝、自然状态点、概率枝及概率枝末端。决策树法在决策的定量分析中的应用相当广泛，且有许多优点：第一，可以明确地比较各种方案的优劣；第二，可以对某一方案有关的状态一目了然；第三，可以表明每个方案实现目标的概率；第四，可以计算出每一方案预期的收益和损失；第五，可以用于某一个问题的多级决策分析。

（三）非确定型决策方法

非确定型决策方法是指决策者在对决策问题不能确定的情况下，通过对决策问题变化的各种因素分析，估计其中可能发生的自然状态，并计算各个方案在不同自然状态下的损益值，然后按照一定的原则进行选择的方法。

由于非确定型决策各种自然状态出现的概率难以估计，因而现代决策理论根据非确定型决策问题的特点，总结出一套方便可行的方法，即先假定一些准则，根据这些准则求出方案的期望值，然后再确定每一决策问题的最优值。非确定型决策方案的准则主要有乐观准则、悲观准则、等概率准则、决策系数准则及遗憾准则。

三、其他有效决策方法

(一) 设计思维与决策

管理者运用理性和分析的思维方式识别问题，提出备选方案，评估备选方案，并在其中作出选择，这样的决策方式不一定是最好的，在今天的环境下也一定不是唯一的。这就产生了设计思维。设计思维（Design Thinking）曾被描述为“像设计师解决设计问题一样去解决管理问题”。越来越多的组织开始认识到设计思维的益处。

尽管很多管理者并不专门参与产品或工序的设计决策，他们仍然要对出现的工作问题作出决策，设计思维可以帮助他们成为更好的决策者。设计思维如何指导管理者作出更好的决策？它从识别问题开始。设计思维认为管理者应当以协作和完整的角度识别问题，以对情况有更深层次的理解。他们不应只依靠理性方面，也应该加入情感的元素。与之前的情况相同，设计思维也会影响管理者如何识别和评价备选方案。设计思维意味着拓宽人们的视野，通过观察和提问技巧获得新的认识，并不仅仅是简单地依靠理性分析。

【企业实践】

沃尔玛的数据挖掘技术

沃尔玛通过关联规则学习，发现草莓果的销售量在飓风之前增长了 7 倍。沃尔玛通过数据挖掘确认飓风和草莓果之间的联系，使得它所有的草莓果在飓风前签出。

沃尔玛单独地跟踪每个消费者。沃尔玛拥有详尽的将近 1.45 亿美国客户数据，大约是 60% 美国成年人的数据。沃尔玛通过店内 Wi－Fi 收集关于客户购买的物品、他们住的地方、他们喜欢的产品等信息。沃尔玛实验室的大数据团队分析用户在 Walmart. com 的点击行为，消费者在店内和线上购买的物品，推特上的趋势，当地的活动（如旧金山巨人队赢得世界大赛），当地天气偏差如何影响购买模式，等等。所有的活动都是在由大数据算法捕获和分析从而识别有意义的大数据洞察力，而这可帮助数百万客户享受个性化的购物体验。

沃尔玛有一个庞大的大数据的生态系统。沃尔玛的大数据的生态系统每天处理数 TB 级的新数据和 PB 级的历史数据。其分析涵盖了数以百万计的产品数据和不同来源的数亿客户。沃尔玛的分析系统每天分析接近 1 亿个关键词从而优化每个关键词的对应搜索结果。

资料来源：欧阳碧娜．沃尔玛如何利用大数据颠覆零售业［EB/OL］．(2016－05－10)［2020－09－02］https：//www. sohu. com/a/74555046_381605.

（二）大数据与决策

大数据（Big Data）是可以用高精度的数据处理程序分析的大量量化信息。“3V”指的是大数据的三大特征，即 Volume，海量数据；Velocity，高速输入输出；Variety，多类型、多来源。大数据和决策的联系非常密切。手中有这种数据时，决策者就有了非常强大的工具来辅助决策。然而，专家警告说，如果为了数据本身而收集和分析数据，那么付出的努力就是徒劳的。在收集和使用这种信息时，需要树立目标。一个多世纪前，泰勒使用秒表来记录和监督工人的每个动作，而大数据则使用数学建模、预测技术和人工智能软件来测量和监管员工和机器。但是，管理者在投入之前，需要实际检验和评估大数据对决策的贡献。

复习与思考题

1. 为什么决策经常被描述为管理者工作的本质？
2. 决策为什么是满意而不是最优？
3. 决策有哪些类型？
4. 错误的决策与糟糕的决策有区别吗？好的管理者为何有时也会作出错误的决策和糟糕的决策？
5. 描述决策的基本过程。
6. 采访两位管理者，看看他们平时是怎么就问题作出决策的。

第八章　计划与目标管理

【学习目标】

通过本章的学习，你应该能够掌握以下几点。

- 正确定义计划的概念。
- 描述计划有哪些类型。
- 掌握计划的整个编制过程。
- 讨论目标管理的基本思想及其实施步骤。

【管理小故事】

惠普："向日葵计划"

惠普公司以"不仅用你，而且培养你"著称。为了帮助年轻的中层经理人迅速成长，惠普有着名为"向日葵计划"的系统培训方案。"向日葵计划"是一个超常规发展的计划，帮助较高层的经理人员从全局把握职位要求，改善工作方式。

如果公司的员工通过内部招聘成为一线经理加入公司内部管理工作中，这时公司就会考虑工作的需求，给升迁的员工制订一份培训计划。在与人力资源部门协调，确立每门课的内容和进度之后，这份计划便开始实施。这个阶段的课程主要包括沟通、谈判以及基本的管理培训。如果员工出任部门的总经理，就会由他本人参照人力资源部门的培训计划，结合在线培训课程等方面的安排，为自己制订新的培训方案。培训方案制订后，便是一个由"硬"到"软"不断深化的培训过程，提供从技术业务知识到沟通技巧再到文化、思维的全方位、多元化的课程安排。

培训中心的核心课程包括"向经理层过渡""当好中层经理""战略领导研讨会""高级管理人员项目"以及"全球领导人项目"等。这些课程旨在满足领导者在个人职业生涯中各个时期的教育需要。为开发这些核心课程，全公司的经理和高级管理人员都要明确指出其事业转折点。

所谓转折点是指他们离开自己熟悉的工作岗位，承担起与以往不同、更具挑战性的新职责的时期。他们普遍认为存在着 5 个事业转折点：第一次担任管理职务；准备担任中层管理职务；准备担任高层管理职务；担任高级管理职位的初期；迎接作为全球领导人的挑战。在不同时期公司会安排不同的课程。

惠普公司还将培训和考核有机结合，促进公司的可持续发展。每年 3 月，20 多位心理学家为十几位经理人进行为期一周的领导特质全方位考察。开始几天参加培训的经理人还会收到两份图表，上面有客户如何看待他、同事如何看待他等很多方面的信息。这些图表体现了经理人与他人打交道方面的行为一致性，也清楚地展现了他们的弱点。

“向日葵计划”已成为惠普培训高层管理人员的摇篮。

资料来源：职场通达．一直想知道，名企的员工是怎么一步步升上去的……［EB/OL］.(2018 -05 -25)［2020 -09 -02］https：//dy. 163. com/article/DILGCTDO0524HC39. html.

第一节　计划的概述

一、计划的定义及地位

（一）计划的定义

在管理学中，计划具有两重含义。其一是名词意义上的计划，即计划形式，是指用文字和指标等形式所表述的组织以及组织内不同部门和不同成员，在未来一定时期内关于行动方向、内容和方式安排的管理文件。其二是动词意义上的计划，即计划工作，是指组织根据环境的需要和自身的特点，在科学预测的基础上，确定在未来一定时期内要达到的目标以及实现目标的方案途径。广义的计划工作是指管理者制订计划、执行计划和检查计划执行情况的全过程；狭义的计划工作是指制订计划，亦是指管理者事先对未来应采取的行动所作的谋划和安排。

正如哈罗德·孔茨所言：“计划工作是一座桥梁，它把我们所处的此岸和我们要去的彼岸连接起来，以克服这一天堑。”计划工作给组织提供了通向未来目标的明确道路，给组织、领导和控制等一系列管理工作提供了基础，同时计划工作也要着重于管理创新，有了计划工作这座桥，本来无法实现的事，现在就可能实现了；模糊不清的未来变得清晰实在。虽然我们几乎不可能准确无误地预知未来，虽然那些不可控制的因素很可能会干扰最佳计划的制订，并且我们几乎不可能制订出最优计划，但是除非我们进行计划工作，否则我们就只能听其自然了。

名人解读

马云的“理想人生规划”

达沃斯世界经济论坛上，马云阐述了他认为最理想的人生规划：

在你二十到三十岁的时候，你需要跟一个好的领导进入一个好公司学习正确的工作方法。等到了三十至四十岁，如果你想自己创业干点什么，那就去做，你还能承受得起损失，失败也没关系。如果到了四十至五十岁，我就建议你选一些自己擅长的领域去做，千万不要觉得这个看起来有意思就去做做看，这个风险就比较大了。当你到了五十至六十岁，你应该培养更多的年轻人，下一代工作者。当然，过了六十岁最好还是回家陪孙子。

计划方案是对未来行动的一种说明。它告诉管理者和执行者，未来的目标是什么，要采取哪些步骤来达成目标，要在什么时间范围内、按照什么进度来达到目标，以及由谁来进行。西方管理学把这些内容概括为“5W1H”。

（1）做什么（What）：目标与内容，即预先决定做什么，明确活动的内容与要求。

（2）为什么做（Why）：原因，即明确计划的宗旨、目标和战略，并论证其可行性。

（3）谁去做（Who）：人员，即规定此计划由哪些部门和人员负责实施。

（4）何地做（Where）：地点，即规定计划实施地点和场所，合理安排计划实施的空间。

（5）何时做（When）：时间，即规定计划中各项工作的开始和完成的进度，以便进行有效的控制和对资源进行平衡。

（6）怎么做（How）：方式、手段，即制订实施计划的途径、方法和手段。

这六个方面是任何一项计划必须包含的基本内容，缺少其中的任何一项，计划都不全面或不完整。

（二）计划在管理职能中的地位

计划工作始于全部管理活动的开端，在全部管理活动和管理过程中处于首要地位。管理人员总是围绕着计划规定的目标从事组织工作、人员配备、指导与领导以及控制工作等活动，来保证预定目标的实现。要使组织中各种活动能够有节奏地进行，必须有严密统一的计划。图8-1描述了计划与其他职能的相互关系。

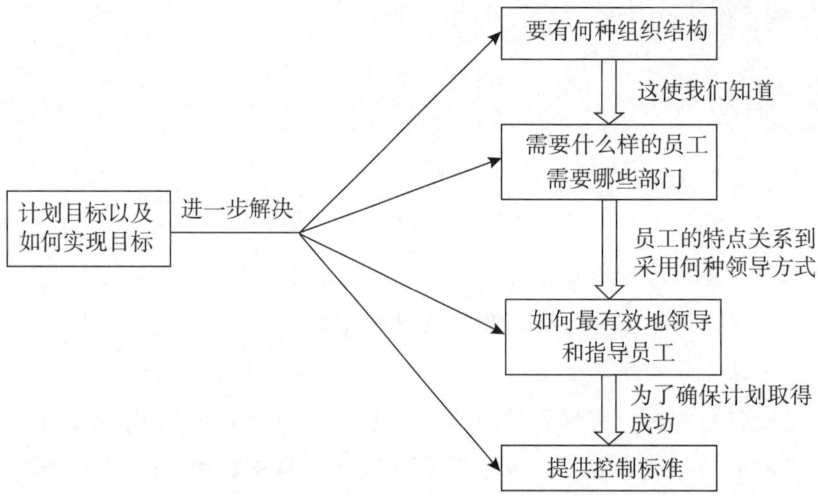

图 8-1 计划与其他职能的相互关系

二、计划的类型

计划工作是通过编制和执行计划来实现的。由于确定的管理目标内容不同和达到目标的要求及其采取的手段不同，在计划管理实践中可以按不同的标志进行分类。较为普遍的分类方法是根据计划的期限、层次、职能、内容等进行划分（见表 8-1）。在管理实际中，一项计划可能具有多种类型计划的特征，如企业的特色经营计划，它可以是一项长期计划，也可以是一项战略计划，同时也可以是一个指导性计划。

表 8-1 计划分类

分类标准	类型
计划期限的长短	短期计划、中期计划、长期计划
计划综合性程度（涉及时间长短和涉及范围广狭）	战略性计划、战术性计划
计划的职能	业务计划、财务计划、人事计划
计划的明确程度	具体性计划、指导性计划
计划的表现形式	宗旨、目标、战略、政策、程序、规则、规划和预算

（一）根据计划期限的长短划分

按计划期限的长短可将计划分为短期计划、中期计划和长期计划。一般来说，一年或一年以下的计划称为短期计划，如月计划、季度计划和年度计划都是短期计划；五年或五年以上的计划称为长期计划；介于两者之间的计划为中期计划。当然，这种划分不是绝对的，会因组织的规模和目标的特性而有所不同。

长期计划描述了组织在较长时期的发展方向和方针，规定了组织的各个部门在较长时期内从事某种活动应达到的目标和要求，绘制了组织长期发展的蓝图。短期计划是根据中长期计划规定的目标和当前的实际情况，对各种活动作出的详细说明和具体安排，为组织成员在近期内的行动提供了依据。中期计划起到衔接长期计划和短期计划的作用。

（二）根据计划综合性程度

根据涉及时间长短及其范围广狭的综合性程度，可以将计划分为战略性计划与战术性计划。战略性计划是指应用于整体组织的、为组织未来较长时期（通常为五年以上）设立总体目标和寻求组织在环境中的地位的计划。战术性计划是指规定总体目标如何实现的细节计划，其需要解决的是组织的具体部门或职能在未来各个较短时期内的行动方案。战略性计划显著的特点是长期性与整体性。长期性是指战略性计划涉及未来较长时期，整体性是指战略性计划是基于组织整体而制订的，强调组织整体的协调。战略性计划是战术性计划的依据，战术性计划是在战略性计划指导下制订的，是战略性计划的落实。从作用和影响上来看，战略性计划的实施是组织活动能力的形成与创造过程，战术性计划的实施则是对已经形成的能力的应用。

（三）根据计划的职能划分

根据职能可以将计划分为业务计划、财务计划及人事计划。业务计划是组织的主要计划，作为经济组织，企业业务计划包括产品开发、物资采购、仓储后勤、生产作业以及销售促进等内容。财务计划与人事计划为业务计划服务，围绕业务计划而展开。财务计划研究如何从资本的提供和利用上促进业务活动的有效进行。人事计划则分析如何为业务规模的维持或扩大提供人力资源的保证。

（四）根据计划的明确程度划分

按计划内容的明确程度，可将计划分为具体性计划和指导性计划。具体性计划具有明确规定的目标、行动步骤以及操作指南。指导性计划只是规定一些重大方针，指出重点但不局限于具体的目标和特定的行动方案。例如，一个增加销售额的具体计划可能规定未来半年内销售额要增加 10%，同时会制订明确的程度。

（五）根据计划的表现形式划分

根据计划的表现形式，可以将计划分为宗旨、目标、战略、政策、程序、规则、规划和预算从抽象到具体的层次体系。

1. 宗旨

宗旨是组织存在的目的或使命，是社会对该组织的基本要求，亦是表明组织是干什么的和应该干什么。任何一个组织的存在都必然意味着有一个或一些明确的目的和使命。例如，一个工商企业的基本宗旨是向社会提供有经济价值的商品或劳务；法院的宗旨是解释和执行法律；大学的宗旨是培养高级人才等。

2. 目标

组织的目标是指组织在一定期限和范围内欲完成的任务和取得的成效。一定时期的目标或各项具体目标是在宗旨指导下提出的，它具体规定了组织及其各个部门的经营管理活动在一定时期达到的具体成果。确定目标比确定宗旨要具体得多。不过，从确定目标，到目标分解，再到最后形成一个目标网络的活动本身，就是一个严密的计划过程。所以组织目标本身在表现形式上就是计划，是计划工作的结果。

3. 战略

战略是为了实现组织的长远目标，对组织全局的、长远的和重大的问题作出的部署和规划。战略作为计划的一种形式，它所着重考虑的是更有效地实现组织目标，它通过指明发展方向、确定重点和安排资源，以取得更高的效益。所以，战略往往是宗旨、目标、重大政策和各种规划的综合体。

4. 政策

政策是组织为实现组织目标、规范组织成员行为所规定的行动准则。政策是决策的指南，规定了行动的方向和界限。政策作为计划，有助于将一些问题的解决方法事先确定下来，避免重复分析，并给其他派生的计划以一个全局性概貌，从而使主管人员能够控制全局。组织都有自己的政策，政府组织制定公共政策，如经济政策、政治政策、文化教育政策、社会政策等各种类型的政策；企业组织制定本组织的管理政策等。

5. 程序

程序规定了处理问题的例行解决方法和步骤，是对大量日常工作过程及工作方法的提炼和规范，固定的工作程序一般是一种经过优化的计划。程序实质上是对要进行活动的准确方式和时间顺序的详细规定，因此，程序也是一种工作步骤。人们常常将反复出现的业务编制出程序，一旦该项业务再次出现便可依例而行。组织中的程序多种多样，如采购程序、请假程序、费用报销程序等。

6. 规则

规则是一种较为简单的计划，它确定了在各种情况下什么是必须做的，什么是不必做的，规定了行动的是非标准。程序是一系列有时间顺序规定的规则总和；而一条规则可能是程序的组成部分，也可能与程序毫不相干。如“禁止吸烟”就是一个与时间顺序无关的规则。规则和政策是不一样的，政策的目的在于指导人们决策，留有一定的酌情处理问题的余地：但程序与规则都没有自由处置权。

7. 规划

规划是综合性的计划，包括目标、政策、程序、规则、任务分配、要采取的步骤、要使用的资源，以及为完成既定行动方针所需的其他因素。通常情况下，规划需要预算支持。规划主要是根据组织总目标和各项分目标去制定组织的分阶段目标以及各部门的分阶段目标，其重点在于划分总目标实现的进度。所以，规划包括了组织的长期和短期计划、职能部门专业计划等各种计划，构成了一个计划网络。

8. 预算

预算是以数字来表示预期结果的报告书，也称为“数字化”的计划。预算是文字计划实现的支持和保证，没有必要的资金和预算支持，计划是无法实现的。预算还是一种主要的控制手段，是计划和控制工作的联结点，因为计划的数字化产生预算，而预算又将作为控制的衡量标准。

可见，计划的种类是多种多样的，管理者应该根据具体情况科学而灵活地运用各种计划形式，更好地发挥计划职能。

第二节　计划编制的步骤

虽然按照不同的标准可以把计划分成很多类型，但是任何计划工作都是按照一定的程序把决策的结果形成详尽的工作安排。编制计划的工作步骤都是相似的，大致可以分为以下八个步骤。

一、估量机会

机会的估量是在实际的计划工作开始之前必需的准备工作，它虽然不是计划的一个组成部分，但却是计划工作的一个真正起点。计划工作需要对组织的内部条件和外部环境进行客观真实的分析评价，发现可能出现的机会和预测未来可能的变化，并了解组织利用机会的能力。在反复斟酌的基础上，定下决心，扬长避短。

二、确定目标

计划工作首先要做的是在估量机会的基础上，为组织及其下级单位确定计划工作的目标。目标要指出明确的预期成果，表明要做的工作有哪些，重点应放在哪里，等等。企业或组织的总目标将成为所有行动的指南，各个领域的分目标和各个部门的具体目标必须反映总目标的要求，通过各领域、各层次目标的相互支持，相互协调，形成一个完整的目标系统。

三、明确前提条件

完成上述两个步骤后，接下来便是确定一些关键性的计划前提，并使设计人员对此达成共识。所谓计划工作的前提条件就是计划工作的假设条件，也就是计划实施时的预期环境。负责计划工作的人员只有充分细致地了解计划的前提，对此达成共识，并能够始终如一地运用它，计划工作才能更加协调。

确定计划的前提条件主要靠预测。但这个预期环境是复杂多变的，影响因素很多，有的可以完全控制，如开发新产品、新市场、资源分配等；有的无法控制，如税率、政治环境、政府政策等；也有的在一定范围内可以控制，如企业内的价格政策、劳动生产率、市场占有率等。这里所说的预测环境、确定计划的前提，并不是对将来环境的每一个细节都进行预测，而是仅对对计划工作有重大影响的主要项目进行预测，如经济形势的预测、政府政策的预测、销售的预测、资源的预测等。

四、拟订备择方案

通常实现某一个既定目标有多个可供选择的行动方案。在这一阶段工作的初始，要拟订尽可能多的备择方案，可供选择的方案越多，被选方案的相对满意度就越高。当工作进入筛选阶段时，要通过调查分析和必要的数据处理，排除那些希望最小的方案，尽可能把精力集中在少数最有希望的方案制订方面，以备从中选优。

五、评价备择方案

拟订备择方案后，需要按照前提和目标来权衡各种因素，比较各个方案的利弊，对各个方案进行评价。计划工作是以预测为基础的，现实环境存在着大量的可变因素和制约条件，而且可供选择的方案往往很多，因此对备择方案的评价工作可能是非常复杂的。为此常需借助于运筹学、数学方法和计算技术等各种手段来进行方案评价。

六、选择理想方案

选定方案即多中选优，从多个备择方案中选择一个或几个较优方案。这是计划工作程序中关键的一步，也是决策的实质性阶段。在前一步综合评价的基础上，结合领导、专家、计划工作人员以及组织成员等多方面的意见，选择出最满意的方案。但在对各种备择方案进行分析和评价的过程中，可能遇到同时有不止一个可取的方案，在这种情况下，必须确定出先采取哪个方案，而将另一个方案也进行细化和完善，并作为后备方案。

七、拟订派生计划

派生计划就是总计划下的分计划。总计划贯彻落实要靠派生计划来支持，派生计划是总计划的基础。例如企业计划的派生计划有生产计划、销售计划、财务计划、设备维修计划等。派生计划一般由各个职能部门和下属单位制订。

八、编制预算

计划工作的最后一步是把计划转化为预算，使之数字化。预算实质上是资源的分配计划。预算工作做好了，可以成为汇总和综合平衡各类计划的一种工具，也可以成为衡量计划完成进度的重要标准。编制的预算主要包括销售预算、生产预算、采购预算、资本预算、财务预算等。

第三节　目标管理

著名管理学家彼得·德鲁克1954年在他的著作《管理的实践》（*The Practice of Management*）一书中指出，目标管理是明确目标、监控过程的一种广受欢迎且强有力的方法。目标管理（Management by Objectives，MBO）是一个系统，凭此，管理者和员工可以为每个部门、项目及个人制定目标并监控后续绩效目标。我国于20世纪80年代初引进目标管理法，并取得较好成效。

一、目标管理的思想

目标管理是以目标为导向，以人为中心，以成果为标准，从而使组织和个人取得最佳业绩的现代管理方法。目标管理亦称“成果管理”，俗称责任制，指在企业个体职工的积极参与下，自上而下地确定工作目标，并在工作中实行“自我控制”，自下而上地保证目标实现的一种管理办法。目标管理提出以后，便在美国迅速流传。时值第二次世界大战后西方经济由恢复转向迅速发展的时期，企业急需采用新的方法调动员工积极性以提高竞争能力，目标管理的出现可谓应运而生，遂被广泛应用，并很快被日本、西欧国家的企业所仿效。

目标管理的目的是通过目标的激励来调动广大员工的积极性，从而保证实现总目标。其核心就是明确和重视成果的评定，提倡个人能力的自我提高，其特征就是以目标作为各项管理活动的指南，并以实现目标的成果来评定其贡献大小。

目标管理的基本内容是动员全体员工参加制定目标并保证目标实现，即由组织中的上级与下级一起商定组织的共同目标，并把其具体化展开至组织各个部门，各个层次、各个成员。与组织内每个单位、部门、层次和成员的责任和成果相互密切联系，在目标执行过程中要根据目标决定上下级责任范围，上级权限下放，下级实现自我管理。在成果评定过程中，严格以这些目标作为评价和奖励标准，实行自我评定和上级评定相结合。以此最终组织形成一个全方位的、全过程的、多层次的目标管理体系，提高上级领导能力，激发下级积极性，保证目标实现。

二、目标管理的特点

目标管理指导思想上是以 Y 理论为基础的，即认为在目标明确的条件下，人们能够对自己负责。目标管理与传统管理的共同要素：明确目标、参与决策、规定期限、反馈绩效。具体方法上是泰勒科学管理的进一步发展。目标管理方式与传统管理方式相比有鲜明的特点，可概括为以下几方面。

（一）重视人的因素

目标管理是一种参与的、民主的、自我控制的管理制度，也是一种把个人需求与组织目标结合起来的管理制度。在这一制度下，上级与下级的关系是平等、尊重、依赖、支持，下级在承诺目标和被授权之后是自觉、自主和自治的。

（二）建立目标锁链与目标体系

目标管理通过专门设计的过程，将组织的整体目标逐级分解，转换为各单位、各员工的分目标。从组织目标到经营单位目标，再到部门目标，最后到个人目标。在目标分解过程中，权、责、利三者已经明确，而且相互对称。这些目标方向一致，环环相扣，相互配合，形成协调统一的目标体系。只有每个人员完成了自己的分目标，整个企业的总目标才有完成的希望。

（三）重视成果

目标管理以制定目标为起点，以目标完成情况的考核为终结。工作成果是评定目标完成程度的标准，也是人事考核和奖评的依据，成为评价管理工作绩效的唯一标志。至于完成目标的具体过程、途径和方法，上级并不过多干预。所以，在目标管理制度下，监督的成分很少，而控制目标实现的能力却很强。

三、目标管理的步骤

目标管理的具体做法分三个阶段：第一阶段为目标的设置；第二阶段为实现目标过程的管理；第三阶段为测定与评价所取得的成果。由于各个组织活动的性质不同，目标管理的步骤可以不完全一样，但一般来说，大致包括以下四个基本步骤。

（一）建立一套完整的目标体系

实行目标管理，首先要建立一套完整的目标体系。这项工作从企业的最高主管部门开始，由上而下地逐级确定目标。上下级的目标之间通常是一种“目的—手段”的关系；某一级的目标需要用一定的手段来实现，这些手段就成为下一级的次目标，按级顺推下去，直到作业层的作业目标，从而构成一种锁链式的目标体系。

制定目标的工作如同所有其他计划工作一样，需要事先拟订和宣传前提条件。这是一些指导方针，如果指导方针不明确，下级主管人员几乎不可能制定出合理的目标来。此外，制定目标应采取协商的方式，应当鼓励下级主管人员根据基本方针拟订自己的目标，然后由上级批准。

（二）明确责任

目标体系应与组织结构相吻合，从而使每个部门都有明确的目标，每个目标都有人明确负责。然而，组织结构往往不是按组织在一定时期的目标而建立的，因此，在按逻辑展开目标和按组织结构展开目标之间，时常会存在差异。其表现是，有时从逻辑上看，一个重要的分目标找不到对此负全面责任的管理部门，而组织中的有些部门也很难为其确定重要的目标。这种情况的反复出现，最终可能会导致对组织结构的调整。从这个意义上说，目标管理有助于明确组织机构的作用。

（三）组织实施

目标既定，主管人员就应放手把权力交给下级成员，而自己主抓重点的综合性管理。完成目标主要靠执行者的自我控制。如果在明确了目标之后，作为上级主管人员还像从前那样事必躬亲，便违背了目标管理的主旨，无法获得目标管理的效果。当然，这并不是说上级在确定目标后就可以撒手不管了。上级的管理应主要表现在指导与协助、提出问题、提供情报以及创造良好的工作环境方面。

（四）检查和评价

对各级目标的完成情况，要事先规定出期限，定期进行检查。检查的方法可灵活地采用自检、互检和责成专门的部门进行检查。检查的依据就是事先确定的目标。对于最终结果，应当根据目标进行评价，并根据评价结果进行奖罚。经过评价，使得目标管理进入下一轮循环。

复习与思考题

1. 如果计划如此重要，为何有些管理者选择不进行计划？你会给他们提出什么建议？
2. 计划在职能中的地位是什么？
3. 计划的内容是什么？
4. 如何才能成为一名优秀的计划编制者？
5. 简述计划编制的流程。
6. 研究表明计划与绩效之间有何关系？请解释。
7. 目标管理的核心思想是什么？
8. 目标、计划和战略之间有什么区别和联系。

第九章　战略制定与实施

【学习目标】

通过本章的学习，你应该能够掌握以下几点。

- 阐述公司的愿景和使命。
- 讨论如何对一个公司进行战略环境分析。
- 描述战略的层次。
- 掌握公司的总体战略、竞争战略和职能战略。

【管理小故事】

华为："美式"诊断触痛任正非

1995 年，华为斥资 1000 万元从美国和德国引进两套先进管理系统后，顾问们基本上都听从华为人的"指挥"，甚至华为人还能对他们的系统提出各种各样的"改进方法"和"优化意见"，当然最后以流程"七疮八孔"为代价而告终。

但此次华为人发现：IBM 顾问与以前的顾问截然不同，他们不仅趾高气扬，而且态度也非常强硬。比如，在进行访谈期间，顾问们一律要求华为干部讲英语，而且有时提问相关问题时，不让他们过多地问"为什么"，只允许他们回答"是"或"不是"。而为了挖掘第一手资料，IBM 顾问甚至把大部分时间花在每天加班到深夜的研发人员身上，就加班问题的起源以及避免加班的种种可能性和可行性展开讨论和询证。经过半个多月的访谈，他们在纷繁复杂的华为发展脉络中整理出头绪和思路，并通过逆向思维，对华为的管理现状作出了全面的剖析和诊断。

1998 年 9 月 20 日，任正非率领数十位华为副总裁早早来到会场，会议室里座无虚席。IBM 顾问站在台前，系统而细致地阐述了对华为管理问题的十大"美式"诊断：①缺乏准确、前瞻的客户需求关注，反复做无用功，浪费资源，造成高成本；②没有跨部门的结构化流程，各部门都有自己的流程，但部门流程之间是靠人工衔接，运作过程被割裂；③组织上存在本位主义，“部门墙”高耸，各自为政，造成内耗；④专业技能不足，作业不规范；⑤依赖个人英雄，而且这些英雄难以复制；⑥项目计划无效且实施混乱，无变更控制，版本泛滥……

当顾问第六条话音刚落，会场上立刻出现了一阵骚动。虽然在此之前，任正非和其他华为高层都很清楚研发体系存在着问题，但又无法准确说出问题的症结所在。现在顾问们列举的问题十分尖锐，直接触及了任正非的痛处，他的表情也变得越来越凝重。于是，他向顾问做了一个“T”形手势示意暂停，然后让秘书打电话把公司其他副总裁和总监级干部全部都叫到会场。

上百名高层干部陆续到场后，人满为患，不可能临时更换会场，任正非便示意大家把会议桌往前后左右移动，然后在中间地带腾出一片空地，让平时在华为呼风唤雨的高层干部们席地而坐。

资料来源：杨少龙．华为靠什么［M］．北京：中信出版社，2014.

第一节　愿景和使命陈述

彼得·德鲁克曾言，“一个企业不是由它的名字、章程和公司条例来定义，而是由它的任务来定义的。企业只有具备了明确的任务和目的，才可能制定明确和现实的企业目标。”因此，战略性管理的首要内容是愿景陈述（Vision Statement）和使命陈述（Mission Statement）。

愿景和使命陈述（Vision and Mission Statement）回答的是“我们想成为什么和我们的使命是什么”？愿景和使命陈述应该生动活泼、言简意赅、易于记诵，且富有意义和鼓舞性。雇员和管理者共同为公司制定和修改愿景目标反映了他们对自己未来的憧憬。共同的愿景和使命可以使人们精神从单调的日常操作中得到升华，使人们不停地受到激励。

愿景和使命陈述包括两个主要部分：核心意识形态（Core Ideology）和愿景展望（Envisioned Future）。核心意识形态由核心价值观（Core Values）和核心目标（Core-purpose）两部分构成，它给组织提供了长久存在的基础，是组织的精神。愿景展望由10~30年的宏伟、大胆、有难度的目标（10 - to - 30 - year Big、Hairy、Audacious Goal，BHAG）和生动逼真的描述（Vivid Description）两部分构成。

一、核心价值观

核心价值观是组织持久的和本质的原则。它是一般性的指导原则，不能把它与具体的生产或经营做法混为一谈，不能为了经济利益或短期的好处而放弃它。“目光远大的公司（Visionary Company）的核心价值观不需要理性的或外在的理由，不随趋势和时尚的变化而变化，甚至也不随市场状况的变化而变化。”

【企业实践】

波音公司的核心价值观：

永为先驱，尽善尽美。

宝洁公司的核心价值观：

领导才能、主人翁精神、诚实正直、积极求胜、信任。

百事公司的核心价值观：

身体力行、开诚布公、多元化、包容性。

麦当劳的核心价值观：

以人为本，优质、服务、清洁、价值。

星巴克的核心价值观：

为客人煮好每一杯咖啡。

苹果电脑公司的核心价值观：

提供大众强大的计算能力。

英特尔的核心价值观：

以客户为导向、纪律严明、质量至上、鼓励尝试冒险、良好的工作环境。

二、核心目标

核心目标是企业存在的理由或目的，不是具体的目标或公司战略。有效的核心目标反映了为公司工作的内在动力，它不仅描述公司的产出或目标顾客，而且表达了公司的灵魂。好的目标对公司的指导和激励作用可以持续很久，也许长达一个世纪，也许比一个世纪还持久。

目光远大的公司经常利用大胆的目标作为促进进步的一种有效手段。有效的 BHAG 具有强大的吸引力，人们会不由自主地被它吸引，并全力以赴地为之奋斗，使人受到鼓舞；同时，有效的 BHAG 还能让人一目了然，几乎无须任何解释。

三、生动逼真的描述

当我们确立了核心价值观、核心目标以及宏伟、大胆、有难度的远大目标后，要想让这些产生激励、鼓舞作用，必须要用生动逼真的语言表达出来。语言描绘了未来的图画。

愿景和使命描述了组织未来期望达到的图景和组织为之奋斗的任务。愿景和使命陈述与企业战略是不同的。战略是为了达到组织总目标而采取的行动和利用资源的总计划。战略是硬件，而愿景描述则是软件。它是组织的梦，如同个人对未来的梦。

第二节 战略环境分析

战略环境分析是为完成企业使命和战略选择服务的。德鲁克曾指出，“企业的目的，只有一个定义说得通：创造顾客。”迈克尔·波特（Michael E. Porter）认为，“竞争优势归根结底产生于企业为顾客所能创造的价值。”因此，企业竞争最终目的是为给顾客创造价值而去创造和获取顾客。从这个意义来说，战略制定的原则是扬长避短、趋利避害和满足顾客。

一、外部一般环境

外部一般环境，或称总体环境，是在一定时空内社会中各类组织均面对的环境，所以又称为“天”。其大致可分为政治、社会文化、经济、技术、自然五个方面。

政治环境包括一个国家的社会制度，执政党的性质，政府的方针、政策、法令等。不同的国家有着不同的社会制度，不同的社会制度对组织活动有着不同的限制和要求。即使社会制度不变的同一国家，在不同时期，由于执政党的不同，其政府的方针特点、政策倾向对组织活动的态度和影响也是不断变化的。

社会文化环境包括一个国家或地区的居民受教育程度和文化水平、宗教信仰、风俗习惯、审美观点、价值观念等。文化水平会影响居民的需求层次；宗教信仰和风俗习惯会禁止或抵制某些活动的进行；价值观念会影响居民对组织目标、组织活动以及组织存在本身的认可与否；审美观点则会影响人们对组织活动内容、活动方式以及活动成果的态度。

经济环境主要包括宏观和微观两个方面的内容。宏观经济环境主要指一个国家的人口数量及其增长趋势，国民收入、国民生产总值及其变化情况以及通过这些指标能够反映的国民经济发展水平和发展速度。微观经济环境主要指企业所在地区或所服务地区的消费者的收入水平、消费偏好、储蓄情况、就业程度等因素。这些因素直接决定着企业目前及未来的市场大小。

技术环境除了要考察与企业所处领域的活动直接相关的技术手段的发展变化外，还应及时了解：①国家对科技开发的投资和支持重点；②该领域技术发展动态和研究开发费用总额；③技术转移和技术商品化速度；④专利及其保护情况，等等。

自然环境主要指企业经营所处的地理位置及其气候条件和资源禀赋状况等自然因素。

二、行业环境

制定竞争战略的实质就是将一个公司与其环境建立联系。尽管企业面对的相关环境的范围广阔，包含社会、政治、经济、技术以及自然环境等因素，但公司环境的最关键部分就是公司所投入竞争的一个或几个行业。根据美国学者波特的研究，行业环境主要包括行业竞争结构、行业内战略群分析等内容。

（一）行业竞争结构分析

一个行业内部的竞争状态取决于五种基本竞争作用力，如图 9－1 所示。这些作用力汇集起来决定着该行业的最终利润潜力，并且最终利润潜力也会随着这种合力的变化而发生根本性的变化。一个公司的竞争战略目标在于使公司能在行业内进行恰当定位，以最有效地抗击五种竞争作用力并影响它们，使它们朝有利自己的方向变化。

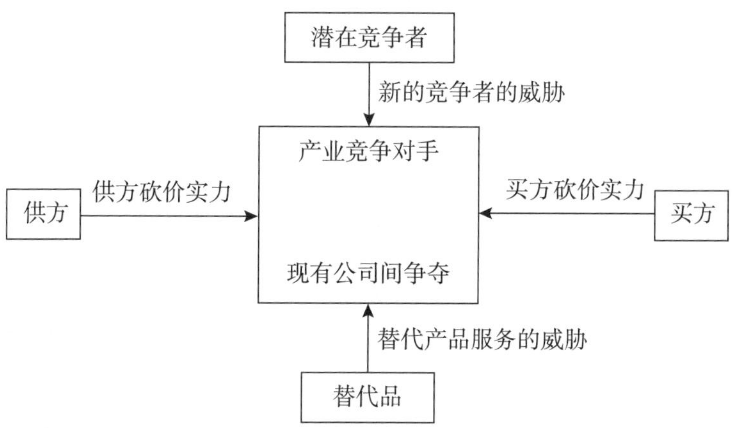

图 9－1　驱动行业竞争的五种力量

1. 行业内现有竞争对手研究

现有竞争对手研究主要包括以下内容：①竞争对手基本情况研究；②主要竞争对手研究；③主要竞争对手的发展动向研究。

竞争对手基本情况研究主要研究竞争对手的数量有多少，分布在什么地方，它们有哪些活动，各自的规模、资金、技术力量如何，其中哪些对自己的威胁较大。基本情况研究的目的是要找到主要竞争对手。为了在众多同种产品的生产厂家中找出主要竞争对手，必须对它的竞争实力及其变化情况进行分析和判断。反映企业竞争实力的指标主要有销售增长率、市场占有率和产品的获得能力。

主要竞争对手研究主要比较不同企业的竞争实力，找出了主要竞争对手后，还要研究其所以能对本企业构成威胁的主要原因，是技术力量雄厚、资金多、规模大，还是其他原因。主要竞争对手研究的目的是找出主要竞争对手的竞争实力的决定因素，以帮助企业制定相应的竞争策略。

竞争对手的发展动向研究包括市场发展或转移动向和产品发展动向。要收集有关资料，密切注视竞争对手的发展动向，分析竞争对手可能研发哪些新产品、开辟哪些新市场，使企业在竞争中争取主动地位。

2. 入侵者研究

潜在竞争者进入行业，变成显在的竞争者，由于其新的业务能力和充裕的资源，将导致行业竞争更加激烈，其结果是产品价格可能被压低或从业者的经营成本上升，从而导致行业利润率下降。某一行业被入侵的威胁大小取决于行业进入障碍、行业产品价格水平、行业对入侵者的报复能力以及入侵者对报复的估计。

影响行业进入障碍的因素：①规模经济。规模经济性表现为在一定时期内产品的单位成本随总产量的增加而降低。规模经济表明企业经营只有达到一定规模，才能收回经营过程中的各种耗费。规模经济的存在阻碍了对行业的入侵，因为它迫使进入者或者一开始就以大规模生产并承担遭受原有企业强烈抵制的风险，或者以小规模生产而接受产品成本方面的劣势，这两者都不是进入者所期望的。②产品差别化。产品差别化意味着现有的公司由于过去的广告、顾客服务、产品特点或由于第一个进入该行业而获得的商标及顾客信誉上的优势。差别化迫使入侵者耗费大量资金克服原有的顾客忠诚，这种努力通常带来初始阶段的亏损，并且常常要延续一个时期。这种为建立一种产品的投资具有特别的风险，一旦失败将血本无归。③转移成本。转移成本指买方从向某一供应商购买产品转移到向另一供应商购买产品时所遇到的一次性成本。这种成本包括雇员重新培训成本、新的辅助设备成本、检查考核新资源所需的时间及成本、由于技术依赖而需要帮助的成本、建立新关系的心理代价，等等。如果这种成本较大，则新进入者必须在成本或经营服务上做重大改进以吸引购买者接受这种购买转移。④资本需求。⑤在位优势。在位优势指行业已在位的厂商由于一段时间经营而积累起来的优势，包括掌握销售渠道的优势、专有的产品技术、最佳原料来源控制、政府补贴、学习或经验曲线等。⑥政府政策。政府往往采取限制甚至封锁或鼓励、补贴的政策。

影响行业对入侵者报复能力的因素主要有行业所处的发展阶段、行业的集中程度以及行业的退出障碍。影响入侵者对报复能力估计的因素主要有行业过去对入侵者的行为反应以及入侵者对自身能力的估计。

行业进入扼制价格。行业进入扼制价格是指入侵者设想克服进入壁垒及其遭到报复的风险与入侵带来的潜在报酬平衡时的价格水平。进入扼制价格依赖于入侵者对未来的而不是对现在条件的预期。如果行业现行价格水平高于进入扼制价格，则入侵者预计入侵将有利可图。所以说，行业的定价水平是影响入侵威胁的重要因素之一。

3. 替代品生产商研究

企业生产的产品，从表面上看，是具有一定外观形状的物品，但抽象地分析，它们是能够满足某种需要的使用价值或功能。产品的使用价值或功能相同，能够满足的消费者的需要相同，在使用过程中就可以相互替代，生产这些产品的企业间就可能形成竞争关系。再者，替代品限定了行业内的厂商可能的最高限价，从而限制了一个行业的潜在收益。消费者购买产品是为了享用其使用价值，消费者在购买商品时将会根据自己的收入水平选择最佳的需求满足。因此，一旦替代品生产形成强大的经济规模，定价能力增强，那么，本行业将受到威胁，因为其潜在收益或许在某个时刻突然消失。

替代品生产商的分析主要包括两个内容：第一，判断哪些产品是替代品；第二，判断哪些替代品可能对本企业经营构成威胁。前项工作较易进行，后项较为复杂。在判断威胁最大的替代品时，应特别重视以下两类替代品：容易导致价格改变的替代品和现行盈利率很高的替代品。

4. 买方的讨价还价能力研究

消费者在两个方面影响着行业内企业的经营：第一，买方对产品的总需求决定着行业的市场潜力，从而影响行业内所有企业的发展边界。第二，不同买方的讨价还价能力会诱发企业之间的价格竞争，从而影响企业的获利能力。这里主要讨论影响买方讨价还价能力的因素。

买方的讨价还价能力影响因素：①买方是否大批量或集中购买。②买方这一业务在其购买额中的份额大小。③产品或服务是否具有价格合理的替代品。④买方面临的购买转移成本大小。⑤本企业的产品、服务是否是买方在生产经营过程中的一项重要投入。⑥买方是否采取“后向一体化”（后向一体化指买方自己生产或经营本企业生产中耗费的其他原材料、半成品或成品，满足自己的需要）。⑦买方行业获利状况（如果利润微薄，买方具有较强的谈价能力，反之则反）。⑧买方是否充分了解产品信息。

5. 供应商的讨价还价能力研究

因为企业生产所需的许多生产要素是从外部获得的，从而提供这些生产要素的经济组织也制约着企业的经营。第一，供应商能否根据企业的需要按时、按质、按量地提供所需生产要素，影响着企业生产规模的维持和扩大。第二，供应商提供货物时所要求的价格决定着企业的生产成本，影响着企业的利润水平。这里主要讨论影响供应商讨价还价能力的因素。

供应商的讨价还价能力影响因素：①要素供应方行业的集中化程度。②要素替代品行业的发展状况。③本行业是否是供方集团的主要客户。④要素是否是该企业的主要投入资源。⑤要素是否存在差别化或转移成本是否足够低。⑥要素供应者是否采取“前向一体化”（前向一体化指要素供应商在向顾客提供要素的同时，自己也生产耗用这种要素的产品或服务）。

（二）行业内战略群分析

行业内战略群，又译为战略集团，属于次行业（Sub－Industry）范畴。波特认为，在一个给定的行业内，公司的战略选择可以由以下方面表现出来：①专业化程度。②品牌。③促销方式。④分销渠道选择。⑤产品质量。⑥技术领先程度。⑦纵向一体化。⑧成本结构。⑨销售服务。⑩价格政策。⑪财务杠杆。⑫与母公司关系。⑬与母国及东道国政府的关系。行业内战略群正是依据这些战略特征来划分的，一个战略群指某一行业内在某些战略特征方面相同或相似的公司组合。

一般来说，在一个行业中仅有为数不多的战略群体，它们采取本质上有所不同的战略。一个行业中战略群的形成与变化有各种原因，比如，企业成立时所依赖的技术或资源条件不同，企业的目标或者对风险的态度不同，等等。行业内战略群间在竞争、利润率等方面的差异是由于移动壁垒（Mobility Barrier）的存在。与进入壁垒（Entry Barrier）抵抗产业外的企业入侵的作用相似，移动壁垒阻止了产业内企业从一种战略群向另一战略群移动。

一般来说，移动壁垒的高低决定行业内战略群间的竞争激烈程度。以下四个因素决定了战略群间的竞争程度：①战略群间的市场相互依赖程度或者目标顾客的相互重叠程度。②战略群所建立的产品差异性。③行业内战略群的数目及其相对规模。④各战略群间的差异度或离散度。

企业盈利率不仅取决于企业自身的实力，而且取决于行业结构状况及其企业所处的战略群状况，因此，我们可以从三个方面考察企业的盈利状况。第一，行业特征。这些特征包括行业需求的增长率、产品差异化的潜力、供方行业的结构以及技术等。第二，企业所处的战略群的特征。这些特征包括本战略群的移动壁垒的高低、本战略群对于供方和买方的讨价还价能力、本战略群对替代品的敏感度、本战略群面对其他战略群体的竞争，等等。第三，企业在战略群中的地位。主要有本战略群内的竞争强度、本企业的相对规模、入侵本群体的成本、企业执行既定战略的能力，等等。

在战略群分析时，可以绘制行业内战略群分布图。绘制分布图的关键是选择恰当的战略变量作为图轴。选择的原则：第一，作为图轴的战略变量应该是那些对行业内移动壁垒起决定作用的变量。例如，在软饮料行业，影响移动壁垒的主要因素是产品宽度、品牌知名度和分销渠道。第二，所选的变量不可一同变化。例如，如果所有企业都具有较高的产品差异性和较宽的产品线，则产品差异性和产品线两者不可作为变量，而应选择战略组织的多样化程度变量。第三，变量无须具备连续性或单调性。

三、竞争对手

战略制定的一项任务是竞争对手分析。竞争对手研究的第一步是识别竞争对手。识别行业内现有的竞争对手并非难事，但要识别潜在的竞争对手并非易事。一般来说，竞争对手可以从以下的群体中辨识出来：①不在本行业、但可以克服进入壁垒（尤其是那些不费力气者）进入本行业的企业。②进入本行业可以产生明显协同效应的企业。③因战略实施而自然进入本行业的企业。④那些通过后向或前向一体化进入本行业的买方或供方。

竞争对手分析的目的是认识在行业竞争中可能成功的战略性质、竞争对手对各不同战略可能作出的反应、竞争对手对行业变迁以及更广泛的环境变化可能作出的反应。竞争对手分析必须回答“在行业中，我们与谁展开竞争以及我们应采取何种行动”“竞争对手的战略行动意味着什么以及我们如何对付”“我们应该规避哪些领域，因为在这些领域中竞争对手将采取情绪化的和拼死的行动”。波特的研究给出了竞争对手分析的基本框架，如图 9－2 所示。

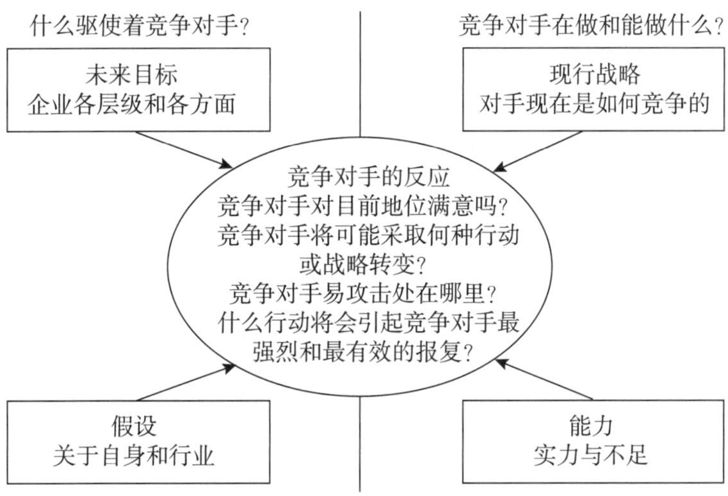

图 9－2　竞争对手分析的基本框架

该分析框架的左侧描述了驱使竞争对手行动的因素：未来目标（Future Goals）和对手关于自身和行业的假设（Assumptions）；右侧描述了竞争对手现在在做什么和它能做什么：现行战略（Current Strategy）和对手的能力（Capabilities）。竞争对手研究与自身研究具有对称性，“知己”内容与“知彼”内容往往是一致的。

“未来目标”研究主要考察竞争对手的愿景和使命陈述，进一步可以考察对手不同层级的目标陈述。

“假设”研究主要考察竞争对手在本行业中经营的历史、在其他行业中经营的历史、对本行业经营传统的认识、管理层结构和个人历史背景，以及企业的顾问单位或个人的背景。比如，典型的例子是 Philip Morris 公司（菲利普·莫里斯国际公司，一家烟草公司，其著名品牌为“万宝路”）1970 年收购 Miller 公司（一家啤酒公司），从烟草行业进入了啤酒行业，该公司把在烟草行业中的经营经验——市场细分策略——带入啤酒行业，从而打破了啤酒行业的传统经营思维：啤酒市场是同质市场，只要推出一种产品及一种包装，消费者就得到了满足。它推出了一款 7 盎司一瓶的“小马力”啤酒，并又推出名叫“Lite”的低热量啤酒和“Lowenbrau”的高档啤酒，获得了巨大成功。据报道，20 世纪 70 年代初，大多数啤酒公司嘲笑 Miller 公司的这一举动，但后来他们却纷纷效仿。

“现行战略”研究主要考察对手现行的基本战略姿态、各职能战略和发展战略。

“能力”研究主要考察竞争对手强弱之所在。利用波特的思想，将公司看成一系列价值活动的集合，考察对手各价值活动，并与本企业和其他公司相应价值活动进行比较，从而判断对手以及本企业实力与不足。

四、企业自身

企业自身应与竞争对手相对应地进行研究，其目的是“识长短”，即与对手相比，认清企业自身的实力与不足。波特认为，将企业作为一个整体来看无法识别竞争优势，因为竞争优势来源于企业在设计、生产、营销、交货等过程及辅助过程中所进行的许多相互分离的活动，并且企业正是通过比其竞争对手更廉价或更出色地开展这些价值活动而赢得竞争优势的。因此，关于企业自身和竞争对手的比较分析可以借用波特的价值链分析法（Value Chain Analysis）。

根据价值链分析法，每个企业都是设计、生产、营销、交货以及对产品起辅助作用的各种价值活动的集合。企业的价值活动分为基本活动（Primary Activities）和辅助活动（Support Activities）两类。如图 9－3 所示。

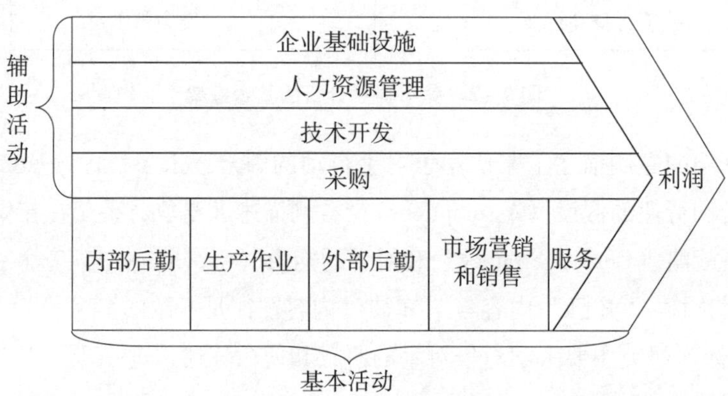

图 9－3 价值链分析法：基本活动及其辅助活动

按价值活动的工艺顺序，基本活动由五个部分构成：①内部后勤（Inbound Logistics），是与接收、存储和分配相关联的各种活动；②生产作业（Operations），是与将投入转化为最终产品形式相关的各种活动；③外部后勤（Outbound Logistics），是与集中、存储和将产品发送给买方有关的各种活动；④市场营销和销售（Marketing and Sales），是与传递信息、引导和巩固购买行为有关的各种活动；⑤服务（Service），是与提供服务以增加或保持产品价值有关的各种活动。每种基本活动可以进一步细分或组合，以助于企业内部分析。

辅助活动构成：①企业基础设施（Firm Infrastructure），包括总体管理、计划、财务、会计、法律、信息系统等价值活动；②人力资源管理（Human Resource Management），包括组织各级员工的招聘、培训、开发和激励等价值活动；③技术开发（Technology Development），包括基础研究、产品设计、媒介研究、工艺与装备设计等价值活动；④采购（Procurement），包括原材料采购以及诸如机器、设备、建筑设施等直接用于生产过程的投入品采购等价值活动。

五、顾客

企业的产品和服务是为顾客服务的，但是企业不能在产品和服务创造出来后才考虑顾客的需求，而应在战略制定阶段就分析企业所服务的顾客及其需求。企业顾客研究的主要内容是总体市场分析（General Market Analyzing）、市场细分（Market Segmentation）、目标市场确定（Market Targeting）和产品定位（Product Positioning）。

（一）总体市场分析

市场的主要特征可用市场容量和市场交易便利程度两个指标来描述。市场容量决定企业发展的可能边界，市场交易便利程度或市场交易成本反映市场交易的可实现程度。

市场容量必须要界定地域和需求性质。根据所界定的地域和需求性质，分析市场总需求、总需求中有支付能力的需求、暂时没有支付能力的潜在需求。这种分析需要再次分析宏观一般环境的一些信息，如区域的国民经济发展状况、居民收入水平、居民储蓄和消费偏好、人口数量，等等。

市场交易的便利程度主要取决于市场基础建设、法规建设、产权制度和市场制度建设状况。做好这些建设工作，将大大促进人们交易，从而扩大市场的广度。对这些因素的考察，同样需要再次分析宏观一般环境的一些信息。

总体市场分析不仅要注意分析诸如经济发展状况、基础建设等硬件，更要注意分析政治、法律、社会、文化等软件。

（二）市场细分

市场细分就是将一个总体市场划分为若干个具有不同特点的顾客群，每个顾客群需要相应的产品或市场组合。对于一个总体市场，可能存在两种极端：一种是市场中所有顾客都具有完全相同偏好，称之为“同质市场”或“无市场细分”；另一种是市场中每位顾客均具有不同的偏好，并且企业对顾客的偏好具有完全信息，企业能够根据每位顾客需要提供别具一格的产品和服务，称之为“用户化市场”（Customized Market）或“完全市场细分”。极端存在是偶然的，一般来说，一个总体市场可以根据一定的标准将顾客归类，每一类顾客具有相同或相似的偏好。

市场细分一般包括以下三个阶段。①调查阶段。调查者可以先对一些顾客进行非正式的访谈，从而对顾客的偏好、行为有大概了解。在此基础上，调查者进一步进行抽样问卷调查，收集顾客特征、顾客主要分类、品牌了解程度、品牌分类、产品类型以及顾客人口统计、心理特征等信息。②分析阶段。运用统计学的因素分析和聚类分析等方法对取得的资料进行分析。③细分结果描述阶段。对聚类的群体命名并描述其特征。由于市场不断变化，市场细分工作必须定期地重复进行。

典型的消费品市场细分变量有四类：①地理因素（Geographic），主要包括地区、区域大小、城市规模、人口密度、气候等。②人口统计因素（Demographic），主要包括年龄、性别、家庭规模、家庭生命周期、收入、职业、教育水平、宗教信仰、种族、国籍等。③心理特征因素（Psychographic），主要包括社会分层、生活方式、个性特征等。④行为因素（Behavioral），是与顾客的知识、态度、使用以及顾客对产品的反应有关的因素，主要包括场合（如一般还是特别场合）、利益（如豪华、中等还是经济的）、使用率（如经常还是偶尔使用）、使用状态（如从不使用、准备使用、初次使用、重复使用）、忠诚度（不忠诚、中等忠诚、忠诚、专一）、了解情况（不了解、了解、渴望了解、反复了解）、对产品的态度（厌恶、可使用、喜欢、热爱）。

典型的工业品市场细分变量有四类：①地理因素（Geographic），主要包括产业、企业规模、地理位置等。②生产运作变量（Operating Variables），如顾客的能力、技术水平等。③采购方式因素（Purchasing Approaches），如买方企业集权程度、内部权力结构、采购政策、公共形象与公共关系、采购标准等。④态度因素（Situational Factors），如交货和服务、对产品的态度（厌恶、可使用、喜欢、热爱）。

（三）目标市场确定

市场细分揭示了各细分市场的可能机会，接下来企业必须评价各细分市场并选择企业所服务的目标市场。

企业从以下三个主要指标来评价细分市场：①细分市场规模及其成长状况。②细分市场结构的吸引力。可以用上面提到的波特行业竞争结构分析框架。③企业的目标和资源状况。即使细分市场在规模、增长及其结构吸引力方面都较好，如果该细分市场不符合企业的目标，该细分市场也不宜被选择为目标市场。

良好的细分市场应具有如下特征：①可测量性，即市场规模、容量和购买力可以测量。②丰富性，即市场规模足够大且有利可图，企业可投入该市场。③可接近性，即市场可以有效地接近且能为顾客服务。④可实现性，即企业有能力满足该市场的需求。如果细分市场对企业具有吸引力，但市场容量过大，企业过小，从而无法满足该市场需求，则应该对该市场进一步细分。

（四）产品定位

产品定位是企业为了满足目标市场，确定产品（或服务）的功能、质量、价格、包装、销售渠道、服务方式，等等。这里的关键是必须用“整体产品”概念来理解“产品定位”。整体产品是指向市场提供的能满足人们某种需要的一切物品和劳务，是由核心产品、形式产品和扩增产品三个层次所组成的整体。企业可以在任一层次或多层次上创造产品差别化，从而创造顾客。

与产品定位相联系的是广告（促销）定位。广告定位是使企业的产品在顾客心里占有位置，以及占什么位置。一般来说，定位策略主要有：①抢先定位策略。指产品最早给人以一个良好的印象是进入一个人心里的捷径。②领导定位策略。一些经验表明，进入顾客心里的第一个产品牌子的长期市场占有率，一般来说比第二个牌子高出两倍，第二个牌子差不多也会比第三个牌子高出两倍，而且这种关系不会轻易改变。③依附定位策略。有时，当企业推出了新产品，通常会选择告诉顾客这个产品不是与老产品完全不同的新产品，而是同老产品有一定关联的新产品。第一种依附定位策略是紧挨着市场中已存在的产品建立自己的位置。第二种依附定位策略是小心缓慢地爬上别人占有的阶梯。④空隙定位策略。空隙定位策略一般是追随者所采用的策略。空隙可以是规模、价格、性别、年龄、时间方面的空隙。⑤重新定位策略。根据市场演进理论，到了一定的时候，由于市场上几乎每类产品都有数以百计的品种，企业将很难再在顾客的心里找到一丝空隙。一个公司如果想利用广告炸开一条路使自己的产品进入顾客的心里，便必须改变竞争对手在顾客心里已经占有的位置，为自己的产品创造空隙。

第三节　战略选择

战略环境分析认识了企业所面临的机遇与威胁，了解了企业的实力与不足以及企业能为何种顾客进行服务。战略选择（Strategy Selecting）的实质是企业选择恰当的战略，从而扬长避短、趋利避害和满足顾客。

一、战略层次

企业的目标是多层次的，它包括企业的总体目标、企业内各个层次的目标以及各经营项目的目标，各层次目标形成一个完整的目标体系。企业的战略不仅要说明企业整体目标以及实现这些目标的方法，而且要说明企业内每一层次、每一类业务以及每部门的目标及其实现方法。因此，企业的总部制定总体战略，事业部或经营单位制定经营单位战略，部门制定职能战略。在这三类战略中，战略的四个构成要素又起着不同的作用。

（一）总体战略（公司战略）

总体战略又称公司战略，是企业的战略总纲，是企业最高管理层指导和控制企业的一切行为的最高行动纲领。在大型企业里，特别是多元化经营的企业里，它需要根据企业的宗旨和目标，选择企业可以竞争的经营领域，合理配置企业经营所必需的资源，决定企业整体的业务组合和核心业务，促使各经营业务相互支持、相互协调。可以说，从公司的经营发展方向到公司各经营单位之间的协调以及资源的充分利用到整个公司的价值观念、企业文化的建立，都是总体战略的重要内容。

总体战略主要有发展战略、稳定战略和收缩战略。在三种战略中最重要的是发展战略，包括决定向什么方向发展，是在原行业中进行产品或市场的扩张，还是通过一体化、多元化进入新的经营领域；还要决定用什么方式发展，要在内部创业、购并、合资等发展方式中作出战略选择。对于多元化经营的企业，要决定企业整体的业务组合和核心业务。

总体战略主要回答企业应该在哪些经营领域内进行生产经营的问题。因此，从战略的四种要素上看，经营范围和资源配置（投资组合问题）是总体战略中主要的构成要素。竞争优势和协同作用两个要素则因企业不同，需要进行具体分析。在生产相关产品的多元化经营企业中，竞争优势和协同作用很重要，它们主要解决企业内部各产品的相关性和在市场上进行竞争的问题。在多种行业联合的大型企业里，竞争优势和协同作用相对来讲并不十分重要，因为企业中各经营业务之间存在一定的协调性，可以共同形成整体优势。即使某个经营业务略有不善，其他的经营业务也还可以支持整个企业形成优势。

（二）经营单位战略（事业部战略、经营战略）

经营单位战略是战略经营单位的别称，指公司内其产品和服务有别于其他部分的一个单位。一个战略经营单位一般有着自己独立的产品和细分市场。它的战略主要针对不断变化的环境，在各自的经营领域内进行有效地竞争。为了保证企业的竞争优势，各经营单位要有效地控制资源的分配和使用。同时，战略经营单位还要协调各职能层的战略，使之成为一个统一的整体。经营单位战略主要有基本竞争战略、投资战略，以及针对不同行业和不同行业地位的经营战略。

从战略构成要素的角度来看，竞争优势与资源配置通常是经营单位战略中最重要的组成部分。但这里的资源配置主要是指产品和市场寿命周期问题。在多数情况下，经营范围与产品和细分市场的选择有关，与产品和市场的发展阶段有关，而与产品和市场的深度与广度的关系甚少。在这个层次上，协同作用是指把经营单位中不同职能领域的活动加以协调。

总体战略是涉及企业全局发展的、整体性的、长期的战略计划，对企业的长期发展产生深远影响。而经营单位战略则着眼于企业整体中的有关事业部或子公司，影响着某一类具体的产品和市场，是局部性的战略决策，只能在一定程度上影响总体战略的实现。所以，总体战略主要由企业的最高层参与决策、制定和组织实施；而经营单位战略形成的参与者主要是具体的事业部或子公司的决策层。

（三）职能战略

职能战略又称职能部门战略，是为了贯彻、实施和支持总体战略与经营单位战略而在企业特定的职能管理领域制定的战略。职能战略一般可分为营销战略、人力资源战略、财务战略、生产战略、研发战略等。

从战略构成要素来看，协同作用和资源配置是职能战略的关键要素，而经营范围则通常不用职能战略考虑。要根据经营单位战略的要求，在各职能部门中合理地配置资源，并确定各职能部门的协调与配合。

与企业总体战略相比，职能战略用于确定和协调企业短期的经营活动，期限较短，一般在一年左右；职能战略是为负责完成年度目标的管理人员提供具体指导的，所以它较总体战略和经营单位战略更为具体；职能战略是由职能部门的管理人员在总部的授权下制定出来的。

对于跨行业多元化经营的大型企业来说，三个战略层次十分清晰，共同构成了企业的战略体系。三个战略的制定与实施过程实际上是各管理层充分协商、密切配合的结果。对于中小型企业而言，它们的战略层次不是很明显，往往相当于大型企业的一个战略经营单位，所以竞争战略对它们来说十分重要。如果它们成功了，就面临着一个发展的关口。对于单一经营的大型企业而言，前两个战略也多是合在一起的。

二、公司层战略

美国学者哈默尔（Hamel G.）和普拉哈拉德（C. K. Prahalad）研究认为，“核心能力是组织内的集体知识和集体学习，尤其是协调不同生产技术和整合多种多样技术流的能力”，如果公司有意在未来的市场上获取巨大的利润份额，就必须建立起能对未来顾客所重视的价值起巨大作用的专长，“企业的竞争是核心专长的竞争”。每一项能力能成为企业的核心能力必须通过三项检验：①用户价值。核心能力必须能够使企业创造顾客可以识别的和看重的，而且在顾客价值创造中处于关键地位的价值。②独特性。与竞争对手相比，核心能力必须是企业所独具的，如果不是独具的，其必须是比任何竞争对手更胜一筹的能力。③延展性。核心能力必须是企业向新市场延展的基础，企业可以通过对核心能力的延展而创造出丰富多彩的产品。

总的来说，虽然企业所有能力都对企业竞争优势产生贡献，但只有核心能力才能创造持续的、动态的竞争优势。在企业能力构成中，各种能力的相对重要程度不是一成不变的，而是随着“天、地、彼、已”以及“顾客”的变化而变化。或因为顾客需求变化，或因为竞争对手在此项能力上发展出更好的能力而变化等，今天的某种能力是自己的核心能力，明天可能不再如此。我们必须认识到，这种变化在加速。企业成长的基础是核心能力。核心能力可以通过一体化、多元化和加强型战略等战略形式在企业内扩张，也可以通过出售核心产品、非核心能力的虚拟运作和战略联盟等战略形式在企业外扩张。

（一）核心能力在企业内扩张

1. 一体化战略

（1）前向一体化。前向一体化战略是指企业获得分销商或零售商的所有权或加强对他们的控制。选择该战略的基本原则如下：企业现在利用的销售商或成本高昂、或不可靠、或不能满足企业需要；可利用的高质量销售商数量很有限；企业所在行业明显快速增长或预期快速增长；企业具有销售自己产品所需的资金和人力资源；稳定的生产对企业十分关键；现在利用的经销商或零售商有丰厚的利润。

（2）后向一体化。后向一体化战略是指企业获得供应商的所有权或加强对他们的控制。选择该战略的基本原则如下：企业现在利用的供应商或成本高昂、或不可靠、或不能满足企业需要；可利用的供应商数量少且需求方数量多；企业所在行业明显快速增长或预期快速增长；企业具有自己生产原材料所需的资金和人力资源；原材料价格稳定和供货稳定对企业十分关键；现在的供应商有丰厚的利润；企业需尽快地获取所需资源。

（3）横向一体化。横向一体化是指企业获得与自身生产同类产品的竞争对手的所有权或加强对他们的控制。选择该战略的基本原则如下：企业所在行业目前较零散，但具备集中的基本经济条件；企业在一个成长的行业中进行竞争；规模扩大有利可图；企业具备管理更大的组织的能力；竞争者由于管理原因或资源限制而停滞不前。

2. 多元化战略

（1）同心多元化。同心多元化是指企业增加新的但与原有业务相关的产品与服务。选择该战略的基本原则如下：企业所在行业增长或缓慢、或停滞不前；增加新的但相关的产品将会显著地促进现有产品的销售；企业有能力提供具有竞争力的新的相关产品；新的相关产品需求和生产的季节性正好与现有产品具有互补性；企业现有产品处于产品生命周期的衰退期；企业拥有强有力的管理队伍。

（2）横向多元化。横向多元化是指企业向现有顾客提供新的、与原有业务不相关的产品或服务。选择该战略的基本原则如下：增加新的不相关产品可显著增加现有产品的盈利；企业所在行业属于高度竞争或停止增长的行业，其表象为低产业盈利和低投资回报；企业可以利用现有销售渠道销售新产品；新产品的生产与销售波动与企业现有产品正好互补。

（3）混合多元化。混合多元化是指企业增加新的、但与原有业务不相关的产品或服务。选择该战略的基本原则如下：企业的主营业务产业处于成熟期或衰退期；企业拥有增加业务所需的资金和管理人才；企业有机会收购不相关但发展前景良好的企业；购并来的企业与本企业存在资金上的互补性；能够避免反垄断法指控。

3. 加强型战略

（1）市场渗透。市场渗透战略是企业通过更大的市场营销能力，提高现有产品或服务在现有市场上销售收入的战略。市场渗透战略被广泛地单独使用或同其他战略结合使用，下列五种情况尤其适合采用这一战略：企业特定产品与服务在当前市场中还未达到饱和；现有用户对产品的使用率还可显著提高；在整个产业的销售增长时主要竞争者的市场份额在下降；在历史上销售额与营销费用曾高度相关；规模的提高可带来很大的竞争优势。

（2）市场开发。市场开发战略指将现有产品或服务打入新的地区市场的战略。即企业以市场创新为主导，用原有产品作为竞争武器，向新市场扩张。特别适合市场开发战略的情况主要有以下几种：企业在所经营的领域非常成功；存在未开发或未饱和的市场；企业拥有扩大经营所需要的资金和人力资源；企业存在过剩的生产能力；可得到新的、可靠的、经济的和高质量的销售渠道；企业的主业属于区域扩张型或正在迅速全球化的产业。

市场开发战略比市场渗透具有更广阔的成长空间，但风险也可能增大，因为企业将面临新市场的进入障碍，如顾客的品牌转换、能否得到合适的销售渠道等。打破进入障碍需要强有力的促销活动，有时需要自己开发新的销售渠道，这都将增大成本。同时，还要面对原有经营企业的反击。这都会使企业在相当一段时间内只能获得很少的利润，甚至没有利润。

【企业实践】

Waitrose 直播

如何让消费者相信，你的鸡肉源自野生鸡？

传统的做法是请一支摄影团队，跑到农庄里进行拍摄，收集鸡的各种活动镜头，回来做成单页和产品描述页。这种做法有效，但是太同质化。

Waitrose 是英国的一个中高档超市品牌，主打售卖新鲜食材。Waitrose 在 YouTube 页面上开了一个直播频道，直播 Waitrose 的 Leckford 农场的蜂箱、油菜田、奶牛养殖场和蛋鸡养殖场。最妙的是，直播不是摄像师来拍摄，而是把 GoPro 相机挂在奶牛身上，从奶牛晃动的视角来告诉消费者——我们的食材多么自然野生！

资料来源：微信公众号 bigideaa，关健明。

（3）产品开发。产品开发战略是通过改进和改变现有产品或服务而增加销售额的战略。进行产品开发通常需要大量的研究和开发费用，特别适合于采用产品开发战略的情况：企业拥有成功的、处于产品寿命周期中成熟阶段的产品，此时可以吸引老用户试用改进了的新产品，因为他们对企业现有产品或服务已具有满意的使用经验；企业所参与竞争的行业属快速发展的高技术行业；主要竞争对手难以可比价格提供更高质量的产品；企业在高速增长的行业中参与竞争；企业拥有非常强的研究与开发能力。

（二）核心能力在企业外扩张

1. 战略联盟

战略联盟是指企业与其他企业在研究开发、生产运作、市场销售等方面进行合作，以相互利用对方资源。选择该战略的基本原则如下：合作对手的价值活动比自己做得更好，而这些价值活动是企业需要的；企业已经建立了保护自己核心能力的壁垒；企业自己单独进行某价值活动的风险太大；某些价值活动具有较高的外部性，且易被对手模仿，从而难以专有。

2. 虚拟运作

虚拟运作是指企业通过合同、股权、优先权、信贷帮助、技术支持等方式同其他企业建立较为稳定的关系，从而将企业价值活动集中于自己优势方面，而将非专长方面外包出去。选择该战略的基本原则如下：企业在外包出去的价值活动上不具有竞争优势；外包出去的价值活动需要较高的投资和较多的沉淀成本；外包出去的价值活动不是价值链系统中最重要的活动；在顾客价值创造中，企业所集中的价值活动具有关键地位；行业中存在大量企业可以承担企业外包出去的价值活动。

3. 出售核心产品

出售核心产品是指企业将价值活动集中于自己少数优势的产出产品或服务，并将产品或服务通过市场交易出售给其他生产者进一步生产加工。选择该战略的基本原则如下：进行一体化经营增加了企业经营的成本，且降低了经营灵活性；行业技术进步迅速，产品生命周期短；企业有能力保持核心产品的行业领先地位；企业核心产品具有较高的附加值；企业核心产品在行业生产中具有关键地位。

三、业务层战略

企业基本战略揭示企业如何为顾客创造价值。主要包括成本领先战略、差异化战略和集中化战略。波特认为，“竞争优势归根结底产生于企业为顾客所能创造的价值，或者在提供同等效益时采取相对低价格，或者其不同寻常的效益用于补偿溢价而有余。”一种基本战略姿态可以有多种实现形式，比如，多元化和一体化战略都可以是成本领先或特色优势战略姿态。同样一种战略形式可以为多种基本姿态服务，比如，多元化战略既可以实现成本领先的战略姿态，也可以实现特色优势的战略姿态。

从实现顾客价值形式角度而言，企业可以采取三种基本战略姿态中的任一种。但由于每种战略姿态需要企业在组织、管理、文化等方面特殊支持，因此既追求成本领先又追求特色优势的“夹在中间”战略姿态是注定要失败的。

（一）成本领先战略

1. 成本领先战略的含义

成本领先战略是通过设计一整套行动，以最低的成本生产并提供为顾客所接受的产品和服务，成为行业中的成本领先者的战略。在这里有两点要注意，一是成本领先的企业虽然往往会相对于竞争对手采取低价格竞争，但这并不是低质量，而是在同等质量下的低价格；二是成本领先并不意味着仅仅获得短期成本优势或仅仅是削减成本，而是一个“可持续成本领先”的概念，从而企业可以通过其低成本地位来获得持久的竞争优势。

2. 成功获得低成本领导地位的关键因素

（1）建立注重成本的企业文化。成功的低成本企业是通过不厌其烦地寻求整个价值链上的成本节约来获得成本优势的，所以必须建立注重成本的企业文化，使节约每一分钱的观念深入人心，成为一种自觉的行动。员工广泛参与成本控制，不断将自己控制的成本同某项活动的最优成本展开标杆学习，深入审查运作费用和预算要求，制订各种不断改善成本的方案。

（2）准确地把握成本驱动因素。每个行业中的关键成本驱动因素都不尽相同，如规模经济，经验和学习，生产能力的利用率，关键资源投入成本，技术创新（产品或工艺），工厂的地理位置，与公司中或行业价值链中其他活动的联系，纵向一体化程度或专业化程度，新产品或新技术的使用时机，等等。他们必须能准确地把握关键的成本驱动因素，管理价值链上的每一项活动，必须积极地重组价值链，再造业务流程，取消非关键的工作步骤。

（3）积极地投资建立那些低成本所需的资源和能力。虽然低成本企业在提倡节约，但它们有积极地投资建立那些很有希望能够减少成本的资源和能力。例如，沃尔玛在所有的经营运作中使用最现代化的技术，它使用在线计算机系统从供应商那里订货和管理库存，它的商店装备有先进的销售和检查系统，同时它拥有自己的私人卫星通信网络，用它来每天向数千个供应商传递销售点数据。

（4）严格的成本控制组织体系和管理。追求成本领先的企业必须有结构严密的组织和明确的责任，严格的成本控制制度，以目标管理为基础的激励机制等。同时，这些企业有着连续一致的人力资源管理政策，以减少员工的周转成本，集中而有效的培训计划，不断提高员工的工作效率。

（二）差异化战略

1. 差异化战略的含义

差异化战略是通过设计一整套行动，生产并提供一种顾客认为很重要的与众不同的产品或服务，并不断地使产品或服务升级，以具有顾客认为有价值的差异化特征，形成竞争优势的战略。差异化战略的重点不是成本，而是不断地投资和开发顾客认为重要的产品或服务的差异化特征。差异化战略的企业可以在很多方面使自己的产品不同于竞争对手。而且企业的产品或服务与竞争对手之间的相似性越少，企业受竞争对手行动的影响也就越小。

2. 成功实施差异化战略的关键因素

（1）准确进行差异化定位。虽然从理论上说价值链上的所有环节都能带来差异化，但是企业一定要能够准确地进行差异化定位。一是公司要弄清楚顾客是谁，他们的需求是什么，认为有价值的是什么。不同的顾客有不同的需求和价值观，如果采用差异化，企业应确定以什么为基础。二是企业要能不断升级顾客重视的独特特性。在许多市场中顾客的价值判断是不断变化的，而且即使能确认顾客的价值观相对稳定，但随着时间延长，竞争者也会逐渐模仿，所以，采用差异化战略的企业应不断地更新其差异化的标准，保持在顾客心目中的差异化定位。为此，企业要有高度发达的信息收集系统，管理人员要足够接近市场，对顾客的口味和价值观十分敏感，并且具有适时反应的能力。

（2）建立支持差异化定位的独特竞争力。为了支持自己的差异化定位，需要建立独特的竞争力。如基于创新和技术能力的差异化依赖于研发功能；高品质的产品依赖于全面的质量管理体系；特殊的品质有时要依赖那些最终会影响公司终端产品的质量或性能的采购活动；投资于能使公司生产出高差异化产品的技术；要有通过营销让顾客接受其产品差异化的能力；准确及时的订单处理程序，迅速、守时的送货系统，让人信赖的售后服务系统等。

（3）支持创新的人力资源管理、组织结构和企业文化。为实施差异化战略，企业需要具有很强的研究开发与市场营销能力的管理人员，以及与所确定的独特竞争力有关的管理人员，这就需要有能够吸引各类人才的条件。同时，要有能够确保激励员工创造性的企业文化、管理体制和激励制度。在组织结构上，成功的差异化战略采取“有机式”的结构，这种结构包括由市场、研究开发等方面的专家组成的高级管理层，注重结果的粗放式计划、分散式控制以及横向和纵向沟通。

（4）较好的成本控制能力。执行差异化战略并不意味着企业可以忽视成本，追求差异化往往以很高的成本为代价，大量的研发、产品设计、高质量的原材料及周到的顾客服务都需要支付成本。如果忽视了成本控制，差异化获得的高利润就会被成本劣势所抵销。因此企业必须在不影响差异化的前提下尽可能地降低成本，尽量保持产品和服务在成本上也有竞争力。

（三）集中化战略

1. 集中化战略的含义

集中化战略是指企业的经营活动集中于某一特定的购买群体、产品线的某一部分或某一地域性市场，通过为这个细分市场的购买者提供比竞争对手更好、更有效率的产品或服务来建立竞争优势的战略。企业可以采用两种集中化战略：以低成本为基础的集中成本领先战略和以差异化为基础的集中差异化战略。集中成本领先战略是服务于某一细分市场的成本低于竞争对手的战略，此战略取决于是否存在这样一个购买者细分市场，满足他们的要求所付出的代价要比满足整体市场其他部分的要求所付出的代价要小。集中差异化战略是从特定细分市场中客户的特殊需求上获得利润，满足他们想要得到或需要特殊的产品属性。

2. 实现集中化战略的关键因素

集中化战略的精髓在于比竞争对手更好地服务于目标细分市场的购买者，成为小市场中的“巨人”。企业实施集中化战略的关键是选好战略目标小市场。一般的原则是企业要尽可能选择那些竞争对手较为薄弱的细分市场和最不易受替代产品冲击的目标小市场。在选择之前，企业必须确认以下内容。

（1）目标小市场足够大，可以盈利。

（2）小市场具有良好的成长潜力。

（3）小市场不是行业主要竞争企业成功的关键，也没有其他竞争对手试图采取集中化战略。

（4）公司有相应的资源和能力，能够比竞争对手更好地满足目标市场的需求。

（5）公司能凭借其建立的顾客商誉和服务来防御行业中的挑战者。

采用集中化战略的公司必须能够以一种优于竞争对手的方式完成一系列主要及辅助活动，以获取战略竞争力。执行集中成本领先战略和集中差异化战略所必须完成的活动分别与前面两种战略基本相同。

应当指出的是，企业实施集中化战略尽管能在其目标市场上保持一定的竞争优势，获得较高的市场份额，但由于其目标市场相对狭小，该企业的市场份额总体水平是较低的。集中化战略在获得市场份额方面常存在一定的局限性，因此，企业在选择集中化战略时，应在产品获利能力与销售量之间进行权衡和取舍，有时还要在产品差异化及成本之间进行权衡。

复习与思考题

1. 公司的愿景重要吗？请描述。
2. 企业外部环境的一般构成是什么？
3. 战略管理的基本过程包括哪些？
4. 企业的基本战略包括哪些类型？
5. 什么是前向一体化？
6. 什么是后向一体化？
7. 什么是同心多元化？
8. 尝试利用互联网手段，讨论当代的一些战略管理问题。

第四篇 组织

不要花太大的精力试图改变不符合公司文化和要求的人，直接解雇他们，然后重新寻找。寻找有团队激励能力的人。让优秀的人才在公司的主战场和第一线感受他们自己的价值。

——杰克·韦尔奇

第十章　组织设计与变革

【学习目标】

通过本章的学习，你应该能够掌握以下几点。

- 定义组织并描述其类型。
- 讨论组织结构的类型及其设计的原则。
- 阐述组织结构的具体类型。
- 深度认知组织变革的必要性、时机选择及其变革过程。

【管理小故事】

微软：数字化转型

科技企业不仅正在通过技术为传统产业升级赋能，其本身也在进行数字化变革。在这方面，微软是个很典型的范例。对于数字化转型，微软提出了四个核心方向，即转型产品服务、密切客户沟通、赋能员工、优化运营，以此实现差异化能力，洞察新的商机。围绕这四个方向，2017 年微软开始着手自身的数字化转型，对外转变业务模式，对内梳理运营和流程。

产品：如今，微软一改以往的版本发布模式，很多产品都换成了在线服务，如 Windows as a Service、Office 365 和 Microsoft Azure 等。此外，微软还围绕数据不断升级自己的业务模式，把数据作为战略资产，为客户提供个性化服务。

客户：从以往的以产品为核心转变为以客户为中心，微软把跨渠道的客户交互和洞察绑定在一起，打通了自身的产品、服务和渠道，从而构建起跨市场的服务版图，打造更加深刻和强联系客户关系，同时还利用数据分析为客户量身打造定制的服务体验。

员工：微软在内部全面实现了工作流程的数字化，不仅替代了传统的手工流程，简化了诸多不必要流程和公司政策，还通过构建智能、灵活、安全的现代化工作场景，提高了员工的工作效率和体验，同时保障组织、人员和信息的安全。

运营：为了支持新的商业模式，微软升级了自己的各种业务系统，以保证在灵活、高安全和基于云的系统上运营自己的业务，构建现代化的数字化服务，创建高效的运营模式。据了解，如今微软自己的数字化运营部门内部就有95%的系统运行在Azure上。

这就是微软的数字化再造过程。对此，微软CEO萨提亚·纳德拉曾表示："面对数字化转型，每一家公司都是一家软件公司。"他所强调的是，每一家企业，无论是高科技企业还是传统企业都应该像一个软件公司一样思考，强调创新、强调数据对企业带来的价值、强调颠覆，而不是一成不变。最终通过技术和数据驱动，更好地提升客户体验和经营价值。像微软这样仔仔细细去讲述自己数字化转型故事的科技企业并不多，而这恰恰是萨提亚上任后最强调的事情。如他所写的*Hit Refresh*（《拥抱变革》）一书的书名所传达的，微软不仅在实现自我的变革，也在为全球企业的变革赋能。(有部分改动)

资料来源：高玉娴．微软：一边演绎自己的转型故事，一边为传统产业变革赋能［EB/OL］．(2018－10－17)［2020－09－02］https：//www. sohu. com/a/260083527_700450.

管理学中，可以从静态和动态两个方面来理解组织的含义。本章，我们将重点介绍组织结构的设计和组织变革。

第一节　组织

一、组织的含义

组织是管理的基础，管理活动几乎都基于一定的组织之上。组织可以从不同角度来理解和解释。

1. 从静态角度看，组织是一种实体

作为实体的组织，指为了达到某些特定目标，经由分工与合作及不同层次的权力和责任制度而构成的人的集合。这个定义包含以下三层含义。

（1）组织必须具有共同目标。任何组织都是为实现一定目标而有意识地建立的，目标是组织存在的前提和基础。只是有些目标比较明确，有些目标则比较模糊。

（2）组织必须有分工与合作。组织为了达到目标，需要按照一定的原则把成员划分成许多部门，每个部门都专门从事一种或几种特定的工作，各部门之间也要协调配合。分工和协作是联系在一起的，只有进行了合理的分工和良好的协作，才能提高效率。

（3）要有不同层次的权力和责任制度。完成任何一项工作，都需要具有完成该项工作所必需的权力。因此，分工后就要分别赋予各个部门乃至每个人相应的权力，以利于实现目标。但在赋予权力的同时必须明确责任。权力与责任是达成组织目标的必要条件。

2. 从动态角度看，组织是组织工作

作为管理职能意义上的组织，指人们为了实现共同目标而建立一套科学的、合理的组织结构，并使其正常运转的全部活动和过程。它具有以下三个特点。

（1）组织工作是一个过程。组织就是为达到组织目标而必须从事的各项工作或活动，如工作设计、部门化、层级化、责权分配、协调与综合等。

（2）组织工作是动态的。通过组织工作建立起来的组织结构不是一劳永逸的，而是随着组织内外环境的变化而变化的。即使组织的内外环境变化对组织目标影响不大，但随着社会的进步，科技的发展，原有的组织结构不能高效地适应实现目标的要求时，也需要进行组织结构的调整和变革。

（3）组织工作应重视非正式组织。正式组织中普遍存在非正式组织。非正式组织形式灵活，覆盖面广，比正式组织具有更强的凝聚力，对正式组织目标的实现有重要的影响。

组织工作的目的是通过建立一个适于组织成员相互合作、发挥各自才能的良好环境，消除组织内部由于工作、职责而导致的冲突，使组织各部门及其成员都能为组织目标的实现做出应有的贡献，促进组织成长。

二、组织的分类

按照不同的标准，可以把组织分为不同的类型。

（一）按组织的规模程度划分

按组织的规模程度可分为小型组织、中型组织和大型组织。

比如，同是企业组织，就有小型、中型和大型企业之分；同是医院组织，有诊所、小型医院和大型医院；同是行政组织，就有小单位、中等单位和大单位。按这个标准进行分类是具有普遍性的，不论何种组织都可以进行这种划分。以组织规模划分组织类型，是对组织现象表面的认识。

（二）按组织的性质划分

按组织的性质可分为政治组织、经济组织、文化组织、群众组织和宗教组织。

1. 政治组织

政治组织产生于人类社会出现阶级之后，包括政党组织和国家政权组织。在现代社会中，政党代表着本阶级的利益和意志，为本阶级指引方向、提出奋斗目标、制定方针政策。国家政权组织是国家进行社会管理的重要机器。

2. 经济组织

经济组织是人类社会最基本、最普遍的社会组织，它担负着满足人们衣食住行和文化娱乐等物质生活资料需要的任务，履行着社会的经济职能。在现代社会中，经济组织是一个庞大复杂的组织体系，其中包括生产组织、商业组织、金融组织、交通运输组织和其他服务性组织等。

3. 文化组织

文化组织是以满足人们各种文化需求为目标，以文化活动为其基本内容的社会团体，这类组织通常包括学校、图书馆、影剧院、科学研究单位等。

4. 群众组织

群众组织是社会各阶层、各领域的人民群众为开展各种有益活动而形成的社会团体，如工会、共青团、妇女联合会、科学技术协会等。

5. 宗教组织

宗教组织是以某种宗教信仰为宗旨而形成的组织，代表宗教界的合法利益，组织正常的宗教活动。

（三）组织按其内在结构，可分为正式组织和非正式组织

哈佛大学心理学教授梅奥在其“人际关系学说”中首次提出了非正式组织的概念，非正式组织是相对正式组织而言的。

1. 正式组织

正式组织是为了完成组织所规定的目标与特定工作而产生的法定组织结构。有明确的目标、任务、结构、职能以及由此形成的成员间的责权关系，因此对成员行为具有相当程度的强制力。例如，一个企业以及企业中的销售部门、生产部门、财务部门等都是正式组织。

正式组织具有以下三个基本特征。

（1）目的性。正式组织是为了实现组织目标而有意识建立的，因此，正式组织采取什么样的结构形态，从本质上说应该服从于实现组织目标、落实战略计划的需要。这种目的性决定了组织工作通常是在计划工作之后进行的。

（2）正规性。正式组织中成员的职责范围和相互关系通常由书面文件加以明文的、正式的规定，以便确保成员行为的合法性、精确性、纪律性和可靠性。

（3）稳定性。正式组织一经建立，通常会维持一段时间相对不变，只有在内外环境条件发生了较大变化而使原有组织形式显露出不适应时，才提出组织重组和变革的

要求。过于频繁地变动不仅于正式组织不可能（因为组织运行的惯性及各种人为阻力都会抑制这种变动），而且也不利于提高工作的效率。如何做到稳定性与适应性的结合，达到持续性与变动性的平衡，这是正式组织广泛面临的问题。

2. 非正式组织

非正式组织是人们在共同的交往或工作过程中自发形成的、以感情、喜好等情绪为基础的、松散的、没有正式规定的群体。例如，业余足球队、业余合唱团、同乡会等都是非正式组织。这些群体不受正式组织的行政部门和管理层次等的限制，也没有明确规定的正式结构，但在其内部也会形成一些特定的关系结构，自然涌现出自己的“头头”，形成一些不成文的行为准则和规范。

与正式组织的特征相对应，非正式组织的基本特征如下。

（1）自发性。非正式组织中共同的个人行动虽然有时也能达成某种共同的结果，但人们并不是本着有意识的共同目的参与活动的。他们只是由于自然的人际交往而自发地产生交互行为，由此形成一种未经刻意安排的组织状态。

（2）内聚性。非正式组织虽然没有严格的规章制度来约束其成员的行为，但它通过成员的团体意识、团体固有的规范和压力以及非正式领导者的说明和影响作用而将人们团结在一起，并产生很强的内在的凝聚力。

（3）不稳定性。由于非正式组织是自发产生、自由结合而成的，因此呈现出不稳定性。它可以随着人员的变动或新的人际关系的出现而发生改变，从而使其结构表现出动态的特征。

任何一个正式组织的存在都会自然而然地伴随着非正式组织的形成。非正式组织的存在及活动对正式组织目标的实现既可能起到积极的作用，也可能会产生消极的影响。积极作用表现为几个方面：使个人有表达思想的机会，能提高士气，可以促进人员的稳定，有利于信息沟通，有利于提高员工的自信心，减少紧张的感觉；使员工感受到集体的温暖，扩大协作程度，减少厌烦感等。如果利用得好，它可以为组织目标的实现发挥重要作用。但是，当组织中非正式组织的目标与组织的总目标不一致或冲突时，非正式组织又会成为组织目标实现的障碍，甚至出现集体抵制上级的政策或目标的情况。

三、组织的作用

组织职能的发挥是实现管理功能的保证。一般来说，组织有以下三个方面的作用。

1. 通过组织实现分工协作，可以提高劳动生产率

通过分工，有利于提高每一个员工专业化程度和熟练化程度。同时，通过协作，可以使众多部门和人员之间的联系更加有序和顺畅，有助于最终提高劳动生产率。

2. 通过组织整合力量，可以提高组织成员的士气

通过组织可以形成整体力量的汇聚和放大效应，表现出“1 + 1 > 2”的效果。否则，就容易出现“一盘散沙”的情况，甚至造成力量相互抵消的“窝里斗”局面。

3. 通过组织，可以提高有效指挥的功能和效率

从更大的范围来说，只有组织起来，才能使不同系统实现统一指挥，从而避免各自为政、彼此削弱。

第二节　组织结构和设计

组织（Organizing）是为实现组织目标，管理者负责安排和设计（建构）员工的工作。管理者设计组织结构的过程是一个非常重要的过程。组织结构（Organizational Structure）是组织内正式的工作安排。这种结构可以以组织结构图（Organizational Chart）的形式直观地进行展示，同时也服务于很多目的。当管理者创造或改变组织结构时，他们就在进行组织设计（Organizational Design），即一个涉及六项关键因素的决策过程：工作专门化、部门化、指挥链、管理跨度、集权和分权、正规化。

一般而言，组织设计的目的就是要通过创建柔性灵活的组织，动态地反映外在环境变化的要求，并且能够在组织演化成长的过程中，有效积聚新的组织资源要素，同时协调好组织中部门与部门之间、人员与任务之间的关系，使员工明确自己在组织中应有的权力和应担负的责任，有效地保证组织活动的开展，最终保证组织目标的实现。

一、组织设计的原则

（一）有效管理幅度

影响管理幅度的因素是多方面的，管理幅度会因组织或个人的差异而不同。由于管理幅度的大小影响和决定着组织的管理层次，以及主管人员的数量等一些重要的组织问题。所以，每一个管理者应根据不同情况并结合工作的性质以及被管理者的素质等特征来确定适合本组织的管理幅度，在保证管理有效性的前提下应尽量扩大管理幅度、减少管理层次。从而既能保证统一指挥，又有利于组织内信息的沟通。

（二）统一指挥

统一指挥就是指组织中每一个下级只能接受一个上级的指挥，并向这个上级负责。后来，人们又将这个原则发展为组织中每一个人只能接受同一个命令。如果有两个或两个以上领导人同时指挥，则必须在下达命令之前，进行相互沟通，达成统一意见后

再下达命令，以免下级无所适从。统一指挥原则排除了组织中更高级别的主管或其他部门的主管越级指挥或越权发布命令的现象，有利于组织的政令统一，高效率地贯彻执行各项决策。但是，在实践中这一原则有时过于刻板，使组织缺乏必要的灵活性，同层次的不同部门之间的横向沟通困难，因此，在组织结构设计和沟通方式设计时应采取适当的措施予以弥补。

（三）责权一致

责权一致是指在赋予每一个职务责任的同时，必须赋予这个职务自主完成任务所需的权力，权力的大小需要和责任相适应。有责无权，无法保证完成所赋予的责任和任务；有权无责将会导致权力滥用。组织赋予每一个职务的权力不能太小，也不能太大，一定要与所赋予的职责相适应，这是组织设计时必须注意的问题。

（四）分工与协作

分工是指按照不同专业和性质将组织的任务和目标分成不同层次的部门或个人的单项任务或目标，并规定完成各自任务或目标的手段和方式。分工是提高组织工作效率的基本手段，可以使每一个部门或个人专心从事某一方面的工作，增加熟练程度和技巧，配备专业化的仪器设备。协作是指规定各个部门之间或部门内部的协调关系和配合方法。组织是一个系统，作为其子系统的各个部门不可能相互脱离而独立运行，必须相互协调才能高效率地完成各自的任务，最终实现组织的总目标，所以分工与协作是相辅相成的。

所谓分工与协作就是指在组织设计时，按照不同专业和性质进行合理的分工，并规定各个部门之间或部门内部的协调关系和配合方法。这是提高组织运行效率的有效手段。

（五）机构精简

所谓机构精简是指在能够保证组织业务活动正常开展的前提下，尽可能减少管理层次、简化部门机构，并配置少而精的主管人员。坚持该原则的优势非常明显，第一个是组织精干，反应敏捷，协调工作量小，工作效率高；第二个是节省人员的费用和组织的管理费用。

（六）保持弹性

保持弹性就是指组织的部门结构、人员的职位和职责是可以随着实际需要而变动的，以便使组织能快速适应环境的变化。为了使职位保持弹性，应按任务和目标需要设立岗位，而不是按人设岗。人员的岗位职责要根据不同时期的组织目标和任务的特性进行调整。各级管理人员要定期更换，努力做到一专多能、一人多岗。还可以通过实行多种用工制度使人员富有弹性。

二、组织设计的内容

组织设计包括职务分析与设计、横向结构设计和纵向结构设计。组织横向结构设计主要解决管理与业务部门的划分问题，反映组织中的分工合作关系；组织纵向结构设计主要解决管理层次的划分与职权分配问题，反映组织中的领导隶属关系。

（一）职务分析与设计

职务分析与设计是组织设计的最基础的工作。它首先要认真分析组织的环境、资源和目标，对组织的目标进行逐级分解，然后确定组织实现目标的管理活动所需设置的职务类别和数量，以及每个职务所拥有的职责和权限。

（二）横向结构设计

组织的横向结构设计解决的是组织的部门划分，即部门化。部门化是将组织中的活动按照一定的逻辑安排，划分为若干个管理单位。部门化是形成组织结构的重要环节，常见的部门化类型有：职能部门化、产品部门化、地区部门化等。

1. 职能部门化

职能部门化是一种普遍采用的部门划分方法。它遵循专业化的原则，以工作或任务的性质划分部门，即把相同或类似的活动归并在一起，作为一个职能部门。如企业在组织结构中设置生产营销、财务、人事等部门，就是按职能划分的。

按职能划分部门的优点：遵循专业化原则，主管人员的注意力集中在组织的基本业务上，故而，能充分发挥专业职能，更有利于组织目标的实现。当然，这种划分方式也有其不利的一面，如容易出现部门主义或本位主义，给部门间的协调带来困难。由于各职能部门专业化，使职能部门的专业人员除了本部门外，其余什么都不考虑。

2. 产品部门化

产品部门化是指按组织向社会提供的产品来划分部门，即把同一产品的设计、生产或销售等工作集中在相同的部门组织进行。其通常更适用于大型、复杂、多品种经营的公司。

按产品划分部门的优点：有利于发挥专用设备效益；有利于部门内的协调；它使得部门主管人员把注意力集中在产品上，有利于产品的改进和生产效率的提高。这种划分方式的缺点：要求更多的人具有全面管理的能力；由于职能部门重叠设置而导致管理费用的增加；产品部门独立性强，整体性差，增加了主管部门协调、控制的困难。国外大中型企业中的产品事业部就是典型的按产品划分的部门。

3. 地区部门化

地区部门化是按地理位置来划分部门，即把不同地区的经营业务和职责划归不同部门全权负责。对于一个经营业务地域分布较广的组织来说，按地区划分部门是必要的，因为不同地区的政治经济形势、文化科学技术水平、用户对产品的需求、购买习惯等都有较大差别。

按地区划分部门，有利于各部门因地制宜地制定政策、进行决策，提高管理的适应性和有效性，还有利于培养综合管理人才。这种划分方式的缺点：组织中需要更多具有全面管理能力的人才；管理成本高；增加了主管部门控制的困难；地区部门之间往往不易协调等。

（三）纵向结构设计

组织的纵向结构设计主要包括管理幅度与管理层次合理确定。在进行组织的纵向结构设计时，首先应根据企业的具体条件，正确规定管理幅度；然后在管理幅度范围内，再考虑影响管理层次的其他因素，科学地确定管理层次；最后在此基础上，进行职权配置，从而建立基本的纵向结构。

1. 管理幅度

管理幅度亦称管理跨度，指组织的一名管理者直接管理下属人员的数量。合理的管理幅度有利于管理的控制和沟通，可以加快上情下达和下情上报的传递速度，便于管理者及时作出决策，也有利于下属贯彻上级的决策意图。

2. 管理幅度设计的影响因素

有效的管理幅度设计应考虑以下因素的影响。

（1）管理工作的内容和性质。管理工作内容越多，上下左右之间的联系就越多，需要花费的工作时间也就越多；管理工作越是复杂多变，管理人员需要耗费的时间和精力就越多，组织就越是需要缩小控制幅度。另外，下属人员工作的相似性越大，管理的指挥和监督工作就越容易，扩大管理幅度就越有可能。

（2）管理人员的工作能力情况。如果管理人员和下属都具有较强的工作能力，管理人员就能够准确而迅速地把握问题的关键，及时提出指导性的建议和方法，而下属也同样能够准确领会上级的命令和意图，从而减少协调和沟通的频率，有效扩大管理幅度。

（3）下属人员的空间分布状况。如果下属人员在空间上的分布比较分散，就会增加上下左右之间协调和沟通的困难，尽管现代通信手段提供了较为便捷的联系渠道，但是，这多少都会影响上级主管增加管理幅度的主动性。

（4）组织变革的速度。每一个组织都必须根据环境的变化进行及时的调整，环境变化越快，组织遇到的问题就越多，组织变革的速度也就越快，主管人员对下属的指导时间和精力耗费也就越多，组织也就越不容易扩大管理幅度。

（5）信息沟通的情况。信息沟通充分及时是有效管理的前提，如果组织上下级之间的信息交流能够充分快捷，并且具有较高的横向沟通效果，组织就可以适当扩大管理幅度。

3. 管理层次

管理层次亦称组织层次，指组织内部在职权等级链上所设置的由最高层到最低层的级数。管理层次实际上反映的是组织内部纵向分工关系，各个层次将负担不同的管理职能。管理实践表明，理想的管理层次有三个，即最高管理层、中间管理层和基层管理层。

4. 管理幅度与管理层次的关系

管理层次受到组织规模和管理幅度的影响，它与组织规模成正比：组织规模越大，包括的成员越多，则管理层次越多。在组织规模已定的条件下，管理层次与管理幅度成反比：管理幅度越大，管理层次越少；相反，管理幅度越小，管理层次越多。在管理幅度与管理层次关系方面，起主导作用的是管理幅度，即管理层次的多少取决于管理幅度的大小。如图 10－1 所示。

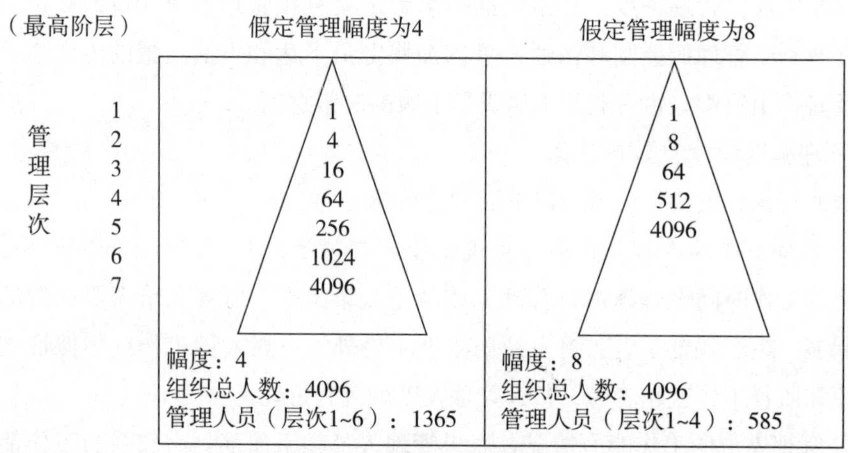

图 10－1　管理幅度与管理层次比较

管理幅度与管理层级的互动关系决定了两种基本的组织结构形态：一种是扁平式的组织结构形态；另一种是锥形式的组织结构形态。

扁平式组织结构的优点：由于管理的层级比较少，信息的沟通和传递速度比较快，因而信息的失真度也比较低，同时，上级主管对下属的控制也不会太呆板，这有利于发挥下属的积极性和创造性。其缺点：过大的管理幅度增加了主管对下属的监督和协调控制难度，同时，下属也缺少了更多的提升机会。

锥形式组织结构的优点：由于管理的层级比较多，管理幅度比较小，每一管理层级上的主管都能对下属进行及时的指导和控制；另外，层级之间的关系也比较紧密，这有利于工作任务的衔接，同时也为下属提供了更多的提升机会。其缺点：过多的管理层级往往会影响信息的传递速度，且信息的失真度可能会比较大，这又会增加高层主管与基层之间的沟通和协调成本，增加管理工作的复杂性。

5. 集权与分权

组织不同部门拥有的权力范围不同，会导致部门之间、部门与最高指挥者之间以及部门与下属单位之间的关系不同，从而造成组织结构的不同。例如，同是按产品划分设立的管理单位，既可以是单纯的生产车间，也可以是一个具有相当自主权的分权化经营单位（事业部甚至分公司）。这涉及组织的集权与分权问题。集权意味着决策权在很大程度上向处于较高管理层次的职位集中；分权则意味着决策权在很大程度上分散到处于较低管理层次的职位上。

在现实中，不存在绝对的集权和分权。绝对的集权意味着职权全部集中到一个人手中，没有下层管理人员，这实际上等于组织是不存在的；职权的绝对分散，意味着没有上层的主管人员，组织也是不能存在的。

集权或分权不能简单地用“好”或“坏”来加以判断。在成功的企业中，既有许多被认为是相对分权的企业，也有许多被认为是相对集权的企业。因此，并不存在一个普遍的标准可以使管理者据之以判断应当分权到什么程度，或者应当集权到什么程度。在管理过程中，有层次的组织结构在建立时就已经存在着某种程度的分权。而为了使组织结构有效地运行，还必须确定分权的程度。

6. 授权

授权是指上级委授给下属一定的权力，使下属在一定的监督下，有相当的自主权和行动权去完成上级所委托的任务。授权者对被授权者有指挥和监督的权力，被授权者对授权者有报告及完成任务的责任。授权包括分派任务、授予权力和明确责任三个方面。

授权并不意味着“授责”，更不等于有意识地推卸责任，而是为了充分调动下属的积极性，以更好地实现组织的整体目标而必须采取的一种手段。同时，授权也并不是将职权放弃或让渡。

授权本身也是一种管理权力的运用艺术。做好授权工作并不是一件轻而易举的事，我们在日常的管理实践中常常见到的情形：要么只相信自己，怀疑下属的能力，不愿授权；要么名义上授权了，实际上时时干预，下属的权力有名无实；要么是授权不当，不应授予的权力下放之后导致失控，结果不得不再将权力收回，反反复复，造成损失。

三、组织结构的类型

客观地说，要设计一种适合各种企业的理想组织结构形式是非常困难的，因为每个企业所依托的环境、经营战略、技术特点和管理体制等都有各自的特点。即使仅针对某一特定企业，也难以设计出满足该企业各种要求的组织结构形式，因为有许多要求实际上是相互矛盾的，例如，希望某种组织结构形式既满足迅速作出决策的要求，又能保证决策的高质量；既具有较强的创新和应变能力，又要保持相对稳定。实际上，组织结构并不能解决所有的组织问题。一个组织能否正常运行，除了要选择合理的组织结构形式外，还取决于人员配备、工作激励、行为控制和组织文化等诸多因素。因此，指望仅仅依靠组织结构解决所有问题，是不切实际的。

组织结构是随着生产力水平提高和社会的发展而不断发展的。在现代社会，常见的组织结构类型有八种：直线型、职能型、直线职能型、事业部型、矩阵型、网络型、控股型、虚拟网络。

（一）直线型组织结构

直线型是一种最早和最简单的组织结构形式。它的特点是组织没有职能机构，各级行政单位从上到下实行垂直领导，下属部门只接受一个上级的指令，如图 10－2 所示。

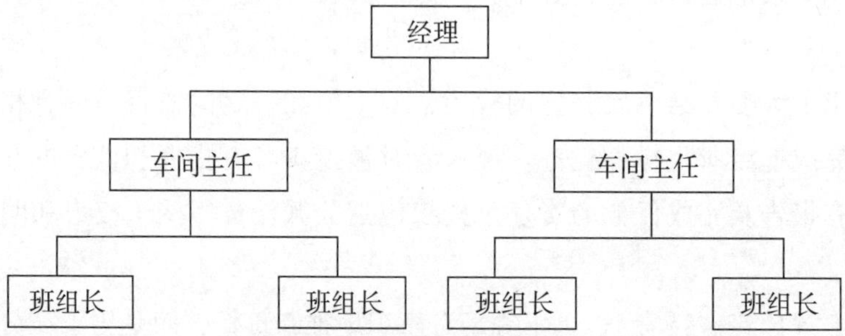

图 10－2　直线型组织结构

直线型组织结构的优点：①结构简单，沟通迅速；权力集中，指挥统一；②垂直联系，责任明确。缺点：没有职能机构，要求管理者通晓多种知识和技能亲自处理各种业务，造成管理者负担过重。在业务比较复杂、企业规模比较大的情况下，把所有管理职能都集中到最高主管一人身上，显然是难以胜任的。因此，直线型只适用于规模较小，生产技术比较简单的组织。

（二）职能型组织结构

职能型是指设立若干职能部门，各职能部门在自己的业务范围内有权向下级下达命令和指示，即各级负责人除了要服从上级直接领导的指挥以外，还要受上级各职能部门的领导，如图 10－3 所示。

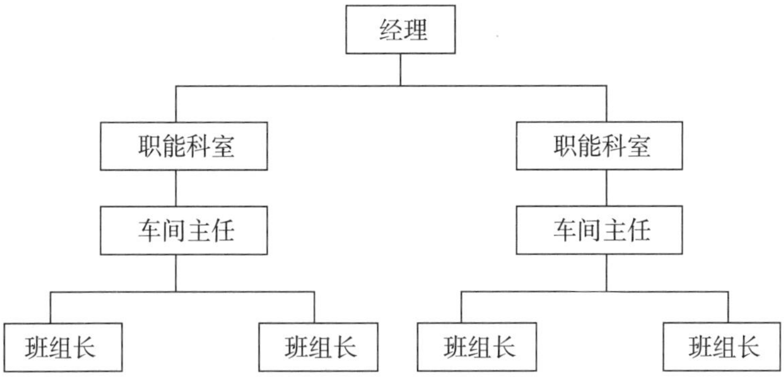

图 10－3　职能型组织结构

职能型组织结构的优点：管理分工较细，有利于工作的深入，能充分发挥职能机构的专业管理作用，减轻直线领导人员的工作负担。但这种组织形式容易出现多头领导，政出多门，破坏了统一指挥原则。事实上，职能型也只是表明了一种强调职能管理专业化的意图，无法在现实中真正实行。

（三）直线职能型组织结构

直线职能型也叫生产区域型。它是在直线型和职能型的基础上，取长补短，吸取这两种形式的优点而建立起来的。这种组织结构形式是把组织管理机构和人员分为两类，一类是直线领导机构和人员，按命令统一原则对各级组织行使指挥权；另一类是职能机构和人员，按专业化原则，从事组织的各项职能管理工作。直线领导机构和人员在自己的职责范围内有一定的决定权和对所属下级的指挥权，并对自己部门的工作负全部责任。而职能机构和人员，则是直线指挥人员的参谋，不能对直线部门发号施令，只能进行业务指导，在直线人员授权下可行使职能权。直线职能型组织结构如图 10－4 所示。

直线职能型组织结构既保证了组织的统一指挥，又有利于强化专业化管理，因此，这种组织形式普遍适用于各类组织。它也有以下几点不足：①下级缺乏必要的自主权；②各职能部门之间联系不紧密，易于脱节或难以协调；③直线人员与参谋人员的关系有时难以协调。

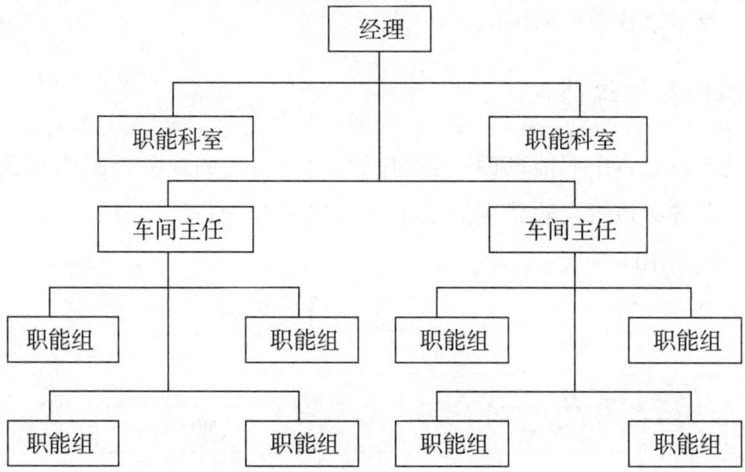

图 10－4　直线职能型组织结构

（四）事业部型组织结构

事业部型也叫联邦分权化，它是一种分权制组织形式，指在公司总部下增设一层相对独立经营的“事业部”，实行公司统一政策，事业部独立经营的一种体制，如图 10－5所示。

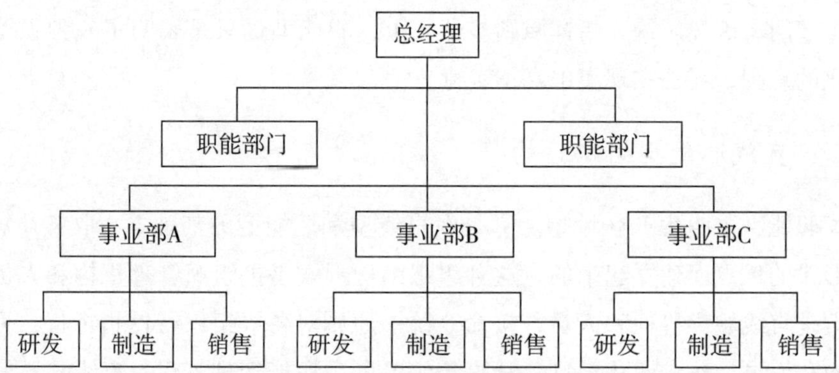

图 10－5　事业部型组织结构

事业部大多不是按职能而是按企业所经营的事业项目划分的，是具有经营自主权的专业化生产经营单位。事业部是分权化组织单位，它分割了一定的直线指挥权限，有进行采购、生产、销售的自主权。每一个事业部是一个利润责任中心，是产品责任单位或生产责任单位，有自己独立的市场，在总公司的统一领导下实行独立核算，自负盈亏。一般按产品、地域、顾客等标志来划分事业部。

事业部型的优点：总公司领导可以摆脱日常事务，集中精力考虑全局问题；事业部实行独立核算，更能发挥经营管理的积极性，更利于组织专业化生产和实现企业的内部协作；各事业部之间有比较，有竞争，这种比较和竞争有利于企业的发展；事业部内部的供、产、销之间容易协调，不像在直线职能型下需要高层管理部门过问；事业部经理要从事业部整体来考虑问题，这有利于培养和训练管理人才。

事业部的缺点：公司与事业部的职能机构重叠，构成管理人员浪费；事业部实行独立核算，各事业部可能会出现只考虑自身的利益的情况，影响事业部之间的协作，一些业务联系与沟通往往也被经济关系所替代。甚至连总部的职能机构为事业部提供决策咨询服务时，也要事业部支付咨询服务费。

（五）矩阵型组织结构

矩阵型组织结构是由纵横两套管理系统叠加在一起组成一个矩阵，其中纵向系统是按照职能划分的指挥系统，横向系统一般是按产品、工程项目或服务组成的管理系统，如图 10－6 所示。

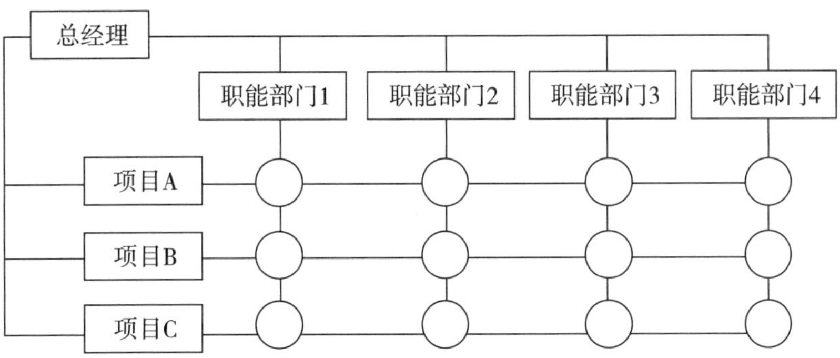

图 10－6　矩阵型组织结构

这种形式的组织结构最初出现在 20 世纪 50 年代末，被用于完成某些特殊任务。例如，企业为了开发某项新产品，在研究、设计、试制、生产各个方面，要求有关职能部门派人参加，组成一个专门小组，小组里的成员既同原职能部门保持组织上和业务上的联系，接受原部门主管的领导，又要服从项目主管的管理。项目小组和负责人是被临时组织和委任的，任务完成后就解散，有关人员回原单位工作。

现代企业管理提倡从金字塔模式走向扁平化模式，矩阵管理结构也随之逐渐壮大。实际上，美国众多大型企业在过去的几十年里不断进行组织结构方面的调整，从高度集权的功能组织结构转向权力下放的事业部制，重新组建战略业务单元（SBU），最终成立结合产品事业部和地区机构的矩阵式组织结构。

矩阵式管理模式就是以产品线为纵轴，区域机构为横轴的交叉组织管理模式，是多产品线、跨区域或跨国企业经营的基本模式。矩阵式结构具有灵活、高效、便于资源共享和组织内部沟通等优势，可以适应多元化产品、分散市场以及分权管理等复杂条件。在矩阵组织中，强调区域本地化及产品业务垂直化，各地分公司和产品线经理都可以更好地了解客户需求，提供差异化的产品及服务，赢得更多的订单和市场。

矩阵型组织结构的优点：①使企业组织结构形成一种纵横结合的联系，加强了各职能部门之间的配合，有利于发挥专业人员的综合优势；②具有较强的组织灵活性，既可以根据需要快速组建，完成任务后又可以撤销。其缺点：①由于组织成员必须接受双重领导，破坏了统一指挥原则，下属会感到无所适从；②工作出现差错时，不易分清领导责任。这种组织结构主要适用于创新性较强的科研、设计、规划等项目的工作或单位。

（六）网络型组织结构

网络型是一种以知识经济为背景，利用现代信息技术手段建立与发展起来的一种新型的组织结构。它是一种很精干的中心机构，是一种以契约关系的建立和维持为基础，依靠业务外包进行制造、销售或其他关键业务的经营活动的结构形式。

在网络型组织结构中，组织的大部分职能从组织外“购买”，这给管理者提供了高度的灵活性，并使组织可以集中精力做它们擅长的事。公司总部的主要职责是制订战略、政策以及协调各契约商之间的关系。网络型组织结构如图 10－7 所示。

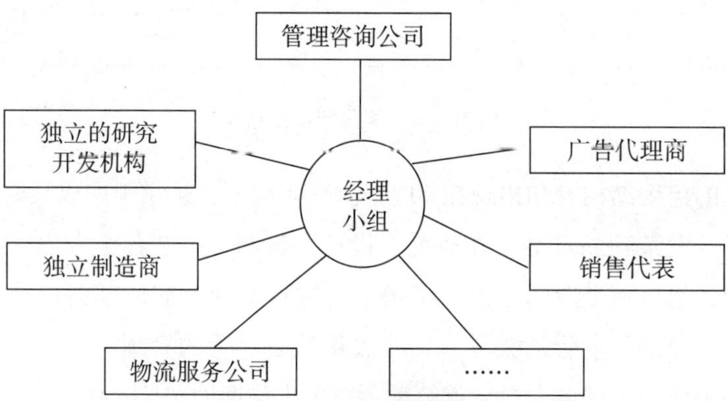

图 10－7 网络型组织结构

网络型组织结构极大地促进了企业经济效益实现质的飞跃，主要优点：①降低管理成本，提高管理效益；②实现了企业在全世界范围内供应链与销售环节的整合；③简化了机构和管理层次，实现了企业充分授权式的管理。缺点：①管理人员对公司的主要职能活动缺乏强有力的控制，并且需要科技手段和外部环境的支持；②网络组织结构比较适合于玩具和服装制造企业，它们需要相当大的灵活性以对时尚的变化做出迅速反应。该组织结构也适合于那些制造活动需要低廉劳动力的公司。

（七）控股型组织结构

控股型组织结构是在非相关领域开展多元化经营的企业所常用的一种组织结构形式。由于经营业务的非相关或弱相关，大公司不对这些业务经营单位进行直接的管理和控制，而代之以持股控制。这样，大公司便成为一个持股公司，受其持股的单位不但对具体业务有自主经营权，而且还保留着独立的法人地位。

基于持股控制的关系，对企业单位持有股权的大公司便成了母公司，被母公司控制和实质影响的各企业单位成了子公司；被母公司一般参股的企业成了关联公司。关联公司、子公司与母公司构成了以母公司为核心的企业集团，如图 10－8 所示。

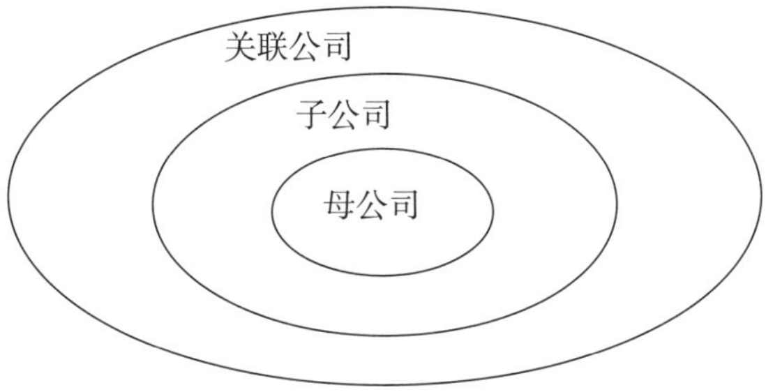

图 10－8　控股型组织结构

控股型组织结构的特点：母公司与子公司、关联公司之间不存在上、下级的行政隶属关系，而是出资人对被持股企业的产权管理关系；母公司凭借所掌握的股权向子公司或关联公司派遣产权代表和董事、监事，通过这些人员在子公司股东会、董事会、监事会中发挥积极作用而影响子公司的经营决策。

控股型组织结构是实行现代企业制度的企业常常采用的形式，它有利于企业规模的多元化扩展，有利于社会资源的整合。

（八）虚拟网络组织结构

部门化的最新方式是对横向协调和合作的理念进行扩展，使其超出组织的边界。在许多产业中，纵向一体化的层级组织正在被松散联合、相互渗透的公司集群取代。外包意味着把某些活动（如制造和应收账款）承包出去，它逐渐成为一个主流趋势。例如，英国的零售商塞恩斯伯里（Sainsbury）让埃森哲公司管理其整个信息技术部门。不同于将整个职能都外包给承包商，这种“个人外包”方式使员工把某些无聊、耗时的任务外包给合作企业，从而把精力集中在更具价值的工作上。

一些组织将网络方式发挥到了极致，创建出新的结构——虚拟网络结构（Virtual Network Structure），它是指公司将其大部分职能外包给不同的企业，并通过一个小型总部来协调它们的活动。菲利普·罗斯戴尔（Philip Rosedale）在自己家中及旧金山周边的咖啡店里办公，他经营一家叫作LoveMachine的公司。LoveMachine公司开发的软件可以让员工像在“推特”上那样给别人推送“谢谢”或者“干得好!”这样的信息。信息发出后，公司的每个人都能收到，从而鼓舞了大家的士气。这款基础软件免费为有需要的公司提供。LoveMachine公司没有全职开发人员，公司由自由职业者通过网络来运营。这些自由职业者通过招投标获得公司的工作，比如，给软件增添一些新功能、修补一些小漏洞等。罗斯戴尔还把薪酬管理及其他行政管理任务外包给其他公司或机构进行管理。

第三节　组织变革

一、组织变革的过程与步骤

（一）组织变革的过程

组织变革中最具影响的是卢因三阶段变革过程模型（Lewin's Organization Change Theory）。卢因（Lewin，1951）提出一个包含解冻、变革、再冻结三个步骤的有计划组织变革模型，用以解释和指导如何发动、管理和稳定变革过程。

1. 解冻

焦点在于创设变革的动机。鼓励员工改变原有的行为模式和工作态度，采取新的适应组织战略发展的行为与态度。为了做到这一点，一方面要对旧的行为与态度加以否定，另一方面要使干部员工认识到变革的紧迫性。可以采用比较评估的办法，把本单位的总体情况、经营指标和业绩水平与其他优秀单位或竞争对手加以比较，找出差距和解冻的依据，帮助干部员工“解冻”现有态度和行为，迫切要求变革，愿意接受新的工作模式。此外，应注意创造一种开放的氛围和心理上的安全感，减少变革的心理障碍，提高变革成功的信心。

2. 变革

变革是一个学习过程，需要给干部员工提供新信息、新行为模式和新的视角，指明变革方向，实施变革，进而形成新的行为和态度。同时，应该注意为新的工作态度和行为树立榜样，采用角色模范、导师指导、专家演讲、群体培训等多种途径。变革是个认知的过程，它以获得新的概念和信息为目的。

3. 再冻结

在再冻结阶段，利用必要的强化手段使新的态度与行为固定下来，使组织变革处于稳定状态。为了确保组织变革的稳定性，需要注意使干部和员工有机会尝试和检验新的态度与行为，并及时给予正面的强化。同时，加强群体变革行为的稳定性，促使形成稳定持久的群体行为规范。

（二）组织变革的步骤

组织变革是一种对现有状况进行改变的努力，任何变革都会遇到来自不同变革对象的阻力和反抗。产生这种阻力的原因可能是传统的价值观念和组织惯性，也有一部分来自对变革不确定后果的担忧。无论如何，组织应努力突破来自个人的阻力和来自团体的阻力，实施组织变革，主要包括以下几个步骤。

（1）通过组织诊断，发现变革征兆。组织变革的第一步就是要对现有的组织进行全面的诊断。这种诊断必须要有针对性，要通过收集资料的方式，对组织的职能系统、工作流程系统、决策系统以及内在关系等进行全面的诊断。组织除了要从外部信息中发现对自己有利或不利的因素之外，更主要的是能够从各种内在征兆中找出导致组织或部门绩效不佳的具体原因，并确立需要进行整改的具体部门和人员。

（2）分析变革因素，制订改革方案。组织诊断任务完成之后，就要对组织变革的具体因素进行分析，如职能设置是否合理、决策中的分权程度如何、员工参与改革的积极性怎样、流程中的业务衔接是否紧密、各管理层级间或职能机构间的关系是否易于协调，等等。在此基础上制订几个可行的改革方案，以供选择。

（3）选择正确方案，实施变革计划。制订改革方案的任务完成之后，组织需要选择正确的实施方案，然后制订具体的改革计划并贯彻实施。推进改革的方式有多种，组织在选择具体方案时要充分考虑到改革的深度和难度、改革的影响程度、变革速度以及员工的可接受和参与程度，等等，做到有计划、有步骤、有控制地进行。当改革出现某些偏差时，要有备用的纠偏措施及时纠正。

（4）评价变革效果，及时进行反馈。组织变革是一个包括众多复杂变量的转换过程，再好的改革计划也不能保证完全取得理想的效果。因此，变革结束之后，管理者必须对改革的结果进行总结和评价，及时反馈新的信息。对于没有取得理想效果的改革措施，应当给予必要的分析和评价，然后再进行取舍。

二、组织变革的时机选择

对于管理者而言，正确把握维护组织稳定和促进组织变革的时机非常重要。组织需要变革的状况大都不是突发性的，而是有先兆可循的。一般来说，如果在管理中发生了如下几种情况，就应当认真思考组织的变革问题。

（一）频繁的决策失误

决策失误从表面上来看是由各种原因造成的，但是经过研究发现，决策失误的根源是组织问题。例如，决策失误可能是因为信息不灵而造成的，信息不灵可能是组织自身的原因，也可能是外部环境原因造成的。另外，决策失误也可能是主管人员的主观原因造成的。从组织的原因来分析，一般包括组织结构的不合理、职权委任不合适、职责含糊、命令链混乱等，都会造成企业频繁的决策失误。但是，偶然的决策失误并不能构成变革组织的理由。在变革之前，首先应当在变革的成本、组织目前的效率和决策失误的后果之间认真权衡，然后才能做出是否进行组织变革的决定。

（二）组织成员间沟通不畅

一个企业的运作成功与否，在很大程度上依赖于其成员间的沟通是否畅通有效，因为有效的沟通可以使成员间的分工与协作都处在高效状态。不可否认的是，组织成员间的沟通取决于组织的状况。例如，命令链或信息链混乱，或者所采用的传递信息手段不恰当，就会造成沟通不畅；由于管理幅度过宽，主管人员与下属之间就不可能存在有效的沟通，而管理层次过多就增加了命令和信息失真的可能性。这种状况会破坏成员间主动的协调和配合，从而产生一些不必要的冲突、摩擦和误会。

（三）管理业绩长期不理想

组织结构合理、职责分明、行动有序、信息沟通顺畅的组织必然意味着较好的管理效益，反之，倘若一个管理系统中长期存在着士气不高、经营不善、业绩不理想，以至于管理目标总不能得到实现，那么就必须考虑对组织进行变革。一般情况下，组织业绩不理想的问题在企业管理中是最容易被发现的。例如，一个企业生产部门的进度太慢、成本过高、质量不符合要求，销售部门的顾客减少或销售增长未能如期实现，财务部门的资金周转不灵，人事部门因为在职责、职权或报酬、待遇上安排不当引起纠纷等，这些问题只要有一个存在而且情形较为严重，就必须要对组织进行变革前的全面审查。

即使一个管理系统处在正常的运营状况下，但如果长期没有创新，也需要进行一次变革。例如，一个企业虽然尚未遇到严重的问题，但在产品的品种、质量和数量方面却长期保持在一个水平上，那就表明这个企业很快就会面临困境。这是因为，任何一个管理系统都处在与环境的互动关系中，而不是孤立无援的。我们都知道，环境是在不断变化的，假如我们的企业在变动的环境面前保持不动，很快就会僵化、萎缩和丧失生命力。一个企业或组织只有不断地拥有突破性的战略预见、超前性的行动措施和创造性的新成果，才能有旺盛的生命力，否则就会落后于形势。所以说，企业在缺乏创新精神的情况下也应进行组织变革。

除此之外，组织内部官僚主义盛行；组织纪律涣散、组织成员缺乏工作热情、工作效率低、人浮于事严重、奖惩不明或奖惩得不到执行；职能部门频频出现问题（如人事部门任人唯亲、财务部门违反财经纪律、生产部门总是出现产品质量问题）等现象的出现也是明显的变革先兆。

复习与思考题

1. 怎么理解组织及其特性？
2. 当前主要有哪些类型的组织结构？设计组织结构时，要注意哪些原则？
3. 管理幅度设计的影响因素有哪些？
4. 组织变革怎么进行？选择什么时间合适？

第十一章　人力资源管理

【学习目标】

通过本章的学习，你应该能够掌握以下几点。

- 正确定义人力资源计划。
- 讨论人力资源管理的整个过程。
- 阐述招聘的主要渠道。
- 解释培训与发展的区别。
- 定义关键绩效指标和平衡计分卡。
- 懂得如何规划员工个人职业生涯。

【管理小故事】

格力：员工忠诚度超乎想象

关于人才，每个企业都有其自己的标准，而在格力的人才标准里，忠诚排在第一位。据说格力有个不成文的规定，只要是从同行企业出来的人，不论多能干，原则上都不收留。所以格力从来没有高薪聘请一个外来人才。格力作为一家拥有几万名员工的家电龙头企业，员工忠诚度却超乎想象。格力有着一股不可抵挡的魔力，能使员工始终凝聚在一起，把格力当家一样守护。

珠海格力电器股份有限公司董事长董明珠强调：裁员是对员工的不负责任，也是对社会不负责任，把责任推给社会。我们首先要保护我们的员工，宁可自己的工资减低也不裁员，不降低员工的工资。因此，格力不仅不裁员，反而大规模加薪，逆市招聘大学生，给行业发展、给员工以信心。

据了解，格力为员工提供种类繁多的福利，除了养老、医疗、失业、工伤、生育等保险之外，用餐补贴、住房补贴、节日慰问金、中晚班津贴、工龄津贴、保健津贴、高温津贴、特殊工种津贴、教育费用报销等福利数不胜数。

格力强调以人为本，在公平、公开、公正的原则下，建立了一整套自己的“选、育、用、留”人才培养体系，并且形成了德才兼备、品德优先的选人机制、“能者上，庸者下”的内部提升机制和优胜劣汰的竞争机制，在科研、技术、管理、生产、销售等各个领域培养和造就了大批人才。

在格力，有能力的人永远不会被埋没，每个员工都有公平竞争的机会，在这里，只要足够努力，就能看到希望。不管是大兵还是小将，都一样有机会拿高薪、受尊重。除了为员工提供畅通的晋升渠道外，格力还通过职业生涯规划、内部培训、“能者上，庸者下”的晋升机制以及各种激励机制，努力为员工搭建事业发展的平台，使人尽其才、才尽其用。并且还建设技术工程学院，让一线员工有机会在企业继续深造，成为技能型人才。

格力为优秀人才提供成长的平台，而这批人才不断反哺企业，使格力能够走得越来越远。(有部分改动)

资料来源：重庆格力中央空调. 格力空调员工忠诚度超乎想象［EB/OL］.（2016－01－05）［2020－09－02］http：//www. cqgree. net/news－i1606. html.

组织设计为组织系统的运行提供了基本的运行框架。为确保各项任务的顺利完成并使系统能够正常地运行，组织还必须按照组织设计的基本要求为系统配置合适的人力资源，如管理人员、作业人员及参谋人员等，并对之进行有效的管理。

人力资源管理（Human Resource Management，HRM）是指通过在组织中设计并应用正式的管理系统，确保对人力资源进行充分和高效的利用来达成组织目标。它包括为吸引人才、发展和维持高效的劳动力进行的所有活动。管理者需要招聘合适的人，将他们安排到最合适的职位上，并且不断培养，给予他们更多的发展机会，这样他们才会对组织的成功作出最大贡献。

第一节　人力资源计划

一、人力资源计划的任务

人力资源计划（Human Resource Planning）是指对人力资源需求的预测和将员工与空缺职位一一匹配的过程。通过计划，组织能够避免突如其来的人员短缺和人员过剩。

编制和实施人力资源计划的目标，就是要通过规划人力资源管理的各项活动，使组织的需求与人力资源的基本状况相匹配，确保组织总目标的实现。人力资源计划的任务包括以下几个部分。

（一）系统评价组织中人力资源的需求量

人力资源计划就是要使组织内外人员的供给与一定时期组织内部预计的需求相一致。人力资源的需求量主要是根据组织中职务的数量和类型来确定的。职务数量指出了每种类型的职务需要多少人，职务类型指出了组织需要具备何种技能的人。一个组织在进行了组织设计之后，需要把组织的需求与组织内部现有人力资源状况进行动态对比并找出预计的缺额。

（二）选配合适的人员

组织中的员工总是随着内外环境的不断变化而变动的。为了确保担任职务的人员具备职务所要求的基本知识和技能，必须对组织内外的候选人进行筛选。这就必须研究和使用科学的人力资源管理方法，使组织中所需要的各类人才得到及时的补充。

（三）制订和实施人员培训计划

培训既是为了适应组织内部变革和发展的要求，也是为了提高员工素质，实现员工个人生涯发展的要求。要使组织中的成员、技术、活动、环境等要素更具环境的适应性，就必须运用科学的方法，有计划、有组织、有重点、有针对性地对员工进行全面培训，以培养和储备适应未来要求的各级人才。

二、人力资源计划的过程

人力资源计划不仅是面向企业的计划，也是面向员工的计划。优秀的人力资源计划，既能够使企业员工得到长期利益，又能够使企业和员工共同发展。人力资源计划主要包含三个步骤：评估现有的人力资源状况；评估未来所需的人力资源状况；制订一套相适应的人力资源计划，以确保未来的人力资源供需的匹配。

（一）评估现有的人力资源状况

这一步主要是通过工作分析法检查现有人力资源状况并制订工作说明书（或职位说明书）和工作规范。前者说明员工应做哪些工作、如何做、为什么这样做，反映工作内容、工作环境以及工作条件等；后者说明某种特定工作最低需要具备哪些知识和技能，也就是最低任职资格。

（二）评估未来所需的人力资源状况

组织的使命、目标与战略决定了对人力资源的未来需求。要使战略规划转化成具体的、操作性较强的人力资源计划，组织就必须根据组织内外资源的情况对未来人力资源状况进行预测，找出各时期各类人员的余缺分布。

（三）制订一套相适应的人力资源计划

对现状和未来人力资源需求预测作出评估之后，管理者就可以找出人员的数量和种类，制订出一套与组织战略目标及其环境相适应的人力资源计划。当然，组织还必须对此计划进行跟踪、监督和调整，以正确引导当前和未来的人才需求，另外，这种计划还需要与组织中的其他计划相互衔接。

第二节　招聘和甄选

一、招聘

招聘（Recruiting）被定义为通过应用一系列筛选程序，从而识别申请者的各项特征的活动或实践过程。招聘有时被看作一种获取人才的方式，这也反映出人力资本对于公司成功的重要性。

尽管我们常常认为校园招聘是一种典型的招聘方式，但许多公司却使用内部招聘和内部晋升的政策来充实它们的管理层。内部招聘有两个主要的优点：相比于外部招聘，它的成本较为低廉；因为它将职业晋升的机会提供给内部成员而非外部成员，所以会带来更高的员工承诺度、更好的员工发展前景和更高的员工满意度。然而，外部招聘，即从组织外部招聘新员工也是一种较为不错的方式。许多不同的外部来源都可以提供备选的申请人，比如招聘广告、政府就业服务机构、在线招聘服务机构、私人雇佣机构（猎头公司）、人才市场、员工推荐等。

（一）招聘广告

通过广播、报纸、电视等传媒渠道发布用人信息广告是较为常见的招聘方式。应聘者可以根据自己的情况选择自己适合的职业，减少盲目应聘，组织也可以通过此办法集中挑选需要的人员。一般而言，组织中空缺职位越高或者所需具备的技能越强，广告的辐射范围就应该越广。

（二）员工推荐

管理者经常会发现有员工也是找到空缺职位候选人的一个重要来源。在职时间较长的员工对组织有足够的了解，包括组织的文化以及需要招人的特定工作。他们通常也知道应聘者的工作经历、教育背景、技术和能力、个人特质等。研究表明，经内部员工或关联人员推荐的人员要比广告等其他形式招募来的人员满意度高，因为，做这样的推荐事关推荐人的名声，并且本人对组织也比较了解，容易形成凝聚力。另外，也可以省去部分招聘成本。

（三）职业介绍机构推荐

对于规模较小而且没有正式人事机构的组织而言，职业介绍机构能使组织以较低的成本找到职位应聘者。当然，大规模组织也可以求助于此类机构，因为这类机构拥有的专业技术可能会比组织的人事部门强。职业介绍机构有三种类型：第一种是公营的机构，该类机构所雇用的职员不必具备太强的技术或进行太多的培训，因此收费较低；第二种是私营机构，这类机构介绍的职位较高，提供的服务也较为完整，因此收费较高；第三种是管理顾问公司，也称“猎头公司”，这种公司收费较为昂贵，主要推荐的是中层至高层管理人员，它比上述两类机构服务更周全、信息更完整，因此成功率也更高。

（四）其他来源

许多高中、技术学校、专科学校和大学都有就业中心，用人单位可以向这些学校征求所需人才。学校也开始使用视频技术进行虚拟面试和在线招聘。

社交媒体。现在许多招聘工作通过领英、微博、智联等社交媒体完成。微博是一个类似推特的社交平台，许多管理者开始转向微博这样的社交媒体为求职者建立共享社区。

【企业实践】

谷歌的招聘之道

对于谷歌这样的高科技公司，人才的质量是最关键的指标。一开始，谷歌即明确了招聘绝不仅是HR部门的职责，而必须是公司一把手重视，并牵头推动的项目。对于人员的评价，谷歌通过四个维度来评估：专业性、一般认知、价值观与调性（谷歌的腔调）。

谷歌成立了由4~5名高层组成的招聘委员会，对公司的招聘项目起到把关的作用。

众所周知，面试官在选人时都喜欢选择和自己相似的人，在组织行为学里，叫作“对比效应”。谷歌的招聘委员会，由不同岗位、方向的高层人员组成，以实现客观、多角度地对应聘对象进行评估，避免出现偏颇。

推行至今，该制度为谷歌公司招揽了许多人才。

资料来源：埃里克·施密特，乔纳森·罗森伯格，艾伦·伊格尔．重新定义公司：谷歌是如何运营的［M］．靳婷婷，译．北京：中信出版社，2015.

二、甄选

最普遍的甄选工具包括申请表、笔试、绩效模拟测试、面试、背景调查以及某些情况下的体检。每一种工具都有其优缺点。总之，员工的选聘要坚持慎重的原则，必须将错误发生的可能性减至最低，增加正确决策的概率。为了保证员工选聘工作的有效性和可行性，应当按照一定的程序并通过竞争来组织选聘工作。

（一）制订并落实招聘计划

当组织中出现需要填补的工作职位时，应当根据职位的类型、数量、时间等要求确定招聘计划，同时成立相应的选聘工作委员会或小组。选聘工作机构既可以是组织中现有的人事部门，也可以是代表所有者利益的董事会，或由各方利益代表组成的专门或临时性机构。选聘工作机构要以相应的方式，通过适当的媒介，公布待聘职务的数量、类型以及对候选人的具体要求等信息，向组织内外公开“招聘”，鼓励那些符合条件的候选人积极应聘。

（二）对应聘者进行初选

当应聘者数量很多时，选聘小组需要对每一位应聘者进行初步筛选。内部候选人的初选可以根据以往的人事考评记录来进行；对外部应聘者则需要通过简短的初步面谈，尽可能多地了解每个申请人的工作经历及其他情况，观察他们的兴趣、观点、见解、独创性等，及时排除那些明显不符合基本要求的人。

（三）对初选合格者进行知识与能力的考核

在初选的基础上，需要对余下的应聘者进行材料审查和背景调查，并在确认之后进行细致的测试与评估，其内容包括以下几方面。

1. 智力与知识测试

该测试是通过考试的方法测评候选人的基本素质，它包括智力测试和知识测试两种基本形式。智力测试的目的是通过候选人对某些问题的回答，测试他的思维能力、记忆能力、应变能力和观察分析复杂事物的能力等。知识测试是要了解候选人是否具备待聘职务所要求的基本技术知识和管理知识，缺乏这些基本知识，候选人将无法进行正常工作。

2. 竞聘演讲与答辩

这是对知识与智力测试的一种补充。测试可能不足以完全反映一个人的素质全貌，不能完全表明一个人运用知识和智力的综合能力。发表竞聘演讲，介绍自己任职后的计划和愿景，并就选聘工作人员或与会人员的提问进行答辩，可以为候选人提供充分展示才华、自我表现的机会。

3. 案例分析与候选人实际能力考核

在竞聘演说与答辩之后，还需对每个候选人的实际操作能力进行分析。测试和评估候选人分析问题和解决问题的能力，可借助“情景模拟”或称“案例分析”的方法。这种方法是将候选人置于一个模拟的工作情景中，运用各种评价技术来观测考察其工作能力和应变能力，以判断他是否符合某项工作的要求。

（四）选定录用员工

在上述各项工作完成的基础上，需要利用加权的方法，算出每个候选人知识储备、智力和能力的综合得分，并根据待聘职务的类型和具体要求进行取舍。对于决定录用的人员，应考虑由主管再次进行面试，并根据工作的实际与聘用者再做一次双向选择，最后决定选用与否。

（五）评价和反馈招聘效果

最后要对整个选聘工作的程序进行全面的检查和评价，并且要对录用的员工进行追踪分析，通过对他们的评价，检查招聘工作的成效，总结招聘过程中的成功与过失，及时反馈到招聘部门，以便改进和修正。

第三节　培训与发展

一、培训与发展的目标

培训与发展是指组织通过对员工有计划、有针对性的教育和训练，使其能够改进培训人员目前知识储备和能力的一项连续而有效的工作。培训是指系统地教会人们如何更好地完成与他们当前工作有关的职责，而发展则是指教会人们更广泛的与工作相关的技能。发展不仅对人们当前的工作有益，而且可以帮助他们在未来的工作中承担更多的责任。培训与发展主要是为了实现以下四个方面的具体目标。

（一）补充新知识，提升新技能

随着科学技术进步速度的加快，人们原先拥有的知识与技能在不断老化。为了防止组织中各层级人员工作技能的衰退，组织必须对员工进行不断地培训，使他们掌握与工作有关的最新知识和技能。这些知识和技能，虽然可以在工作前的学校教育中获取，但更应该在工作中根据实际情况不断地加以补充和更新，以便人们对知识和技能的掌握可以在实践中不断地得到锤炼和提升。

（二）全面发展能力，提高竞争力

员工培训的一个主要目的，便是根据工作的要求，努力提高他们在决策、用人、激励、沟通、创新等各方面的综合能力，特别是随着工作的日益复杂化和非个人行为化，组织内部改进人际关系的能力要求不断提高，这使得组织对合作的培训要求变得愈发重要，这也是衡量组织竞争力的重要体现。

（三）转变观念，提高素质

每个组织都有自己的文化、价值观念、基本行为准则，员工培训的重要目标就是要通过对组织中各个成员，特别是对新聘管理人员的培训，使他们能够根据环境和组织的要求转变观念，逐步了解并融于组织文化之中，形成统一的价值观念，按照组织中普遍的行动准则来从事管理工作，与组织目标同步。

（四）交流信息，加强协作

组织培训员工的基本要求是要通过培训，加强员工之间的信息交流，特别是使新员工能够及时了解组织在一定时期内的政策变化、技术发展、经营环境、绩效水平、市场状况等方面的情况，熟悉未来的合作伙伴，准确而及时地定位。

【企业实践】

海尔大学的培训

海尔大学秉承海尔集团“选准母本、清楚目标、找出差距、需什么学什么、缺什么补什么，急用先学，立竿见影”的培训原则，依据海尔的发展战略，围绕市场终极效果，通过“现场、案例、即时、互动”的创新培训形式，开展问题管理培训、创新能力培训、发展能力培训等。

为调动各级人员参与培训的积极性，海尔集团将培训工作与激励紧密结合。海尔大学每月对各单位培训效果进行动态考核，划分等级，等级升迁与单位负责人的个人月度考核结合在一起，促使单位负责人关心培训，重视培训。

资料来源：宋宁宁．海尔大学的培训经验与启示［J］．石油化工管理干部学院学报，2014（4）：72－75.

二、员工培训的基本程序

一个完整的培训系统的运作过程通常包括培训需求分析、确立培训目标、制订培训计划、实施培训计划和评价培训效果五个步骤。

（一）培训需求分析

培训对组织来说是一件重要且要付出代价的大事。因此，一个组织如何选择和实施培训计划，必须以真正的需要作为标准，这就要进行培训需求分析。培训需求分析是指在规划与制订培训计划前，由有关人员采用各种方法和技术对组织及其成员的目标、知识和技能等方面进行系统分析，以确定组织内需要接受培训的人员和需要接受培训的项目或者培训内容需求分析是培训活动的首要环节。培训需求分析在培训中的地位也日趋重要，它是制订培训计划的前提，也是进行培训评估的基础。

（二）确立培训目标

根据培训需求分析来确立培训目标，可以使培训更加有效。培训目标指的是培训效果的目的和预期效果。有了培训目标，才能确定培训对象、内容、方法等具体工作，并可在培训之后，对实际情况进行培训效果评估。培训目标一般包括三个方面的内容：一是说明员工应该做什么；二是阐明可被接受的绩效水平；三是受训者完成指定的学习成果的条件。一般来说，目标越具体，就越能取得培训的成功。

（三）制订培训计划

培训计划是培训目标的具体化，培训计划包括长期计划、中期计划与短期计划。在制订培训计划的同时必须考虑到许多具体的情景因素，如行业规模、企业规模、用户要求、技术发展水平和趋势以及员工现有的水平等。要明确培训的对象，如大学毕业生、新员工、新晋升的管理人员等。

（四）实施培训计划

在培训计划制订好之后，按照既定目标开展培训工作，通过各种培训方法使学员学有所获。具体内容：确定培训人员和参训人员；确定教材；确定培训地点；准备培训设备；确定具体的培训时间；拟订并下发培训通知以及进行培训控制等。

（五）评价培训效果

培训是否起到作用，无论对培训的组织部门、业务部门的经理还是投资培训的决策层，这都是一个需要明确的问题，否则，会发生盲目投资的行为，不利于企业的发展，也不利于下一个培训项目的立项和审批。这就需要对培训进行评估，一般来说，培训的效果可以通过以下四个指标来进行评估。第一，反应。测定受训者对培训项目的反应，主要了解培训对象对整个培训项目和项目的某些方面的意见和看法，包括培训项目是否反映了培训需求，项目所含各项内容是否合理和适用等。第二，学习。测试受训者对所学的原理、技能、态度的理解和掌握程度。第三，行为。测定受训者经过培训后在实际岗位工作中行为的改变，以判断所学知识、技能对实际工作的影响。第四，成果。测定培训对企业经营成果具有何种具体而直接的贡献，如生产率的提高、质量的改进、离职率的下降和事故的减少等。

三、培训与发展的形式

一个组织中的培训对象主要有新来员工、基层员工、一般技术或管理人员、高级技术或管理人员。员工培训的方式有很多，依据所在职位的不同，可以分为入职培训、在职培训和离职培训三种形式；依据培训的目标和内容不同，培训又可分为专业知识与技能培训、职务轮换培训、提升培训、设置助理职务培训和设置临时职务培训。

（一）入职培训

入职培训指应聘者一旦决定被录用之后，组织中的人事部门应该对他将要从事的工作和组织的情况给予必要的介绍和引导，西方国家称为职前引导。

入职培训的目的在于减少新员工在新的工作开始之前的担忧和焦虑，使他们能够尽快熟悉所从事的本职工作以及组织的基本情况，如组织的历史、现状、未来目标、使命、理念、工作程序及其相关规定等，并充分了解他应尽的义务和职责以及绩效评估制度和奖惩制度等，如有关的人事政策、福利以及工作时数、加班规定、工资状况等。

【企业实践】

P&G（宝洁公司）新员工培训形式

以课堂培训为主

宝洁公司有一个特别大的培训室，能容纳 100 ~ 150 人，大家都在这里面接受培训。

有趣的毕业典礼

宝洁在文化宣导方面有一套独特的做法，即特别注重仪式。例如，在一次培训课程结束后，很多新员工济济一堂，这时会有一个当时中国区域的最高职位的领导主持这个毕业典礼。他会很兴奋地说一段祝酒词：“在座的 100 多位大学的精英们，欢迎你们成为宝洁未来的领导者。”这时下面就会掌声雷动，使学子们心潮澎湃。

高强度培训安排

每人在培训时会拿到一本厚厚的教材，且培训的过程中公司会拼命地给员工灌输很多信息，这是为了使他们产生一种改变的意识。而不是说非要他们记住讲过的东西。

新员工在培训的组织中起着领导角色

在经过一段时间的培训之后宝洁公司会搞一些活动，让大家利用学过的东西编排一些节目。但是对于这些节目，没有人会去评判，宝洁充分尊重每一个新员工。

资料来源：张伟钢，宝洁的新员工培训之道。

（二）在职培训

对员工进行在职培训是为了使员工通过不断学习掌握新技术和新方法，从而达到新的工作目标要求所进行的不脱产培训。工作轮换和实习是两种最常见的在职培训。

所谓工作轮换是指让员工在横向层级上进行工作调整，其目的是让员工学习多种工作技术，使他们对于各种工作之间的依存性和整个组织的活动有更深刻的体验和更加开阔的视野。所谓实习是让新员工向优秀的老员工学习以提升自己知识与技能的一种培训方式。在生产和技术领域，这种培训方式通常称为学徒制度；在商务领域，则称为实习制度。实习生的工作在优秀的老员工带领和监督之下进行，老员工有责任和义务帮助实习生克服困难，顺利成长。

（三）离职培训

离职培训是指为使员工能够适应新的工作岗位要求而让员工离开工作岗位一段时间，专心致志于一些职外培训。最常见的离职培训方式包括教室教学、影片教学以及模拟演练等。

教室教学比较适合于给员工们集中灌输一些特殊的信息、知识，可以有效地增进员工在管理和技术方面的认知。影片教学的优点在于它的直观示范性，可以弥补其他教学方式在示范效果方面的不足。而如何在实践中处理好人际关系问题，如何提高解决具体问题的技能，则最适于在模拟演练中学习。这包括案例分析、经验交流、角色模拟以及召开小群体行动会议等。有效利用现代高科技及电脑的模式也属于模拟演练的一种，如航空公司用此方法来培训驾驶员等。另外还有辅导培训，也是模拟演练的一种有效方式。员工在实际上岗前先在同样的设施内模仿他们日后的工作，为日后开展的实际工作打下基础。如大型的连锁零售商可以在一个模拟营业情形的实验里教导收款员如何操作收银机，这样可以让错误在学习过程中及早暴露和解决，就能大大提高正式工作后的营业效率。

（四）专业知识与技能培训

专业知识与技能培训有助于员工深入了解相关专业的基本知识及其发展动态，有助于提高人员的实际操作技能。专业知识与技能培训可以采取脱产、半脱产或业余等形式，如各种短期培训班、专题讨论会、函授、业余培训学校等。

（五）职务轮换培训

职务轮换是指人员在不同部门的各种职位上轮流工作。职务轮换有助于受训人全面了解整个组织的不同工作情况，积累和掌握各种不同的工作经验，从而提高他们的组织和管理协调能力，为其今后的发展和升迁打好基础。

（六）提升培训

提升是指将人员从较低的管理层级暂时提拔到较高的管理层级上，并给予一定的试用期。这种方法可以使有潜力的管理人员获得宝贵的锻炼机会，既有助于管理人员扩大工作范围，把握机会展示其能力和才干，又使组织能全面考察其是否适应和具备领导岗位上的能力，并为今后的发展奠定良好的基础。

（七）设置助理职务培训

在一些较高的管理层级上设立助理职务，不仅可以减轻主要负责人的负担，而且有助于培训后备管理人员。这种方式可以使助理接触到较高层次上的管理实务，使他们不断吸收其直接主管处理问题的方法和经验，在特殊环境中积累特殊经验，从而促进助理的成长。

（八）设置临时职务培训

设置临时职务可以使受训者体验和锻炼在空缺职位上的工作情景，充分展示其个人能力，避免“彼得现象”的发生。劳伦斯·彼得曾经发现，“在实行等级制度的组织里，每个人都崇尚爬到能力所不及的层次”。他把这种由于组织中有些管理人员被提升之后不能保持原来的成绩，反而可能给组织效率带来大滑坡的现象归结为“彼得原理”。

第四节 绩效评估

一、绩效评估的程序

绩效评估（Performance Appraisal），又称绩效考评、绩效考核、绩效评价、员工考核，是一种正式的员工评估制度，也是人力资源开发与管理中一项重要的基础性工作，指组织定期对个人或群体小组的工作行为及业绩进行考察、评估和测度的一种正式制度。

绩效评估的有效性依赖于一定的执行程序。在执行程序之前，首先要对影响绩效评估过程的内外环境因素进行分析，确定哪些因素影响到了评估的有效性。例如，一个封闭型的、缺乏信任的组织文化很难为个人或团队的努力提供需要的环境，而在这样一个环境中，即使个人付出很大的努力，也往往难以做出业绩。因此，在绩效评估过程中，组织应避免使用那些不能动态反映内外环境变化的执行程序。绩效评估可以分为以下几个步骤。

（一）确定评估目标

在不同的管理层级和工作岗位上，每一个员工所具备的能力和做出的贡献是不同的，而一种绩效评价制度不可能适用于所有的评估目标。例如，有些组织想要确定中层员工的潜能，而另一些组织想对一般员工进行工资的调整，显然，两者的侧重点不同，选用的评估制度也不同。所以，在考评员工时，首先要有针对性地选择并确定特定的绩效评估目标，然后根据不同岗位的工作性质，设计和选择合理的考评制度。

（二）确定评估主体

考评工作往往被视为人事管理部门的任务。实际上，人事部门的主要职责是组织、协调和执行考评方案，要使考评方案取得成效，还必须使那些受过专门评估培训的上级管理人员直接参与到方案实施中来，因为上级领导可以更为直观地识别员工的能力和业绩，并负有直接的领导责任。当然，下属和同事的评价也可以作为一种参考。

（三）评价员工业绩

在确定了特定的绩效评估目标和考评责任者之后，就应当通过绩效评价系统对员工特定的目标评估内容进行正确的考评。考评应当客观、公正，杜绝平均主义和个人偏见。在综合各考评表得分的基础上，得出考评结论，并对考评结论的主要内容进行分析，特别是要检查考评中有无不符合事实以及不负责任的评价，检验考评结论的有效程度。

（四）公布评估结果

考评人应及时将考评结果通知本人。上级主管可以与被考评对象直接单独面谈，共同讨论绩效评价的结果。这种面谈应该被看作一次解决问题而不仅仅是发现错误的良机。及时通报考评结论，可以使本人知道组织对自己能力的评价以及对所做贡献的承认程度，认识到组织的期望目标和自己的不足之处，从而确定今后需要改进的方向。如果认为考评有不公正或不全面之处，也可在认真反思和考虑之后进行充分申辩或补充，这有利于本人的事业发展，也有利于组织对本人工作要求的重新建立。

（五）评估结论备案

根据最终的考评结论，可以使组织识别那些具有较高发展潜力的员工，并根据员工成长的特点，确定其发展方向。同时还需要将绩效评估的结果进行备案，为员工今后的培训和人事调整提供充分的依据。

上述对绩效评估程序的讨论通常是在一种文化背景下进行的，而在跨文化背景之下则必须考虑评价系统的可转换性问题，在动荡的环境之下，评价系统必须具有灵活性和可行性。

二、绩效评估的方法

常用的绩效评估（绩效考核）方法：①结果导向性的绩效评估方法，例如，业绩评定表法、目标管理法（MBO）、关键绩效指标法（Key Performance Indicator，KPI）、平衡计分卡（BSC）等；②行为导向性的绩效评估方法，例如，关键事件法、行为观察比较法、行为锚定评价法、360 度绩效评估法等；③特质性的绩效评估方法，例如，图解式评估量表等。

这里，我们主要介绍两种较常用的绩效评估方法：关键绩效指标和平衡计分卡。

【企业实践】

SMART 原则

制定 KPI 指标，一般需要遵守 SMART 原则：

S 代表具体（Specific），指绩效考核要切中特定的工作指标，不能笼统；

M 代表可度量（Measurable），指绩效指标是数量化或者行为化的，验证这些绩效指标的数据或者信息是可以获得的；

A 代表可实现（Attainable），指绩效指标在付出努力的情况下可以实现，避免设立过高或过低的目标；

R 代表相关性（Relevant），指绩效指标是与工作的其他目标是相关联的；绩效指标是与本职工作相关联的；

T 代表有时限（Time - bound），指完成绩效指标的特定期限。

（一）关键绩效指标

这种方法主要是把绩效的评估简化为对几个关键指标的考核，将关键指标当作评估标准，把员工的绩效与关键指标作出比较的评估方法，在一定程度上可以说是目标管理法与帕累托定律的有效结合。关键指标必须符合 SMART 原则，这种方法的优点是标准比较鲜明，易于进行评估。它的缺点是对简单的工作制定标准难度较大；缺乏一定的定量性；绩效指标只是一些关键的指标，对于其他内容缺少一定的评估，应适当的注意。

（二）平衡计分卡

平衡计分卡是哈佛大学的罗伯特·卡普兰与波士顿地区的咨询大师大卫·诺顿在 20 世纪 90 年代最早提出的，它包括财务维度、顾客维度、内部业务流程维度和员工学习与成长维度。平衡计分卡反映了财务与非财务衡量方法之间的平衡，长期目标与短期目标之间的平衡，外部和内部的平衡，结果和过程平衡，管理业绩和经营业绩的平衡等多个方面。因此，能够有效反映组织综合经营状况，使业绩评价趋于平衡和完善，利于组织长期发展。

第五节　薪酬与福利

一、薪酬

奖金和薪酬有助于找到适合的人选，但其主要功能仍然是在员工进入公司后留住他们，并使他们的绩效最大化。从本质上来说，奖金就是用来鼓励实现预期的行为。预期的行为必须与公司的战略连在一起。因此，奖金体系必须与公司的战略挂钩。

大部分企业根据级别和职务构建薪酬结构（Salary Structure），并据此发放工资。工资是薪酬结构中最主要的组成部分，往往按小时或日历年度计算。按年来计算工资时，工资通常被称为年薪。实际上，年薪也是按月发放的。

传统的薪酬结构是层级制的，但现在大多数公司已经改用宽带薪酬结构（Broad - band Salary System）。宽带薪酬结构的主要优点是具有更大的灵活性，使企业员工的薪酬符合个人价值和不断变化的劳动力市场状况。

薪酬的另一个重要趋势是从个人的报酬总额主要由工资组成，演变成大部分报酬由风险报酬组成。风险报酬有时也称浮动薪酬，简单来说是指薪酬随着一些条件的变化而变化，这些条件包括公司的一般盈利能力，达到本单位特定预算目标、收入或成本节约目标，或达到特定的个人绩效目标等。越来越多的公司正在将员工的报酬总额之中的绝大部分放到“风险部分”。这主要是因为，如果薪酬总额由工资构成，那么在通货膨胀之后工资就要相应上调，通货膨胀加上由此产生的薪酬大幅上调会导致公司成本显著增加。如果薪酬中大部分与绩效挂钩，那么高绩效就会带来高薪酬。这就是激励计划（Incentive Plans）的概念，也就是说薪酬的一部分绑定绩效，这种方法虽然曾经只对高管适用，但是现在正越来越多地在整个组织中使用。

二、福利

有效的薪酬计划需要的不仅仅是金钱，工资是薪酬计划中重要的组成部分，福利也同样重要。

法律要求组织必须提供某些福利，比如，社会保障、失业救济、工伤赔偿等。至于其他形式的福利，比如健康保险、休假、内部托儿所和教育费用报销等，尽管法律没有强制规定，但是提供这些福利有助于公司留用高效的劳动力。

在全球范围内运营的公司发现，不同国家对于这些福利的要求也不尽相同。在过去，企业通过提供有吸引力的福利计划来吸引以及留住员工，但随着企业面对的员工范围越来越大且需求各不相同，企业在福利计划中的支出越来越多，甚至达到工资的20% ~40%。为降低高涨的福利成本，同时仍然满足不同员工的需求，公司开始推出所谓的“自助式福利计划”（Cafeteria - style Benefit Plan），即员工拿到一笔“福利币”，可以用来购买满足员工特定需要的福利计划。

第六节　职业生涯发展

一、职业生涯发展的路径

现实中，每个人都有自己不同的志趣、经历和背景，因此，每个人都会产生不同的职业偏好，特别是组织结构日趋扁平阻碍了人们的纵向流动，这使员工的职业计划不能只偏重于组织层级职位上的不断升迁，而更多地应体现在员工的技术和管理能力、工资、成就感、安全感、业务能力扩展等各个方面的心理满足感。一般而言，员工应根据自己的能力和兴趣，通过规划职业目标以及实现目标的手段，使自己在人生的各个不同阶段得到不断发展。

所谓职业生涯发展是指组织在发展过程中要根据内外环境变化的要求对员工进行动态调整，以使每个员工的能力和志趣都能与组织的需求相吻合。职业生涯发展体现了一个人在机遇面前所选择的不同发展路径。

1. 传统路径

传统路径是指员工在一个层级组织中经过不断努力，由下到上纵向发展的一条路径。由于兼并、重组、收缩、组织再造等行为的日趋增多，管理层的数目正在大量地减少，这使得纵向发展的机会不断减少。

2. 网络路径

网络路径是指员工在纵向层级和横向岗位上都具有发展机会。在这条路径上发展的人或组织认为，一个人如果在纵向晋升的过程中能够多一些横向发展的工作经历，将有助于员工的成长。由于比传统路径有更多的发展机会，因此也减少了路径堵塞的可能性和由此所带来的失落感。

3. 横向技术路径

横向技术路径是指员工通过努力不断拓宽专业技术知识。组织开辟这样的路径可以促使员工在不同的工作领域经受锻炼，可以调动员工不断创新的积极性，最终提升自己在组织中的价值。

4. 双重职业路径

双重职业路径是指组织通过设计技术发展路径让那些有一技之长的技术专家能够专心于技术贡献，而让那些有管理能力的人沿传统的升迁和发展路径。双重职业路径的优点在于避免了从合格的技术专家中选拔出不合格的管理者，使那些具有高技能的技术人员和管理者都能沿着各自不同的路径发展。

二、职业生涯发展的阶段

一个人的职业生涯将经历五个阶段：摸索期、立业期、生涯中期、生涯后期和衰退期，每一个阶段都有其特点。

1. 摸索期

对于大多数人而言，职业生涯摸索期是指从学校毕业到步入工作岗位这段时期。正是在这段时期人们形成了对职业生涯的一种预期，其中有很多是颇有抱负的理想，甚至是不切实际的幻想。这些理想或幻想在工作一开始可能会潜藏不露，到后来会逐渐暴露出来。如果这些理想或幻想能够实现，员工将会产生极大的成就感；反之，如果个人愿望不能够跟组织的实际安排相吻合，将使员工本人和组织都遭受不应有的挫折和损失。

2. 立业期

立业期是指员工从寻找工作和找到第一份工作开始到第一次体验工作成就为止。在这段时间内，员工需要经历与同事相处、做好本职工作、处理好个人生活问题以及体验现实中成功或失败的感受等过程。这个时期的特征是员工需要通过个人的思考和努力，调整自己的行为并与组织合拍，在磨合中不断改进自己的工作，一旦发生错误，要有勇气承认并加以改正。

3. 生涯中期

生涯中期是指从面临第一次严重的职业危机开始一直到走出困境为止的一段经历。在这一时期，一个人的绩效水平可能会继续改进提高，也可能保持稳定，或者开始下降。这一阶段的重要特征是人们此时已不再是一个学习者，不会再有更多的试错机会，如犯错误将会付出巨大的代价。特别是在层级组织中，如能够经受得住这一考验就可能获得更大的发展机会，反之，则可能要面临调整和变换工作或者寻求其他的方式走出困境，诸如继续深造、变换工作环境，等等。

4. 生涯后期

生涯后期是指经历了中期考验之后一直到退休这段时间。显然，对于那些成功地进行了中期转换获得了继续发展的人们来说，这段时期意味着收获季节的到来，事业成功，工作轻松，他们可以凭借自己多年积累的经验和判断力以及非凡的能力向组织证明其存在的价值。

5. 衰退期

衰退期是指退休之后的人生经历。这一段时期，对于成功的人士来讲，意味着几十年的成就和绩效表现就要停止，容易使人有失落感，而对于那些人生经历和绩效表现一般的人来讲则可能会有一个令人舒心的时期，因为此时他们可以把工作中的烦恼抛在脑后。

三、有效管理职业生涯的方法

职业生涯的阶段模型提示我们，处在不同时期的员工其特点是不一样的，有效管理职业生涯必须针对员工的特点分别对待。

对于摸索期的新员工来说，他们常常对自己的职务抱有不切实际的预期。因此，组织应该加强职前引导，及时而客观地告知有关工作职务和组织的正面和负面信息，避免由于目标的不匹配给组织和个人造成的震荡。

对于立业期阶段的员工来讲，必须给他们必要的培训和指导，以确保他们的知识储备和技能能够及时更新，使其能更好地开展组织工作，并及时对他们提供指导和鼓励。

对于职业中期阶段的员工，组织要及时提醒他们失误可能招致的代价，管理者应该做好必要的准备，帮助员工克服各种不稳定因素并使工作变得更富有弹性。

职业后期的员工希望有更多的时间或从事压力更小一些的工作。组织应该通过不断地调整及时开发利用这些员工的才能，保证组织在人才年龄结构上的合理一致性。

最后，组织应当认识到处于衰退期的每个人或许都会遇到情绪低落的时候，如若处理不好就会发生矛盾，甚至于发生敌视或攻击、挑衅行为，组织应当对其有所防范，特别是要做好这些人的思想工作，防止不必要的冲突和难堪。

复习与思考题

1. 人力资源计划编制的原则有哪些？
2. 员工招聘来源有哪些？
3. 请描述不同的甄选工具，以及哪些工具适用于哪些工作。
4. 培训有哪些类型？组织该如何提供每种培训方式？
5. 请列举一些影响员工薪酬和福利的因素。
6. 请描述不同的绩效评估方法。
7. 职业生涯发展的路径有哪些？

第五篇　领导

所谓『不可能』，只是现在的自己不可能，对将来的自己而言那是『可能』的。应该用这种『将来进行时』来思考。要相信我们具备还没有发挥出来的巨大力量。『行！我们能做。』衡量自己的能力要用『将来进行时』，用这种积极的态度对待工作。

——稻盛和夫

第十二章　领导

【学习目标】

通过本章的学习，你应该能够掌握以下几点。

- 正确定义领导并说明其作用。
- 讨论领导与管理、领导与权力的关系。
- 阐述领导者的特质与能力。
- 描述领导者的行为艺术。
- 描述领导者的类型。
- 正确认识追随者对领导行为的影响。
- 掌握各种领导理论的基本内涵。
- 探讨21世纪关于领导的一些新观点。

【管理小故事】

美的：远见者低调

叱咤于风口浪尖上的家电巨子们从来都是“影响力企业领袖排行榜”的常客。从2003年《中国企业家》首次评选开始，张瑞敏、李东生、倪润峰、陶建幸、周厚健都先后出现在这个舞台上。何享健1968年创业，扎根家电行业四十年，可谓是当今驰骋商界时间较长的企业家之一，何以至今才榜上有名？低调是原因之一。

何享健经常以自己普通话讲不好为由婉拒媒体来访，拒绝在公众场合发言。但实际上，他远离公众的举动源自他所信奉的“少说、多做、悄悄干”原则。在股份制改造、A股上市、MBO、引进战略投资者等一系列事关美的集团长远大计的关口上，何享健走得稳健、顺畅，让美的悄然过关。当省领导提出由政府出面为美的的发展史著书立传时，何享健的反应依然是客气地回绝。

除了低调，何享健在战略决策上也较为谨慎。例如，2004 年，当 TCL 收购汤姆逊和阿尔卡特为中国企业打开国际化之窗时，何享健却放弃了几乎相同的机会。这一年，美国第三大家电巨头美泰克找到美的，希望何享健能够出手接盘，但何享健给出意见："可以接触一下，但送给我，我都不要。""不背包袱，不扛大旗；不冒进，要量力而行。"

更为难得的是，何享健依然享受着"中国家电行业最潇洒的老板"的逍遥自在。何享健至今不用手机，也没有手机。他一下班就回家，一刻也不在办公室多留。晚上从不加班。让别人替自己操心，实施事业部制，培养内部企业家，这些一直是何享健潇洒经营美的的不传秘籍。他认为，做企业的人不要整天想着自己怎么把所有的事情都做好，而是要想如何让别人来干，找谁来干，自己怎么为经理人创造一个好的环境。因此，如果你问何享健这些年最让他操心的问题是什么。他的回答一定是如何为美的的长远发展做好制度的安排，如何让企业在一种完善的治理结构下健康运转，做到"集权有道，分权有序，授权有章，用权有度"。(有部分改动)

资料来源：佚名．何享健：远见者低调［J］．中国企业家，2007 (23)：114－115.

在整个管理过程中，领导是联结决策、组织及控制等各项管理职能的纽带，是实现组织目标的关键。领导职能就是对组织中的全体成员辅以指导与领导，进行沟通联络，运用恰当的激励手段，对下属施加影响，把组织成员的个体目标和组织目标进行有效匹配。

第一节　领导概述

一、领导的含义

领导是一个人们熟悉的日常用语，但是它远比人们想象的要复杂得多。正是因为这样，它才成为一个有趣而又耐人寻味的话题。一般而言，领导是指管理者依靠其影响力，指挥、带领、引导和鼓励被领导者，实现组织目标的活动和艺术。其基本含义包括以下三个方面。

(1) 领导是一种活动，是带领、引导和鼓舞成员完成工作、实现目标的过程。

(2) 领导的本质是一种影响力，领导者拥有影响被领导者的能力或力量，它既包括由组织赋予的职位权力，也包括领导者个人所具有的影响力。当一个领导者的职位权威不足以说服下属从事适当的活动时，领导是无效的。

(3) 领导的目的是实现组织目标，领导必须通过影响下属来实现组织的目标。

二、领导的作用

领导的作用，取决于对领导的含义的理解。所谓领导，就是指挥、带领、引导和鼓励下属为实现目标而努力的过程。这一定义包括三个要素：①领导者必须有下属或追随者；②领导者拥有影响追随者的能力或力量，它们既包括由组织赋予领导者的职位和权力，也包括领导者个人所具有的影响力；③领导的目的是通过影响下属来达到组织的目标。

在以上基础上，我们认为领导者在带领、引导和鼓舞下属为实现组织目标而努力的过程中，要具有指挥、协调和激励三个方面的作用。

三、领导和管理

领导和管理是两个经常交替使用的术语。从表面上看，两者没有什么差别，人们通常将它们混为一谈。从行为方式看，领导和管理都是一种在组织内部通过影响他人来实现组织目标的过程。从权力的构成看，两者也都是组织层级岗位设置的结果。近年来，一些学者认为管理和领导是不同的。

在词性方面，领导有两种含义：一种是名词属性的领导，即领导者的简称；另一种是动词属性的领导，即领导是领导者所从事的活动。所以，领导既可以指一种类型的管理人员，也可以是作用于被领导者的一种活动。

有学者认为，领导需要创建组织或单位的愿景，即设立、沟通、提出新的方向性目标和程序，激励下级去实施。管理的职能更日常化、具有任务导向，如处理人际冲突、计划或组织，通常是实施他人（组织的领导人）所制定的目标。

从本质上说，管理是建立在合法的、有报酬的和强制性权力基础上的对下属命令的行为。领导可能是建立在合法的、有报酬的和强制性的权力基础上的，但更可能是建立在个人影响权和专长权以及模范作用的基础上的。

因此，一个人可能既是管理者，也是领导者，而领导者和管理者两者相分离的情况也会存在。从行为方式的作用对象来看，行使管理职权的人称为管理者。但管理者的本质是被任命的，他们拥有合法的权力进行奖励和惩罚，其影响力来自他们所在的职位所赋予的正式权力。相比之下，作为行使领导职权的领导者，既可以是任命的，也可以是从某个群体中产生出来的，如梅奥20世纪30年代在霍桑试验的研究中指出的非正式群体的头领。所以，领导者可以不运用正式权力来影响他人的活动。

在理想情况下，所有的管理者都应是领导者，但是，领导的本质是被领导者的追随和服从，它不是由组织赋予的职位和权力所决定的，而是取决于追随者的意愿。因此，有些具有职权的管理者可能没有下属的服从，他们也就谈不上是真正意义上的领导者。管理学意义上的领导者是指能够影响他人并拥有管理的制度权力的人。

四、领导和权力

1. 领导的核心——权力

自从人类社会形成以后，就有了权力问题。权力作为一种社会控制力量，存在于一切社会形态之中。有代表性的关于权力的学说主要有三种。

（1）能力说。“权力可被看成一种不顾阻力而实现人们意志的可能性，或者说是一种对别人行为产生预期影响的能力。”

（2）强制意志说。权力是“一个人或一些人在某一社会行动中甚至不顾其他参与这种行动的人的抵抗的情况下实现自己意志的可能性”。

（3）关系说。权力是“一个人或许多人的行为使另一个或其他许多人的行为发生改变的一种关系”。

上述对权力的定义，尽管在表述上不同，但我们还能发现一些关于权力的共性东西。

（1）权力关系存在于人与人的关系中，但这种关系是不平等的，它是管理－服从关系。

（2）权力是一种力，是一种支配力或影响力，能使受方的意志受到影响进而服从权力行使方的意志。

（3）权力具有强制性，这种强制性在权力受方不服从时表现出来。

2. 领导权力的构成

约翰·弗伦奇（John French）和伯特伦·雷文（Bertram Raven）提出了权力有五种来源或基础：强制权，奖赏权，法定权，专家权和感召权。

（1）强制权，也称为惩罚权。它是指通过精神或物质上的威胁，强迫下属服从的一种权力。惩罚权源于下属的恐惧感：下属认识到，如果不按照领导的指示办事，就会受到诸如扣发工资奖金、批评、降职乃至开除等惩罚。

（2）奖赏权。它是指提供奖金、提薪、表扬、升职和其他任何令人愉悦的东西的权力，是基于下属执行命令或达到工作要求而给其进行奖励的一种权力。奖赏权源于下属期望奖励的心理。

（3）法定权。它是指组织内各管理职位所固有的、法定的、正式的权力。这种权力来自领导者在组织中担任的职务，来自下属传统的习惯观念，即下属认为领导者拥有的职务权力是合理、合法的，他必须执行领导者的命令。

（4）专家权，也称为专长权。它是指由个人的特殊技能或某些专业知识而产生的权力。一个人由于具有某种专业知识、特殊技能或经验赢得了他人的尊敬，他人就会在一些问题上服从于他的判断和决定。

(5) 感召权，也称为模范权。这是与个人的品质、魅力、经历、背景等相关的权力，也被称为个人的影响力。一个拥有独特的个人特质、超凡魅力和良好思想品德的人，会使其他人认同他、敬仰他、崇拜他，以至于达到其他人要模仿他的行为和态度的地步，这样他对其他人就有了感召权。

在上述权力中，前三种权力都是与职位有关的权力，统称为制度权，亦称行政性权力。这种权力是由上级和组织所赋予的，并由法律、制度明文规定，不依任职者的变动而变动。

后两种权力都与组织的职位无关，因此，也称为非职位权力。这种权力是由于领导者自身的某些特殊条件才具有的。这种来自个人的权力通常是在组织成员自愿接受的情况下产生影响的，因而易于赢得组织成员发自内心的、长时期的敬重和服从。

显然，有效的领导者不仅要依靠正式的职位权力，还必须具有个人影响力。

3. 权力与领导的关系

权力与领导是有差别的，最主要的差别在于目标的相容性。权力不要求构成权力关系的双方有着一致的目标，领导则要求领导者与被领导者有着相互一致的方向。

但是，权力对于领导工作是极为重要的。首先，领导过程中影响他人的基础是权力；其次，组织中权力的配置决定了领导的工作方式；最后，正确地对待权力是领导工作成功的保证。

第二节　领导过程——领导者

所有的管理者都是领导者吗？或者，所有的领导者都是管理者吗？我们可以这样说，在理想情况下，所有的管理者都应是领导者。但是，并不是所有的领导者必然具备完成其他管理职能的潜能，因此不应该将所有的领导者都处于管理岗位上。一个人能够影响别人这一事实并不表明他同样也能够计划、组织和控制。既然所有的管理者都应是领导者（在理想条件下），下面我们就从管理的角度上探讨这一主题。因此，本节阐述的领导者（Leaders）指的是那些能够影响他人并拥有管理权力的人。

一、领导者的本质

领导者指的是那些能够影响他人并拥有管理权力的人。管理者与领导者并不一致，但不少人常常将他们混为一谈。管理者与领导者的不同之处：管理者是被任命的，他们拥有合法的权力进行奖励和处罚，其影响力来自他们所在的职位所赋予的正式权力；领导者可以是任命的，也可以是从一个群体中产生出来的，领导者可以不运用正式权力就能影响他人的活动。

二、领导者的特质

担任管理角色的领导者带给工作环境的一个重要组成部分就是其特质，即一个人一些相对持久的特征。在所有的特质中，能够预测领导有效性的最显著特质是内在驱动力、领导的动机、诚实/正直、自信以及情感成熟度。

（1）内在驱动力：追求目标时投入大量的精力，坚持不懈。

（2）领导的动机：有强烈的愿望去影响别人，想做“负责人”。这种人在与他人交往时乐于使用权力。

（3）诚实/正直：值得信赖。拥有这种特质的人所说的话一贯都是可以信赖的，而且总是言出必行。

（4）自信：坚定地相信自己的能力。具备这种特质的人对自己及他人的期望都很高，对于克服障碍实现目标总是很乐观而不会悲观。与诚实/正直相比，自信这种特质如果表现过度，就会产生负面效果，让领导者产生自己绝对没错的感觉，并表现出傲慢的态度。潜在的追随者会因为这种感觉和态度而疏远领导者。换句话说，过度自信可能会导致所谓的“成功的阴影”，即领导得过于成功反而会为今后的领导问题埋下伏笔。此外，无论管理者对自己和员工多么有信心，都代替不了对未来的准备。依赖自信而忽略计划性的管理者，必将面临未来的失败。

（5）情感成熟度：面对紧张和压力，依然能保持淡定。成熟的人往往会准确地评估自己的长处和短处。此外，他们很少以自我为中心，在面对批评时不做过多的辩解。

必须再次强调，这些特质并不能保证一个人会成为领导者或必然可以有效地领导。很少有人能够拥有以上全部的特质。但是，如果某人具备这些特质中的一个或者多个，那么就会增加他成为合格领导者的机会。特质提供了潜力，但其他要素（如技能、态度、经验以及机遇）决定了这种潜力能否得以实现。

名人解读

美的电器 CEO 方洪波四种管理境界

崇尚管理至上的方洪波认为：“管理是竞争力的根本来源。”提高效率是一项系统的复杂工程，也是所有管理者的终极命题。他在他的博客上写道：“我一生中都希望保有一种高尚的境界，这是我内心的一片净土，我所追求的四种管理境界。

"第一是'全我'——全身心地投入工作，鞠躬尽瘁；

第二是'有我'——体系建好后我无处不在，人人都能感受到我的威信和赋予他们的权力；

第三是'忘我'——让体系自动运转，无论我身处远近还是消失，它都能健康运作；

第四是'无我'——个人从有所图到无所图。"

他说，人走的位置越高，越要精神上的修炼，就像习武之人，练武到最后是炼气。

资料来源：世界经理人互动社区。

三、领导者的技能和能力

作为一个领导者，必须具备一定的身体素质和思想素质，具有一定的业务知识和较高的业务技能。

1. 分析、判断和概括能力

领导者应能在纷繁复杂的事务中，透过现象看清本质，抓住主要矛盾，运用逻辑思维进行有效的归纳、概括、判断，找出解决问题的办法。

2. 决策能力

决策，特别是经营决策，对企业生产经营的效果影响巨大。领导者的决策能力是多种能力的综合表现。任何正确的决策，都来源于周密细致的调查和准确而有预见的分析判断，来源于丰富的科学知识和实践经验，来源于集体的智慧和领导勇于负责的精神。因此，决策要求领导者在充分掌握企业内外环境资料的基础上进行科学预测，并对多种方案进行比较和选择。

3. 组织、指挥和控制的能力

领导者应懂得组织设计的原则，如因事设职、职权一致、命令统一、管理幅度等，熟悉并善于综合运用组织的形式及力量协调人力、物力和财力。控制能力要求在实现企业预定目标的过程中，能够及时发现问题并采取措施予以克服，从而保证目标的顺利实现；在确认目标无法实现时，要能果断地调整目标。

4. 沟通、协调企业内外各种关系的能力

善于与人交往，倾听各方面的意见，应是交换意见、沟通情况的能手。对上，要尊重，争取帮助与支持；对下，要谦虚，平等待人；对内，要有自知之明，知道自己的长处和短处；对外，要热情、公平而客观。

5. 不断探索和创新的能力

对做过的工作能及时、认真总结经验，吸取教训，善于听取不同意见，从中吸取有用的东西。对新鲜事物要敏感，富有想象力，思路开阔，善于提出新的设想、新的方案，对工作能提出新的目标，鼓舞下属去完成任务。

6. 知人善任的能力

要重视人才的发现、培养、提拔和任用，知其所长，委以适当工作；重视教育、提高部属的业务能力；大胆提拔，勇于起用新人。

四、领导者的艺术

要实行有效的领导，领导者不仅要熟悉各种领导理论、掌握基本的领导方法，而且要有高超的领导艺术，这样才能创造性地完成各项领导任务，达到预期的目的。孙子曰："兵无常势，水无常形，能因敌变化而取胜者，谓之神。"

所谓领导艺术，就是指在领导的方式方法上所表现出的创造性和有效性，是领导者在一定知识、经验和辩证思维的基础上，富有创造性地运用领导原则和方法的才能。这种才能是领导者智慧、学识、胆略、经验、作风、品格、方法、能力的综合体现。

（1）领导艺术离不开领导者的个人素质，一个满足现状、不求上进的人不会成为一个成功的领导者。只有高素质的领导者才有可能将领导艺术发挥得淋漓尽致。

（2）领导艺术与实践密切联系，单靠书本永远培养不出有用人才，实践是领导艺术的基础。组织内外部复杂多变的环境使领导艺术更具有魅力。

（3）领导艺术的核心和灵魂是创造性，领导艺术是真、善、美在领导活动中的自由创造与发挥。

（4）领导艺术能够给人以美感，给人以舒畅、愉悦的感觉，不能给人以美感的领导，谈不上领导艺术。

（5）领导艺术必须有效，即带来领导绩效。领导艺术要在实践中能够更好地解决问题，带来真正的领导绩效，否则谈不上艺术。

五、领导者的类型

（一）集权式领导者和民主式领导者

组织中的领导者是复数而非单数，是一群人而非一个人。领导者的类型划分首先可从管理的制度权力的集中与分散进行，即按权力运用方式可分为两类：集权式领导者和民主式领导者。

1. 集权式领导者

所谓集权，指在管理学的意义上，领导者把管理的制度权力进行收敛的行为和过程。因此，集权式领导者就是把管理的制度权力相对牢固地进行控制的领导者。由于管理的制度权力是由多种权力的细则构成的，如奖励权、强制权和收益的再分配权等，这就意味着对被领导者或下属而言，在集权式领导下，其受控制的力度较大。在整个组织内部，资源的流动及其效率主要取决于集权领导者对管理制度的理解和运用，同时，专长权和个人影响权是他行使上述制度权力成功与否的重要基础。这种领导者把权力的获取和利用看成是人生的自我价值。

显然，这种领导者的优势在于，通过完全的行政命令，管理的组织成本在其他条件不变的情况下，要低于在组织边界以外的交易成本。这对于组织在发展初期和面临复杂多变的环境时，是有益处的。但是，长期将下属视为某种可控制的工具，不利于领导者职业生涯的良性发展。

2. 民主式领导者

和集权式领导者形成鲜明对比的是民主式领导者。这种领导者的特征是向被领导者授权，鼓励下属的参与，并且主要依赖于其专长权和个人影响权影响下属。从管理学角度看，这样的领导者通过对管理制度权力的分解、进一步激励下属的需要去实现组织的目标。由于这种权力的分散性，使得组织内部资源的流动速度减缓、决策速度降低，进而增大了组织内部的资源配置成本。但是，这种领导者对组织带来的好处也十分明显。通过激励下属，组织会发展所需的知识，尤其是意会性或隐性知识，能够充分地积累和进化，员工的能力结构也会得到长足提高。因此，相对于集权式领导者，这种领导者更能为组织培育当下需要的智力资本。

（二）魅力型领导者和变革型领导者

1. 魅力型领导者

这种领导者有着鼓励下属超越他们的预期绩效水平的能力。他们的影响力来自以下方面：有能力陈述一种下属可以识别的、富有想象力的愿景；有能力提炼出一种下属赞同的公司价值观系统；信任下属并获取他们充分的信任回报；提升下属对新结果的意识，激励他们把部门或组织的利益放在自身利益之上。这种领导者不像事务型领导者那样不擅长预测，他们善于创造一种变革的氛围，热衷于提出新奇的、富有洞察力的想法，并且还能用这样的想法去刺激、激励和推动其他人勤奋工作。此外，其感染力与号召力可以鲜明地拥护某种达成共识的观念；有未来的眼光，而且就此与下属沟通，明确他们的工作方向。

2. 变革型领导者

这种领导者鼓励下属把组织的利益放在首位，并能对下属产生深远而且不同寻常的影响，如美国微软公司的比尔·盖茨。这种领导者关心每一个下属的日常生活和发展需要，帮助下属用新观念分析老问题，进而改变他们对问题的看法，能够激励、唤醒和鼓舞下属为达到组织或群体目标而付出加倍的努力。

（三）事务型领导者和战略型领导者

1. 事务型领导者

事务型领导者一般也称为维持型领导者。这种领导者通过明确角色和任务要求，激励下属向着既定的目标活动，并且尽量考虑和满足下属的社会需要，通过协作活动提高下属的生产率水平。他们对组织的管理职能推崇备至，勤奋、谦和且公正，以把事情理顺、工作有条不紊地进行为豪。这种领导者重视非人格的绩效内容，如计划、日程和预算，对组织有使命感，并且严格遵守组织的规范和价值观。

2. 战略型领导者

战略型领导者一般是指组织的高层管理人员，尤其是首席行政长官（CEO）。其他战略型领导者还包括企业的董事会成员、高层管理团队和各事业部的总经理。不管头衔和组织的功能怎样，战略型领导者一般具有不可授权的决策责任。没有战略型领导者，也就无所谓战略的提出与实施。

战略型领导者的特征是用战略思维进行决策。战略本质上是一种动态的决策和计划过程，战略追求的是长期目标，行动过程是以战略意图为指南，以战略使命为目标基础。因此，战略的基本特征是行动的长期性、整体性和前瞻性。对战略型领导者而言，是将领导的权力与全面调动组织的内外资源相结合，实现组织长远目标，把组织的价值活动进行动态调整，在市场竞争中站稳脚跟的同时，积极竞争未来，抢占未来商机。战略型领导者认为组织的资源由有形资源、无形资源和有目的地整合资源的能力构成。他们的焦点经常超越传统的组织边界范围中的活动，进入组织之间的相互关系地带，并将这种区域视为组织潜在的利润基地。

战略型领导行为是指拥有预见、洞察，保持灵活性并向他人授权，以创造所必需的战略变革的能力。战略领导是多功能的，涉及通过他人进行管理，包含整个企业的管理，并帮助组织处理随着竞争环境的巨变带来的变化。管理人力资本的能力是战略领导者最重要的技能。能干的战略领导者有能力创造产生知识资本的社会结构，能提出组织创新的思想。对企业来说，现代社会的竞争将不只是产品之间或公司之间的竞争，更是组织管理人员的思维方式之间和管理框架之间的竞争。战略型领导者行为的有效性，取决于他们愿意进行坦荡、鼓舞人心但却是务实的决策。他们注重获取上级、下属及同行对于决策价值的反馈信息，讲究面对面的沟通方式。

第三节　领导过程——追随者

一、追随者的内涵

领导过程的第二个关键部分是那些接受领导和被影响的人，即追随者或下属。在理论界中，追随者的研究成果比领导者的少得多。实际上，追随者往往能在很大程度上影响领导者的成功。

和领导者类似，追随者也具备个人特质、过去的经验、信念和态度以及技能和能力，但是相对于领导者来说，这些特征的数量和本质可能是不同的。此外，在一个工作环境下，追随者通常比领导者拥有较低的职位权力。然而，在日益扁平化以及层级更少的现代组织里，这种差异不像过去那么明显。例如，下属通过互联网技术可以获取大量的信息，这样可以减小权力的差距。追随者的正式权威和领导者的正式权威差异的减小，正在改变当今组织中领导过程的本质，从而给想成为领导的人带来了新的挑战。在当代组织中，领导者不能想当然地认为他们比那些处于从属职位的人拥有更多的专业技能和知识。

此外，有一个不容忽视的事实：在组织中，几乎每一个领导者也都是别人的追随者。因此，在组织中，大多数人要学会如何成为优秀的追随者和优秀的领导者。

美国西点军校也认可这一点。在学员第一年的学习期间，学校指导他们学习关于追随者的基本知识。正如一名前西点军校教官所说："新学员不知道如何带好士兵，不知道如何有效地激励、训练、奖励或惩罚。"因此，军校会在他们入学的第一年教他们如何成为一个好的追随者，并且示范如何成为一个有效的领导者。一名经验丰富的观察员指出："组织的兴亡在一定程度上取决于领导者能否正确地领导，也在一定程度上取决于追随者能否有效地跟随。"学会做一个有效的追随者是成为有效领导者的重要部分。但是，这并不是说，所有的追随者都能够成为一个优秀的领导者。

二、追随者的风格类型

领导者很关键，但是，如果没有有效的追随者，那么组织也不可能存在。罗伯特·凯利对管理者和他们的下属做了大量的采访，根据两个维度进行分类，提出了五种追随者风格。

第一个维度是独立的、批判性思维（Critical Thinking）与依赖的、非批判性思维（Uncritical Thinking）。独立的、批判性思维者对于自己及他人的行为对实现组织目标的影响非常警觉。他们会比较上级的决定和自己的决定产生的影响大小，并且提出建设性的批评意见，给组织带来创造力和创新。相反，一个依赖的、非批判性思维者往往不会想到超越对他的要求，可能不会对组织的培养有较大贡献，更倾向于不加思考地接受上级的想法。

第二个维度是主动行为与被动行为。一个主动的追随者会完全投入到组织中，参与超越他的工作职责的行为，表现出一种主人翁精神，并且主动发起解决问题和制定决策的活动。相比之下，一个被动的追随者的显著特征是需要上级不断地监督和激励。被动通常被视为懒惰，一个被动的人从不做要求之外的事情并且避免担负额外的责任。

一个人主动或被动的程度，独立的、具备批判性思维或依赖的、具备非批判性思维的程度决定了一个人的领导风格是疏远型追随者、墨守成规者、实用主义生存者、被动型追随者还是有效追随者。

疏远型追随者（Alienated Follower）是一个被动但是独立的、具备批判性思维的人。疏远型追随者一般是有效率的追随者，他们经历过挫折和困难，他们的上级可能曾违背承诺，因此他们很能干，也会关注上级的缺点。通常，疏远型追随者会独立思考，但是不会主动解决他们发现的问题。这些追随者往往将宝贵的时间浪费在抱怨上级上而不是提出建设性的意见上。

墨守成规者（Conformist）会主动与老板建立关系，却不具有批判性思维。换句话说，墨守成规者往往会执行所有的命令，而不管命令的本质是什么。墨守成规者愿意参与要求他们做的事情，但是却不考虑这些事情的后果，即使可能给组织带来损害，他们也会做。墨守成规者只关心如何避免冲突。这种追随者风格可能是个人对权威过度依赖，也可能是僵化的规章制度和独裁环境造成的墨守成规的文化所带来的结果。

实用主义生存者（Pragmatic Survivor）会采用能给他所在职位带来最大好处并使风险最小化的任何一种风格。实用主义生存者往往出现在一个组织经历艰难困苦的时候，他们会做任何有助于组织渡过难关的事情。在公司中，总有25%～35%的人是实用主义生存者，他们热衷于规避风险并维持现状。

被动型追随者（Passive Follower）既不表现出批判性思维，也不表现出主动参与。因为被动和非批判性思维，这些人既没有主动性也没有责任感。他们的活动仅限于他们被告知要做的事情，他们只有在监督下才能完成任务。被动型追随者将思考的任务留给他们的上级。通常，这种风格的追随者是由鼓励消极行为的“管头管脚”型的上级造成的。因为人们认识到表现出主动性、承担责任或创造性思考不但不会受到奖励，反而会被上级惩罚，所以他们就变得越来越消极。

有效追随者（Effective Follower）不仅是独立的、具备批判性思维的人，而且在组织中表现得很积极。无论别人在组织中占据何种职位，有效追随者在所有人面前都表现得一样。他们与上级保持平等的关系，不回避风险和冲突。他们能够自我管理，能够认识到自身和上级身上的优点和缺点，能够全身心地投入某些超越自身能力的事情，并且致力于提高能力、解决问题、产生积极的影响。

第四节　领导过程——情境

关于领导过程的分析，除了领导者、追随者以外，第三个关键元素是围绕着领导过程的情境。情境中有两个重要的变量，即需要完成的任务与组织情境。

一、任务

需要完成的任务是领导者所需面对的情境的一个重要组成部分。如果改变任务，领导过程极有可能也发生改变。研究表明，任务从两个方面影响领导过程，即任务的结构化程度以及任务所需的下属的判断能力。

例如，美国报税代理商 H&R Block（布洛克税务公司）中的某个团队是一群刚刚接受训练的、缺乏经验的税务编制员，这个团队的管理者很可能就要采用一种以任务为导向的高度公平的领导方式，以确保在分析客户回报时能有精确的方针指导员工；而在诸如默克制药之类的公司中，项目领导者要检查的是一群受过高等教育的、进行前沿研究的科学家的工作，他可能更注重新的科学信息持续供给，以及即使不能立刻研究出一些实用的成果，也要为团队筹集更多的资金。因此，这个管理者可能会使用一种更人际导向的、很少下达命令的领导方式。

二、组织情境

组织情境不仅包括直接工作小组（那些与领导者直接接触的群体），而且还包括更宽泛的组织（包括那些不常与领导者有频繁个人接触的个体和团队）。组织情境的许多特性会影响领导过程。其中，特别重要的是组织的基本文化，即组织的历史、传统和规范。

例如，某人以前在一家大型且节奏较慢的公司工作，其可能会发现以前能有效应用的领导风格在初创型企业中不会产生相同的效果。反过来也会如此：在冰激凌店里幽默、不拘小节的领导风格并不一定适用于那些大的、传统的公司。这些可能是极端情况，但它们表明一个组织的文化是极有可能决定领导过程的。除了文化，组织环境中影响领导的其他重要方面还包括组织结构、人力资源政策以及控制模式。

第五节　领导理论

国内外很多学者针对领导行为进行了大量的研究，提出了各种各样的领导理论。尽管这些领导理论千差万别，但目的都是探究如何造就一个有效的领导者。从研究的角度来看，大体上可以归纳为三个方面：第一种是研究领导者应当具有哪些人格特质，称为领导特质理论；第二种则试图根据个体的行为倾向解释领导，称为领导行为理论；第三种观点运用权变模型弥补了先前理论的不足，并将各种领导理论的研究成果综合在一起，称为领导权变理论。这种领导理论认为，针对不同的情境，需要选择不同的领导方式，所以它又称为领导情境理论。

一、领导特质理论

领导特质理论也称伟人理论，形成于20世纪初到20世纪40年代，主要研究一名优秀而成功的领导所具有的内在品质与领导相关行为及绩效方面的关系。这一理论的出发点是领导者的个人特质是决定领导效能的关键因素，领导效率的高低主要取决于领导者的特质，以及成功的领导者一定具有某些共同点。根据领导效果的好坏，找出两者在个人品质或特性方面的差异，由此就可确定优秀的领导者应具备哪些特质。

狭义的特质是指个性特质。“就是一个人给他人的印象”，即直观的领导力，如形象、气质、语言风格及基础性、习惯性的心理结构和行为方式。广义的特质包括生理、心理、行为和观念的所有特征。随着管理学和心理学等学科的产生和发展，有人对领导特质进行了较系统、科学的探讨，陆续出现了各种各样的领导特质理论。

心理学家吉普（J. R. Gibb）认为，天才的领导者应该具备7种个性特点：①外表英俊潇洒，有魅力；②有言辞；③智力过人；④具有自信心，心理健康；⑤善于控制和支配他人；⑥性格外向；⑦灵活敏感。

斯托格迪尔（R. Stogdill）认为，领导者应具有16种先天特性：①有良心；②可靠；③勇敢；④责任心强；⑤有胆略；⑥力求革新与进步；⑦直率；⑧自律；⑨有思想；⑩人际关系良好；⑪风度优雅；⑫乐观；⑬身体健康；⑭智力过人；⑮有组织能力；⑯有判断力。

美国的包莫乐（W. J. Baumol）教授曾对企业家应具备的条件进行研究，他提出一个企业家应具备下面10个条件：①合作精神，能赢得人们的合作，愿意与其他人一起工作，对人不是压服，而是感服和说服；②决策才能，依据事实而非想象来进行决策，有高瞻远瞩的能力；③组织能力，善于组织人力、物力和财力；④精于授权，能抓住大事，把小事分给部属去完成；⑤善于应变，权宜通达、机动进取而不抱残守缺、墨守成规；⑥勇于负责，对上下级以及整个社会抱有高度责任心；⑦勇于求新，对新事物、新环境、新观念有敏锐的接受能力；⑧敢担风险，要敢于承担改变企业现状时遇到的风险，并有创造新局面的雄心和信心；⑨尊重他人，重视和采纳别人的合理化意见；⑩品德高尚，在品德上为社会和企业员工所敬仰。

日本企业界要求领导者应具有10种品德和10项能力。10种品德：①使命感，无论遇到什么困难，都要有完成任务的坚强信念；②信赖感，同事之间、上下级之间保持良好的关系，互相信任与支持；③诚实，在上下级之间和同事关系中，要真心实意，以诚相待；④忍耐，具有高度的忍耐力，不随意在下属面前发脾气；⑤热情，对工作认真负责，对同事与下级热情体贴；⑥责任感，对工作勇于担责；⑦积极性，对任何工作都要主动，以主人翁的态度去完成；⑧进取心，能在事业上积极上进，不满足现状；⑨公平，对人对事都要秉公处理，不徇私情；⑩勇气，有向困难挑战的勇气。10项能力：①思维、决策能力；②规划能力；③判断能力；④创造能力；⑤洞察能力；⑥劝说能力；⑦对人的理解能力；⑧解决问题的能力；⑨培养下级的能力；⑩调动积极性的能力。

瓦伦·本尼斯（Warren Bennis）研究了美国90位杰出和成功的领导者，发现他们有4种共同的能力：①有令人折服的远见和目标意识；②能够清晰地表述这一目标，使下属明确理解；③对这一目标的追求表现出一致性和全身心的投入；④了解自己的实力并以此作为资本。

康格（Conger）和凯南格（Kanungo）研究发现，具有领导魅力的领导有5个特点：①他们有一个希望达到的理想和目标；②为此目标能够全身心地投入和奉献；③反传统；④非常固执和自信；⑤他们是激进变更的代言人而不是传统现状的卫道士。

领导者的领导魅力与下属的高绩效和高满意度之间有着显著的相关性。为具有领导魅力的领导者工作的员工愿意为工作付出更多的努力，而且由于他们喜爱自己的领导，也表现出更高的满意度。表12－1总结了具有领导魅力的领导者的特点。

表12－1　具有领导魅力的领导者的特点

序号	特点
1	自信：对自己的判断和能力充满信心
2	远见：有理想的目标，认为未来定会比现状更美好。理想目标与现状差距越大，下属越有可能认为领导者有远见卓识
3	清楚表达目标的能力：能够明确地陈述目标，使其他人都能明白。这种清晰的表达表明了对下属需要的了解，然而，它可以成为一种激励的力量
4	对目标的坚定信念：具有强烈的奉献精神，愿意从事高冒险性的工作，为了实现目标能够自我牺牲

续 表

序号	特点
5	不循规蹈矩的行为：行为是新颖的、反传统的、反规范的。当获得成功时，这些行为会令下属崇敬
6	作为变革的代言人：是激进变革的代言人而不是传统现状的卫道士
7	环境敏感性：能够对需要变革的环境加以限制和对资源进行切实可行的评估

当然，有效的领导者通常具有多种特质，没有一个领导者具有所有的特征，可以应对所有的问题、挑战和机会。研究表明，乐观是高层管理人员最常见的特质。领导者需要在他人看到问题的地方发现可能性，并给他人美好未来的希望。但是，乐观也会使领导者过度自信，导致他们忽略危险信号并低估风险。

领导特质理论侧重于比较领导者与被领导者、高层领导者与基层领导者、成功的领导者与不成功的领导者之间的个体差异，试图确定成功的领导者具有什么样的人格特质，也就是确定具有什么样特性的人适合做领导者，进而在此基础上确定进行什么样的训练能够培养出胜任领导工作的人。但是，大量研究使我们得出这样的结论：具备某些特质确实能提高领导者成功的可能性，但没有一种特质是成功的保证。为什么领导特质理论在解释领导行为方面并不成功？原因有四个：①它忽视了下属的需要；②它没有指明各种特质之间的相对重要性；③它没有对因和果进行区分（如到底是领导者的自信导致了成功，还是领导者的成功建立了自信）；④它忽视了情境因素。这些方面的欠缺使得研究者的注意力转向其他方向。从20世纪40年代开始，领导特质理论就已不再占主导地位了。

20世纪70年代以来，人们逐渐认识到领导者的个性特征是在实践中形成的。现代领导特质理论一反传统领导特质理论强调遗传、天赋的片面观点，认为领导者的个性特征和品质是在后天的实践中形成的，并且可以通过培养和训练加以造就。

因此，现代领导特质理论家的研究一般从两方面着手：一方面，采用心理测量法对领导者的气质、性格、行为习惯进行测验，并通过心理咨询以矫正或治疗；另一方面，根据现代企业的要求提出评价领导者素质的标准，并通过专门的方法训练、培养有关素质。一般认为，前一种研究主要注意领导者素质与遗传因素的关系，因而比较注重领导者素质的测量和改善；后一种研究主要注意后天的环境因素等对领导者素质的作用，因而比较重视领导者素质的培养。

这方面研究比较突出的有美国心理学家吉色利（E. E. Chiselli）。吉色利采用语义差别量表测定领导者的素质，并对结果进行因子分析。吉色利得出的领导者素质可分为三大类，共13个因子，如表12－2所示。

表 12－2 领导者素质

能力	个性品质	激励
管理能力 智力 创造力	自我督导 决策 成熟性 对工作班子的亲和力 男女性别差异	职业成就需要 自我实现需要 行使权力需要 高度金钱奖励需要 工作安全需要

表 12－2 中所列素质因子的重要性并不一致。其中保证领导有效性最强有力的六个因子的等级顺序为管理能力、职业成就需要、智力、自我实现需要、自我督导和决策。不大重要或作用较小的因子的等级顺序为工作安全需要、对工作班子的亲和力、创造力、高度金钱奖励需要、行使权力需要、成熟性、男女性别差异。

二、领导行为理论

领导行为理论认为，领导者成功的关键不是领导者个人的性格特性，而是领导者采用什么领导方式，形成怎样的领导作风，领导者具体怎么做。

领导行为理论与领导特质理论初看起来似乎是相同的，其实它们之间具有较大的差别。举例来说，某领导人易羞怯，而且并不想主动和别人沟通。但他知道，和别人对话是他工作的重要组成部分，所以他总是和职工打招呼。可见，该领导者尽管有易羞怯的特点，但他的行为却表现出不羞怯。这种行为与性格特性不符的现象往往成为领导行为理论的兴奋点。领导行为理论包括许多子理论，可以提供更多有关领导特质的明确答案。四大领导行为理论的研究汇总如表 12－3 所示。

表 12－3 领导行为理论

研究院校	行为维度	结论
艾奥瓦大学	民主型风格：考虑员工，进行员工授权，鼓励员工参与。 独裁型风格：命令式领导方式，集中化的决策制定，限制员工参与。 放任型风格：为群体提供决策制定和完成工作的自由	民主型领导风格最为有效，虽然后来的研究中出现了不一致的结果
俄亥俄州立大学	关怀维度：考虑下属的想法和感受。 定规维度：将工作和工作关系结构化来实现工作目标	高关怀、高定规领导者能够实现较高的员工绩效和满意度
密歇根大学	员工导向：强调人际关系，关心下属的需求。 生产导向：强调工作技术和任务层面	员工导向的领导者能够获得高的团队生产率和高的工作满意度

续 表

研究院校	行为维度	结论
得克萨斯大学	关心员工：用1～9（由低到高）的量表来评估领导者对员工的关心程度。 关心生产：用1～9（由低到高）的量表来评估领导者对完成工作的关心程度	（9，9）型领导者的绩效最好（高度关心生产，高度关心员工）

（一）领导行为四分图理论

领导行为理论始于俄亥俄州立大学在20世纪50年代早期的研究。该校的研究者首先拟出了1000多种领导行为特征，后经不断提炼概括、归纳为“关心（Consideration）”与“抓组织（Initiating Structure）”两大方面。由于每一方面都有高低之别，因而两方面联系起来便构成四种情况，即领导行为四分图，如图12－1所示。

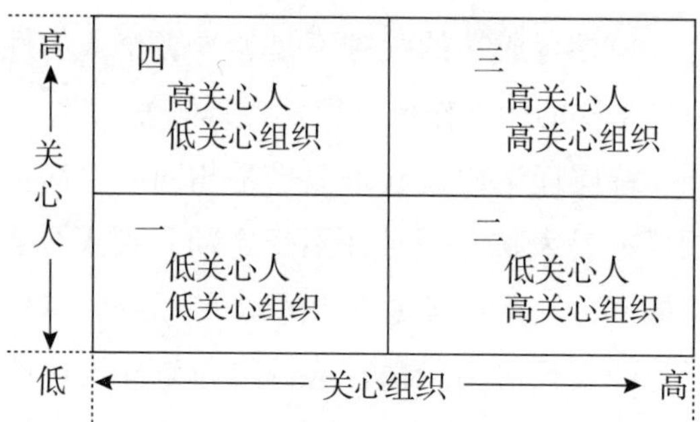

图12－1 领导行为四分图理论

图12－1说明，由于领导者在“关心人”与“抓组织”方面的投入不一样，因此在工作成就与协调人际关系、稳定人们的情绪方面效果也大不一样。

领导者的“关心人”或“抓组织”行为都可以通过一定手段检测。例如，用“领导意见问卷（Leadership Opinion Questionaire，LOQ）”和“领导行为描述问卷（Leadership Behavior Description Questionaire，LBDQ）”调查。前者由督导或愿意知道自己行为风格的领导者填写，后者由部属完成，以便勾勒出他们所感受到的领导行为的图画。

继俄亥俄州立大学之后，密歇根大学的管理心理学家们也提出了领导行为的两大方面：员工导向与生产导向。员工导向的领导者，重视人与人之间的关系，重视下级的需要，并承认成员的个别差异。生产导向的领导者，往往重视工作的技术、重视任务，他们主要关心的是完成任务，组织内的成员则被视为达到目标的工具。此外，员工导向的领导者倾向于较高程度的集体生产和给予员工较大的满足，生产导向的领导者则倾向于较低程度的集体生产和给予员工较少的满足。

（二）管理方格理论

管理方格理论是得克萨斯大学布莱克（Blake）和莫顿（Mouton）在俄亥俄州立大学领导行为四分图基础上进一步研究后提出的。该理论可用一张方格图来表示，在这张图上，横轴表示领导者对生产的关心，纵轴表示领导者对人员的关心，纵、横坐标都分为九等份，第一格代表关心程度最低，第九格表示关心程度最高，整个方格图共有 81 方格，每一小方格代表一种领导方式，如图 12－2 所示。

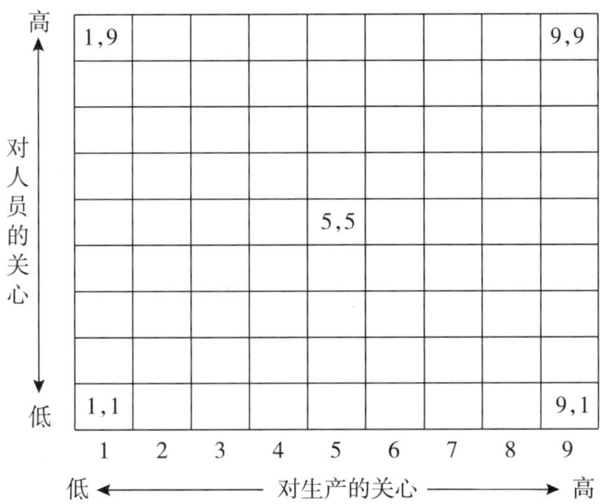

图 12－2　管理方格理论

布莱克和莫顿在提出管理方格理论时，列举了五种典型的领导方式。

（9，1）型方式（任务型）。只注重生产的完成，不重视人员因素。这种领导是一种专权式的领导，下属只能奉命行事，失去进取精神，不愿用创造性的方法去解决各种问题，不能施展所有的能力。

（1，9）型方式（乡村俱乐部型）。与（9，1）型相反，此种类型领导特别关心职工，认为只要职工精神愉快，生产自然会好。这种管理的结果可能很脆弱，一旦和谐的人际关系受到了影响，生产成绩会随之下降。

（5，5）型方式（中庸之道型）。既不过于重视人员因素，也不过于重视生产因素，努力保持和谐，有时遇到问题总想敷衍了事。此种方式比（1，9）型和（9，1）型强些，但是由于较为保守，从长远看，会使企业落伍。

（1，1）型方式（贫乏型）。对人员和生产的关心都很少。这种方式无疑会使企业失败，在实践中很少见到。

（9，9）型方式（团队型）。对生产和人员的关心都达到了最高点。在（9，9）型方式下，员工在工作上希望相互协作，通过共同努力去实现企业目标；领导者诚心诚意地关心员工，努力使员工在完成组织目标的同时，满足个人需要。应用这种方式的结果是员工都能运用智慧和创造力进行工作，企业关系和谐，出色地完成生产任务。

从上述不同方式的分析中，显然可以得出下述结论：作为一个领导者，既要发扬民主，又要善于集中；既要关心企业生产任务的完成，又要关心员工的正当利益。只有这样，才能使领导工作卓有成效。

三、领导权变理论

权变理论认为不存在一种“普适”的领导方式，领导工作强烈地受到领导者所处的客观环境的影响。换句话说，领导和领导者是某种既定环境的产物，即

$$S=f\ (L,\ F,\ E)$$

具体地说，领导方式是领导者特征、追随者特征和环境的函数。在上式中，S 代表领导方式，L 代表领导者特征，F 代表追随者特征，E 代表环境。

领导者特征主要指领导者的个人品质、价值观和工作经历。如果一个领导者决断力很强，并且信奉 X 理论，他很可能采取专制型的领导方式。

追随者的特征主要指追随者的个人品质、工作能力、价值观等。如果一个追随者的独立性较强，工作水平较高，那么采取民主型或放任型的领导方式比较适合。

环境主要指工作特性、组织特征、社会状况、文化影响、心理因素等。工作是具有创造性还是简单重复，组织的规章制度是严密还是宽松，社会时尚是倾向于追随服从还是推崇个性等，都会对领导方式产生强烈的影响。

在诸多权变理论中，以下几种是比较有影响的。

（一）菲德勒的权变理论

菲德勒的权变理论是比较有代表性的一种权变理论。该理论认为各种领导方式都可能在一定环境内有效，这种环境是多种外部与内部因素的综合作用体。

菲德勒将权变理论具体化为三个方面，即职位权力、任务结构和上下级关系。所谓职位权力是指领导者所处的职位具有的权威和权力的大小，或者说领导的法定权、强制权、奖励权的大小。权力越大，群体成员遵从指导的程度越高，领导的环境也就越好；反之，则越差。任务结构是指任务的明确程度和下属对这些任务的负责程度。如果这些任务越明确，下属责任心越强，则领导环境越好；反之，则越差。上下级关系是指下属乐于追随的程度。如果下级对上级越尊重，并且乐于追随，则上下级关系越好，领导环境也越好；反之，则越差。

菲德勒设计了一种“你最不喜欢的同事”（LPC）问卷来测定领导者的领导方式。

该问卷主要是询问领导者对最难合作的同事的评价。如果领导者的评价大多用敌意的词语，则该领导趋向于工作任务型的领导方式（低 LPC 型）；如果评价大多用善意的词语，则该领导趋向于人际关系型的领导方式（高 LPC 型）。

菲德勒认为环境的好坏对领导的目标有重大影响。对低 LPC 型领导来说，其比较重视工作任务的完成。如果环境较差，他将首先保证完成任务；当环境较好时，任务能够完成，这时他的目标将是搞好人际关系。对高 LPC 型领导来说，比较重视人际关系。如果环境较差，他将把人际关系放在首位；如果环境较好时，人际关系也比较融洽，这时他将追求完成工作任务。如图 12 －3 所示。菲德勒对 1200 个团体进行了抽样调查，并得出了结论，如图 12 －4 所示。

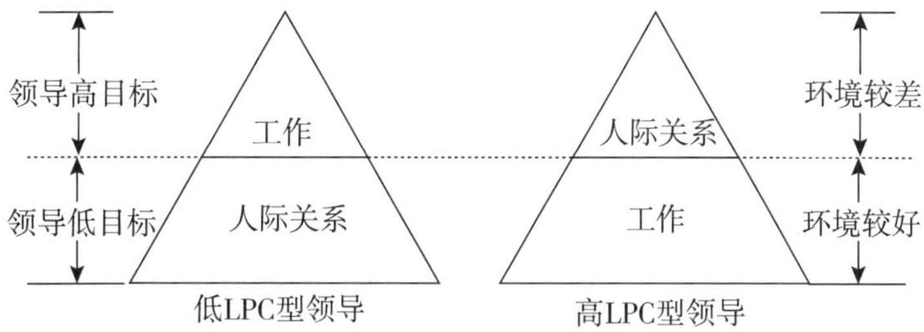

图 12 －3　领导目标与环境的目标示意

人际关系	好	好	好	好	差	差	差	差
工作结构	简单	简单	复杂	复杂	简单	简单	复杂	复杂
职位权力	强	弱	强	弱	强	弱	强	弱
	Ⅰ	Ⅱ	Ⅲ	Ⅳ	Ⅴ	Ⅵ	Ⅶ	Ⅷ
环境		好			中等		差	
领导目标		高			不明确		低	
低LPC领导		人际关系			不明确		工作	
高LPC领导		工作			不明确		人际关系	
最有效的方式		低LPC			高LPC		低LPC	

图 12 －4　菲德勒模型

领导环境决定了领导的方式。在环境较好的Ⅰ、Ⅱ、Ⅲ和环境较差的Ⅶ、Ⅷ情况下，采用低 LPC 领导方式，即工作任务型的领导方式比较有效。在环境中等的Ⅳ、Ⅴ和Ⅵ情况下，采用高 LPC 领导方式，即人际关系型的领导方式比较有效。

（二）豪斯的路径 – 目标理论

路径 – 目标理论是罗伯特·豪斯（Robert House）提出的一种领导权变理论。该理论认为，领导者的工作是帮助下属达到他们的目标，并提供必要的指导和支持，以确保各自的目标与群体或组织的总体目标一致。“路径 – 目标”的概念来自这样的观念，即有效领导者能够明确指明实现工作目标的方式来帮助下属，并为他们清除各种障碍和危险，从而使下属相关工作容易进行。

根据路径－目标理论，领导者的行为被下属接受的程度，取决于下属是将这种行为视为获得当前满足的源泉，还是作为未来满足的手段。领导者行为的激励作用：①使下属的需要及满足取决于有效的工作绩效；②提供有效绩效所必需的辅导、指导、支持和奖励。

为考察这些陈述，豪斯确定了四种领导行为：指导型领导者让下属知道他对他们的期望是什么，以及他们完成工作的时间安排，并对如何完成任务给予具体指导，这种领导类型与俄亥俄州立大学的定规维度相似；支持型领导十分友善，表现出对下属需要的关怀，它与俄亥俄州立大学的关怀维度相似；参与型领导则与下属共同磋商，并在决策之前充分考虑他们的建议；成就导向型的领导设定富有挑战性的目标，并期望下属发挥出自己的最佳水平。与菲德勒的领导方式学说不同的是，豪斯认为领导者是灵活的，同一领导者可以根据不同的情境表现出不同的领导风格。

路径－目标理论提出了两类情境变量作为领导行为－结果关系的中间变量，即环境因素（任务结构、正式权力系统和工作群体）和下属的个人特点（控制点、经验和知觉能力）。控制点是指个体对环境变化影响自身行为的认识程度。根据这种认识程度的大小，控制点分为内向控制点和外向控制点两种。内向控制点是说明个体充分相信自我行为主导未来，外向控制点则是说明个体把自我行为的结果归于环境影响的观念。依此，下属分为内向控制点和外向控制点两种类型。环境因素和下属个人特点决定着领导行为类型的选择。这一理论指出，当环境因素与领导者行为相比重复或领导者行为与下属特点不一致时，效果皆不佳。

以下是路径－目标理论引申出的一些假设范例。

①相对于具有高度结构化和安排完好的任务来说，当任务不明或压力过大时，指导型领导产生更高的满意度。

②当下属执行结构化任务时，支持型领导会使员工具有高绩效和高满意度。

③指导型领导不太适于知觉能力强或经验丰富的下属。

④组织中的正式权力关系越明确、越层级化，领导者越应表现出支持型行为，降低指导型行为。

⑤内向性控制点的下属，比较满意于指导型风格。

⑥当任务结构不清时，成就导向型领导将会提高下属的努力水平，从而达到高绩效的预期。

（三）领导生命周期理论

还有一种权变理论，是由美国管理学者保罗·赫塞（Paul Hersey）和肯尼斯·布兰查德（Kenneth Blanchard）提出的。他们补充了另外一种因素，即领导行为在确定是任务绩效还是维持行为更重要之前应当考虑的因素——成熟度（Maturity），并以此发展为领导生命周期理论，也叫情景领导理论。这一理论把下属的成熟度作为关键的情景因素，认为依据下属的成熟度水平选择正确的领导方式，决定着领导者的成功。

赫塞和布兰查德对成熟度的定义：个体对自己的直接行为负责任的能力和意愿。它包括工作成熟度（Job Maturity）和心理成熟度（Psychological Maturity）。工作成熟度是下属完成任务时具有的相关技能和技术知识水平。心理成熟度是下属的自信心和自尊心。高成熟度的下属既有能力又有信心做好某项工作。

领导生命周期理论提出任务行为和关系行为这两种领导维度，并且将每种维度进行了细化，从而组合成四种具体的领导方式：

（1）指导型（Telling）领导（高任务、低关系）。领导者定义角色，告诉下属应该做什么、怎样做以及在何时何地做。

（2）推销型（Selling）领导（高任务、高关系）。领导者同时提供指导行为与支持行为。

（3）参与型（Participating）领导（低任务、高关系）。领导者与下属共同决策，领导者的主要角色是提供便利条件和沟通。

（4）授权型（Delegating）领导（低任务、低关系）。领导者提供不多的指导或支持。

在此基础上，领导方式和任务成熟度之间的关系如图 12 –5 所示。

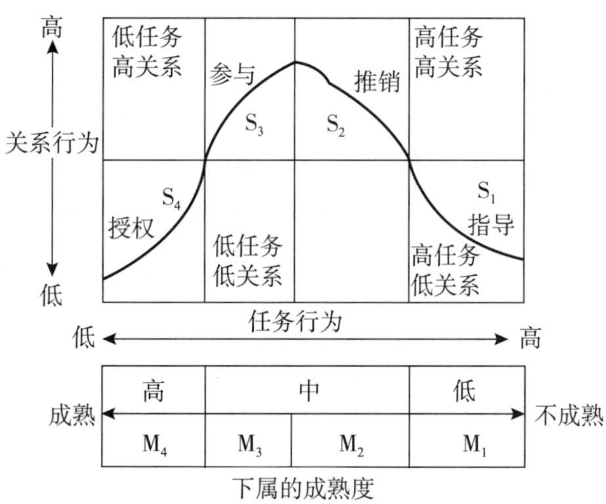

图 12 –5　领导生命周期理论

图 12 –5 中，S 代表领导方式，S_1 为指导型领导、S_2 为推销型领导、S_3 为参与型领导、S_4 为授权型领导。它们依赖于下属的成熟度 M，M_1 代表低成熟度，M_4 代表高

成熟度。

赫塞和布兰查德把领导方式和员工的行为关系通过成熟度联系起来，形成一种周期性的领导方式。当下属的成熟度水平不断提高时，领导者不但可以减少对活动的控制，而且还可以不断减少关系行为。如指导型领导方式 S_1，是对低成熟度的下属而言的，表示下属需要得到明确而具体的指导。S_2 表示领导者需要高任务、高关系行为。高任务行为能够弥补下属能力的欠缺，高关系行为则试图使下属在心理上领悟领导者的意图。S_3 表示可以运用支持性、非指导性的参与风格有效激励下属。S_4 是对高成熟度的下属而言的，表示下属既有意愿又有能力完成任务。

和菲德勒的权变理论相比，领导生命周期理论更容易理解。但它只针对了下属的特征，而没有包括领导行为的其他情景特征。因此，这种领导方式的情景理论算不上完善，但它对于深化领导者和下属之间的研究，具有重要的作用。

第六节 21 世纪的领导问题

21 世纪，领导的概念随着组织需求的变化而不断演变。也就是说，领导的环境因素影响着哪种领导方式最有效以及哪些类型的领导者最被社会所称赞。技术、经济环境、劳动条件、社会和文化习俗都起着一定的作用。

近年来对领导风格有重要影响的是环境的动荡和不确定性。伦理和经济困境、公司治理问题、全球化、技术变革、新的工作方式、不同于以往的员工期望以及重大的社会变革都有助于对领导理论的思考和实践。

【企业实践】

跨国领导者的必备能力

1. 自我意识的提升。对自身的优缺点进行全面了解，包括自己的优缺点如何影响他人，他人如何感知自己的优缺点。只有当领导者首先成功完成自我转变时，才能实现组织的转变。

2. 欢迎反馈的习惯。通过鼓励别人，包括老板、同事和下属，提出坦诚而有建设性的反馈，跨国领导者可以培养个人改变和自我行动的基础。这种反馈可以通过多种反馈工具获得。

3. 保持求知欲。跨国领导者对新知识的接受能力以及改变观点和行动的意愿非常关键，求知的激情还联系着创新力以及形成新观点的能力。

4. 工作和生活的结合。有效的领导者都将工作与生活的平衡作为自己的一个优势，领导者要在工作中挖掘自己的潜力，实现自己的价值观，而将生活的舒适感融入工作是一个好的方式。

5. 尊重不同的文化和观点。为了能够在全球化的环境中保持有效性，跨文化领导者必须对不同文化背景的人和环境保持敏感。这不仅有利于与不同文化员工进行沟通，而且由此形成的观点在商业、政治和与政府打交道中也同样需要。

资料来源：德鲁克基金会．未来的组织［M］．北京：中国人民大学出版社，2006.

一、跨文化的领导

有学者认为："在美国，领导者被期望形象和声音俱佳，而且很会鼓舞人心。在其他国家，并没有这么多要求。"在全球经济中，领导者在领导过程中如何驾驭跨文化差异呢？有关领导的研究得出了一个大致的结论，即领导者并不局限于一种风格，他们会根据情境调整自己的领导风格。虽然没有明确指出，但在决定哪种领导风格最为有效时，国家文化理应是一个重要的情境变量。例如，一项对亚洲领导风格的研究表明，亚洲领导者更希望领导者是优秀的决策制定者、有效的沟通者并能为员工提供支持。

国家文化能够影响领导风格是因为它能影响下属的应对方式。领导者不能（也不应该）随机选择他们的领导方式。他们会受到文化的限制，因为下属会基于文化背景提出期望。

由于大部分的领导理论都是美国提出的，所以往往存在一种"美国偏见"。他们强调员工的职责而非权利，注重实现自我满足感而非对工作任务的承诺或利他主义动机，注重工作本身和民主价值取向；强调理性而非精神或宗教。但是，无论领导者在哪个国家工作，变革性领导的某些要素与有效领导息息相关。这些要素包括愿景、远见、懂得鼓励、值得信任、有活力、积极性以及主动性。因此，有些人认为变革型领导者的这些特质具有普遍性，是因为全球化竞争和跨国公司的影响促进了对共同技术和管理实践的趋向。

二、成为有效的领导者

组织需要有效领导者。与成为有效领导者紧密相关的两大事项是领导者培训和领导者的替代。

1. 领导者培训

在全球范围内，组织在领导者培训和开发上投入大量物力、人力与财力。虽然在领导者培训上投入大量资源且难以预测其效果，但通过考察认为，管理者可以通过采取一些措施在这些培训中达到最好的效果。

2. 领导者的替代

虽然有观点认为某种领导风格在任何情境下都是有效的，但领导并不总是重要的。研究表明，在有些情境中，领导者展现出的任何行为都是无关紧要的。换句话说，特定的个体、工作和组织变量可以充当领导者的替代，消除领导者的影响。

例如，下属的经验、培训、专业取向或对独立性的需求等特征会抵消领导的影响。这些特性可以替代员工对领导支持或领导创建结构、降低任务不确定性能力的需求。同样，明确的、例行公事的工作，或者本身就能给员工带来满足感的工作，对领导的要求会更低。另外，明确的目标、严格的规章制度或团结的工作群体等组织特性也可以替代对领导的需求。

复习与思考题

1. 什么是领导？领导的核心是什么？
2. 简述领导与管理的区别与联系。
3. 领导风格类型有哪些？
4. 领导者的权力来自哪里？
5. 请简述管理方格理论的内容。
6. 请简述领导生命周期理论的四种领导方式。
7. 请简述菲德勒的权变理论。
8. 请讨论当代有关领导的一些新现象与新问题。
9. 请列出一个领导技能的清单，并讨论怎样开发或者提升这些技能。
10. 采访三个管理者，询问他们怎样成为一个优秀的领导者。将你的发现整理成一份报告，并准备在课堂中演讲。

第十三章　激励

【学习目标】

通过本章的学习，你应该能够掌握以下几点。

- 正确定义激励及其作用。
- 描述激励的主要力量来源。
- 阐述各种激励理论的主要思想。
- 讨论企业中常用的激励形式。
- 正确设计企业的激励计划。

【管理小故事】

海底捞：服务好你的员工

海底捞的服务员很多都是经人介绍过来的：老乡、朋友、亲戚、家人……这种招聘方式在很多人看来简直是匪夷所思。

餐饮业属于劳动密集型行业，是和人打交道的行业，所以一定要贯彻以人为本。只有当员工对企业产生认同感和归属感，才会真正快乐地工作，用心去做事，然后再通过他们去传递海底捞的价值理念。海底捞为员工租住的房子全部是正式住宅小区的两居室或三居室，且都会配备空调；考虑到路程太远会影响员工休息，规定从小区步行到工作地点不能超过20分钟；还有专人负责保洁、为员工拆洗床单；公寓还配备了上网电脑；如果员工是夫妻，则考虑给单独房间……光是员工的住宿费用，一个门店一年就要花掉50万元人民币。

为了激励员工的工作积极性，公司每个月会给大堂经理、店长以上干部、优秀员工的父母寄几百元钱，这些老人通常居住在农村，大多没有养老保险，这笔钱就相当于给他们发保险了，他们因此也会一再叮嘱自己的孩子在海底捞好好干。此外，海底捞出资千万元人民币在四川简阳建了一所寄宿学校，让员工的孩子免费上学；设立专项基金，每年会拨100万元人民币用于治疗员工和直系亲属的重大疾病。加入海底捞的员工，流动率在头三个月会比较高，因为生意好，很累，三个月到一年之间有所降低，等过了一年就比较稳定了。海底捞员工的薪酬水平在行业内属于中等偏上，但有很完善的晋升机制，层层提拔。绝大多数管理人员包括店长、经理都是从内部提拔上来的，这是海底捞的承诺：只要好好干，一定会提拔。

公司对每个店长的考核，只有两项指标：一是顾客的满意度，二是员工的工作积极性。对于服务员，不可能承诺让所有的顾客都满意，只要做到让大多数顾客满意，那就足够了。公司会邀请一些神秘嘉宾去店里用餐，以此对服务员进行考核。

海底捞提出，激情+满足感=快乐，前两点都满足了，员工自然就会快乐，并把这种情绪带到工作之中。(有部分改动)

资料来源：投资者说．海底捞创造人：我如何让员工死心塌地跟着公司［EB/OL］.(2018.05.29)［2020.09.01］https：//baijiabao.baidu.com/s？id＝1601761050313193551&wfr＝spider&for＝pc.

如何在工作上调动员工的积极性，激发全体员工的创造力，是开发人力资源的最高层次目标。有效的激励会点燃员工的激情，促使他们的工作动机更加强烈，让他们产生超越自我和他人的欲望，并将潜在的巨大的内驱力释放出来，为企业的愿景目标奉献自己的热情。

第一节 激励的原理

一、激励的概念与对象

(一) 激励的概念

激励（Motivation）通常是和动机连在一起的。美国管理学家罗宾斯把动机定义为个体通过高水平的努力而实现组织目标的愿望，而这种努力又能满足个体的某些需要。因此，无论是激励还是动机都包含三个关键要素：努力、组织目标和需要。一般而言，动机是指诱发、活跃、推动并引导行为指向一定目标的心理过程。

因此，激励是指影响人们的内在需求或动机，从而加强、引导和维持行为的活动或过程。其核心是调动人的积极性。可以从以下三个方面来理解激励这一概念。

(1) 激励是一个过程。对人的行为的激励，实质上就是通过采用能满足人需要的诱因条件，引起行为动机，从而推动人采取相应的行为，以实现目标，然后再根据人们新的需要设置诱因，如此循环往复。

（2）激励过程受内外因素的制约。各种管理措施应与被激励者的需要、理想、价值观和责任感等内在的因素相吻合，才能产生较强的合力，从而激发和强化工作动机，否则不会产生激励作用。

（3）激励具有时效性。每一种激励手段的作用都有一定的时间限度，超过时限就会失效。因此，激励不能一劳永逸，需要持续进行。

（二）激励的对象

从激励的定义看出，激励是一个适用于各种动机、欲望、需要、希望以及其他类似的力量的一个通用术语。因而，激励的对象主要是人，或者准确地说，是组织范围中的员工或领导对象。激励的对象受到多种因素的影响。

正确认识激励的对象，有助于体现领导的管理学职能。从激励的内涵看，意味着组织中的领导者应该从行为科学和心理学的基础出发，认识员工的组织贡献行为，即认识到人的行为是由动机决定的，而动机则是由需要引起的。动机产生以后，人们就会寻找能够满足需要的目标，而目标一旦确定，就会进行满足需要的活动。从需要到目标，人的行为过程是周而复始、不断升华的。通过认识激励的对象，可以认识到，需要是人类行为的基础，不同的需要在不同的条件下会诱发出不同的行为。

二、激励的力量来源

工作环境中的激励主要来源于三大要素，一是个人的特征，二是工作/任务的特征，三是工作情景的特征，如表 13－1 所示。

表 13－1　　激励来源的关键要素

个人的特征 ［内在（推动）力量］	工作/任务的特征 ［内在（推动）兼外在（拉动）力量］	工作情景的特征 ［外在（拉动）力量］
需求 • 安全 • 自尊 • 成就 • 权力 态度 • 关于自我 • 关于工作 • 关于上级 • 关于组织	• 直接反馈的数量 • 工作量 • 任务的种类 • 任务的范围 • 对任务的控制程度	直接社会环境 • 上级 • 团队成员 • 下属 组织行为 • 奖励和薪酬 • 培训的可获得性 • 达到高产出而产生的压力

续 表

个人的特征 ［内在（推动）力量］	工作/任务的特征 ［内在（推动）兼外在（拉动）力量］	工作情景的特征 ［外在（拉动）力量］
目标 • 完成任务 • 绩效水平 • 职业提升		

第一类，即个人的特征，其是内在（推动）力量的来源，是由员工带到工作环境中的。有三个要素共同影响个人内在力量：①需求，如安全需求、自尊需求、成就需求及权力需求；②态度，对自我、工作、上级及组织的态度；③目标，如完成一项任务、完成特定的业绩以及职业发展目标。佳顿公司（Jarden）是一家消费品陈列设备生产商，公司的 CEO 马丁 · 富兰克林代表了由个人带到工作环境中推动力量的一个典型案例。作为马拉松和三项全能运动的参加者，富兰克林认为："对我而言，一切都看你能够走多远，包括在商业中、在帮助别人时或是在比赛中……如果有一天我说我不能做更多事情了，那真是太可悲了。"

第二类激励力量与内在（推动）兼外在（拉动）力量都有关，关注的是工作/任务的特征，即个人在工作中所做的事情。这些特性包括个人收到直接反馈的数量、工作量、工作中任务的种类和范围以及员工对任务的控制程度。

第三类由外在（拉动）力量构成，涉及工作情景的特征对个人的影响。这类激励力量有两组变量：由员工的上级、团队成员以及下属构成的直接社会环境；由公司的奖励和薪酬、培训的可获得性及为达到高产出而产生的压力构成的组织行为。

综上所述，不论个人的工作场所是在何处，个人、工作/任务以及工作情景三大类要素综合起来都可以构成分析激励力量来源的理论框架。该框架还为考虑组织环境中相关的主要激励理论奠定了基础。

第二节 激励理论

根据激励性质的介绍，我们可以知道，激励就是通过影响职工个人需要的实现来提高他们的工作积极性，引导他们在企业经营中的行为。因此，激励理论的研究大多是围绕着人的需要实现及其特点的识别和如何根据需要类型和特点的不同来影响人的行为而展开的。有关激励的理论很多，根据对需求影响的不同方式可以划分为以下三类：激励的内容理论、激励的过程理论与激励的强化理论。此外，还有从人性出发的 X 理论和 Y 理论。

一、激励的内容理论

（一）需求层次理论

辨识需求是对员工在工作中的行为进行激励和引导的前提。行为科学认为，人的各种行为都是由一定动机引起的，而动机又产生于人们本身存在的需求。人们为了满足自己的需求，就要确定自己行为的目标，并为达到这一目标而采取行动，进而得到需求的满足。

美国心理学家马斯洛的需求层次理论有两个基本论点。

（1）人是有需要的动物，其需要取决于他已经得到了什么，还缺少什么，只有尚未满足的需要能够影响行为。换言之，已经得到满足的需要不再能起激励作用。

（2）人的需要都有轻重层次，某一层需要得到满足后，另一层需要才出现。

马斯洛认为，在特定的时刻，人的一切需要如果都未能得到满足，那么满足最主要的需要就比满足其他需要更迫切。只有排在前面的那些需要得到了满足，才能产生更高一级的需要。而且只有当前面的需要得到充分的满足后，后面的需要才显出其激励作用。马斯洛根据优先顺序将具有激励性的需求分为五大类，如图 13－1 所示。

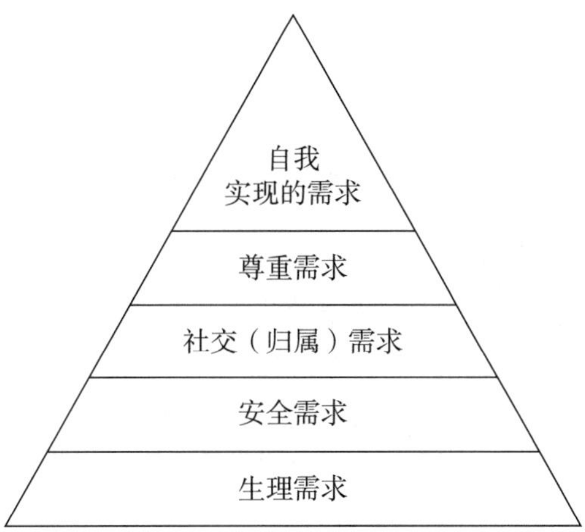

图 13－1　马斯洛的需求层次

1. 生理需求

这些最基础的人类需求包括食物、水和氧气等。在组织体系中，它们表现为对温度、空气及保障生存的基本工资等的需求。

2. 安全需求

这些需求包括人类对安全、有保障的物质环境和情绪环境的需求，换言之就是对一个没有暴力、井然有序的社会的需求。在工作场所中，安全需求反映了人类对安全的工作、额外福利及工作保障的需求。受近几年经济疲软及高失业率的影响，安全需求已经成为许多人的头等需求。一项员工工作满意度调查显示，工作保障性是工作满意度中最重要的一项因素，良好的福利是第二重要的因素。

3. 社交（归属）需求

这些需求包括对被同事接受、获得友谊、成为群体一部分及得到关爱的渴望。在组织中，这些需求影响着人们对良好的同事关系、在团队工作中的参与度及与上司间良好关系的渴望。例如，某家清洁剂生产商，它的员工离职率极低，因为员工有一种归属感，大多数员工已经在一起工作了十多年，他们就像家人一样，这给予员工很大的激励。

4. 尊重需求

这些需求是对积极的自我形象，获得其他人的注意、认可以及欣赏的渴求。在组织中，尊重需求表现为员工的激励来自获得认可、承担的责任增加、地位提高、因对组织做出贡献而获得荣誉等。例如，李明为了一个大型并购项目花费几个星期的时间，每天长时间辛苦地工作。项目结束后，李明收到了经理的一封感谢信及一份小礼物，这让他十分高兴，因为这满足了他的需求——得到别人的赏识。他说："有人花时间认可你的努力，这把之前长时间工作带来的辛苦一笔勾销了。"

5. 自我实现的需求

自我实现是最高层次的需求，它包括最大限度地发掘一个人的潜力，提升个人的能力，使自己成为一个更优秀的人。在组织中，自我实现需求可以通过以下方式满足：给员工提供成长的机会，给员工提供发挥创造力的机会，给员工提供具有挑战性的任务和晋升所需的培训。

根据马斯洛的理论，低层次需求得到满足后才能激发高层次的需求。需求的满足应按一定的顺序进行：生理需求应先于安全需求，安全需求应先于社交需求，以此类推。一个努力满足生理、安全需求的人一定会致力于获得一个更安全的工作环境，他不会太在意尊重需求或自我实现需求。一旦某种需求得到满足，它的重要性便会有所下降，下一个更高层次的需求将会被激发。

（二）双因素理论

20 世纪 60 年代初，美国心理学家弗雷德里克·赫茨伯格（Frederick Herzberg）提出了后来被称为双因素理论（也称为激励－保健理论）的激励理论。该理论强调那些可以提高工作满意度的因素（激励因素）和那些能减少不满意但不能增加满意度的因素（保健因素）之间的区别。

赫茨伯格采用关键事件法对200多名工程师和会计师进行了调查研究，当问到什么使他们“积极”时，人们趋向于将其归结为工作自身的性质；当问到什么使他们“消极”时，人们趋向于将其归结为工作环境。这个研究使赫茨伯格获得了双因素理论的基本思想。双因素理论的内容如图13－2所示。双因素理论认为有两种完全不同的因素影响着人们的工作行为。

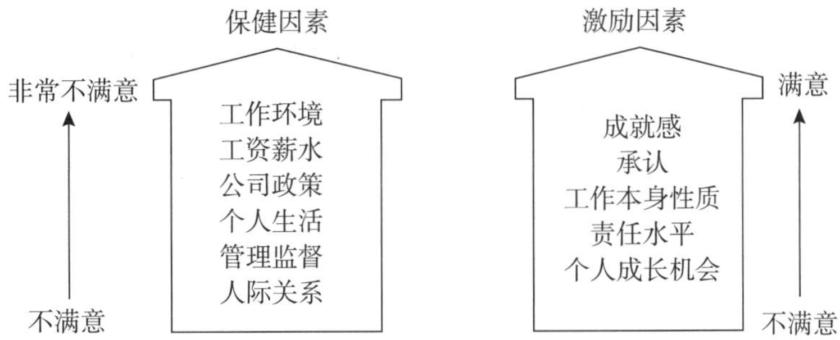

图13－2　赫茨伯格的双因素理论

第一类是保健因素（Hygiene Factor），是直接从事的工作的外在因素，这些因素是与工作环境或条件有关的、能防止人们产生不满意感的一类因素，包括管理监督、人际关系、工作环境、工资薪水及公司政策等。当保健因素健全时，人们就会产生小满意感。但保健因素仅仅可以消除工作中的不满意，却无法增加人们对工作的满意感，所以这些因素是无法起到激励作用的。

第二类是激励因素（Motivator），这是内在的因素，直接与组织成员的工作本身或者工作内容相关，如工作本身性质、责任水平、个人成长机会、成就感等。当激励因素缺乏时，人们就会缺乏进取心，对工作无所谓，但一旦具备了激励因素，员工就会感觉到强大的激励力量而产生对工作的满意感，所以只有这类因素才能真正激励员工。

双因素理论提出后产生了非常重要的影响：人们更加重视工作设计，即如何将不同的任务组合在一起，形成特定的工作。管理者及其组织意识到，通过对工作进行调整，让员工充分体会到责任感、成就感，可以提高他们工作的积极性。其中，常用的工作设计方法是工作丰富化。

当然，赫茨伯格的双因素理论也存在许多缺陷。例如，研究方法的可靠性问题；缺乏普遍使用的满意度评价标准；理论与研究结论的不完全一致；缺少满意度与生产率之间关系的研究等，特别是他的研究样本只限于美国20世纪50年代末200多名工程师和会计，这显然不具备普遍性。但是，其对管理者的启示是非常重要的：管理者的任务就是要消除员工的不满意因素，即提供足以满足员工基本需要的保健因素，然后再运用激励因素来满足员工较高层次的需要，进而推动员工达到更好的工作业绩，同时获得更大的满足感。

（三）成就需要理论

成就需要理论（三种需求理论）是美国心理学家戴维·麦克利兰（David. C. McClelland）和他的助理于20世纪60年代初提出来的。该理论认为主要有三种后天的（而不是先天的）需求推动人们工作。麦克利兰也在使用主题知觉试验等心理学方法进行定量及定性分析的基础上，认为在人的生存需要基本得到满足的前提下，人的最主要的需要有三种，即成就需要、权力需要和归属需要。

1. 成就需要

成就需要是指根据适当的标准追求卓越、争取成功的一种内驱力。极需要成就的人，对成功有一种强烈的要求，同时也十分担心失败。他们愿意接受挑战，为自己树立一个具有一定难度的目标；对待风险采用一种现实主义的态度，有较强的事业心，喜欢长时间工作；敢于负责，把个人成就看得比金钱更重要，把报酬当作衡量自己进步和成就大小的工具。因此，当得到嘉奖、提职或晋升时，这类人会感到莫大的成就满足。

2. 权力需要

权力需要是一种控制他人或感觉优越于他人的需要，是感觉自己处于负责地位的需要。麦克利兰认为，权力需要较高的人喜欢支配、影响他人，喜欢对别人“发号施令”，注重争取地位和影响力。他们喜欢具有竞争性和能体现较高地位的场合，他们也会追求出色的成绩，但他们这样做并不像高成就需要的人那样是为了个人的成就感，而是为了获得地位和权力或与自己已具有的权力和地位相称；权力需要对人也是一种激励，它使人关心组织目标，帮助人们确定方向，同时在前进及实现目标的过程中，增强力量与竞争的信念。

3. 归属需要

归属需要是指建立友好亲密的人际关系的需要，即寻求被他人喜爱和接纳的一种愿望。高归属需要者更倾向于与他人进行交往，这种交往会给他带来愉悦。高归属需要者渴望友谊，喜欢合作而不是竞争的工作环境，希望彼此之间的沟通与理解，他们对环境中的人际关系更为敏感。有时，归属需要也表现为对失去某些亲密关系的恐惧和对人际冲突的回避。归属需要是保持社会交往和人际关系和谐的重要条件。

人们需要社交，需要得到别人的接纳与认可；除此之外，人们还希望获得一定的权力，并希望能获得成就。不同的人对这三种基本需要的先后次序和重视程度是不同的。如追求事业的人，一般更重视成就需要和权力需要，而对归属需要的追求则相对较弱。

麦克利兰对人的需要及其在管理学上的意义研究了20多年。他指出，有着强烈成就需要的人，是那些倾向于成为企业家的人。他们喜欢比竞争者做得更好，并且敢冒风险。另外，有着强烈归属需要的人，是成功的“整合者”。他们的工作是协调组织中几个部门的工作。整合者包括品牌管理人员和项目管理人员，他们必须具有过人的人际关系技能，能够与他人建立积极的工作关系。不过，麦克兰指出，这种需要一直未能引起研究人员的足够重视。而有着强烈权力需要的人，则经常有较多的机会晋升到组织的高级管理层。例如，麦克利兰对美国电报电话公司的管理跟踪研究了16年，结果发现，那些有着强烈的权力需要的人，更有可能随着时间的推移而逐步晋升。在这家公司，高层管理中有一半以上的人对权力有强烈的需要。相比之下，有强烈的成就需要但没有强烈的权力需要的人，容易登上他们职业生涯的顶峰，只不过职位的组织层次较低。原因在于，成就的需要可以通过任务本身得到满足，而权力的需要只能通过上升到某种具有高于他人的权力层次才能得到满足。

二、激励的过程理论

（一）目标设置理论

许多研究表明，明确的、具有挑战性的目标能够显著提高人们的积极性和绩效水平。目标设置理论（Goal - setting Theory）是由埃德温·洛克（Edwin Locke）和加里·莱瑟姆（Gary Latham）提出的，认为管理者可以通过设立明确、具有挑战性的目标来提高对员工的激励水平，提高员工的绩效，并及时向员工提供反馈，帮助他们跟踪自身目标的进展。

（1）目标明确。这是指目标的具体程度。明确的目标，如“一天拜访一位顾客”或“一周销售价值1000美元的商品”要比模糊的目标，如“与新客户保持联系”或“增加商品的销售额”更能对员工产生激励。例如，在许多组织中，缺乏清晰、明确的目标往往是绩效薪酬计划失败的主要原因。一般来说，模糊的目标会使员工失望和沮丧。

（2）目标难度。在目标的难度方面，困难的目标要比容易的目标更具有激励作用。容易的目标对员工而言缺乏挑战性；困难的目标需要人们充分发挥他们的能力，并能给他们带来更高的成就感和个人效能。德国的一项调查显示，只有那些认为自己的目标有较高难度的人才会报告说在工作时间里，自己的积极情绪、工作满意度和成就感都得到了提升。

（3）目标的接受度。意思是员工必须“深陷于”这些目标中，并且致力于实现这些目标。让员工参与目标设置过程是一个很好的方法，它可以提高员工对目标的接受度和忠诚度。

（4）反馈。反馈意味着员工在实现目标的过程中获得有关他们工作进展的信息。对于管理者而言，定期、不间断地为员工提供绩效反馈十分重要。然而，员工在实现目标过程中通过对自己工作进程的监督获得的自我反馈比外部反馈更具激励作用。

为什么目标设置会提高激励作用呢？一方面，它能使员工集中精力在正确的方向上。员工知道了为什么而工作，就可以把所有的精力都放在目标实现过程中最重要的活动上。目标也可以激励行为，因为它迫使员工制订计划和战略，使他们专注于要实现的目标。明确、有困难的目标给员工带来了挑战，并且鼓励员工付出更大的努力。另一方面，当目标实现时，员工的自信心与满足感也会随之增加，这会进一步提升员工的士气。

（二）公平理论

公平理论是美国心理学家亚当斯（J. S. Adams）于20世纪60年代首先提出的，也称为社会比较理论。这种激励理论主要讨论报酬的公平性对人们工作积极性的影响。人们将通过两个方面的比较来判断其所获报酬的公平性，即横向比较和纵向比较。

所谓横向比较，就是将“自己”与“别人”相比较来判断自己所获报酬的公平性，并据此做出反应，我们以下列公式来说明。

若

$$\frac{Q_p}{I_p}=\frac{Q_x}{I_x}$$

其中 Q_p：自己对所获报酬的感觉。Q_x：自己对别人所获报酬的感觉。I_p：自己对所投入量的感觉。I_x：自己对别人所投入量的感觉。如此人觉得报酬是公平的，他可能会因此而保持工作的积极性和努力程度。这里需要说明的问题有两点。

（1）投入量包括个人所受到的教育、能力、努力程度、时间等因素，报酬包括精神和物质奖励以及工作安排等因素。

（2）别人包括本组织中的其他人以及别的组织中与自己能力相当的同类人。

如果$\frac{Q_p}{I_p}>\frac{Q_x}{I_x}$，则说明此人得到了过高的报酬或付出的努力较少。在这种情况下，他一般不会要求减少报酬，而有可能会自觉地增加投入量。但过一段时间他就会通过高估自己的投入而对高报酬心安理得，于是其产出又会恢复到原先的水平。

如果$\frac{Q_p}{I_p}<\frac{Q_x}{I_x}$，则说明此人对组织的激励措施感到不公平。此时他可能会要求增加报酬，或者自动地减少投入以便达到心理上的平衡。当然，他甚至有可能离职。管理人员对此应特别注意。

除了“自己”与“别人”的横向比较外，还存在着自己的目前与过去的比较。如以 Q_{pp} 代表自己目前所获报酬，Q_{pl} 代表自己过去所获报酬，I_{pp} 代表自己目前的投入量，I_{pl} 代表自己过去的投入量，则比较的结果也有三种。

（1）$\frac{Q_{pp}}{I_{pp}} = \frac{Q_{pl}}{I_{pl}}$，该员工认为激励措施基本公平，积极性和努力程度可能会保持不变。

（2）$\frac{Q_{pp}}{I_{pp}} > \frac{Q_{pl}}{I_{pl}}$，一般来讲该员工不会觉得所获报酬过高，因为他可能会认为自己的能力和经验有了进一步的提高，其工作积极性因而不会提高多少。

（3）$\frac{Q_{pp}}{I_{pp}} < \frac{Q_{pl}}{I_{pl}}$，该员工觉得很不公平，工作积极性会下降，除非管理者给他增加报酬。

最常见的减少明显不公平的方法包括以下四种。

（1）改变投入：人们会选择增加或减少他们对组织的投入。例如，认为自己工资偏低的人可能会减少他们的努力程度、消极怠工、推卸责任或者增加缺勤次数；与此相反，薪水过高的人则会加倍努力地工作，主动接受更多的教育。

（2）改变产出：人们可以改变自己或他人的产出。例如，认为自己工资偏低的人可能会要求增加工资或者调换更大的办公室；通过推卸工作，使工资较高的人多产出。

（3）改变认知：研究表明，当人们无法改变自己的投入或者产出时，他们可能会改变自己对公平的感知。他们会人为地提高自己的工作地位或者扭曲他人获得的奖励以获得心理平衡。

（4）离职：当人们感到自己受到不公平对待时，他们可能会决定离职，而不是承受工资低于投入的不公平之苦。在新工作中，他们希望得到更公平的报酬。

公平理论对管理者的启示在于，员工是在通过与他人相比后获得公平性的基础上，决定自己是否受到了激励。如果感觉不公平，哪怕是升职或加薪也不会产生任何激励作用。所以为员工们创造一种公平感，以使员工持续受到激励，是管理者重要的任务之一。

尽管公平理论的基本观点是普遍存在的，但是在实际运用中很难把握。个人的主观判断对此有很大的影响，因为人们总是倾向于过高估计自己的投入量，而过低估计自己所得到的报酬，对别人的投入量及所得报酬的估计则与此相反。因此，管理者在运用该理论时应当更多地注意实际工作绩效与报酬之间的合理性。当然，对于有些具有特殊才能的人，或对完成某些复杂工作的人，应更多地考虑到其心理的平衡。

（三）期望理论

维克托·弗鲁姆的期望理论认为，员工的激励水平取决于个人对自己完成任务的能力以及获得理想回报的期望值。换言之，只有当人们预期到某一行为能给个人带来有吸引力的结果时，个人才会采取这一特定行为。期望理论是以个人的努力、绩效以及与绩效相关的预期回报与价值之间的关系为基础的。期望理论的关键在于个人对努力、绩效和回报与价值之间关系的期望值。该理论包含了三个变量或关系。

1. 期望值（努力 - 绩效关系）

该变量指的是个体所认为的付出一定的努力能达到某一特定绩效水平的概率。如果一个人想将期望值提高，他就必须具备相应的能力、经验以及必要的机械、工具和机遇。举一个简单的例子，如果珠宝礼品店的销售员玛丽相信，增加在销售上的投入会带来更高的个人销售业绩，我们就可以说，她有较高的努力 - 绩效期望值。然而，如果玛丽觉得她既没有能力也没有机会去实现高绩效，那么这个期望值就会变得很低，她的积极性也会随之降低。

2. 手段（绩效 - 奖励关系）

该变量指的是个体所认为的某一特定绩效水平有助于获得期望结果的程度。如果某人的绩效 - 奖励期望值较高，那么这个人受到的激励的水平也会较高。如果此人认为高绩效并不会带来预期的回报，那么他受到的激励的水平就会降低。如果玛丽相信较高的个人销售业绩会带来工资的增加，那么就可以说她具有较高的绩效 - 奖励期望值。她可能认识到她可以考虑升职问题了，可以就此事与上司或其他同事讨论，看看销售额的增加是否可以帮她获得晋升。如果无法获得晋升，那么她将缺乏动力去努力工作。

3. 效价（奖励的吸引力）

该变量指的是在工作中可能获得的结果或奖励对个体的重要程度。效价同时考虑了该个体的目标以及需求。如果员工认为努力工作取得卓越绩效之后获得的回报是无足轻重的，那么员工从事该项工作的动力就很小。反之，如果员工认为他们得到的回报是非常宝贵的，那么他们努力工作的动力就比较大。如果玛丽认为加薪对她非常重要，那么加薪的效价就很高，加薪后她便会有很大的动力去努力工作。要想对员工产生高激励，期望理论中的这三个要素都必须很高。

三、激励的强化理论

强化理论是由美国心理学家斯金纳（B. F. Skinner）首先提出的。该理论认为人的行为是其所获刺激的函数。如果这种刺激对他有利，这种行为会重复出现；若对他不利，这种行为会减弱直至消失。因此管理者要采取各种强化方式，以使人们的行为符合组织的目标。根据强化的性质和目的，可以分为两大类型。

（一）正强化

正强化又称积极强化，即用某种有吸引力的结果对某一行为进行奖励和肯定，以期在类似条件下重复出现这一行为。在管理中，就是奖励那些符合组织目标的行为，以便使这些行为得以进一步加强，重复出现，从而有利于组织目标的实现。正强化的方法包括奖金、对成绩的认可及表扬、改善工作条件和人际关系、安排担任挑战性的工作、给予学习和成长的机会等。

在管理实践中，具体应用正强化时应注意遵循以下一些原则：①经过强化的行为趋向于重复发生；②要依照强化对象的不同采用不同的强化措施；③小步子前进，分阶段设立目标，并对目标予以明确规定和表述；④及时反馈；⑤正强化比负强化更有效。

（二）负强化

负强化又叫消极强化，是在行为出现时把不愉快的刺激撤销或者减少，这样也可以加强行为。比如，小白鼠拉动线绳可以避免电击，它就会不断地拉线。我们在疲劳时，停止工作，休息几分钟，就会恢复精神，所以人们就学会了消除疲劳的办法。

厌恶刺激物的移去或者消除可以通过多种途径完成，主要可以归纳为两类：一是通过其他人的行动达到这一结果；二是个体自身行为的直接结果，与其他人的行动没有关系。比如，如果房间里有异味，可以让房间里的其他人打开窗户，也可以是个体自己打开窗户，它们都可以达到消散异味的目的；又如学生遇到难题，可以通过询问老师和同学来获得帮助，也可以通过自己冥思苦想来解决。当然，很明显，通过这两种途径所形成的行为是不同的。根据这两种不同的途径可将负强化分为两类：社会性的负强化与自动性的负强化。

在管理实践中，负强化实施的科学方法：①依照强化对象的不同采用不同的强化措施；②小步子前进，分阶段设立目标；③及时反馈；④负强化的实施要维持其连续性，对每一次不符合组织目标的行为都应及时地给予处罚。

四、X 理论和 Y 理论

X 理论和 Y 理论讨论的是关于人性的问题，由美国管理心理学家道格拉斯·麦格雷戈（Douglas McGregor）总结提出。管理者关于人性的观点是建立在一些假设基础上的，管理者正是根据这些假设来塑造激励下属的行为方式。管理者对人性的假设有两种对立的基本观点：一种是消极的 X 理论（Theory X），另一种是积极的 Y 理论（Theory Y）。

X 理论认为，员工天性好逸恶劳，只要可能，就会躲避工作；以自我为中心，漠视组织要求；员工只要有可能就会逃避责任，安于现状，缺乏创造性；不喜欢工作，需要对他们采取强制措施或惩罚办法，迫使他们实现组织目标。

Y 理论认为，员工并非好逸恶劳，而是自觉勤奋，喜欢工作；员工有很强的自我控制能力，在工作中履行完成任务的承诺；一般而言，每个人不仅能够承担责任，而且还会主动承担责任；绝大多数人都具备做出正确决策的能力。

麦格雷戈本人认为，Y 理论的假设比 X 理论更实际有效，因此他建议让员工参与决策，为员工提供富有挑战性和责任感的工作，建立良好的群体关系，认为这有助于调动员工的工作积极性。

第三节　激励形式与实务

一、激励的形式

上述关于激励的各种理论，都是突出不同激励环节的结果。在管理实践中，孤立地看待和应用它们都是不完善的。实践中激励和绩效之间并不是简单的因果关系。要想让激励能产生预期的效果，就必须考虑到奖励内容、奖励制度、组织分工、目标设置、公平考核等一系列因素，并注重员工满意程度在努力中的反馈。另外，需要注意的是，所有的激励理论都是一般而言的，而每个员工都有自己的特性，他们的需求、个性、期望、目标等个体变量各不相同。因而领导者根据激励理论处理激励实务时，应该针对员工的不同特点采用不同的方法。

结合各种激励理论，有四种激励方式：工作激励、成果激励、批评激励以及培训教育激励。

工作激励，指通过分配适当的工作来激发员工内在的工作热情。

成果激励，指在正确评估工作成果的基础上给员工以合理奖惩，以保证员工行为良性循环。

批评激励，指通过批评来激发员工改正错误行为的信心和决心。

培训教育激励，则是通过灌输组织文化和开展技术知识培训，提高员工的素质，增强其更新知识、共同完成组织目标的热情。

二、激励实务

自 20 世纪 90 年代以来，越来越多的公司将各种形式的薪酬激励作为激励员工提升工作绩效的一种方法。基于各种激励理论，各种激励计划不断出现，致力于改善企业员工的满意度和绩效。这些计划主要包括绩效工资、收益分享、员工持股计划、总奖金、知识工资和灵活的工作日程（弹性工作制）等。

（一）绩效工资

企业突出绩效工资意味着员工是根据他的绩效贡献而得到奖励的，因此这种工资一般又称为奖励工资。它实际上是激励的期望理论和强化理论的逻辑结果，因为工资的增加是和工作行为挂钩的。通用汽车公司就曾大力推行这种激励计划。公司管理层在取消员工的年度生活补贴后，建立了一种绩效工资制度，通过涨工资刺激员工的工作任务。公司管理层分别对员工人数的上限10%、上中部25%、中部55%和下限10%强化工资差别。

（二）收益分享

收益分享是员工和管理人员在特定的单位中，当单位绩效打破预先确定的绩效目标时，接受奖金的一项激励计划。这些绩效目标可以是细化了的劳动生产率、成本、质量、顾客服务或者利润。和绩效工资不同的是，分红鼓励团队工作，因为全体员工都在为经营单位的利益做贡献。绝大多数公司都采用了某种精确的指定绩效目标和奖金的核算方法。

（三）员工持股计划

员工持股计划（Employee Stock Ownership Plans，ESOPs）给予员工部分企业的股权，允许他们分享改进的利润绩效。相对而言，员工持股计划在小企业的管理中比较流行，但也有像宝洁公司（PLC）这样的大企业在采用这种激励计划。员工持股计划实际上是公司以放弃股权的代价来提高生产率水平。绝大多数企业主管发现这种激励形式的效果很不错。员工持股计划使得员工们更加努力工作，因为他们是所有者，要分担企业的盈亏。但要使这种激励计划有效进行，管理人员必须向员工提供全面的公司财务资料，赋予他们参加主要决策的权力，以及给予他们包括选举董事会成员在内的投票权。

（四）总奖金

总奖金是以绩效为基础的一次性现金支付计划。单独的现金支付旨在提高激励的效价。这种计划在员工感到他们的奖金真正反映了公司的繁荣时才有效，不然，效果适得其反。

（五）知识工资

知识工资是指一个员工的工资随着他能够完成的任务数量的增加而增加，知识工资增加了公司的灵活性和效率，因为公司需要的做工作的人会越来越少。但要贯彻这项计划，公司必须有一套高度发达的员工评价程序，必须明确工作岗位，这样工资才可能随着新工作的增加而增加。

（六）弹性工作制

弹性工作制的特点是其有灵活的工作日程，取消了对员工固定的一周五天上班、每天工作八小时的限制。修改的内容包括四天工作制、灵活的工作时间以及轮流工作。

执行四天工作制就是工作四天，每天 10 小时，而不是五天工作制中的每天工作 8 小时。这一激励目的，是满足员工想得到更多闲暇时间的需要。灵活的时间就是让员工自己选择工作日程。轮流工作是让两个或两个以上的人共同从事某一项 40 小时工作周的工作。这一激励计划意味着公司同意使用兼职员工，这很大程度是为了满足带小孩的母亲的需要，同时又消除了员工因长期从事某种工作而产生的枯燥和单调。

上述激励计划，一个最明显的优势，是企业增强了对熟练员工的组织吸引力，最终有效降低了对熟练员工的市场搜寻成本和培训成本。在 20 世纪 90 年代的企业经营中，员工的知识积累日益成为企业重要的竞争优势，对员工的管理要从知识管理的高度把握。

复习与思考题

1. 期望理论的内容是什么？
2. 简述公平理论的基本观点。
3. 双因素理论的内容是什么？
4. 简述激励强化理论的内容。
5. 马斯洛需求层次理论的内容是什么？
6. 激励因素和保健因素分别是什么？
7. X 理论和 Y 理论假设是什么？
8. 管理者在激励当今的员工队伍时面临什么挑战？
9. 请认真思考：你毕业之后想要从工作中获得什么。
10. 采访两位管理者，了解他们是如何激励员工的及他们认为哪些激励方式有效？请课堂展示。

第十四章 沟通

【学习目标】

通过本章的学习，你应该能够掌握以下几点。

- 正确定义沟通并说明其作用。
- 描述沟通的基本模型。
- 讨论沟通的各种类型。
- 阐述沟通的主要模式。
- 分析沟通存在的主要障碍。
- 掌握有效沟通的技能技巧。
- 探讨组织内部冲突的成因及其处理方法。

【管理小故事】

星巴克：仆人式领导

沟通文化是星巴克门店的润滑剂。星巴克对于门店员工的要求是有非常向上的精神面貌，充满激情，积极，阳光，善于沟通。2011 年星巴克进行的店长基础培训包括星巴克文化、建立高效团队、业务分析与发展、为成功而辅导。

在星巴克的管理链条上，店长处于整个零售系统管理链条的中间。并且，由于区经理和区域经理并没有独立的管理团队，也没有经理助理，中间环节被大大压缩了，避免了官僚主义。同时，除了新开辟市场的店长外，绝大部分店长都从店副理提升，区经理从店长提升，区域经理又从优秀的区经理提升，管理阶层之间有共同经历，能够进行积极、有效的沟通。另外，星巴克提倡仆人式的领导，要求店长对伙伴态度和蔼可亲、能够支持他们的工作、和伙伴保持畅通的沟通。如果该店长不是“仆人式领导”而是“命令式领导”，其他的伙伴可以向区经理或者区域经理反馈。

上海曾经有一位非常强势的星巴克店长，因为店面位置好，业绩突出，忽视了和员工的沟通，更强调通过命令方式管理门店，其结果是被伙伴投诉给上级经理。幸运的是，这位店长获得了改正机会，其后不断努力学习沟通和管理技巧。

除了管理者，星巴克亦不断提升员工的沟通能力。星巴克对新进员工的培训，除了公司文化之外，提倡的是人际关系训练，这被称为星巴克的“星星技巧（Star Skill）”，主要强调三种思维方式：①维持并增进伙伴的自尊心；②要会聆听、赞赏并表示了解；③要会寻求别人的协助。

星巴克还为员工提供一种回馈卡，在受到帮助和支持时，员工可以通过发送回馈卡来表达。在星巴克中国的办公室，我们看到很多员工把这些回馈卡贴在办公桌上，这既是一种鼓励，也是一种骄傲。看似小巧的沟通工具，为羞于表达的中国员工提供了沟通的媒介。（有较大改动）

资料来源：杨国安，朴抱一，沈磊．星巴克的门店奥秘［EB/OL］．（2011. 06. 14）［2020. 09. 01］https：//www. douban. com/group/topic/20577509/.

在管理的领导职能中，要想使领导者和组织成员同心协力实现组织目标，并不是简单地贯彻领导方式和激励的理论知识。事实上，管理的领导职能要真正发挥作用还取决于作为组织成员的各方对组织目标及其实施方式的理解和在多大的程度上达成一致，这关系到管理的绩效。沟通和管理绩效的密切相关引出组织的沟通问题。从根本上说，沟通是关于如何使领导方式和激励行为保持一致的问题。由于个体和组织间的差异，决定着沟通问题不仅涉及范围广，而且复杂。要使组织目标顺利实现，必须建立起行之有效的机制，以便解决因沟通不足而引发的管理冲突。

第一节　沟通的原理

一、什么是沟通

（一）沟通的定义

沟通是不同的行为主体通过各种载体实现信息的双向流动，形成行为主体的感知，以达到特定目标的行为过程。

行为主体：多指人与人，人与人群，人群与人群。随着科技和社会的发展，沟通的主体逐渐打破人的范畴，动物、超级计算机、机器人很可能被纳入。行为主体中通常包括信息的发送者和接收者，在一个完整的沟通过程中，同一个主体会扮演信息发送者和接收者的双重角色。

信息载体：对于人来说，信息载体包括本有和外有两大类。本有载体是指人不需借助外物的沟通媒介，包括语言、肢体动作、表情等；外有载体是指需要借助外物的沟通媒介，包括文字、电话、电子邮件以及新媒体等。在一次沟通过程中，通常有几种信息载体同时存在的情况。

特定目标：对于人来说，至少包括意识、行为和组织三个层面。意识层面通常包括情感、知识、思想等；行为层面通常包括动作、活动、习惯等；组织层面通常包括绩效目标、行动计划、团队氛围等。通常情况下，沟通是为了实现积极的目标。

在沟通的过程中，行为主体、信息载体和沟通环境都会影响沟通目标的达成。通常情况下，行为主体的状态、知识和经验结构、准备的充分性等因素会影响沟通的效果；信息载体的稳定性、识别度等因素会影响沟通的效果；沟通环境的噪声、氛围等因素也会影响沟通的效果。

需要特别强调的是，沟通是信息双向流动的过程，需要由信息的传递和反馈共同组成。如果只有信息的传递，而没有反馈，通常意义上意味着沟通的失败或无效。

（二）管理沟通的三大作用

沟通是指可理解的信息或思想在两个或两个以上人或人群中的传递或交换的过程，目的是激励或影响人的行为。在很大程度上，组织中管理者的工作都和沟通有关。在组织内部，有员工之间的交流、员工与工作团队之间的交流、工作团队之间的交流；在组织外部，有组织与客户之间的交流、组织之间的交流。一般来说沟通在管理中具有以下几方面的重要意义。

1. 沟通是保证下属做好工作的前提

只有通过沟通让下属明白了他的工作目标要求、所要承担的责任、完成工作后的个人利益后，才能让下属明确知道做什么、做到什么程度及应选择什么态度去做。

2. 沟通是启发下属工作热情和积极性的一个重要方式

如果主管与下属经常就下属所承担的工作，以及他的工作与整个企业发展的联系进行沟通，下属员工就会受到鼓舞，就会使他感觉到自己受到的尊重和工作本身的价值。这也就直接给下属带来了自我价值的满足，其工作热情和积极性就会自然而然地得到提升。

3. 沟通是下属员工做好工作的一个保障

通过沟通，主管可以准确、及时地把握下属的工作进展、工作难题，并及时为下属工作中难题的解决提供支持和帮助。这有助于下属按照要求及时、高质量地完成工作，进而保证整个单位、部门乃至整个企业的工作协调。

有效沟通是提高企业组织运行效益的一个重要环节。实现管理沟通规范化，也就是通过把一种高效、科学的沟通技巧和方法作为一种管理人员的具体管理行为规范确立下来，让每个管理人员都遵照执行。

二、沟通的基本模型

所有的沟通都包括四个行动和五个组成部分。四个行动分别是编码、发送、接收和解码。五个组成部分包括发送者、信息、媒介（渠道）、噪声和接收者。这四个行动和五个组成部分联合起来将沟通的内容从发送者传递给接收者。发送者通过编码构建发出的信息，这就是沟通的内容。然后发送者通过媒介（Media）发送信息。媒介主要有口头谈话、视频、备忘录、传真和电子邮件。接收者通过倾听、阅读或者在传真机和电脑上接收信息，并最终通过解码来解释信息。有时会存在干扰信息的因素，这些干扰因素被称为噪声。噪声会造成信息接收者对原始信息的误解，只有通过反馈或验证原始信息才能发现问题所在并予以解决。沟通的基本模型如图 14 - 1 所示。

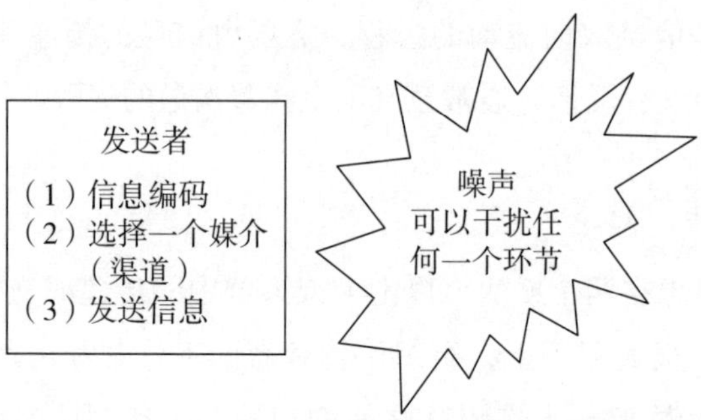

图 14 - 1　沟通的基本模型

图 14 - 1 所示的沟通模型是最基础并具有普适性的。也就是说，无论沟通在怎样的文化背景或组织中发生，该模型都适用。然而，虽然沟通过程的基本行为和组成部分是相同的，但是具体的沟通行为的展开及各组成部分的特性受到文化、组织甚至个人因素的影响。谁可以发送信息给另一方、什么样的信息以及多少信息被发送、使用什么媒介发送信息、会产生什么样的噪声、什么样的线索可以用来解码等，这些沟通问题都会随着管理者、组织或者国家等的不同而发生改变。

三、沟通的模式

沟通是人类组织的基本特征和活动之一。没有沟通，就不可能形成组织和人类社会。沟通是维系组织存在，保持和加强组织纽带，创造和维护组织文化，提高组织效率、效益，支持、促进组织不断进步发展的主要途径。沟通可以是语言模式的，也可以是非语言模式的，管理者需要了解不同沟通模式的特征和相关问题。

（一）语言沟通

语言是人类特有的一种有效沟通方式。语言的沟通包括口头语言、书面语言、影像等。口头语言包括面对面的谈话、开会议等，书面语言包括信函、广告、传真及 E-mail 等，影像包括幻灯片和视频等，这些都统称为语言的沟通。

1. 口头沟通

口头沟通是指用口头语言作为信息媒介来传递信息的沟通方式。口头语言沟通可以是两个人面对面的会谈，也可以是管理者面对广大听众进行演讲，它可以是正式的，也可以是非正式的，主要包括面谈、会议、电话、演说、讨论等。

口头沟通的优点在于比较灵活、快速到达、可及时反馈、便于双向沟通、具有亲切感。在这种沟通方式中人们可以马上提出疑问并获得解答，同时还可以借助表情、手势等来增强沟通的效果，而且上级与下属的直接面谈可以使下属感到自己很受重视。基于以上优点，对于难度较大的、需要频繁并及时反馈的沟通来说，口头沟通显得较为重要。

口头沟通的缺点：①口头表达能力的局限性易造成词不达意；②沟通过程涉及人数的增多加大了信息失真的可能。

2. 书面沟通

书面沟通是指用书面文字作为信息媒介来传递信息的沟通方式。它主要包括备忘录、信件、报告、通知、内部刊物、电子邮件等任何传递书面文字或符号的手段。

书面沟通的优点：①提供持久有形的记录和参考；②能够作为合法凭证进行核实；③由于精心准备而更加缜密；④促进政策和程序保持一致。基于以上优点，对于复杂而长期的沟通来说，书面沟通显得尤为重要。

书面沟通的缺点：①相对于口头沟通更加耗费时间；②由于撰写者水平有限而产生编码错误；③不能及时进行反馈以便了解信息是否到达以及是否被正确地理解。

（二）非语言沟通

非语言沟通是指通过人的动作和行为等非语言来传递信息的沟通方式。它包括动作、表情、体态、音调等。

有研究表明，在面对面的沟通中，三种沟通信号源在信息解释过程中的相对重要性如下：言语（实际说出的语言）影响力 7%、声音（音调、音高、音质）影响力 38%、面部表情和体态影响力 55%。这些数据充分说明了非语言沟通对沟通效果的影响力。

非语言沟通的优点在于适当的非语言沟通能够强化语言沟通的效果，并且更加生动和直接。比如，教师上课时，当看到学生们无精打采或者有人开始打瞌睡时，无须言语说明，学生们已经告诉她（他），他们厌倦了。同样，当纸张沙沙作响，笔记本开始合上时，所传达的信息已十分明确——该下课了。

非语言沟通的缺点在于单独使用非语言沟通容易导致错误或模糊的信息传递，比如，在下班时遇见一言不发、脸色阴沉的老板，员工就会猜疑是否自己犯了错误，但实际上老板只是牙痛；不当的非语言沟通还可能削弱沟通效果；非语言沟通的应用范围较窄，往往只是在面对面的沟通中使用。

现实困境

中国古代的非语言沟通

著名相声大师刘宝瑞先生讲过一段相声，叫《知县见巡抚》。说的是一个叫钱如发的茶叶铺掌柜，花钱买了个县官，捞足了银子后，嫌县官不过瘾，想到巡抚那里买个知府。这个钱如发只会做生意和搜刮百姓钱财，对官场的礼仪规矩是一窍不通。钱如发见了巡抚之后，行礼落座，仆人上茶。钱如发有眼力见儿，心说我一个小县官见到巡抚，自然要客气客气。于是，他双手捧起茶，冲巡抚说道："大帅，请喝茶。"巡抚见状，哭笑不得，心说你这是要在我家里把我送走吗？此后，二人又进行了一段鸡同鸭讲的对话，令人不禁捧腹。

这一段经典相声，利用了二人沟通的障碍制造出非常密集的笑料包袱。其中的"端茶送客"在古代是一个较为基本的人际沟通礼仪。当主人觉得话不投机时，不会直接开口赶走客人，而是端起手中的茶碗，委婉地告诉对方：我听不下去了，你快走吧。这种约定俗成的礼仪，在中国传统文化中非常多，是一种典型的非语言沟通。

资料来源：公门爬山虎，不用说话也能沟通，学会"非语言沟通"，让你成为人际沟通达人［EB/OL］（2019.10.17）［2020.09.01］https：//www.jianshu.com/p/4ffe6c400711.

由于非语言沟通方式对沟通效果的强大影响力，管理者应当注意非语言沟通要素的表达，尽可能了解非语言沟通的技巧，准确表达和理解非语言沟通要素。

第二节　沟通的类型

一、人际沟通

在组织中，人际沟通构成组织沟通最普遍的形式。在一般意义上，组织中的人际沟通是指组织中的个体成员如何将个体目标和组织目标相联系的过程。每个企业都由数人、数十人、数百人甚至成千上万人组成，企业每天的活动也由许多的具体工作构成。由于个体的地位、利益和能力的不同，他们对企业目标的理解、所感受的信息也不同，这就使得个体的目标有可能偏离企业总的目标，甚至完全背道而驰。如何保证员工上下一心、不折不扣地完成企业的总目标呢？这就需要相互交流意见，统一思想认识，自觉地协调个体的工作活动，以保证组织目标的实现。因而，人际沟通在组织中是最基本的协调工作，认识不到这一点，就不可能完全实现企业的目标。

人际沟通对组织的重要意义还在于组织中的人的管理。自20世纪90年代以后，随着企业经营环境的巨大变化，企业已经由传统的把人当作成本中心的观念向把人当作资源中心的观念转变。由员工的成本观到资源观，表明了企业的经营和发展是产业结构调整的结果，但更主要的是表明了企业正在由传统的经营实体向以资源为基础的、以知识获取和管理为中心的新型企业组织发展。企业员工日益成为企业经营流程中专有知识的载体，成为产生企业竞争力的核心源泉。员工之间的交流及其效率在一定程度上是企业组织的知识在内部传递的表现。

为了实现最好的结果，管理者必须了解影响人际沟通过程中的若干因素，从而提高人际沟通的有效性。比如，人际沟通中涉及的坦诚沟通的氛围、沟通渠道、劝导能力、真诚沟通、提问、倾听和非语言沟通。

二、团队沟通

团队沟通是指组织中以工作团队为基础单位对象进行的信息交流和传递的方式。工作团队随着组织内外部环境的变化而变化，在企业管理尤其是西方企业管理中，其重要性越来越明显。

团队是两个或两个以上人员相互作用和协作以便完成组织预定的某项特别目标的单位。团队的概念包含三个要素：①需要两个或两个以上的人员，团队的规模可大可小，但一般规模都低于15人。②团队人员有规律的相互接触，彼此间不打交道的人不能组成一个团队。③团队人员共享绩效目标。团队有时在组织中又称群体，团队和群体这两个词汇经常相互替换，但团队一词带有一种崇高的使命感和竞争感。

重视组织中的团队工作，指重视团队沟通的需要。团队成员在一起工作，以便完成任务，团队的沟通结构既影响团队绩效又影响员工的满意度。对团队沟通的研究集中在两个方面：团队沟通中集权的程度和团队任务的性质。这两个方面又是由企业组织中沟通网络的复杂性决定的。在集权沟通网络中，团队成员必须通过一个人解决问题和做决策来进行沟通。在分权沟通网络中，个人可以随意地和其他团队成员进行沟通，团队成员平等地处理信息直至达成一致。

集权沟通网络对简单问题能够较快解决，分权沟通网络则显得迟缓些，因为信息在个体中间要等到有人最终获得信息并解决问题时才会传递。但对复杂问题而言，分权沟通网络的解决速度就较快。由于所有的必需信息并不集中在某一个人，通过广泛的沟通产生的信息汇总就为决策提供了更多的产出。同样，解决问题的精度和问题的难度是连在一起的。

团队沟通对组织的意义：在高度竞争的全球环境中，组织应用群体或团队解决复杂问题。当团队活动复杂而且难度大时，所有成员都应该在一种分权的结构中共享信息，以便解决问题。团队需要在各个方向上自由沟通，应该鼓励团队成员彼此间讨论问题，员工的大量时间应该投放于信息加工。但是，执行常规任务的团队沟通可以是集权式的，在处理信息上的时间不宜太多。

三、组织内部沟通

任何一个组织，无论属于哪个国家、规模如何，无论其复杂程度如何，都有不同的功能和责任程度不一的各层级职位。因此，根据信息流向的层级组织内部沟通通常有三个方向：下行沟通、上行沟通和水平沟通。管理者负责在这三个方向上建立并维护正式的沟通渠道。管理者也会利用非正式渠道，这就意味着他们必须走出办公室，与员工融为一体。

（一）正式沟通

组织内的正式沟通是指组织内部按照正式安排的信息沟通渠道进行的人际沟通。比如，组织中的例行会议，按正式组织系统发布的命令、指示、文件、电子邮件，上下级或同事间因工作而进行的正式交流等。正式沟通的形式与组织的结构密切相关，是组织内沟通的主要渠道。组织内正式沟通的优点有沟通效果好、比较规范、约束力强、形式严肃、易于保密等，可以使信息沟通保持权威性。重要的信息和文件的传达、组织的决策等，一般都采取这种方式。正式沟通的缺点有中间环节多、传播路线刻板、沟通速度较慢、信息易损耗和失真等。

1. 下行沟通

这是我们最熟悉、最常见的正式沟通流向。一般是指政策、计划、规定之类的信息从最高管理层向下传达给下属的过程。下行沟通方式所运用的媒介包括命令、讲话、会议、电话甚至口头通知，书面沟通方式常用的有备忘录、信函、手册、规章制度、工作程序及电子新闻显示等。

下行沟通通常包括以下几个问题：①组织目标和战略的实施，即就组织下阶段的新的战略和目标进行沟通，提供相关信息，为下属指明发展目标。例如，“明年我公司计划通过一系列的营销活动和政策倾斜，增加华东地区的市场份额”。②工作指令，即告诉某人应该开展哪些工作及该工作和组织内其他活动的关系如何。例如，“请将上个月的超市销售情况分析于本周五前交至采购部，下一季度的采购计划急需这份材料”。③程序与惯例，即对组织的政策、规定、规章、福利、组织结构等作出详细说明。例如，“在本公司工作满五年，即可享受无息住房贷款50万元”。④绩效反馈，即对员工或部门的工作效果的考评情况进行传达。例如，“刘××在客户服务上的出色表现，为公司赢得了良好的声誉”。⑤教化，即通过各种形式向员工灌输企业的文化，并通过参加各种形式的活动来鼓舞他们，如表彰大会、野餐会、公司庆典、晚宴等。例如，“公司去年在同仁们的共同努力下获得了前所未有的发展，为了感谢诸位的努力，拟于1月20日举行盛大的新年宴会”。

2. 上行沟通

主要是指下属向上级管理者所提出的正式书面或口头报告。许多机构还花了很多精力致力于自下而上的沟通渠道的建立，例如，意见箱、员工调查、建议制度、座谈会、开放政策、管理者公开电子邮件、员工和管理者面对面的交流、上访制度及管理信息系统报告等。

但是无论人们如何努力，自下而上的沟通依然存在着各种障碍：①管理者出于各种原因拒绝真正听取员工的建议，从而使沟通成为形式。例如，管理者通常会认为“员工们总是站在自己的角度去考虑问题，所以他们的意见是片面的”。②员工由于对管理者的不信任，放弃了这种渠道。例如，很多员工都会认为“那个意见箱不过是个形式，谁会当真”。③员工由于希望博得管理者的好感，从而对信息进行筛选或歪曲等。例如，很多员工都会在管理者面前对其实施的新政策大唱赞歌，而对其带来的问题避而不谈。

3. 水平沟通

水平沟通主要指同伴或同事之间进行的沟通。水平沟通可以存在于部门内部，也可以存在于部门之间。它不仅起到沟通信息的作用，还有助于协作关系的建立，因而在组织沟通中占有重要的位置。水平沟通有以下三种形式。

（1）解决部门内部的问题。这种沟通通常在部门内部的员工之间进行，常常与工作的进程有关。例如，“小王，你的报表提交了吗?”

（2）促进部门之间的协作。这种沟通通常在部门之间进行，常常与合作项目或任务完成有关。例如，“小陈，今天下午销售部和市场部有一个会议请你参加一下，是关于新产品促销的问题”。

（3）提高积极性和改进工作。这种沟通通常在部门内或部门之间进行，常常与信息分享、组织变革及成长改进有关。

（二）非正式沟通

企业除了需要正式沟通外，也需要非正式沟通。非正式沟通是指以社会关系为基础，通过正式沟通途径以外的信息沟通渠道进行的人际沟通。非正式沟通的主要功能是传播职工所关心的信息，体现的是职工的个人兴趣和利益，与企业正式的要求无关。与正式沟通相比，非正式沟通有下列几个特点。

（1）非正式沟通信息交流速度较快。由于这些信息与职工的利益相关或者是他们比较感兴趣的，再加上没有正式沟通的多层次程序，信息传播速度大大加快。

（2）非正式沟通的信息比较准确。据国外研究，其准确率可高达95%。一般来说，非正式沟通中信息的失真主要是因为形式上的不完整。人们常常把非正式沟通与谣言混为一谈，这是缺乏根据的。

（3）非正式沟通效率较高。非正式沟通一般是有选择地、针对个人的兴趣传播信息。正式沟通则常常将信息传递给本不需要它们的人。例如，企业管理人员的办公桌上往往堆满了一大堆毫无价值的文件。

（4）非正式沟通可以满足职工的需要。由于非正式沟通不是基于管理者的权威，而是出于职工的愿望和需要，因此，这种沟通常常是积极的、卓有成效的，并且可以满足职工们的安全需要、社交需要和尊重需要。

（5）非正式沟通有一定的片面性。非正式沟通中的信息常常被夸大、曲解，因而需要慎重对待。

四、组织间沟通

与一般的组织中的人际沟通和工作团队沟通不同的是，组织间沟通日益成为管理学中沟通的重要一环，这主要是企业战略管理中战略和企业边界扩张范式分别转型的结果。组织间沟通简单地说就是组织之间如何加强有利于实现各自组织目标的信息交流和传递的过程。组织间沟通是为了通过协调共同的资源投入活动，实现有利于合作各方的共同利益。

组织间沟通的重要基础，一般不是建立在市场交易关系基础上的契约关系，而是建立在相互信任上的互惠关系。如果沟通的主要目标是有关践约和履约的问题，那组织间的关系就会走向纯粹的市场交易关系，进而失去组织间沟通的本来意义。在经济活动全球化和技术进步日益加快的背景中，组织间沟通对企业尤其对互联网领域的企业正起着越来越重要的作用。

合作竞争战略的形式之一是战略联盟。这种合作形式是一种具有清楚明确的积聚性理念的多边合作伙伴关系。它以松散的组织方式为特征，在自愿加盟的基础上，以共同的方式，拓展未来的竞争空间，实现“双赢”或“全赢”的市场目的。

管理学家们称21世纪的企业竞争将主要是战略联盟以及联盟基础上企业网络的竞争。战略联盟的稳定性虽然远强于产业组织中的卡特尔组织形式，但战略联盟的成功与否的确在一定程度上取决于战略联盟存在过程中的沟通效果。由于这种战略既跨越了资产的约束，又跨越了地域的限制，因此，这种战略一旦运作起来，其优势是多方面的。西方大多数跨国公司在世界各地广泛采取这种合作战略。这种战略，通常是要建立特别的联络委员会，这一机构一般是向各成员企业的最高层管理负责的。它的主要职责是协调联盟的运行并且监督合作伙伴共同领域中的新动向，加强组织间沟通，以使联盟切实为各成员企业创造价值。

第三节　沟通的障碍

所谓沟通障碍，指信息在传递和交换过程中，由于信息意图受到干扰或误解，而导致沟通失真的现象。在沟通的过程中，存在着外界干扰以及其他种种原因，信息往往丢失或被曲解，使得信息的传递不能发挥正常的作用。因此组织的沟通存在影响有效沟通的障碍因素。所谓有效沟通，简单地说就是传递和交流信息的可靠性和准确性高，它表明了组织对内外噪音的抵抗能力，因而其和组织的智能（Organizational Intelligence）是连在一起的。沟通的有效性越明显，说明组织智能越高。影响有效沟通的障碍因素有个人因素、人际因素、结构因素和技术因素。

一、个人因素

在沟通过程中，信息发送者的情绪、倾向、个人感受、表达能力、判断力、人格影响力等都会影响信息的完整传递；在沟通的另一端，信息接收者的情绪、倾向、兴奋点、共鸣性、注意力、判断力、记忆力等因素，也影响信息传递的效果。总体而言，个人因素主要包括两大类：一类是有选择地接受，另一类是沟通技巧的差异。

所谓有选择地接受，指人们拒绝或片面地接受与他们的期望不一致的信息。研究表明，人们往往只听或只看他们感情上能够接纳的东西，甚至只愿意接受中听的，拒绝不中听的。

除了人们接受能力有所差异外，许多人运用沟通的技巧也很不相同。有的人擅长口头表达；有的人擅长文字描述。这些问题都妨碍有效的沟通。

二、人际因素

人际因素主要包括沟通双方的相互信任、信息来源的可靠度和发送者与接收者之间的相似程度。

沟通是发送者与接收者之间“给”与“收”的过程。信息传递不是单方面而是双方面的事情，因此，沟通双方的诚意和相互信任至关重要。上下级间的猜疑只会增加抵触情绪，减少坦率交谈的机会，也就不可能进行有效的沟通。

信息来源的可靠性决定于四个因素：诚实，能力，热情，客观。有时，信息来源可能并不同时具有这四个因素，但只要信息接收者认为具有即可。信息来源的可靠性实际上是由接收者主观决定的。就个人来说，员工对上级是否满意很大程度上取决于他对上级可靠性的评价。就团体而言，可靠性较大的工作单位或部门比较能公开、准确和经常地进行沟通，它们的工作成就也相对较出色。

沟通的准确性与沟通双方间的相似性有着直接的关系。沟通双方特征的相似性影响了沟通的难易程度和坦率性。沟通一方如果认为对方与自己很接近，那么他将比较容易接受对方的意见，并且达成共识。相反，如果沟通一方视对方为异己，那么信息的传递将很难进行下去。

三、结构因素

结构因素包括地位差别、信息链传递现象、团体规模和空间约束四个方面。

（1）地位差别。研究表明，地位的高低对沟通的方向和频率有很大的影响。地位悬殊越大，信息越趋向于从地位高的流向地位低的，地位是沟通中的一个重要障碍。

（2）信息链传递现象。一般来说，信息通过的等级越多，到达目的地的时间也越长，信息失真程度则越大。这种信息连续地从一个等级到另一个等级时所发生的变化，称为信息链传递现象。

（3）团体规模。当工作团体规模较大时，人与人之间的沟通也相应变得较为困难，因为沟通渠道的增长大大超过人数的增长。

（4）空间约束。企业中的工作常常要求员工只能在某一特定地点进行操作。这种空间约束的影响往往在员工单独于某位置工作或在数台机器之间往返运动时尤为突出。空间约束不利于员工之间的交流，限制了他们的沟通。一般来说，两人之间的距离越短，他们交往的频率就越高。

四、技术因素

技术因素主要包括语言、非语言暗示，媒介的有效性和信息过量。

（1）语言、非语言暗示。沟通的准确性多半依赖于沟通者赋予字和词的含义。语言只是个符号系统，本身没有任何意义，它仅仅是我们描述和表达个人观点的符号或标签。每个人表述的内容常常是由其独特的经历、个人需要、社会背景等决定的。因此，语言极少对发送者和接收者具有相同的含义。语言的不准确性不仅表现在对符号的不同理解，而且表现在其能激发各种各样的感情，这些感情可能又会进一步歪曲信息的含义。同样的字词对不同的团体来说，会导致完全不同的感情和不同的含义。

（2）媒介的有效性。管理人员十分关心各种不同沟通工具的效率。一般来说，书面和口头沟通各有所长。书面沟通常常用于传递篇幅较长、内容详细的信息。其优点是为读者提供以适合自己的速度、用自己的方式阅读材料的机会，易于远距离传递，易于储存并在做决策时可提取信息，因为经过多人审阅所以比较准确。口头沟通适合于需要翻译或精心编制才能使拥有不同观念和语言才能的人理解的信息。其优点是快速传递信息，并且希望立即得到反馈；可传递敏感的或秘密的信息；可传递不适合采用书面媒介的信息；适合于传递感情和非语言暗示的信息。

（3）信息过量是指在网络化信息时代下，个体和系统接收到超过自身处理限度的大量社会信息，无法有效将其整合、组织及内化为自己所需的信息，以致对人们的工作、生活及人际关系等产生负面的影响。这些以未被料想到的速度迅速增长的信息渗透进了网络化个体的生活当中，使人感到很难应对且充满压力。

面对信息过量现象，年轻人要有自觉，那就是通过学习让自己具备一点信息传媒素养。知道现代信息传播的规律，既要接受它，又要看穿它，不是被动面对，不是被裹挟。要培养自己的“定力”，包括应对和过滤复杂过量信息的能力，实事求是的态度，尊重规律、以不变应万变的眼光，还有平常心。自己有些“定力”，才不至于完全被信息爆炸的旋流所裹挟，才能在没完没了的各种“现实冲击”面前保持清醒，不“愤青”，不抱怨，不“九斤老太”，不随波逐流，沉下心来，尽量挤出自己发展的空间，去做一些有意义的、实在的事情。

第四节　有效沟通的技能

所谓沟通技能，指管理者具有收集和发送信息的能力，能通过书写、口头与肢体语言的媒介，有效地向他人表达自己的想法、感受与态度，亦能较快、正确地解读他人的信息，从而了解他人的想法、感受与态度。沟通技能涉及许多方面，如简化运用语言、积极倾听、重视反馈、控制情绪等。虽然拥有沟通技能并不意味着成为一个有效的管理者，但缺乏沟通技能会使管理者遇到许多麻烦和障碍。

据研究，成功的高层经理约有 80% 的时间花在谈话和倾听意见上；几乎所有管理层约有 75% 的工作时间花在各类沟通中；而在商务沟通中，大约 70% 的沟通没能达到目的。这些都说明，沟通技能对于组织管理具有一定重要性。

一、跟踪信息与调节信息流

跟踪信息是指在组织沟通中，需要假定自己的信息被人误解，因而需要设法跟踪信息的发送，以便确定自己的信息是否已准确地得到接收和理解。并且，可以通过对沟通进行质量和数量方面的调节，采用“例外原则”，设法消除信息过量，以确保管理者们得到最佳的信息流。

二、利用反馈和移情

反馈是有效沟通的一个关键条件。在面对面沟通中，可以得到直接反馈，在上行沟通中，往往由于反馈机会有限而造成沟通偏差。因此，研究普遍认为，需要大力加强上行沟通中的反馈，并在组织沟通中更为“接收者导向”。另外，注意在反馈中的移情，即把自己置于他人的角色上，并善于适应别人的观点和设身处地理解他人的情绪，从而获得共同理解的基础。此外，上下级之间的相互信任有利于提高沟通的信息加工层次与质量。

三、增强倾听技巧

改进组织沟通的重要技巧之一是通过增强倾听技巧，促进主动沟通，并把重点放在理解上，既要理解他人，也要理解自己，可以采取多种方法。如排除信息歪曲、使发言者放松、表达对信息的兴趣、询问等，都能改进倾听效果。倾听是一门艺术，如表 14－1 所示。

表 14－1　倾听的艺术

要	不要
表现出兴趣	争辩
全神贯注	打断
该沉默时必须沉默	从事与谈话无关的活动
选择安静的地方	过快或提前做出判断
留适当的时间用于辩论	让别人的情绪直接影响自己
注意非语言暗示	草率地给出结论
当你没有听清楚时，请以疑问的方式重复一遍	似懂非懂
当你发觉遗漏时，直截了当地问	若无其事

研究表明，沟通倾听有三种水平：边际式倾听，评价式倾听，投射式倾听。

（1）边际式倾听。信息接收者并没有仔细倾听，双方并未相互倾听或理解。

（2）评价式倾听。评价式倾听是指信息接收者注意评价发送者的信息，只是在听到不能接受的信息内容时才仔细倾听，但这时，倾听往往很快终止，信息接收者开始对不完整信息做出反应。

（3）投射式倾听。投射式倾听最有利于相互理解，信息接收者仔细倾听，从对方的立场进行认真思考，不马上做出评价，也称为移情倾听。

第五节　冲突管理

一、组织内冲突的原因

沟通是为了降低组织的管理成本，进而降低组织之间的交易成本。但是，由于组织之间以及组织中员工之间本质的区别，沟通并不会达到尽善尽美的效果，这样，组织摩擦和人员摩擦会不可避免地发生，带来额外的管理成本。这种摩擦程度越大，组织的协调成本越高。这就是冲突的由来。因此，冲突是指由于某种差异而引起的抵触、争执或争斗的对立状态。

组织冲突是指两个或两个以上的社会单元在目标上互不相容或互相排斥，从而产生心理上或行为上的矛盾。组织冲突的产生不仅会使个体体验到一种过分紧张的情绪，而且会影响正常的群体活动与组织秩序，对管理产生重大的影响。在管理学中，组织冲突既包括群体内个人与个人之间的冲突，也包括群体与群体之间的冲突。引起组织冲突的原因主要有三大方面，即沟通因素、结构因素和个人行为因素。

（一）沟通因素

由于文化和历史背景不同，语义困难及误解等都可能造成人们之间意见不一致。沟通不良是产生这种冲突的重要原因，但不是主要的。

（二）结构因素

观察管理中经常发生的冲突，绝大多数是由组织结构的差异引起的。由于分工造成组织结构中垂直方向和水平方向各系统、各层次、各部门、各单位、各不同岗位的分化，组织愈庞大、愈复杂，组织分化愈细密，组织整合就愈困难。由于信息不对称和利益不一致，人们在计划目标、实施方法、绩效评估、资源分配、劳动报酬、奖惩等许多问题上都会产生不同看法，这种差异是由组织结构本身造成的。为了本单位的利益和荣誉，许多人都会理直气壮地与其他单位甚至上级组织发生冲突。不少管理者甚至把挑起冲突看作自己的职责或作为建立自己威望的手段。几乎每位管理者都会经常面临与同事或下属之间的冲突。

（三）个体行为因素

组织成员的价值观或知觉方式所表现出来的个体行为差异也是冲突的来源之一。每个人的社会背景、教育程度、阅历、修养，塑造了其性格、价值观和作风。人们之间这种个体差异造成的合作和沟通的困难往往也容易导致某些冲突的发生。

【企业实践】

华为：听客户的

华为有成千上万个部门和小团队，他们之间当然也有冲突。那如何处理这种冲突呢？这里涉及任正非的灰度管理哲学，其中客户满意度是华为一直坚持的标准。

比如，销售部门希望能更快地交货，提高市场占有率，要求公司扩张生产线；但研发部门则希望能快点研发出新一代的产品，抢占市场制高点，要求公司加大对研发的投入。

这两种诉求都合理，但也都有风险。听市场的，那万一产品确实没有后劲呢？听研发的，那么产品卖不出去怎么办？两个都不听，交给老板来裁决？老板也不是神，判断错了怎么办？

20 世纪 90 年代中期的联想，就曾遇到过同样的问题，市场和研发有冲突，于是有了著名的柳传志和倪光南之争。最后，联想采用了东方式的解决办法：二者择一，然后把反对者请出去。

华为是怎么做的呢？答案是听客户的。

资料来源：冉涛．华为灰度管理法［M］．北京：中信出版集团，2019.

二、冲突管理的技巧

冲突管理实际上包括两个方面。一是管理者要设法消除冲突产生的负面效应。因为这些冲突阻碍了组织实现目标，属于功能失调的冲突，它们对组织具有破坏性作用。二是要求管理者激发冲突，利用和扩大冲突对组织产生的正面效应，因为这些冲突支持组织的目标，属于建设性的、功能正常的冲突。因而，冲突管理实际上是一种艺术。优秀的管理者一般按下列方式管理冲突。

（一）谨慎地选择需要处理的冲突

管理者可能面临许多冲突。其中，有些冲突非常琐碎，不值得花很多时间去处理；有些冲突虽然很重要，但不是自己力所能及的，不宜插手；有些冲突难度很大，要花很多时间和精力，且未必有好的回报，不要轻易介入。管理者应当选择那些员工关心、影响面大，对推进工作、打开局面、增强凝聚力、建设组织文化有意义、有价值的事件，亲自抓，一抓到底。对冲突事必躬亲的管理者并不是真正的优秀管理者。

（二）仔细研究冲突双方的代表人物

是哪些人卷入了冲突？冲突双方的观点是什么？差异在哪里？双方真正感兴趣的是什么？代表人物的人格特点、价值观、经历和资源因素如何？

（三）深入了解冲突的根源

不仅要了解公开的、表层的冲突原因，还要深入了解深层的、没有说出来的原因。冲突可能是多种原因交叉作用的结果，如果是这样，还要进一步分析各种原因作用的强度。

（四）妥善选择处理办法

通常的处理办法有五种：回避、迁就、强制、妥协、合作。当冲突无关紧要或冲突双方情绪极为激动、需要时间恢复平静时，可采用回避策略；当维持和谐关系十分重要时，可采用迁就策略；当必须对重大事件或紧急事件进行迅速处理时，可采用强制策略，用行政命令方式牺牲某一方利益后，再慢慢做安抚工作；当冲突双方势均力敌、争执不下时，需要双方都做出一些让步，实现妥协；当事件十分重大，双方不可能妥协，需要经过开诚布公的谈判，采用对双方均有利的合作或双赢的解决方式。

复习与思考题

1. 如何理解沟通的含义？有哪些类型的沟通？
2. 沟通有哪些模式？
3. 有效沟通面临什么障碍？如何实现有效沟通？
4. 请描述沟通的基本模型。
5. 管理者解决冲突的方法有哪些？
6. 针对优秀的沟通者所具备的特征进行调查。将这些特征谨记在心并在生活中践行。

第六篇　控制

创业，如果不去彻底追求，彻底研究的话，就无法尝到成功的果实。

三流的点子加一流的执行力，永远比一流的点子加三流的执行力更好。

——孙正义

第十五章　控制与控制过程

【学习目标】

通过本章的学习，你应该能够掌握以下几点。

- 解释控制的概念。
- 描述控制的原则和主要特点。
- 阐述控制的类型。
- 分析控制的基本步骤和过程。
- 探讨控制与其他管理职能之间的关系。

【管理小故事】

比尔·盖茨的思考周：影响微软发展

（1）不受干扰地专注于思考大问题。2012年春天，盖茨说："我确实想一个人独处，只是阅读。我不吃早饭，所以厨师只给我送午饭和晚饭。他们是很好的厨师，所以我一点不缺好吃的。后来我结婚了，我还会跟我妻子打电话。他们是我在思考周会联系的人。"对他来说，去乡下住宅进行梭罗加亚当·斯密式的思考是件完全合理的事。书房在那座宅子的二楼，墙上挂着一张维克多·雨果（Victor Hugo）的肖像。他在这里感觉最为惬意，可以不受干扰地专注于思考大问题。有一年，妻子梅琳达（Melinda）怀孕，为了在有情况时能马上赶回去，盖茨在西雅图附近的一家酒店度过了他的思考周。

（2）盖茨的思考周：6天，只阅读、睡觉和吃饭。盖茨被看成是一位无情的商人，受到数据的驱动，好胜心极强。在他的心灵中还有另一面——看重知识。他是董事长，同时也像个教授，知道自己有不懂的地方，并努力精通相关的领域。

"如果你身为这样一个行业的高管：在大学和小公司里有很多关于这个行业的发

明，在你的公司里，又有很多天马行空的思想家，你会愿意花一个小时阅读他们写的一份长 15 页的材料，再放下材料，做一番思考，给他们一些反馈。”盖茨解释说，“拥有一家快速成长的公司并不是一件容易的事。你要招人，要出去和客户见面，还要对每季度的盈利负责。随着你了解的东西越来越多，你自己公司里的聪明员工和外部人士又不断带来新事物，你想随时掌握情况。在公司总部，你做不到这一点。”“在为期 6 天的思考周期间，我所做的，只有阅读、睡觉和吃饭。”

（3）思考周批复员工书面文件。20 世纪 80 年代盖茨去胡德运河看望奶奶的时候。他说：“有人在那里隐居，出去钓鱼。”但他想的不是玩，而是把这段时间用来工作。

早期盖茨能收到 50 份微软员工的书面文件，把它们放在一个纸板箱里带到胡德运河，文件按主题分类，被标以不同颜色的代码，并印上“微软机密”的字样。“我读了全部文件，也全部做了批复。”盖茨对他看到的大多数材料并不感兴趣。他说，他的批复主要是告诉员工那事看来没什么戏，不要在它上面费力了。他说：“我最喜欢的一个问题是关于半导体的，所有东西都与半导体有关。”还有的文件只是提了一些奇思妙想——比如“魔镜”（大概是与让你试用某件虚拟装备或是提醒你领扣没系好等相关内容的某种东西）。

资料来源：搜狐 IT. 比尔盖茨的“思考周”影响着微软发展［EB/OL］.（2013. 06. 12）［2020. 09. 01］http：//www. donews. com/it/201306/1524213. shtm.

法约尔认为，在一个组织中，控制就是要证实一下是否各项工作都与既定计划相符合，是否与下达的指示及既定原则相符合。孔茨指出，控制就是按照计划标准衡量计划的完成情况和纠正计划执行中的偏差以确保计划目标的实现。实际上，无论是古典管理学家还是现代管理学家，他们对管理的控制职能的分析都不同程度地反映了控制工作的一般特征与主要内容。

第一节　控制职能概述

一、控制的定义

从一般意义上说，控制是指控制主体按照给定的条件和目标，对控制客体施加影响的过程和行为。控制一词最初运用于技术工程系统。自从维纳的控制论问世以来，控制的概念更加广泛，它已用于生命机体、人类社会和管理系统之中。从一定意义上说，管理的过程就是控制的过程。因此，控制既是管理的一项重要职能，又贯穿于管理的全过程。

一般来说，管理中的控制职能，指管理主体为了达到一定的组织目标，运用一定的控制机制和控制手段，对管理客体施加影响的过程。在管理中构成控制活动必须有以下三个条件。

（1）要有明确的目的或目标，没有目的或目标就无所谓控制。

（2）受控客体必须具有多种发展可能性，如果事物发展的未来方向和结果是唯一的、确定的，就谈不上控制。

（3）控制主体可以在被控客体的多种发展可能性中通过一定的手段进行选择，如果这种选择不成立，控制也就无法实现。

二、控制的原则

控制的客观性和适合性决定了控制过程是复杂和多变的，但控制过程总是要遵循共同的原则，只有这样才符合客观规律，才具有广泛的指导意义。

（一）反映计划要求原则

控制是实现计划的保证，控制的目的是实现计划，计划越是明确、全面、完整，控制工作也就越有效。确定什么标准，控制哪些关键点和重要参数，收集什么信息，采用何种方法评定成效以及由谁来控制和采取纠正措施等，都必须按不同计划的特殊要求和具体情况来设计。

（二）控制关键点原则

为了进行有效的控制，需要特别注意在根据各种计划来衡量工作成效时具有关键意义的那些因素。对一个管理人员来说，随时注意计划执行情况的每一个细节，通常是没有必要的，也是不可能的。他们应当也只能够将注意力集中于计划执行中的一些主要影响因素上。事实上，控制住了关键点，也就控制住了全局。有效的控制方法是指那些能够以最低的费用或其他代价来探查和阐明实际偏离或可能偏离计划的偏差及其原因的措施。

（三）控制趋势原则

对控制全局的管理者来说，重要的是现状所预示的趋势，而不是现状本身。控制变化的趋势比改变现状要重要得多，也困难得多。一般来说，趋势是多种复杂因素综合作用的结果，是在一段较长的时期内逐渐形成的，并对管理工作成效起着长期的制约作用。趋势往往容易被现象所掩盖，控制趋势的关键在于从现状中揭示倾向，特别是在趋势刚显露苗头时就觉察，并给予有效的控制。

（四）例外性原则

在控制过程中，管理者应该只注意一些重要的例外偏差，也就是说把主要注意力集中在那些超出一般情况的特别好或特别坏的情况，这样控制工作就会更有效。事实上，例外性原则必须与控制关键点原则相结合，即要多注意关键点的例外情况。

三、控制的特点

控制的特点有客观性、及时性、可理解性、适应性和灵活性。

（一）客观性

首先，根据控制任务和对象的不同，控制确立的标准和方法必须符合实际情况的需要。其次，根据组织所处内外部环境的变化，必须根据实际情况调整原计划已定的相关策略。最后，组织成员素质的差异和组织结构的不同也要求制定相适应的控制步骤，只有这样才能符合客观规律的要求，实现有效控制。

（二）及时性

控制机制必须能及时发现反馈的问题，管理人员越早发现问题，就越能及时纠正偏差。控制过程是复杂的，会根据环境和人的因素的变化而发生变化，因此如何及时地掌控信息，对存在的偏差实行有效的纠正就成为控制过程中的重要问题。

（三）可理解性

所有的控制机制，无论是前馈控制、现场控制，还是反馈控制，对于管理者或员工而言，都必须是易于理解的。在较高的管理层次上，控制机制有时需要用到数学公式、复杂的图表和大量的报告，因此如何使其易于理解就相当的重要。对于基层员工而言，清晰而准确的控制标准和流程是实现有效控制的基本保证，因此如何使其易于理解同样十分重要。

（四）适应性

一个适用于大公司的复杂控制系统对一个小部门而言就不一定适用，在系统设计中必须考虑控制的对象和目标、考虑控制的预算和费用以及控制所取得的成效是否和投入成比例。

（五）灵活性

控制标准是以计划为依据制订的，但在实施过程中，也要根据外部环境和现场条件的变化灵活调整，给控制标准的制订留出一定的空间，减少意外因素所带来的损失。

四、控制的类型

在实际管理过程中，按照不同的标志，可把控制分成多种类型。例如，按照业务范围可把控制分为生产控制、质量控制、成本控制和资金控制等；按照控制对象的全面性，又可分为局部控制和全面控制；按照控制作用环节的不同，将控制分为现场控制、反馈控制和前馈控制等。各种不同类型的控制都有其不同的特点、功能与适应性。下面介绍几种主要的控制类型。

（一）程序控制

这是一种预期量是一个预先知道的时间控制程序的反馈控制。在这类控制中，预期量是一个由决策者预先规定的随时间而变化的控制程序。这种控制虽然不可避免地受到干扰的作用，但作为一种控制方式来说，只考虑被控变量按预定规律变化的问题。如果预期量变化了一个值，被控变量随之变化，反馈后有偏差输出，从而使控制系统驱使被控对象作相应变化，如此直至两者按一定标准都作相应变化为止。在企业生产经营活动中，大量的管理工作都属于程序控制。例如，计划编制程序、统计报告程序、信息传递程序等都必须严格按事前规定的时间进行活动，以保证整个系统行动的统一。

（二）前馈控制

前馈控制也称超前控制、预先控制，指观察作用于系统的可以测量的输入量和主要扰动量，分析它们对系统输出的影响关系，在这些可测量的输入量和扰动量产生不利影响之前，通过及时采取纠正措施，来消除它们的不利影响，“防患于未然”。前馈控制，可以克服事后控制的时滞，具有事先预防的作用，因此在管理中有广泛的用途。

（三）反馈控制

反馈的机理是控制论的基本原理，同时也是管理控制职能最基本的原理。所谓反馈，指系统的输出信息返送到输入端，与输入信息进行比较，并利用二者的偏差进行控制的过程。如果输出信息的作用是抵消输入信息，称为负反馈；若作用是增强输入信息，则称为正反馈。反馈控制具有使系统稳定、跟踪目标、抗干扰三个方面的性质。反馈控制，不仅是管理系统，也是自然界和人类社会中普遍存在的一种现象。

（四）过程控制

过程控制也称自动控制，指在无人直接参与的情况下，采用自动化装置使各生产或其他活动环节能以一定的准确度自动调节的控制。这种控制多用于生产中的自动操作系统，在市场经济条件下，自觉运用价值规律和市场机制的调节，从某种意义上说，也是一种自动控制。

（五）优化控制

优化控制是指在给定的约束条件下，寻求一个控制系统，使给定的被控系统性能指标取得最大值或最小值的控制。一般来说，进行优化控制必须要具备三个条件：①要给出系统的性能指标；②要给出约束条件；③要寻找优化控制的机制和方法。由于在实际中情况是复杂多变的，进行优化控制不可能达到十全十美，因此优化控制只能是相对的或满意的控制，难以做到最优控制。

随着科学技术的发展，目前智能控制已开始广泛应用。这种控制将人类的智能，如适应、学习、探索等能力引入控制系统，使其具有识别、决策等功能，从而使自动控制和优化控制达到更高级的阶段。

（六）自组织控制

自组织控制是指工作条件和外部环境发生不确定性变化时，组织能及时调整自身的组织结构，以达到预期目的的一种控制。自组织控制是适应性控制的进一步发展，它不但能适应外部环境和条件的变化，改变原定策略及某些参数，而且还能改变管理系统的组织结构。实行自组织控制要不断测量系统的输入和输出，积累经验，深入研究，以求在低成本的情况下，使组织结构与环境变化相适应，取得较好的控制效果。

第二节　控制的基本过程

控制是根据计划的要求，设立衡量绩效的标准，然后把实际工作结果与预定标准相比较，以确定组织活动中出现的偏差及其严重程度，在此基础上，有针对性地采取必要的纠正措施，以确保组织资源的有效利用和组织目标的圆满实现。不论控制的对象是新技术的研究与开发，还是产品的加工制造、市场营销宣传、企业的人力条件、物质要素、财务资源，控制的过程都包括四个基本环节的工作：确立控制标准，衡量成效，差异分析，纠正偏差。

一、确定控制标准

（一）确立控制对象

确立控制对象是确立控制标准的前提。控制的对象一般有组织的人员、财务活动、生产作业、信息及组织绩效等。组织活动的成果应该成为控制的重点对象。

（二）选择控制重点

管理者必须选择需要特别关注的地方，以确保整个工作按计划要求执行。因此需要特别关注的控制点应当是关键性的，它们或是经营活动中的限制因素，或是能够比其他因素更清楚地体现计划是否得以有效实施。

控制原理中一条最为重要的原理——关键点控制原理，强调有效控制，要求关注那些关键因素，并以此对业绩进行控制。标准大致有实物标准、成本标准、资本标准、收益标准、计划标准、无形标准、指标标准以及作为策略控制点的策略计划。

（三）制订标准方法

最理想的情况是以可考核的目标直接作为标准，但更多的情况往往是将某一计划目标分解为一系列的控制标准。控制标准进一步可分为定量标准和定性标准，前者是控制标准的主要形式，后者主要是有关服务质量、组织形象等难以量化的标准。在工业企业中，最常用的定量控制标准有四种：时间标准（如工时、交货期等）、数量标准（如产品数量、废品数量）、质量标准（如产品等级、合格率）和成本标准（如单位产品成本）。组织中所有作业活动都可依据这四种标准进行控制。对于一项工作，人们总是可以近似或准确地找出数量、质量、时间及成本间的内在联系。如生产控制往往注重质量和时间控制，而销售控制更多侧重于成本和数量控制。

常用的制订标准的方法有三种：利用统计方法来确定预期结果；根据经验和判断来估计预期结果；在客观的定量发现的基础上建立工程（工作）标准。

二、衡量成效

控制活动应当跟踪工作进展，及时预示脱离正常或预期成果的信息，及时采取矫正措施。在衡量的过程中应注意以下问题。

（一）通过衡量成绩，检验标准的客观性和有效性

利用制订的标准去检查各部门、各阶段和每个员工工作的过程，同时也是对标准的客观性和有效性进行检验的过程。检验标准的客观性和有效性是要分析对标准执行情况的测量能否取得符合控制需要的信息。

（二）确定适宜的衡量额度

额度是指数量，有效的控制要求确定适宜的衡量额度，即衡量额度不仅要体现在

控制对象的数量上（即控制目标的数量上），而且体现在对同一标准的测量次数或频度上。适宜的衡量额度取决于被控制活动的性质、控制活动的要求。对那些长期的、较高水平的标准，适用于年度控制；对产量、出勤率等短期、基础性的标准，则需要比较频繁的控制。

（三）建立信息反馈系统

为纠正偏差应该建立有效的信息反馈系统，使反映实际工作情况的信息既能迅速收集上来，又能适时传递给管理人员，并能迅速将纠偏指令下达给相关人员，使之能与预定标准相比较，及时发现问题，并迅速地进行处理。

有两类反馈控制的形式：一类是可自我纠正的，即不需从外界采取纠偏措施进行干预就能自我调节；另一类是不能自我纠正的，即在纠正措施发生之前需要外界干预。

从管理控制工作职能的角度看，除了要求信息的准确性以外，还要求具有以下几点。

（1）信息的及时性。及时性有两层含义：一是对那些时过境迁就不能再现的重要信息要及时记录；二是信息的加工、检索和传递要快。

（2）信息的可靠性。信息的可靠性除了与信息的精确程度有关外，还与信息的完整性相关。要提高信息的可靠性，最简单的办法是尽可能多地收集有关信息。

（3）信息的适用性。信息适用性有两个基本要求：一是管理控制工作需要的是适用的信息；二是信息必须经过有效的加工、整理和分析，以保证在管理者需要的时候能够提供精练而又满足控制要求的全部信息。

三、差异分析

通过将实际业绩与控制标准进行比较，可确定这两者之间有无差异。若无差异，工作按原计划继续进行。若有差异，首先要了解偏差是否在标准允许的范围之内：若差异在允许范围之内，在分析偏差原因的基础上进行改进；若差异在允许范围之外，则应深入分析产生偏差的原因。

（一）找出偏差产生的主要原因

有些偏差可能是由于计划本身和执行过程中的问题造成的，而另一些偏差则可能是由于偶然的、暂时的局部性因素引起的，不一定会对组织活动的最终结果产生重要影响。在采取纠正措施以前，必须对反映偏差的信息进行评估和分析。

管理者必须把精力集中于查清问题的原因上，既要查内部的因素，也要考虑外部环境的影响，寻找问题的本质。评估和分析偏差信息时，先要判断偏差的严重程度，判断其是否会对组织活动的效率和效果产生影响；再探寻导致偏差产生的主要原因。

（二）确定纠偏措施的实施对象

在纠偏过程中，需要纠正的可能不仅是企业的实际活动，也可能是指导这些活动的计划或衡量活动的标准。因此，纠偏的对象可能是进行的活动，也可能是衡量的标准，甚至是指导活动的计划。

计划目标或标准的调整是由两种原因决定的：一种原因是最初制订的计划或标准不科学，过高或过低，有必要对标准进行修正；另一种原因是所制订的计划或标准本身没有问题，但由于客观环境发生了变化或一些不可控因素造成的大幅度偏差，使原本适用的计划或标准变得不合时宜，也有必要重新调整原有的计划或标准。

四、纠正偏差

（一）纠偏工作中采取的主要方法

针对产生偏差的主要原因，在纠偏工作中采取的方法：①对于由工作失误而造成的问题，控制工作主要是加强管理、监督，确保工作与目标的接近或吻合；②计划或目标不切合实际，控制工作主要是按实际情况修改计划成目标；③若组织的运行环境发生重大变化，使计划失去客观的依据，控制工作主要是启动备用计划或重新制订计划。

管理人员可以运用组织职能重新分派任务来纠正偏差，还可以采用增加人员，更好地选拔和培训下属人员，或是解雇、重新配备人员等办法来纠正偏差。此外，管理人员还可以对工作做出更全面的说明和采用更为有效的领导方法来纠正偏差。

（二）纠偏措施的类型

具体的纠偏措施有两种：一种是立即执行的临时性应急措施；另一种是永久性的根治措施。对于那些直接影响组织正常活动的急迫问题，多数应立即采取补救措施。例如，某一种规格的部件一周后如不能生产出来，其他部门就会受其影响而出现停工待料，此时，不应花时间考虑该追究什么人的责任，而要采取措施确保按期完成任务。管理者可以凭借手中的权力，采取如下行动：要求工人加班加点，短期突击；增添工人和设备；派专人负责指导完成等。危机缓解以后，可转向永久性的根治措施，如更换车间管理人员、变更整个生产线、重新设计部件结构等。现实中不少管理者在控制工作中常常局限于充当“救火员”的角色，没有认真探究“失火”的原因，并采取根治措施消除偏差产生的根源和隐患。长此以往，必将自己置于被动的境地。

（三）需要注意的问题

1. 使纠偏方案双重优化

第一重优化指考虑纠偏工作的经济性问题。如果管理人员发现纠偏工作的成本大于偏差可能带来的损失，管理人员将放弃纠偏行动。若要纠偏，应使纠偏的成本小于偏差可能带来的损失。第二重优化是在此基础上，通过对各种纠偏方案的比较，找出其中追加投入最少、成本最小、解决偏差效果最好的方案来组织实施。

2. 充分考虑原先计划实施的影响

由于对客观环境的认识能力提高，或者由于客观环境本身发生了变化而引起的纠偏需要，可能会导致对部分计划，甚至全部计划的否定，从而要求对企业活动的方向和内容进行重大的调整。这种调整类似于追踪决策的性质。

追踪决策是相对于初始决策而言的。初始决策是指所选定的方案尚未付诸实施，没有投入任何资源，客观对象与环境尚未受到决策的影响和干扰，是以零为起点的决策。进行重大战略调整的追踪决策则不然。企业外部的经营环境或内部的经营条件已经由于初始决策的执行而有所改变，是“非零起点”。因此，在制订和选择追踪决策的方案时，要充分考虑随着初始决策的实施已经消耗的资源，以及这种消耗对客观环境造成的种种影响和人员思想观念的转变。

3. 注意消除组织成员对纠偏措施的疑虑

控制人员要充分考虑到组织成员对纠偏措施的不同态度，特别是要注意消除执行者的疑虑，争取更多的人理解、赞同和支持，以避免在纠偏方案实施过程中出现人为障碍。

第三节 控制原理

一、控制的基本原理

控制理论中有下列几个基本原理。

（1）任何系统都是由因果关系链联结在一起的元素的集合。元素之间的这种关系叫作耦合。控制论就是研究耦合运行系统的控制和调节的。

（2）为了控制耦合系统的运行，必须确定系统的控制标准 Z。控制标准 Z 的值是不断变化的某个参数 S 的函数，即 $Z=f(S)$。例如，为了控制飞机的航行，必须确定航线，飞机在航线上的位置 S 的值是不断变化的，所以控制标准 Z 的值也必然是不断变化的。

（3）通过对系统的调节来纠正系统输出与标准值 Z 之间的偏差，从而实现对系统的控制。企业是一个耦合运行系统，生产经营活动的全过程是由严密的因果关系链联结起来的。整个过程或其中某个阶段、某个环节为了得到一定的产出，就必须有一定的投入。通过控制投入生产过程的资金、人力、物资及管理和技术信息，就可控制企业生产经营活动的产出。图 15－1 是一个极其简略的汽车制造厂耦合系统示意。从图 15－1 中可以看到，企业的最终产出——汽车的数量、质量和期限到受企业系统内一系列因素的影响，形成了一个严密的因果关系链。

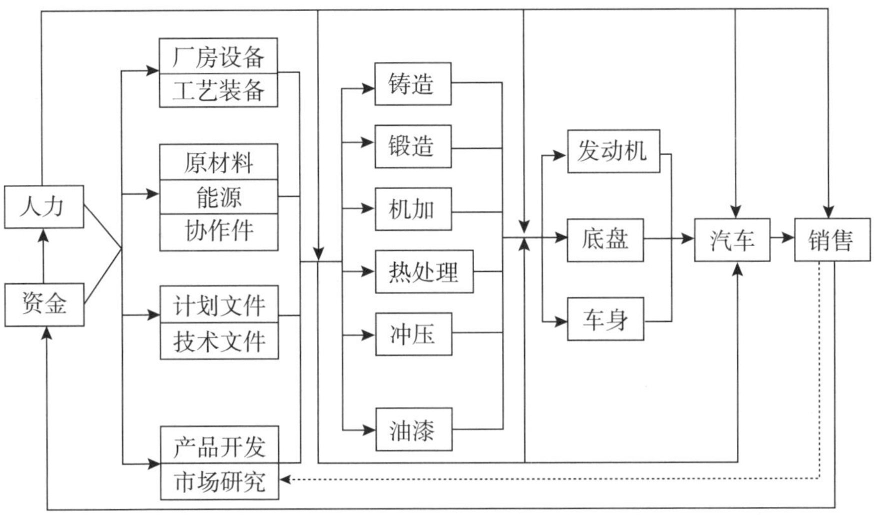

图 15－1　汽车制造厂耦合系统示意

为了保证企业目标的实现，只是把生产过程组织起来并制订出严密的计划还不够。在计划执行过程中，由于受到企业系统内外各种干扰因素的影响，企业各生产环节的实践活动偏离预定计划的情况是经常发生的，也是不可避免的。这时就必须把计划作为控制标准值 Z，然后通过调节各子系统和各生产环节的活动，来保证企业系统目标的实现。

二、控制与其他管理职能的关系

控制是管理的一项重要职能，它与计划、组织、领导基本管理职能相辅相成，共同构成管理的四个主要环节。计划提出了管理者追求的目标，组织提供了完成这些目标的结构、人员配备和责任，领导提供了指挥和激励的环境，控制提供了有关偏差的信息以及确保与计划相符的纠偏措施。控制以计划、组织、领导职能为基础，并对其有着积极的影响。

（一）控制与计划的关系

控制工作是指按计划、标准来衡量所取得的成果并纠正所发生的偏差，以保证计划目标实现的工作。如果说管理的计划工作是制订谋求一致、完整而又彼此衔接的计划方案，那么，管理的控制工作则是使一切管理活动都能按计划进行。

计划和控制是一个问题的两个方面。计划是基础，它是用来评定行动及其效果是否符合需要的标准。计划越明确、全面，控制的效果也就越好。控制职能使管理工作成为一个闭环系统。在多数情况下，控制工作既是一个管理过程的终结，又是一个新的管理过程的开始，它使计划的执行结果与预定的计划目标相符合，并为计划提供信息。

（二）控制与组织的关系

组织职能是通过建立一种组织结构框架，为组织成员提供一种利于合作的工作环境，因此，组织职能为计划的贯彻执行提供了合适的组织结构框架，为控制职能的发挥提供了人员配备和组织机构，同时，组织结构的确定规定了组织中信息联系的渠道，为组织的控制提供了信息系统。如果目标的偏差产生源于组织上的问题，则控制的措施就要涉及组织结构的调整、组织中的权责关系和工作关系的重新确定等方面。

（三）控制与领导的关系

领导职能是通过领导者的影响力来引导组织成员为实现组织的目标而做出积极的努力。这意味着领导职能的发挥影响组织控制系统的建立和控制工作的质量，反过来，控制职能的发挥又有利于改进领导者的领导工作，提高领导者的工作效率。

复习与思考题

1. 简述控制的本质及其重要性。
2. 控制与其他职能之间有什么关系？
3. 简述进行管理控制的基本原则及其主要过程。
4. 简述控制的基本原理。
5. 请讨论在互联网时代中控制的一些新问题和新挑战。

第十六章　控制方法

【学习目标】

通过本章的学习，你应该能够掌握以下几点。

- 理解预算控制的概念及其编制的主要内容。
- 解释弹性预算法。
- 解释零基预算法。
- 阐述生产控制的主要方法。
- 阐述财务控制的主要方法。
- 解释成本控制及其选择标准。
- 懂得如何开展危机管理与控制。

【管理小故事】

优衣库：零库存的秘密所在（摘选）

让每一款产品都大卖，不积压库存，是许多零售企业的终极梦想，优衣库正在实现。

优衣库通过在研发、设计、生产、销售各个环节上的颠覆性创新，创造出了一套独特的管理模式。比如，优衣库70%的款式都是基本款，其库存量相对其他服装企业更少，犯错率就比较低，库存压力很轻。不过，优衣库对每一款都进行了深度开发，一款单品，往往分圆领、V领，男女老少款全覆盖，尤其在颜色体现上，每个品种大多有四五种颜色。更重要的是，由于款式简单，面对的消费者不会局限在某些特定人群，所以往往会形成更大的市场规模。

优衣库在全球有几千家门店，每家门店的情况可能是不一样的，比如，在广州已经热到要穿短裤了，可是东北可能还在卖棉衣。对此，优衣库在管控手段上，CEO柳井正完全否定了“总部决定，分店服从”的传统连锁店模式，店长被赋予极大的权力，让权力下沉。

他们把总部叫作“支持中心”，根据各个区域和不同类型店铺制定营业目标，店长可以根据门店的位置、客源自行决定和调整订货量，商品陈列、店铺运营方式、广告宣传单的内容等也可以自主决策。不过要服从区域和总部的调控。店长被委以重任的同时也承担对应责任——把店铺当作自己的公司去经营，对店铺的销售和库存负责。

“像一个独立自尊的生意人一样经营好自己的门店”是柳井正对每位优衣库店长的要求。

“周”是优衣库管理周期的基本单位。七天，在优衣库什么都有可能发生，如店长会根据每周的数据，决定增加某款短裤S码的生产量，停止生产某款T恤的黄色款，去掉某款外套左胸前的口袋，或者推出某款男士大衣的女士款。这些或大或小的调整都基于消费者对商品的反应。

比如“我觉得今年的这个产品不太好，下次做改良的时候应该怎么做”或者“我觉得你们‘五一’的促销活动可能不到位，应该提前三天做”等，收到回复的时间通常不超过一周。这意味着每家店铺都可以根据自己本周的销售情况来调整下周的经营计划，工厂可以迅速调整生产数量，设计部门可以迅速将顾客的反应投射到下一阶段的商品企划当中。这样以周为单位的管理周期，正是优衣库实现零库存的秘密所在。

资料来源：崔丹．优衣库：颠覆库存［J］．宁波经济（财经视点），2014（03）．

预算的实质是用统一的货币单位为企业各部门的各项活动编制计划，因此它使得企业在不同时期的活动效果和不同部门的经营绩效具有可比性，可以使管理者了解企业经营状况的变化方向和组织中的优势部门与问题部门，从而为调整企业的活动指明方向。但如果管理者只着眼于预算目标而忽视组织的整体目标的话，预算管理则有可能偏离原来控制的目标方向，预算可能成为低效的管理部门的保护伞。

第一节 预算控制方法

预算控制是根据预算规定的收入与支出标准，来检查和监督各部门活动，以保证组织经营目标的实现，并使费用支出受到严格有效约束的过程。预算控制通过编制预算并以此为基础，执行和控制企业经营活动并在活动过程中比较预算和实际的差异及原因，然后对差异进行处理，是管理控制中运用较广泛的一种控制方法。

一、费用预算

预算是一种计划技术，是未来某一个时期具体的、数字化的计划，它把计划分解成以货币或其他数量单位表示的预算指标，要求各个部门的运作和开支在规定范围内。预算也是一种控制技术，它把预算指标作为控制标准，来衡量计划的执行情况。

费用预算是指企事业为费用支出成本而做的成本预算。一般事先做好计划，然后严格按预算执行，如果有超出，则需要特别的流程进行审批。事后对预算和执行情况进行对比研究分析，为下一预算提供科学依据。

二、收入预算

收入预算和支出预算提供了关于企业未来某段时期经营状况的一般说明，即从财务角度计划和预测了未来活动的成果以及为取得这些成果所需付出的费用。

由于企业收入主要来源于产品销售，因此收入预算的主要内容是销售预算。销售预算是在销售预测的基础上编制的，即通过分析企业过去的销售情况、目前和未来的市场需求特点及其发展趋势，比较竞争对手和本企业的经营实力，确定企业在未来时期内为了实现目标利润必须达到的销售水平。

由于企业通常不止生产一种产品，这些产品也不仅在某一个区域市场上销售，因此，为了给控制未来的活动提供详细的依据，便于检查计划的执行情况，往往需要按产品、区域市场或消费者群，为各经营单位编制分项销售预算，同时，由于在一年中的不同季度和月度，销售量也往往不稳定，所以通常还需预计不同季度和月度的销售收入。这种预计对编制现金预算是很重要的。

三、现金预算

现金预算（也称现金收支预算或现金收支计划）是指用于预测组织还有多少库存现金，以及在不同时点上对现金支出的需要量。不管是否可以称为预算，这都是企业最重要的一项控制，因为把可用的现金去偿付到期的债务乃是企业生存的首要条件。一旦出现库存、机器以及其他非现金资产的积压，那么，即便有了可观的利润也并不能给企业带来什么好处。现金预算还表明可用的超额现金量，并能为盈余制订营利性投资计划，为优化配置组织的现金资源提供帮助。

现金预算是对企业未来生产与销售活动中现金的流入与流出进行预测，通常由财务部门编制。现金预算只能包括那些实际包含在现金流程中的项目：赊销所得的应收款在用户实际支付以前不能列作现金收入，赊购所得的原材料在未向供应商付款以前也不能列入现金支出，逐年分摊的投资费用需要列出当年实际支出现金。

现金预算是有关预算的汇总，由现金收入、现金支出、现金多余或不足、资金的筹集和运用四个部分组成。一般来说，主要包括销售预算、生产预算、直接材料预算、直接人工预算、制造费用预算、产品成本预算、销售及管理费用预算。

因此，现金预算并不需要反映企业的资产负债情况，而是需要反映企业在未来活动中的实际现金流量和流程。如果企业的销售收入较大，利润相当可观，但大部分尚未收回或收回后被大量的库存材料或在制品所占用，那么它也不可能立即给企业带来现金上的方便。通过现金预算，可以帮助企业发现资金的闲置或不足，从而指导企业及时利用暂时过剩的现金或及早筹齐维持营运所短缺的资金。

四、资本预算

资本预算又称建设性预算或投资预算，指企业为了今后更好的发展，获取更大的报酬而做出的资本支出计划。它是综合反映建设资金来源与运用的预算，其支出主要用于经济建设，其收入主要是债务收入。资本预算是复式预算的组成部分。

通常来说，一个完备的资本预算过程应该经历以下几个步骤：①寻求投资机会；②数据收集；③评估并做出投资决策；④对已决策项目进行再评估和调整。

在这四个步骤中，寻求投资机会这一步通常并不被大家重视，然而这往往是最重要的一环。在数据收集的过程中，仅仅着眼于现有的工程数据资料或是市场调查是不够的，决策者还需知道不同事件发生的可能性。对于产品需求上涨或下跌的可能性，通常可以借助统计分析的方法较为客观地进行测算，而其他的一些事件的概率则更多依赖于主观的估计。

在完成所有数据的收集和评估工作之后，投资者就需要做出最终的投资决策。总体来说，相对小额的支出可直接由相关部门决定，而主要支出项目则必须由最高管理层做出相关决策。在投资决策最终施行后，还必须对投资结果不断地进行监测，并以此为依据对项目未来的运行做出调整。比如，基于第一年的结果，决策者需要对一系列事件发生的概率重新估计；同时，原本投资于某产品的决定也必须重新评估，其结果有可能是逆转性的。

五、弹性预算法

弹性预算法又称变动预算法、滑动预算法，是在变动成本法的基础上，以未来不同业务水平为基础编制预算的方法，是固定预算的对称。弹性预算是指以预算期间可能发生的多种业务量水平为基础，分别确定与之相应的费用数额而编制的、能适应多种业务量水平的费用预算。由于这种预算可以随着业务量的变化而反映出该业务量水平下的支出控制数，具有一定的伸缩性，因而称为弹性预算。弹性预算一般用于弹性成本预算和弹性利润预算。弹性预算的具体编制步骤如下。

（1）选择和确定预算内容的业务量计量标准和范围，如产销量、材料消耗量、直接人工小时、机器工时和价格等。

（2）计算、确定各经济变量之间的数量关系，预测计划期或预算期可能达到的各种经营活动业务量。

（3）计算各种业务量的财务预算数额，并以列表、图示或公式等方式来表示。弹性预算方法实际上仅指出变动成本所具有的弹性。

六、零基预算法

零基预算法最初是由德州仪器公司开发的，指对任何一个预算期，任何一种费用项目的开支，都不是从原有的基础出发，在编制预算时对于所有的预算支出，均以零为基底，不考虑以往情况如何，从根本上研究分析每项预算是否有支出的必要和支出数额大小的方法。这种预算不以历史数据为基础，会在年初重新审查每项活动对实现组织目标的意义和效果，并在成本－效益分析的基础上，重新排出各项管理活动的优先次序，并据此决定资金和其他资源的分配。零基预算的具体编制步骤如下。

（1）划分和确定基层预算单位。企业里各基层业务单位通常被视为能独立编制预算的基层单位。

（2）编制本单位的费用预算方案。由企业提出总体目标，然后各基层预算单位根据企业的总目标和自身的责任目标出发，编制本单位为实现上述目标的费用预算方案，在方案中必须详细说明提出项目的目的、性质、作用，以及需要开支的费用数额。

（3）进行成本－效益分析。基层预算单位按下达的预算年度业务活动计划，确认预算期内需要进行的业务项目及其费用开支后，管理层对每一个项目的所需费用和所得收益进行比较分析，权衡轻重，区分层次，划出等级，挑出先后。基层预算单位的业务项目一般分为三个层次：第一层次是必要项目，即非进行不可的项目；第二层次是需要项目，即有助于提高质量、效益的项目；第三层次是改善工作条件的项目。进行成本－效益分析的目的在于判断基层预算单位各个项目费用开支的合理程度、先后顺序以及对本单位业务活动的影响。

（4）审核分配资金。根据预算项目的层次、等级和次序，按照预算期可动用的资金余额及其来源，依据项目的轻重缓急，分配资金，落实预算。

（5）编制并执行预算。资金分配方案确定后，就制订零基预算正式稿，经批准后下达执行。执行中遇到偏离预算的地方要及时纠正，遇到特殊情况时要及时修止，遇到预算本身有问题要找出原因，总结经验并加以提高。

第二节 生产控制方法

我们可以把企业看成这样一个动态过程：企业首先获得原材料、零部件、劳动力等资源投入，经过企业系统的转换和运营，生产出有形的产品或无形的劳务。在这个过程中，为了达到企业预定的目标，就必须对企业的经营管理活动进行控制。事实上，控制活动贯穿于上述整个过程，即管理人员需要对原材料、零部件、劳动力等资源的投入进行控制，需要对企业系统的转换和运营进行控制，也需要对有形的产品或无形的劳务进行控制。本节着重讨论与投入活动相关的对供应商的控制和库存控制，以及与产出相关的质量控制。

一、对供应商的控制

毫无疑问，供应商为企业提供了所需的原材料或零部件，根据波特的竞争模型，他们是企业的竞争力量之一。供应商供货及时与否、质量的好坏、价格的高低，都对企业最终产品产生重大影响。因此，对供应商的控制可以说是从企业运营的源头抓起，能够起到防微杜渐的作用。

目前比较流行的做法是在全球范围内选择供应商，其原因是为了能够有保障地获得高质量、低价格的原材料，同时也可避免只选择少数几个供应商可能产生的威胁。大型公司多采用这种方法。

许多企业正在改变与供应商之间的竞争关系，试图建立一种长期的、稳定的双赢局势。传统的做法是在十余家、甚至数十家供应商中进行选择，鼓励他们互相竞争，从中选取能够提供低价格、高质量产品的供应商。现在，企业在更广范围内挑选供应商，但是，一旦选定两三家供应商，就和他们建立长远的、稳定的关系，并且帮助供应商提高原材料的质量，降低成本。这时企业和供应商就形成相互依赖、相互促进的新型关系，双方都降低了风险，提高了效益，真正做到双赢。

还有一种控制供货商的方法是持有供货商一部分或全部股份，或由企业系统内部的某个子企业供货。这常常是跨国公司为了保证货源而采用的做法。日本很多大型的企业均采用这种方法控制供货商。

二、库存控制

对库存的控制主要是为了减少库存，降低各种占用费用，提高经济效益。管理人员使用经济订购批量模型（Economic Order Quantity，EOQ）计算最优订购批量，使所有费用达到最小。这个模型考虑三种成本：一是订购成本，即每次订货所需的费用（包括通信、文件处理、差旅、行政管理费用等）；二是保管成本，即储存原材料或零部件所需的费用（包括库存、利息、保险、折旧等费用）；三是总成本，即订购成本和保管成本之和。

当企业在一定期间内总需求量或订购量一定时，每次订购量越大，所需订购的次数越少；每次订购量越小，所需订购的次数越多。对第一种情况而言，订购成本较低，但保管成本较高；对第二种情况而言，订购成本较高，但保管成本较低。通过经济订购批量模型，可以计算出订购量多大时，总成本（订购成本和保管成本之和）为最小。图 16－1 为经济订购批量模型。

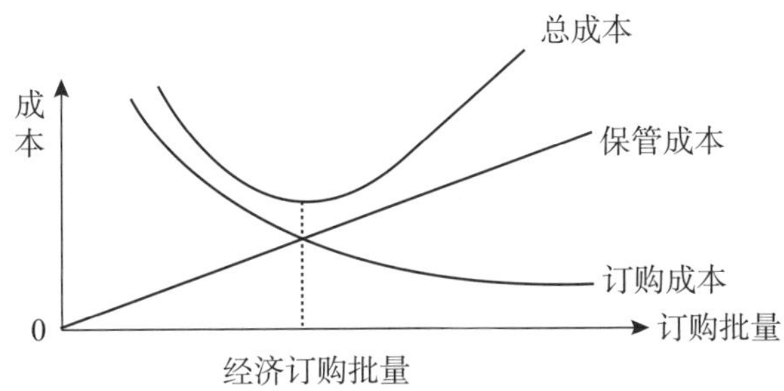

图 16－1　经济订购批量模型

假定企业在一定期间内总需求量为 D，每次订购所需的费用为 O，库存物品单价为 P，保管成本与全部库存物品价值之比为 C，则最优订购批量公式如下。

$$EOQ=\sqrt{\frac{2\times D\times O}{P\times C}}$$

现举一例具体解释最优订购批量模型。假设某企业一年对某种材料的总需求量为 5000 件，每件价格为 20 元，每次订购所需的费用为 250 元，保管成本与全部库存物品价值之比为 12.5%，则最优订购批量：

$$EOQ=\sqrt{\frac{2\times D\times O}{P\times C}}=\sqrt{\frac{2\times 5000\times 250}{20\times 0.125}}=1000\text{（件）}$$

因此，一年最优订购批量为 5 次，每次 1000 件，此时，订购成本为 1250 元，保管成本为 1250 元，总成本最低，为 2500 元。

一般来说，企业除了最优订购批量外，还会保留一个额外的储存量，这个储存量被称为安全库存。

日本企业发明了一种被称为准时制库存系统（Just-in-time Inventory Systems，JIT），其目标是实现零库存。它的基本思路是企业不储备原材料，一旦需要时，立即向供应商提出，由供应商保质、保量按时送到，生产继续进行下去。JIT 的具体做法如下：企业收到供应商送来的装有原材料的集装箱，卸下其中的原材料准备用于生产装配，同时把箱中的“看板”（日语中卡片或标牌的意思）交回给供应商；供应商接到“看板”后立即进行生产，并将新生产出来的原材料再送来。如果双方衔接得好的话，这时，上次的原材料刚好用完。

准时制库存系统可以减少库存，降低成本，提高效益。但是，该种方法对供应商提出了很高的要求。供应商必须在规定的时间，按照规定的质量和数量，将原材料或零部件生产出来，并且准确无误地运输到规定的地点。但是，许多研究指出准时制库存系统事实上将库存及带来的风险转嫁给了供应商，供应商所能做的是自己消化或再次转嫁给那些为自己供货的供应商。另外，准时制库存系统对企业选择和控制供应商提出了更高的要求。

三、质量控制

质量有狭义和广义之分。狭义的质量指产品的质量；广义的质量除了涵盖产品质量外，还包括工作质量。产品质量主要指产品的使用价值，即满足消费者需要的功能和性质。这些功能和性质可以具体化为下列五个方面：性能、寿命、安全性、可靠性和经济性。工作质量主要指在生产过程中，围绕保障产品质量而进行的质量管理工作的水平。

迄今为止，质量管理和控制已经经历了三个阶段，即质量检验阶段、统计质量管理阶段和全面质量管理（Total Quality Control，TQC）阶段。质量检验阶段大约发生在20世纪20～40年代，工作重点在产品生产出来之后的质量检查。统计质量管理阶段发生在20世纪40～50年代，管理人员主要采用统计方法作为工具，对生产过程加强控制，提高产品的质量。

从20世纪50年代开始的全面质量管理是以保证产品质量和工作质量为中心，企业全体员工参与的质量管理体系。它具有多指标、全过程、多环节和综合性的特征。如今，全面质量管理已经形成了一整套管理理念，风靡全球。图16－2所示为全面质量管理与控制要点。

1.永远进取	TQC认为没有最好，只有更好。
2.提高质量	TQC采用最广泛的质量定义，它不仅指最终的产品，而且覆盖最终的产品有关的一切。
3.精确衡量	TQC运用数理统计方法衡量实绩，比较标准，纠正偏差。
4.放权雇员	TQC授权于生产线上的工人和技术管理人员，动员和鼓励他们参与质量管理工作。

图16－2　全面质量管理与控制要点

第三节 财务控制方法

一、库存周转率

（一）库存周转率含义

库存周转率是指某时间段的出库总金额（总数量）与该时间段库存平均金额（数量）的比，指在一定期间（一年或半年）库存周转的速度。周转率越大表明销售情况越好。在物料保质期及资金允许的条件下，可以适当增加其库存控制目标天数，以保证合理的库存。反之，则可以适当减少其库存控制目标天数。

库存周转率等于销售的物料成本除以平均库存。销售的物料成本是指公司完成的最终产品销售所包含的物料的总成本，平均库存是指所有原材料、在制品、成品以及所有在手的物料的平均库存。这里的平均库存通常是指各个财务周期期末各个点的库存的平均值。

库存周转率考核的目的在于从财务的角度预测整个公司的现金流，从而考核整个公司的需求与供应链运作水平。如某制造公司在2003年一季度的销售物料成本为200万元，该公司季度初的库存价值为30万元，该季度季末的库存价值为50万元，那么其库存周转率为200/［（30+50）/2］=5（次）。相当于该企业用40万元的现金在一个季度里面周转了5次，赚了5次利润。照此计算，如果每季度平均销售物料成本不变，每季度底的库存平均值也不变，那么该企业的年库存周转率就变为200×4/40=20（次）。就相当于该企业一年用40万元的现金赚了20次利润。

（二）库存周转率的计算公式

库存周转率在实际评价中可用如下公式进行计算。

库存周转率=使用数量/库存数量×100%

使用数量并不等于出库数量，因为出库数量包括一部分备用数量。除此之外也有以金额计算库存周转率的。同样道理，使用金额并不等于出库金额。

库存周转率=使用金额/库存金额×100%

使用金额也好，库存金额也好，是指何时的金额，在规定某个期限来研究金额时，需用下列算式：

库存周转率=该期间的出库总金额/该期间的平均库存金额×100%

=该期间出库总金额×2/（期初库存金额+期末库存金额）×100%

各类库存周转率计算公式如下（以月平均库存周转率为例）：

（1）原材料库存周转率＝月内出库的原材料总成本/原材料平均库存×100%。

（2）在制库存周转率＝月内入库的成品物料成本/平均在制库存×100%。

（3）成品库存周转率＝月销售物料成本/成品在库平均库存×100%。

（三）库存周转率表示方法

（1）用售价来计算（便于采用售价盘存法的单位，库存周转率＝销售额/平均库存额×100%）。

（2）用成本来计算（便于观察，库存周转率＝销售额库存额/销售成本×100%）。

（3）用销售量来计算（用于订立有关商品的变动、置放商品的场所及销售作业人员计划时，实行单位库存管理）。

（4）用销售金额来计算（便于周转资金的安排）。

（5）用利益和成本来计算（库存周转率＝总销售额/平均库存×100%）。

（四）库存周转率意义

库存周转率对于企业的库存管理来说具有非常重要的意义。例如，对于制造商，它的利益是由资金→原材料→产品→销售→资金的循环活动产生的，如果这种循环很快也就是说周转快时，在同额资金下的利益率也就高。因此，周转的速度代表了企业利益的测定值，被称为库存周转率。

对于库存周转率，没有绝对的评价标准，通常是同行业相互比较或与企业内部的其他期间相比。库存绩效评价与分析，库存周转率是着重评价的内容。

二、固定资产周转率

（一）固定资产周转率含义

固定资产周转率又称为固定资产利用率，指企业年产品销售收入净额与固定资产平均净值的比率。它是反映企业固定资产周转情况，从而衡量固定资产利用效率的一项指标。该比率越高，表明固定资产利用效率越高，利用固定资产效果越好。

（二）固定资产周转率计算公式

固定资产周转率，在实际评价中可用如下公式进行计算：

固定资产周转率＝产品销售收入净额/固定资产平均净值×100%

固定资产平均净值＝（期初净值＋期末净值）/2

固定资产周转率主要用于分析对厂房、设备等固定资产的利用效率，比率越高，说明利用率越高，管理水平越好。如果固定资产周转率与同行业平均水平相比偏低，则说明企业对固定资产的利用率较低，可能会影响企业的获利能力。

（三）固定资产周转率注意事项

（1）因这一指标的分母采用固定资产净值，所以指标的比较将受到折旧方法和折旧年限的影响，应注意可比性问题。

（2）当企业固定资产净值率过低（如因资产陈旧或过度计提折旧）或者当企业属于劳动密集型企业时，这一比率就可能没有太大的意义。

三、应收账款周转率

（一）应收账款周转率含义

应收账款周转率是指在一定时期内（通常为一年）应收账款转化为现金的平均次数。应收账款周转率又叫收账比率，是用于衡量企业应收账款流动程度的指标，它是企业在一定时期内（通常为一年）赊销净额与应收账款平均余额的比率。

应收账款周转率是销售收入除以平均应收账款的比值，也就是年度内应收账款转为现金的平均次数，它说明应收账款的流动速度。用时间表示的周转速度是应收账款周转天数，也叫平均应收账款回收期或平均收现期，表示企业从取得应收账款的权利到收回款项、转换为现金所需要的时间，等于365除以应收账款周转率。其中，销售收入为扣除折扣和折让后的销售净额；平均应收账款是指未扣除坏账准备的应收账款金额，是期初应收账款余额与期末应收账款的平均数。有人认为，销售净额应扣除现金销售部分，即使用赊销净额来计算，这在理论上更加完备，但在实际操作中数据难以得到。

一般来说，应收账款周转率越高，平均收账期越短，说明应收账款的收回越快。否则，企业的营运资金会过多地应用在应收账款上，影响正常的资金周转。存在一些影响该指标正确计算的因素：企业为季节性经营的企业；大量使用分期付款结算方式；大量地使用现金结算的销售；年末大量销售或年末销售大幅度下降。这些因素都会对计算结果产生较大的影响。财务报表的外部使用人员可以将计算出的指标与该企业前期指标、行业平均水平或其他类似企业的指标相比较，判断该指标的高低。但仅根据指标的高低分析不出上述原因。

（二）应收账款周转率计算公式

1. 理论公式

应收账款周转率 = 赊销收入净额/应收账款平均余额 = （当期销售净收入 − 当期现销收入）/［（期初应收账款余额 + 期末应收账款余额）/2］×100%

应收账款周转天数 = 365/应收账款周转率

2. 运用公式

应收账款周转率 = 当期销售净收入/［（期初应收账款余额 + 期末应收账款余额）/2］×100%

应收账款周转天数 = 365/应收账款周转率

两者的区别仅在于销售收入是否包括现销收入。我们可以把现销业务理解为赊销的同时收回货款，这样，销售收入包括现销收入的运用公式，同样符合应收账款周转率指标的含义。

销售净收入 = 销售收入 − 销售退回

赊销收入净额 = 销售收入 − 销售退回 − 现销收入

一般情况下，应收账款周转率越高越好，应收账款周转率高，表明收账迅速，账龄较短；资产流动性强，短期偿债能力强；可以减少坏账损失等。

四、比率分析法

只考虑反映经营成果的某个数据，往往不能说明任何问题。企业本年度盈利 100 万元，某部门本期生产了 5000 个单位产品，本期人工支出费用为 85 万元，这些数据本身没有任何意义，只有根据它们之间的内在关系，进行对照分析才能说明某个问题。比率分析就是将企业资产负债表和利润表上的相关项目进行对比，形成一个比率，从中分析和评价企业的经营成果和财务状况。

利用财务报表提供的数据，我们可以列出许多比率，常用的有两种类型——财务比率和经营比率。

（一）财务比率

财务比率及其分析可以帮助我们了解企业的偿债能力和盈利能力等。

1. 流动比率

流动比率是企业的流动资产与流动负债之比。它反映了企业偿还需要付现的流动债务的能力。一般来说，企业资产的流动性越大，偿债能力就越强；反之，偿债能力就越弱，这样会影响企业的信誉和短期偿债能力。因此，企业资产应具有足够的流动性。资产若以现金形式表现，其流动性最强。但要防止为追求过高的流动性而导致财务资源的闲置，以致企业失去本应得到的收益。

2. 速动比率

速动比率是流动资产和存货之差与流动负债之比。该比率和流动比率一样，是衡量企业资产流动性的一个指标。当企业有大量存货且这些存货周转率低时，速动比率比流动比率更能精确地反映客观情况。

3. 负债比率

负债比率是企业总负债与总资产之比。它反映了企业所有者提供的资金与外部债权人提供的资金的比率关系。只要企业全部资金的利润率高于借入资金的利息，且外部资金不在根本上威胁企业所有权的行使，企业就可以充分地向债权人借入资金以获取额外利润。一般来说，在经济迅速发展时期，债务比率可以很高。20 世纪 60 年代到 70 年代初，日本许多企业的外借资金占全部营运资金的 80% 左右。但是，过高的负债比率对企业的经营不利。

4. 盈利比率

盈利比率是企业利润与销售额或全部资金等相关因素的比例关系。它们反映了企业在一定时期从事某种经营活动的盈利程度及其变化情况。常用的比率有销售利润率和资金利润率。

销售利润率是销售净利润与销售总额之间的比例关系，它反映企业从一定时期的产品销售中是否获得了足够的利润。将企业不同产品、不同经营单位在不同时期的销售利润率进行比较分析，能为经营控制提供更多的信息。

资金利润率是指企业在某个经营时期的净利润与该期占用的全部资金之比，它是衡量企业资金利用效果的一个重要指标，反映了企业是否从全部投入资金的利用中实现了足够的净利润。同销售利润率一样，资金利润率也要同其他经营单位和其他年度的情况进行比较。一般来说，要为企业的资金利润率规定一个最低的标准。同样一笔资金，投入企业营运后的净利润收入，至少不应低于其他投资形式（如购买短期或长期债券）的收入。

（二）经营比率

经营比率，也称活力比率，是与资源利用有关的几种比例关系。它们反映了企业经营效率的高低和各种资源是否得到了充分利用。

常用的经营比率除了市场占有率、投入－产出比率等，还有销售收入与销售费用的比率。这个比率表明单位销售费用能够实现的销售收入，在一定程度上反映了企业营销活动的效率。由于销售费用包括了人员推销、广告宣传、销售管理费用等组成部分，因此还可进行更加具体的分析。比如，测度单位广告费用能够实现的销售收入或单位推销费用能增加的销售收入等。

反映经营状况的这些比率也通常需要进行横向的（不同企业同时期之间）或纵向的（同企业不同时期之间）比较，才更有意义。

五、经营审计

审计是对反映企业资金运动过程及其结果的会计记录及财务报表进行审核、鉴定，以判断其真实性和可靠性，从而为经营者控制和决策提供依据的活动。根据审查主体和内容的不同，可将审计划分为三种主要类型：①由外部审计机构的审计人员进行的外部审计；②由内部专职人员对企业财务控制系统进行全面评估的内部审计；③由外部或内部的审计人员对管理政策及其绩效进行评估的管理审计。

（一）外部审计

外部审计是由外部机构（如会计师事务所）选派的审计人员对企业财务报表及其反映的财务状况进行独立的评估。为了检查财务报表及其反映的资产与负债的账面情况与企业真实情况是否相符，外部审计人员需要抽查企业的财务记录，以验证其真实性和准确性，并分析这些记录是否符合会计准则和记账程序。

外部审计实际上是对企业内部虚假、欺骗行为的一个重要而系统的检查。由于知道外部审计不可避免地要进行，企业就会努力避免进行那些在审计时可能会被发现的操作。

外部审计的优点是审计人员与管理当局不存在行政上的依附关系，不需看企业经理的眼色行事，只需对国家、社会和法律负责，因而可以保证审计的独立性和公正性。但是，由于外来的审计人员不了解内部的组织结构及生产流程等的经营特点，所以在对具体业务的审计过程中可能会产生困难。此外，处于被审计地位的内部组织成员可能产生抵触情绪，不愿积极配合，这也可能增加审计工作的难度。

（二）内部审计

内部审计提供了检查现有控制程序和方法能否有效地达成既定目标和执行既定政策的手段。例如，制造质量完善、性能全面的产品是企业孜孜以求的目标，这不仅要求企业利用先进的生产工艺、工人提供高质量的产品，而且对构成产品的基础——原材料提出了相应的质量要求。这样，内部审计人员在检查物资采购时，就不仅限于分析采购部门的账目是否齐全、准确，而且需要测定材料质量是否达到要求。

根据对现有控制系统有效性的检查，内部审计人员可以提供有关改进公司政策、工作程序和方法的对策与建议，以促使公司政策符合实际，工作程序更加合理，作业方法被正确掌握，从而更有效地实现组织目标。

内部审计有助于推行分权化管理。从表面上来看，内部审计作为一种从财务角度评价各部门工作是否符合既定规则和程序的方法，加强了对下属的控制，似乎更倾向于集权化管理。但实际上，企业的控制系统越完善，控制手段越合理，越有利于分权化管理。因为主管们知道，许多权力授予下属后，自己可以利用有效的控制系统和手段来检查下属对权力的运用状况，从而及时发现下属工作中的问题，并采取相应措施。内部审计不仅评估了企业财务记录是否健全、正确，而且为检查和改进现有控制系统的效能提供了一种重要的手段，因此有利于促进分权化管理的发展。

虽然内部审计为经营控制提供了大量的有用信息，但在使用中也存在不少局限性，主要表现在以下三点。

（1）内部审计可能需要很多的费用，特别是如果进行深入、详细的审计的话。

（2）内部审计不仅要收集事实，而且需要解释事实，并指出事实与计划的偏差。要能很好地完成这些工作，而又不引起被审计部门的不满，需要对审计人员进行充分的技能训练。

（3）即使审计人员具有必要的技能，仍然会有许多员工认为审计是一种“检查”工作，从而在心理上产生抵触情绪。如果审计过程中不能进行有效的信息和思想沟通，那么可能会对组织活动带来负激励效应。

（三）管理审计

外部审计主要核对企业财务记录的可靠性和真实性，内部审计在此基础上对企业政策、工作程序与计划的遵循程度进行测定，并提出必要的改进企业控制系统的对策建议。管理审计的对象和范围则更广，它是一种对企业所有管理工作及其绩效进行全面系统地评价和鉴定的方法。管理审计虽然也可组织内部的有关部门进行，但为了保证某些敏感领域得到客观的评价，企业通常聘请外部的专家来进行。

管理审计的方法是利用公开记录的信息，从反映企业管理绩效及其影响因素的若干方面将企业与同行业其他企业进行比较，以判断企业经营与管理的健康程度。

反映企业管理绩效及其影响因素主要有以下几点。

（1）经济功能。检查企业产品或服务对公众的价值，分析企业对社会和国民经济的贡献。

（2）企业组织结构。分析企业组织结构是否能有效地达成企业经营目标。

（3）收入合理性。根据盈利的数量和质量（盈利在一定时期内的持续性和稳定性）来判断企业盈利状况。

（4）研究与开发。评价企业研究与发展部门的工作是否为企业的未来发展进行了必要的新技术和新产品的准备以及管理当局对这项工作的态度。

（5）财务政策。评价企业的财务结构是否健全合理，企业是否有效地运用财务政策和控制来达到短期和长期目标。

（6）生产效率。保证在适当的时候提供符合质量、数量要求的产品，这对于维持企业的竞争力是相当重要的。因此，要对企业生产制造系统在数量和质量的保证程度以及资源利用的有效性等方面进行评估。

（7）销售能力。销售能力影响企业产品能否在市场上顺利变现。这方面的评估包括企业商业信誉、代销网点、服务系统以及销售人员的工作技能和工作态度。

（8）对管理当局的评估，即对企业的主要管理人员的知识、能力、勤劳、正直、诚实等进行分析和评价。

管理审计在实践中遇到了许多批评，其中比较重要的意见认为，这种审计过多地评价组织过去的努力和结果，而没有致力于预测和指导未来的工作，以至于有些企业在获得了管理审计极好评价之后不久就遇到了严重的财政困难。

尽管如此，管理审计不是在一两个容易测量的活动领域进行比较，而是对整个组织的管理绩效进行评价，因此可以指导企业未来改进管理系统的结构，为工作程序和结果提供有用的参考。

第四节　成本控制方法

成本是为取得可为某组织带来当期或未来利益的某种产品和服务而付出的现金或现金等价物。成本控制方法是指完成成本控制任务和达到成本控制目的的手段。对于成本控制方法，是多种多样的，不同的阶段，不同的问题，所采用的方法就不一样；即使同一个阶段，对于不同的控制对象或出于不同的管理要求，其控制方法也不尽相同。例如，仅就事前控制来说，有用于产量或销售量问题的本量利分析法；有用于产品设计和产品改进的价值分析法；有解决产品结构问题的线性规划法；有用于材料采购控制的最佳批量法。因此，对于一个企业来说，具体选用什么方法，应视本单位的实际情况而定，必要时还可以自己设计出一个满足自己需要的特殊方法。

一、成本控制方法的选择

选择成本控制方法首先需要了解成本的特性与分类，通常可从以下三个方面考虑。

（1）成本发生的变动性与固定性，变动成本随产量的变动而变化，固定成本则不受产量因素的影响。

（2）成本对产品的直接性和间接性，直接生产成本与产品生产直接相关，间接生产成本则相关性并不明显。

（3）成本的可控性和不可控性，可控成本与不可控成本随时间条件变化而会发生相互转化。

对于变动成本，如直接材料、直接人工，可采取按消耗定额和工时定额进行控制的方法。对于固定成本，如固定制造费用，则可采取按计划或预算进行控制的方法。从成本控制的范围来讲，直接生产成本可将指标分解落实到生产班组、员工，间接生产成本则应分类将指标落实到归口部门及员工。从成本的可控性来讲，需按不同的责任层次、管理范围落实成本责任，使归口控制的成本对各责任单位来讲具有可控性，真正起到控制的作用。

二、成本控制的标准

首先，成本控制的目的是不断地降低成本，获取更大的利润，所以制定成本目标时要考虑企业的目标盈利总额；其次，企业利润的最终实现必须完成产品在市场上的“惊心一跃”，因此成本目标又要考虑有竞争力的销售价格。由于成本形成于生产全过程，费用发生在每一项活动上，所以又要把企业总的目标成本层层分解，各种消耗按产品零部件或活动制订标准，各种费用要按部门层层分解到最基本活动单位。成本控制目标不能太粗太少，否则不利于分清责任和考核控制，同时需要采购部门、财务部门、直接执行部门共同讨论，因此制订成本控制标准工作量大且任务复杂。现实中，标准成本法是很好的管理控制工具。

标准成本法在单位产品的基础上预计数量和成本，这些单位预计包括人工、材料和制造费用的预算。因而标准成本就是为生产一件产品或提供一项服务所应花费的成本。

1. 单位标准制订

历史经验、工程研究及生产操作人员的意见是数量标准的三个潜在来源。历史经验虽然能为制订标准提供初始的依据，但采用历史数据得出的投入－产出关系很可能会出现低效状况。工程研究能确定最有效的运作方式，并能提供严格的指导，但在工艺上的标准往往过于严格，操作人员很可能无法达到。由于标准最终需由生产操作人员去实践，因此他们应该在标准制订中具有重要作用。同时，参与管理不仅使所制订出的标准实际可行，而且可以激发参与者的积极性。

2. 标准类型

标准一般可分为理想标准与现实可实现标准两类。理想标准要求效率最大化，只有在完美无缺的情况下才能达到；而现实可实现标准则是高效运作的条件下能够达到的标准，它允许存在正常的机器故障、生产中断和并不十分完善的技能等。在实际工作中，人们一般制订现实可实现的、具有一定挑战性的标准。

3. 制订标准成本举例

标准成本法也可以用于服务性组织。现以制造性企业为例来说明标准成本的制订方法。在制造性企业中，标准成本用于材料、人工及制造费用的核算。运用这些成本，可以计算出单位标准成本。伦奇公司加工玉米片要用到四种原料：玉米、食用油、盐及石灰。包装袋也归属直接材料。有两种类型的直接人工：机器操作员及检验人员。变动性制造费用由三种成本构成：煤气、电和水。变动性制造费用和固定性制造费用都按直接人工小时进行成本分配。

第五节 危机管理与控制

一、危机管理

充满变数的商业社会中，危机管理已成为企业管理的重要一环。美国《危机管理》一书的作者菲特普曾对财富500强的高层人士进行了一次调查，高达80%的被访者认为，现代企业不可避免地要面临危机，就如人不可避免地要面对死亡。14%的人则承认自己曾面临严重危机的考验。

正如人的机体常常会受到病魔的困扰，现代企业在经营过程中，同样笼罩在危机的阴影之下。偶然的质量事故或突发事件，媒体的失实报道，一些谣言、误解，甚至个别竞争对手的恶意中伤都令企业防不胜防。关键的问题在于，一旦发生了危机，企业应该如何来面对。在市场竞争异常激烈的今天，一着不慎，就可能置企业于死地。三株公司就是因为两场产品质量纠纷处理不当，从而使企业陷入危机的泥潭。危机管理，就是企业为应付各种危机情景，以及针对危机的不同阶段进行正确判断、采取果断措施的过程。措施正确，就能够因势利导化解危机，把危机给企业带来的威胁减少到最低，使企业化险为夷，健康发展。

错误地估算局势，只能使危机恶化，而做好危机管理，则可能收获危机中潜在的机会。对于危机的管理，世界上有不少著名的成功案例，也有很多失败的教训。

1. 未雨绸缪

这个道理虽然简单，但临阵抱佛脚的企业并不在少数。企业平时应对自己的所有产品和相关信息有一定了解，洞悉危机发生的潜在因素，列出危机评估表，将可能发生的危机按重要性依次排列，并做好相应对策。国外很多企业设有专门的危机处理小组，小组成员由公司内部人员及外部顾问组成，这些成员必须提供可24小时联络的方式，确保在危机爆发后成员间能形成顺畅的通信网，每个人适时扮演相应的角色。

在做准备工作时，企业应预先确定危机发言人，这个人可以是总裁、CEO 或对危机最为了解的人。他应具有一定的沟通能力，以便在最短时间内建立可信度和权威感，在第一时间传递出最适当的信息。

2. 迅速反应

危机一旦爆发，往往伴随着行政部门和新闻媒体的介入，此时企业必然处在外界的指责声中，按兵不动或采取鸵鸟政策都是大忌，唯一的办法是由发言人以最短时间发表坦诚的声明，承诺将迅速对危机进行处理，并及时对外通报。

此时企业必须认识到，只有诚恳的态度才是挽救企业的唯一途径，傲慢无礼或推诿责任只能招致外界更大的反感。至于事件的真相到底如何，应在随后进行调查。

“说真话，赶快说。”在危机管理时必须注意，一定要在被“揭发”之前把企业所掌握的真相老老实实地公之于众，也就是要“说真话，赶快说”。因为一旦外界通过别种手段了解到某些事实真相，将会使企业陷于非常不利的局面。三菱汽车在频发的事故引起舆论警觉之后，又爆出该公司 23 年来蓄意隐瞒客户投诉的消息，结果三菱被迫在全球范围内召回近百万辆问题汽车，在蒙受巨大经济损失的同时，也失去了消费者的信任，而这种损失无法用金钱估算。

3. 危机处理小组全面介入

在进行坦率表态后，企业应立即责成危机处理小组全面细致地调查事件的前因后果。时间和公开化仍是此阶段的要点，如果有必要，甚至可以每天向外界宣布调查的进展情况。

4. 第三方协助调查

在危机处理小组全面介入时，最好邀请公证机构或权威人士辅助调查，以赢取公众的信任。事实证明，在很多情况下，权威的介入将对危机处理起决定性作用。雀巢公司的“奶粉风波”恶化后，成立了一个由 10 人组成的专门小组，监督该公司执行世界卫生组织规定的标准。这些人中有著名医学家、教授、大众领袖及国际政策专家。此举大大加强了公司在大众心中的可信性。

5. 做好善后工作，尽快挽回声誉

企业发生了事故，必须承担起相应的责任。福特因凡士通（Firestone）的问题轮胎名声大受影响。为挽回损失，公司耗资 350 万美元在全美 200 多家知名网站上刊登了一则告示：“有关凡士通轮胎一事，请点击福特的正式新闻主页。”主页上介绍了更换轮胎的地址、公司新闻公报以及联系方式。福特这则广告所传达的信息：“请相信我们的努力，一切问题都可以得到解决。”调查显示，广告刊出后的头 7 天，点击率达到 5000 万次。虽然福特因轮胎事件声誉受损，但随后进行的大规模广告活动至少证明它是一家负责任的企业。

正如人们常说的，越是在危机时刻，越能昭示出一个优秀企业的整体素质和综合实力。那么，企业应该如何进行危机管理呢？

二、危机防范

危机管理具有不确定性、应急性和预防性三大特征。由于危机爆发后往往给企业带来重大的经济损失和形象伤害，因此，国外不少大公司均将目光投向危机管理。据悉，伦敦证券所还做出新规定，要求上市公司必须建立危机管理体制，并定期提交报告，由此可见，危机管理已越来越受到企业界的重视。

危机的发展可以分为潜伏期、否认期、爆发期和灾难期四个阶段。危机管理着重于防患于未然，要求企业平时就建立危机管理系统，强化危机意识，尽可能将危机消灭在潜伏期，做到防微杜渐。为此，建立一套规范、全面的危机管理预警系统是必要的。

（一）组建企业内部危机管理小组

危机管理并不只是企业公关部门的责任，而是企业各职能部门和每一个员工共同的课题，因此，危机管理小组的成员应尽可能选择熟知企业和本行业内外部环境、有较高职位的管理人员和专业人员参加。他们应具有富于创新、善于沟通、严谨细致、处乱不惊、具有亲和力等素质，以便于统揽全局、迅速做出决策。小组的领导人不一定非公司总裁不可，但必须在公司内部有影响力，能够有效控制、推动小组工作的运行。

（二）强化危机意识，观察发现危机前兆，分析预计危机情境

美国微软公司曾提出："微软公司距离破产只有十个月。"小天鹅公司实施末日管理，其目的都是强化危机意识。企业内部危机管理小组要十分关注与企业经营相关的宏观与微观因素的变化趋势，及时发现危机前兆，超前决策，争取主动，尽可能将危机消除在潜伏期。

企业危机的前兆主要表现在以下几方面：管理行为方面，不信任部下，猜疑心很强，固执己见，使员工无法发挥能力，对员工的建议听不进去，一意孤行；经营策略方面，计划不周，在市场变化或政策调整等发生变化时，无应变能力等；经营环境方面，市场发生巨变，市场出现强有力的竞争对手，商品价格的下降等；内部管理方面，员工的情绪紧张或低落，生产计划调整，规章制度不健全等；经营财务方面，亏损增加，过度负债，技术设备更新缓慢等。

（三）预先制订科学而周密的危机应变计划

在国家法律法规和公司政策允许的范围内制订相应的处理对策计划，计划应具体、明确、有针对性，同时也不可过于拘泥，允许保持一定的灵活性，最后形成书面方案，使之制度化、规范化，为保证危机处理计划的全面性和客观性，可聘请专业公关公司来主持或协同编撰。

（四）进行危机管理的模拟训练

企业应根据危机应变计划进行定期的模拟训练。模拟训练应包括心理训练、危机处理知识培训和危机处理基本功的演练等。定期的模拟训练不仅可以提高危机管理小组的快速反应能力，强化危机管理意识，还可以检测已拟定的危机应变计划是否可行。

（五）广结善缘、广交朋友

运用公关手段来建设和维系与公众的关系，以获得更多的支持者。

三、危机处理

1. 冷静

危机发生后，当事人应当冷静下来，镇静处理。采取有效的措施，隔离危机，不让事态继续蔓延，并迅速找出危机发生的原因，进行化解处理。

2. 快速启动危机应变计划

找出危机后处理危机应刻不容缓，果断行动，力求在危机损害扩大之前控制住危机。如果初期反应滞后，将会造成危机的蔓延和扩大。1995 年美国某电视台的直播节目指控连锁超市雄狮食品出售变质肉制品。新闻播出后，雄狮食品公司迅速采取行动，他们邀请公众参观店堂，在自制品制作区竖起玻璃墙供公众监督，改善照明条件，给工人换新制服，加大对员工的培训，并大幅打折，通过这些措施将客户重新吸引回来。最终，食品与药品管理局对它的检测结果是“优秀”。此后，销售额很快恢复到正常水平。

3. 关注消费者利益

要想取得长远利益，公司在控制危机时应更多地关注消费者的利益而不仅仅是公司的短期利益。应设身处地考虑消费者的利益，把消费者的利益放在首位，并尽量为受到危机影响的消费者弥补因危机带来的损失，这样有利于维护企业的形象。

4. 建立有效的信息传播系统

（1）应掌握宣传报道的主动权，通过召开新闻发布会以及使用互联网、电话、传真等形式向社会公众告知危机发生的时间、地点、原因、现状、问题、公司目前和未来的应对措施等内容，信息应具体、准确。

（2）统一信息传播的口径，对技术性、专业性较强的问题，在传播中也应使用清晰、不产生歧义的语言，以避免出现猜忌和流言。

（3）设立24小时开通的危机处理信息中心，随时接受媒体的访问。

（4）当危机爆发后，很多新闻单位会派记者采访，他们提出的各种问题与发言人的回答会被转换成技术性语言传播出去，因此要慎重选择发言人。正式发言人一般可以由总经理或厂长等主要负责人担任，因为他们能够准确地回答有关企业危机的各方面的情况。但是，如果危机涉及技术问题，那么就应当安排分管技术的负责人来回答技术问题；如果危机涉及法律问题，那么，企业的法律顾问就是最好的发言人。新闻发言人应该遵循公开、坦诚、负责的原则，以低姿态及具有亲和力的态度来表达歉意。表明立场、说明公司的应对措施，对不清楚的问题，应主动表示会尽早提供答案；对无法提供的信息，应礼貌地表示无法告之并说明原因。

为增强公众对企业的信赖感，可邀请权威机构（如政府主管部门、质检部门、公关公司）和新闻媒体参与调查和处理危机。

1993年，百事可乐的软饮料罐中发现了注射器，百事公司迅速邀请了电视台、公证机构以及政府质检部门参加其对公众的演示活动，结果证明该异物只可能是由购买者放进去的，公众质疑的声音很快便平息了。

5. 随机应变

由于危机情况的产生具有突变性和紧迫性，因此尽管事先准备好危机应变计划，由于不可预知危机的存在，任何防范措施也难于做到万无一失。在处理危机时，应针对具体问题，随时修正和充实危机处理对策。

【企业实践】

王老吉“添加门”：上火与去火

1. 企业危机经过

2009年4月13日，杭州消费者起诉王老吉，称自己的胃溃疡是由于饮用王老吉所致。5月11日，国家疾控中心营养与食品安全所常务副所长严卫星认为，王老吉中的有些成分和原料，不在食品安全法已经规定的既是食品又是药品的名单之列，王老吉卷入“添加门”，危机风波骤然掀起。

2. 企业危机处理方法

危机之后的第二天，广东食品协会就紧急召开记者招待会，称王老吉凉茶中含有夏枯草配方是合法的，不存在添加物违规问题。事发仅4天，卫生部也发布声明确认王老吉凉茶在2005年已备案，并认可夏枯草的安全性。

由于王老吉的巨大知名度与品牌影响力，“添加门”事件发生之后，迅速点燃了众多媒体的兴奋点，在客观报道的同时，各种各样的谣言与攻击也铺天盖地而来，让王老吉一时间背负着巨大的舆论压力。

3. 事件思考

王老吉这次事件平息得这么快，最重要的原因就在于其政府公关出色。当企业知名度及影响力很大时，任何一点失误都可能成为被攻击或广泛报道的根源，所以企业必须做到以下三点：其一，严格遵守行业法则，减少危机漏洞；其二，营销宣传有度，避免过分夸大授人话柄；其三，积极建立品牌美誉度。

资料来源：柠檬公关．不得不看的十大企业成功/失败危机公关案例分析［EB/OL］．（2018. 09. 29）［2020. 09. 01］https：//www. ymjrkj. cn/dt/6971. html.

四、危机总结

危机总结是整个危机管理的最后环节，对危机管理进行认真而系统的总结不可忽视。危机总结一般可分为三个步骤：调查—评价—整改。

（1）调查。对危机发生的原因和相关预防和处理的全部措施进行系统调查。

（2）评价。对危机管理工作进行全面的评价，包括对预警系统的组织和工作内容、危机应变计划、危机决策和处理等各方面的评价，要详尽地列出危机管理工作中存在的各种问题。

（3）整改。对危机中存在的各种问题综合归类，分别提出整改措施，并责成有关部门逐项落实。

在整个危机处理的过程中，我们一定要避免以下十点。

（1）缺乏预见性，没有危机意识。危机管理首先要有危机意识，要有“先见之明”。国家也好，企业也好，家庭也好，其实风险无时不在，无处不在。作为决策者必须时刻牢记“祸兮福所倚，福兮祸所伏”的道理，越是形势好，就越要保持清醒头脑，越要警惕风险隐患。

（2）分不清是危机还是机遇。危机管理有一个基本原则就是当突发事件来临之时，首先要判断清楚究竟是危机还是机遇。如果是危机，理当实施危机管理；如果是机遇则不在危机管理的范畴之内，因为没有人会为“天上掉下来的馅饼”而恐慌。实施危机管理时，切忌误将机遇当作危机，更不能将公众面临的生命财产损失与威胁当作个人升官发财的机遇。

（3）信息渠道不畅，报喜不报忧。在平时，无论机构大小、官位高低，都会不同程度地存在报喜不报忧的倾向。但是突发事件来临时，最重要的是要“报忧不报喜”，要保持信息渠道的通畅和信息的及时传递。平时，在传递信息时通常要求做到“5W1H”，即何时（When）、何地（Where）、什么（What）、为什么（Why）、谁（Who）、如何做（How），而且要表述清楚。但是遇到突发事件时，则恰恰是“巧迟不如拙速”，即使上述六大要素一时不能完全说清楚也要首先速报上级领导，之后再进一步确认信息，完善情报。以任何理由瞒报、迟报、甚至不报的行为都是危机管理之大忌。

此外，在实施危机管理时，作为最高决策者还应当特别注意除了正规的官方信息渠道以外，一定还要有自己的非正规信息渠道，甚至包括私人渠道，这是危机管理的一条重要经验和基本技巧。道理其实非常简单，倘若正规渠道通畅的话，许多危机很可能就不会发生。

（4）惯性思维，缺乏应变能力。面对突发事件，人们常常会用平时的思维方式来思考问题，按部就班，慢条斯理，力求四平八稳，争取多方称赞。危机管理时的重大决策却绝对不能受惯性思维方式所左右，必须灵活应变，以变制变，有时甚至还要来一点逆向思维，方能解脱危机困境。

（5）三心二意，不分轻重缓急。在应对危机之时，各级领导需要马上去做的事情必定会成倍增长，千头万绪常常令人不知从何下手。然而必须首先抓住主要矛盾，分清轻重缓急。要以公众为中心，以公众的切身利益为中心，以公众关注的优先顺序为中心来思考问题。只有以公众为中心安排顺序，才有可能使得对本部门、本企业乃至领导者个人的损害降至最低。

在进行危机管理时，必须集中精力抓好当务之急，切忌三心二意。从国内外经验来看，只要危机不解决，危机所带来的负面影响就无法根除，试图抵消这种影响的任何努力都只能是事倍功半。

（6）决策不果断，举棋不定。平时，维系一个组织（国家、企业或家庭）靠的是共同利益，然而危机来临之时，命运胜于利益。因此，决策目标必须从维护“利益共同体”切换为拯救“命运共同体”。

平时，为了达成共识，往往需要多方酝酿，反复协商，并且要以理服人，少数服从多数；然而突发事件来临时给予领导者们的决策时间往往十分有限，任何犹豫不决、举棋不定或拖延决策都有可能给组织带来致命的伤害，因此危机管理时的决策方式必须从平时的“民主决策”切换为战时的“权威决策”，在信息共享、专家咨询的基础上由最高决策者拍板定夺，并且是谁决策谁承担责任。

（7）措施不坚决，拖泥带水。在日常工作中，为了让下属和公众容易接受和适应某项政策措施，通常会采用比较温和的办法，细水长流，逐步加以完善。然而在危机时刻，却绝不能采用“渐进式增兵”的办法，必须采取高压政策，集中优势兵力将事态迅速控制住，否则就有可能势如决堤，一溃千里。

（8）做表面文章，措施不到位。在实施危机管理的过程中，做表面文章就等于自欺欺人，措施不到位就等于贻误战机，只能导致危机继续蔓延、进一步恶化，结果害人害己。因此，危机管理措施一旦出台，领导者就必须亲赴前线、深入基层，检查措施漏洞，监督执行情况，对措施中存在的漏洞及时发现并立即弥补，对执行不力的失职人员当即进行严厉查处。

（9）言而无信，不能以诚相待。危机犹如战争，领导者在实施危机管理的过程中，对内必须军令如山，雷厉风行，令行禁止；对外必须以诚相待，始终如一。任何政策摇摆或态度暧昧都会使员工无所适从，使企业在公众中失去信任。

（10）盲目乐观，好了伤疤忘了疼。每逢危机爆发时，迫于形势需要，领导者们通常会从善如流，广纳谏言，言听计从。然而危机一过，领导者们就会很快重新陷入繁忙的日常事务之中，远离基层，远离风险，听不到不同意见，看不到风险隐患。危机管理的最后一道工序就是及时总结经验教训，修改风险评估机制，改进风险防范措施，增强组织对危机的免疫能力，从而构成下一轮危机管理的头一道工序。

复习与思考题

1. 预算控制主要包括哪些内容？
2. 弹性预算法如何操作？
3. 什么是零基预算？
4. 简述库存控制。
5. 简述质量控制。
6. 目前主要有哪些财务控制方法？
7. 简述危机管理的必要性。
8. 危机管理与控制的步骤有哪些？

第七篇　创新

创新是一个民族进步的灵魂，是一个国家兴旺发达的不竭动力。

——江泽民

第十七章　管理创新的基本原理

【学习目标】

通过本章的学习，你应该能够掌握以下几点。

- 定义创新的内涵并说明其作用。
- 描述创新的具体类型。
- 讨论管理创新的主要内容。
- 阐述创新的基本原则及其过程。
- 探讨管理创新有哪些通用战略。

【管理小故事】

ZARA：模式创新的逻辑

ZARA 品牌倍受推崇，有人称为“时装行业中的戴尔电脑”，也有人评价其为“时装行业的斯沃琪手表”。ZARA 作为一家引领未来潮流趋势的公司，俨然成为时尚服饰业界的标杆。

ZARA 并不认同业界传统上“量多款少”的规模经济观点，而是认为如何尽可能缩短时装从产品设计到完成销售的时间——前导时间才是问题的关键，因为只有这样才能快速响应全球各地的市场需求，而一旦跟上了市场需求变换的脚步也就意味着踏上了高速成长通道。理解了“前导时间”这一行业本质特征，ZARA 的成长模式便简单而清晰地呈现出来——速度经营：强调快速设计、快速生产、快速销售、快速更新，以最快的速度来响应市场需求。ZARA 创造的“速度”奇迹令人惊叹：每年推出一万余款新装，从产品设计至成品上架最长三周时间，始终保持每周更换款式两次、每种款式上架不超过三周的运营规律。“速度经营”的结果是，过去三年许多竞争对手财务状况不尽如人意，而 ZARA 的销售额和净利润均以每年超过 20% 的幅度持续增长。进一步展开进行分析，ZARA“速度经营”模式的关键点在于以下三方面。

第一，模仿而非创造。ZARA 并不热衷创造潮流，而是对已经存在的时尚潮流进行快速反应。为此组建了一支二百多人的包括设计专家、市场专家和采购人员在内的“三位一体”的商务设计团队，并派出“时尚观察员”在世界各地专门跟踪最新的时尚潮流信息。

第二，速度而非成本。ZARA 打造了一套从设计、制作、物流到销售的高度垂直整合的供应链管理体系，强调速度而非成本的做法在业界特立独行：同业流行将生产向发展中国家外包以降低成本，ZARA 却有 80% 的时装在欧洲地区生产；同业流行“轻资产”战略，ZARA 却自己提供 40% 的布料，50% 的服装由 22 家自有工厂生产，更投巨资建起多个高度自动化的物流中心；同业采用轮船和火车运输以节省物流费用，ZARA 却不惜成本采用飞机和卡车，为的是追求快速、灵活的物流效率。

第三，款多量少而非量多款少。传统服装企业大都采取款少、大批量采购、大批量生产的策略，以实现规模经济效应。ZARA 却反其道而行之，“款多量少”的策略有效强化了产品的新鲜感，在消费者“独占心理”的驱使下，ZARA 新款服装总是一上架就在很短的时间内被抢购一空，而且它的零售服装平均售价可以达到标价的 85%，远高于同业水平。

资料来源：郭剑 . ZARA 的模式创新逻辑［EB/OL］.（2010. 11. 24）［2020. 09. 01］http：//www. ceconline. com/strategy/ma/8800058864/01/

组织、领导和控制是保证计划目标的实现所不能缺少的。从某种意义上说，它们同属于管理的维持职能，其任务是保证系统按照预定的方向和规则运行。但是，管理是在动态环境中生存的社会经济系统，仅有维持是不够的，还必须不断调整系统活动的内容和目标，以适应环境变化的要求——这就是管理的创新职能。

第一节　创新的内涵及其作用

一、创新的概念

创新，顾名思义，创造新的事物。《广雅》：“创，始也”；新，与旧相对。创新一词出现很早，如《魏书》有“革弊创新”，《周书》中有“创新改旧”。与创新含义相近的词汇有维新、鼎新等，与创新有关的经典有“咸与唯新”“革故鼎新”“除旧布新”“苟日新、日日新，又日新”等。

创新是一种思想及在这种思想指导下的实践，是一种原则以及在这种原则指导下的具体活动，是管理的一种基本职能。

创新一词西方最早是由熊彼特于1912年在《经济发展理论》一书中提出来的。他将创新定义为“企业家对生产要素重新组合”，就是要把一种从来没有的关于生产要素和生产条件的“新组合”引进生产体系中去，以实现对生产要素或生产条件的“新组合”；作为资本主义“灵魂”的“企业家”的职能就是实现“创新”，引进“新组合”。

熊彼特的创新理论包括下列五种具体情况。

（1）采用一种新的产品——也就是消费者还不熟悉的产品或某种产品的一种新的品质。

（2）采用一种新的生产方法，也就是有关的制造部门在实践中尚未知悉的生产方法，这种新的方法不需要建立在科学新发现的基础之上。

（3）开辟一个新的销售市场，也就是相关制造部门以前不曾进入的市场，这个市场以前可能存在也可能不存在。

（4）获得原材料或半制成品的一种新的供应来源，这种供应来源以前可能存在也可能不存在。

（5）实现一种新的组织，比如造成一种垄断地位（如通过“托拉斯化”）或打破一种垄断地位。

后来人们将他这一段话归纳为五个创新，依次对应产品创新、工艺创新、市场创新、资源配置创新、组织创新。

二、创新的特征

美国福特公司前总裁福特曾说：“不创新，就灭亡。”创新是企业在激烈市场竞争中生存和发展的必然选择，是经济发展和生产率提高的基本动力。为了更积极地致力于创新，更合理有效地组织创新，我们有必要了解创新的特性，创新具有以下一些特征。

1. 首创性

创新是要解决以前没有解决的问题，不是简单的模仿，而是继承中又有了新的突破。因此创新必然是新颖的，其中必有过去所没有的新的因素或成分。

2. 未来性

创新所要解决的课题，都是前人所没有解决的问题或从未遇到过的问题，因而创新始终面向未来。

3. 变革性

创新是新的方式或者新的组合，是对原有模式或者框架的改造和更新，而不是低级的模仿和重复，因此创新都是具有变革性的。

4. 价值性

创新成果都应具有一定的社会价值，或为经济价值，或为学术价值，或为艺术价值，或为实用价值。不管是物质成果还是精神成果，没有一定的社会价值，创新成果就失去了它存在的意义。

5. 先进性

创新的成果与旧事物相比较，如果光有新颖性、价值性，而无先进性，就不能战胜旧事物。以产品来说，不以先进技术武装产品，就很难占领竞争激烈的市场。

6. 时间性

对创新成果的确认与时间有着密切的关系，相同或相似的成果确认，以时间的先后为界，如发明的专利权，就是以申请时间的先后决定的。

三、创新的作用

创新是人们对事物发展规律认识的深化、拓展和升华，不是随心所欲的主观臆想和标新立异。创新的目的在于探索新知、推动发展，其前提是必须有正确的思想方法、科学求实的态度、变革求新的勇气。因此创新必须从实际出发，遵循事物发展的客观规律，必须把勇于探索的精神和科学求实的态度结合起来，必须尊重实践，尊重人民群众的首创精神。

1. 创新是组织适应环境变化的基本过程

任何组织系统都与外界环境不断地发生物质、信息和能量的交换，而系统与环境的这种联系，通常是处于不平衡的状态，组织系统要求与环境的动态适应、平衡，就必须通过不断的创新去实现。

2. 创新是保持组织活力、提高组织竞争力的保证

德鲁克说过："每一个组织，不仅仅是商业组织，都需要一种核心能力：创新。"创新的重要功能是增强组织获取资源、利用资源的能力，以对社会需要的认识能力、员工满意度、组织士气、信心不断提高；组织也因此获得相对于竞争者的综合比较优势，增强其应对竞争的实力。

3. 创新与维持相结合，实现组织最优化的存在状态

任何社会经济技术系统，一旦开始存在，首先追求的目标是维持其自身的存在，延续其寿命，实现其发展。因此，维持是相对于创新的另一种组织活动状态。作为组织两种基本的存在状态，维持与创新对组织的生存和发展都是必不可少的。

四、创新的种类

系统内部的创新可以从不同的角度去考察。

1. 从创新的规模以及创新对系统的影响程度来考察，可分为局部创新和整体创新

局部创新是指在系统性质和目标不变的前提下，系统活动的某些要素的性质或其相互组合的方式、系统的社会贡献的形式或方式等发生变动；整体创新则往往改变系统的目标和使命，涉及系统的目标和运行方式，影响系统的社会贡献的性质。

2. 从创新与环境的关系分析，可分为消极防御型创新与积极攻击型创新

消极防御型创新是指由于外部环境的变化对系统的存在和运行造成了某种程度的威胁，为了避免威胁或由此造成的系统损失扩大，系统在内部展开的局部或全局性调整。积极攻击型创新是在观察外部世界运动的过程中，敏锐地预测到未来环境可能提供的某种有利机会，从而主动地调整系统的战略和技术，以利于积极地开发和利用这种机会，谋求系统的发展。

3. 从创新发生的时期来看，可分为系统初建期的创新和运行中的创新

系统的组建本身就是社会的一项创新活动。系统的创建者在一张白纸上绘制系统的目标、结构、运行规划等蓝图，这本身就要求有创新的思想和意识，创造一个全然不同于现有社会（经济组织）的新系统，寻找最满意的方案，取得最优秀的要素，并以最合理的方式组合，使系统进行活动。但是，“创业难，守业更难”，在动荡的环境中“守业”，必然要求以攻为守，要求不断地创新。创新活动更大量地存在于系统组建完毕开始运转以后，系统的管理者要不断地在系统运行的过程中寻找、发现、利用新的机会，更新系统的活动内容和调整系统的结构，以获取更有效的管理成效。

4. 从创新的组织程度上看，可分为自发创新与有组织的创新

任何社会经济组织都是在一定环境中运转的开放系统，环境的任何变化都会对系统的存在和存在方式产生一定影响。系统的相关性决定了与外部有联系的子系统根据环境变化的要求自发地做了调整后，必然会对那些与外部没有直接联系的子系统产生影响，从而要求后者也做相应调整。但是系统内部各部分在自发调整后，各个子系统之间的关系不一定协调，给组织带来的总效应既有可能为正，也可能为负，也就是说，系统各部分自发创新的结果是不确定的。与自发创新相对应的，是有组织的创新。有组织的创新包含两层意思。

（1）系统的管理人员根据创新的客观要求和创新活动本身的客观规律，制度化地检查外部环境状况和内部工作，寻求和利用创新机会，有计划地组织创新活动。

（2）系统的管理人员要积极引导和利用各要素的自发创新，使之相互协调并与系统有计划的创新活动相配合，使整个系统内的创新活动有计划、有组织地展开。

当然，有组织的创新也有可能失败，因为创新本身意味着打破旧的秩序、打破原来的平衡，具有很大的风险性。但是，有计划、有目的、有组织的创新取得成功的机会无疑要远远大于自发创新。

第二节 管理创新的内容

管理创新是指企业把新的管理要素（如新的管理方法、新的管理手段、新的管理模式等）或要素组合引入企业管理系统以更有效地实现组织目标的创新活动。有三类因素将有利于组织的管理创新，它们是组织的结构、文化和人力资源实践。

一、观念创新

管理观念又称为管理理念，指管理者或管理组织在一定的哲学思想支配下，由现实条件决定的经营管理的感性知识和理性知识构成的综合体。一定的管理观念必定受到社会一定的政治、经济、文化的影响，是企业战略目标的导向、价值原则，同时管理的观念又必定折射在管理的各项活动中。从20世纪80年代开始，经济发达国家的许多优秀的企业家提出了许多新的管理思想和观念，如知识增值观念、知识管理观念、全球经济一体化观念、战略管理观念、持续学习观念等。我国企业的经营管理理念存在经营目标不明确、经营观念不当和缺乏时代创新精神的问题，应该尽快适应现代社会的需要，结合自身条件，构建自己独特的经营管理理念。

【企业实践】

麦当劳中国如何重新定义“吃”

重新定义服务员的角色，成为“隐形的天使”。如“我需要你的时候，你随时随地出现”“不要跟我讲多余的话”“不要让我排队，你备餐好了就出现”“不要让我带钱包”。

重新定义“触点”，要让顾客能够“随时随地”获得麦当劳的食品，而不是必须要到门店消费。为此，麦当劳不仅有自己经营的线上平台，App，小程序和呼叫中心，还借助第三方平台让用户在手机上动动手指就可以买到。

重新定义“体验”，麦当劳推出的自助点餐系统，照顾到每个顾客的需求。如在点餐界面上设定了小朋友可以够得到的点餐按钮，这能让小朋友觉得自己可以决定，可以亲自去控制。另外，麦当劳还推出了“送餐到桌”的服务，能够让父母把等餐、取餐和找座位的时间腾出来，在餐厅里尽情地与自己的孩子互动交流。

资料来源：中国企业家俱乐部。

二、组织创新

企业系统的正常运行，既要求具有符合企业及其环境特点的运行制度，又要求具有与之相适应的运行载体，即合理的组织形式。因此，企业制度创新必然要求组织形式的变革和发展。

从组织理论的角度来考虑，企业系统是由不同成员担任的不同职务和岗位的结合体。这个结合体可以从结构和机构这两个不同层次去考察。所谓机构是指企业在构建组织时，根据一定的标准，将那些类似的或实现统一目标有密切关系的职务或岗位归并到一起，形成不同的管理部门。它主要涉及管理劳动的横向分工的问题，即把对企业生产经营业务的管理活动分成不同部门的任务。结构则与各管理部门之间，特别是与不同层次的管理部门之间的关系有关，它主要涉及管理劳动的纵向分工问题，即所谓的集权和分权问题。不同的机构设置，要求不同的结构形式；组织机构完全相同，但机构之间的关系不一样，也会形成不同的结构形式。由于机构设置和结构的形成要受到企业活动的内容、特点、规模和环境等因素的影响，因此，不同的企业有不同的组织形式，同一企业在不同的时期，随着经营活动的变化，也要求组织的机构和结构不断调整。组织创新的目的在于更合理地通过组织管理人员的努力来提高管理劳动的效率。

【企业实践】

阿里巴巴的持续创新（摘选）

大型公司的创新是个极大的难题，尤其在瞬息万变的互联网领域。从早期的淘宝网到后来的蚂蚁金服、阿里云和菜鸟裹裹，以及最近的新零售代表盒马鲜生，阿里巴巴在十多年的时间内一直保持着良好的创新能力。

阿里巴巴的持续创新离不开关键的两个人：创始人马云和 CEO 张勇。马云负责讲述世界的变化，张勇负责在业务上落实。

在接任 CEO 的第一年，张勇就对阿里巴巴进行了意义重大的组织架构调整，将当时拥有三万名员工的阿里巴巴从之前的“树状”管理模式改为“网状”，即“小前台、大中台”的全新组织架构。中台事业群，涵盖搜索事业部、共享业务平台、数据技术及产品部等，让中台为前端的各业务群提供支持。在各个前台，手淘、淘宝、天猫不再设总负责人，而是实行班委制，各类目负责人直接向张勇汇报，以网状架构取代过去的树状架构，适应未来的方向。

资料来源：太保财评社．阿里巴巴为什么可以持续创新［EB/OL］．(2018. 06. 26)［2020. 09. 01］https：//www. sohu. com/a/237821344_102905/.

三、制度创新

制度创新需要从社会经济角度来分析企业系统中各成员间的正式关系的调整和变革。制度是企业运行的主要原则。企业制度主要包括产权制度、经营制度和管理制度三方面的内容。

产权制度是决定企业其他制度的根本性制度，它规定着企业最重要的生产要素的所有者对企业的权力、利益和责任。不同的时期，企业各种生产要素的重要性是不一样的。在主流经济学的分析中，生产资料是企业生产的首要因素，因此，产权制度主要是指企业生产资料的所有制。目前存在的相互独立的两大生产资料所有制——私有制和公有制（更准确的是社会成员共同所有的“共有制”），在实践中都是不纯粹的。私有制正越来越多地渗入“共有”的成分，被“效率问题”所困扰的公有制则正或多或少地添进“个人所有”的因素（如我国目前试行中的各种形式的股份制）。企业产权制度的创新也许应该朝着寻求生产资料的社会成员“个人所有”与“共同所有”的最适度组合的方向发展。

经营制度是有关经营权的归宿及其行使条件、范围、限制等方面的原则规定。它表明企业的经营方式，确定谁是经营者，谁来行使企业生产资料的占有权、使用权和处置权，谁来确定企业的生产方向、生产内容、生产形式，谁来保证企业生产资料的完整性及增值，由谁来向企业生产资料的所有者负责以及负什么责任。经营制度的创新方向应该是不断地寻求企业生产资料的最有效的方式。

管理制度是企业员工在企业生产经营活动中须共同遵守的规定和准则的总称，企业管理制度的表现形式或组成包括企业组织机构设计，职能部门划分及职能分工，岗位工作说明，专业管理制度、工作或流程，管理表单等管理制度类文件。企业因为生存和发展需要而制订这些系统性、专业性相统一的规定和准则，就是要求员工在职务行为中按照企业经营、生产、管理相关的规范与规则来统一行动、工作，如果没有统一的、规范性的企业管理制度，企业就不可能在企业管理制度体系正常运行下，实现企业的发展战略。

制度创新就是企业根据内外环境需求的变化和自身发展壮大的需要，对企业自身运行方式、原则和规定的调整和变革。制度创新要以反映经济运行的客观规律、体现企业运作的客观要求、充分调动组织成员的劳动积极性为出发点和归宿。企业制度创新的方向是不断调整和优化企业所有者、经营者、劳动者三者之间的关系，使各个方面的权利和利益得到充分的体现，使组织每个成员的作用得到充分发挥。

【企业实践】

德胜洋楼：精细化管理创新

德胜洋楼总监聂圣哲说过，中国人注重写意性，说白了就是随心所欲。但做企业一定不能随心所欲，要一板一眼，一笔一画。我们中国人的企业如果不搞程序化运作，只有死路一条。

德胜洋楼于1997年在苏州成立，从事美制现代木（钢）结构住宅的研究、开发设计及建造，是迄今为止我国境内唯一具有“现代轻型木结构住宅施工资质”的企业。

为了防止员工犯官僚主义思想，德胜洋楼所有35岁以下的新员工不管什么学历，都从打扫卫生开始，不是一两天，而是两三个月，老员工则实行轮岗制。扫地的标准要按五星级酒店服务员的要求完成。这样在心态上就能够锻炼员工从小事做起，把小事做透。

除了培养员工的自律性，德胜洋楼还专门成立了程序运作中心，只管所有员工是不是按程序做事。不管是什么职务，资历多老，不按照程序做事就一定处罚。

德胜洋楼的财务报销是一个设计精巧的程序。每个员工都有签单权，只要填好报销单据，不需高管签字，就可以拿到现金。省去了所有审批程序，却设立了一个专门分析职工报销行为真实性的“个人信用计算机辅助系统”。

任何人在报销前须聆听财务人员宣读报销前的声明：“你现在所报销的必须真实及符合《财务报销规则》。否则都将成为您欺诈、违规甚至违法的证据，必将受到严厉的处罚并付出相应的代价，这个污点将伴随您一生。”德胜洋楼的出纳刘小姐说，她加入德胜洋楼三年多了，迄今还没有发生一单违规的报销。

四、技术创新

技术创新是管理创新的主要内容，企业中出现的大量创新活动是有关技术方面的，因此，技术创新甚至被视为企业管理创新的同义词。现代企业的一个主要特点是在生产过程中广泛运用先进的科学技术，技术水平是反映企业经营实力的重要标志，企业要在激烈的市场竞争中外于主动地位，就必须不断进行技术创新。由于技术都是通过一定的物质载体和利用这些载体的方法来体现的，因此，技术创新主要表现在要素创新、要素组合方法的创新及产品创新三个方面。

生产过程就是指企业的生产过程是一定的劳动者利用一定的劳动手段作用于劳动对象使之改变物理、化学形式或性质的过程。参与这个过程的要素包括材料、设备以及企业员工三类。要素创新就是针对以上内容的创新。

要素组合方法的创新，利用一定的方式将不同的生产要素加以组合，这是形成产品的先决条件。要素的组合包括生产工艺和生产过程的时空组织两个方面。

生产过程中各种要素组合的结果是形成产品。企业是通过生产和提供产品来求得社会承认，证明其存在的价值，也是通过销售产品来补偿生产消耗、取得盈余，实现其社会存在的。产品是企业的生命，企业只有不断地创新产品，才能更好地生存和发展。产品是企业最重要的输出，也是组织对社会做出的贡献。

产品创新包括产品的品种和结构的创新。品种创新要求企业根据市场需求的变化，根据消费者偏好的转移，及时地调整企业的生产方向和生产结构，不断开发出用户喜欢的产品；结构创新在于不改变原有品种的基本性能，对现有产品结构进行改进，使其生产成本更低，性能更完善，使用更安全，更具市场竞争力。

【企业实践】

谷歌“20%时间制”

我们都知道，谷歌有个“20%时间制”，就是员工可以用20%的工作时间来研究自己喜欢的项目。很多人觉得，这个制度的关键在于给了员工创新的时间，但谷歌前CEO埃里克在新书里说，其实，重点不在时间的长短，而在你给了员工多大自由。

比如说，谷歌有位工程师，利用“20%时间制”，琢磨谷歌电子邮箱，然后提出来说，可以在邮件旁边加上推荐广告，但这个想法没得到公司的同意，结果这位员工就自作主张，用黑客软件侵入了谷歌的内部系统，把广告推荐软件加进去了。大家发现以后虽然生气，但用后觉得效果还不错，于是公司不仅没惩罚这位工程师，还保留了他的广告创意。

资料来源：埃里克·施密特，乔纳森·罗森伯格，艾伦·伊格尔．重新定义公司：谷歌是如何运营的［M］．靳婷婷，译．北京：中信出版社，2015.

五、环境创新

环境是企业生存和发展的土壤，制约着企业的经营。环境创新不是指企业为适应外界变化而调整内部结构或活动，而是指通过企业积极的创新活动去改造环境，去引导环境朝着有利于企业经营的方向变化。例如，通过企业的公关活动，影响社区政府政策的制定；通过企业的技术创新，影响社会技术的方向等。就企业来说，环境创新的主要内容是市场创新。

市场创新主要是指通过企业的活动去引导消费，创造需求。新产品的开发往往被认为是企业创造市场需求的主要途径。其实，市场创新的更多内容是通过企业的营销活动来进行的，即在产品的材料、结构、性能不变的前提下，通过市场的地理转移或揭示产品新的物理使用价值来寻求新用户；通过广告宣传等促销工作，赋予产品以一定的心理使用价值，影响人们对某种消费行为的社会评价，从而诱发和强化消费者的购买动机，增加产品的销售量。

六、文化创新

企业文化是企业成员共有的价值和信念体系。这一体系在很大程度上决定了企业成员的行为方式。它代表了组织成员所持有的共同观念。企业文化在企业发展中起到导向、维系和约束的作用，它有很强的维持现有模式的倾向。

企业文化创新是指为了使企业的发展与环境相匹配，根据本身的性质和特点形成体现企业共同价值观的企业文化，并不断创新和发展的活动过程。企业文化创新的实质在于企业文化建设中突破与企业经营管理实际脱节的文化理念和观点的束缚，实现向新型经营管理方式的转变。面对日益深化、日益激烈的国内外市场竞争环境，越来越多的企业不仅认识到创新是企业文化建设的灵魂，是不断提高企业竞争力的关键，而且逐步深入地把创新贯彻到企业文化建设的各个层面，落实到企业经营管理的实践中。

【企业实践】

企业文化决定了一个公司能走多远，Tesla Motors（特斯拉）是一家典型的在硅谷文化中长起来的公司，与许多最具颠覆性的创业公司一样，特斯拉至今依旧保持着相当的灵活性和冒险精神。

特斯拉企业文化：

Move Fast（唯快不破）

Do the Impossible（成就不可能）

Constantly Innovate（不断创新）

Reason from "First Principles"（第一性原理思考）

Think Like Owners（主人翁意识）

We are All in（全力以赴）

现代管理发展到文化管理阶段，可以说已经到达新的高峰。企业文化通过员工价值观与企业价值观的高度统一，通过企业独特的管理制度体系和行为规范的建立，使得管理效率有了较大提高。创新不仅是现代企业文化的一个重要支柱，而且还是社会文化中的一个重要部分。如果文化创新已成为企业文化的根本特征，那么，创新价值观就能得到企业全体员工的认同，行为规范就会得以建立和完善，企业的创新动力机制就会高效运转。

第三节　创新的原则与过程

一、创新的原则

要有效地组织系统的创新活动，就必须研究创新的规律以及各方面之间的关系，遵循一定的原则。创新的主要原则有如下三点。

（一）开拓与求实相结合的原则

创新就是要不断地向新的领域、新的高度进取，随着组织内外部环境的变化，组织的创新能力也要不断积累、不断提高，决定创新能力的创新要素也都要进行动态调整。从企业间的竞争来看，新的产品和技术在一段时间之后就会失去其竞争优势，只有不断地开拓和创新才能保证企业的竞争优势。

组织的创新总要符合客观实际的需要，任何成功的创新都应该是科学的，因此开拓精神必须与求实态度相结合，这是创新成功和稳步发展的重要保证。

脱离实际的创新，必然出现盲目性、随意性和反复性，其结果注定失败。

（二）统一和灵活相补充的原则

创新必须要有统一明确的目标、相互协调的行动、局部服从整体的观念，只有这样才能实现资源的优化配置和创新成效的最大化。但是，创新是对新领域、新问题的探索，其本身必然具有偶然性和机遇性，不能完全用计划来组织和规划，因此在创新的过程中必须坚持统一和灵活相补充的原则，在实现资源合理配置的基础上给予更大的弹性空间。

（三）奖励和鼓励并重的原则

创新是具有高风险和高回报的，因此组织对创新的成果必须给予公正的评价和合适的奖励，对所有的创新建议，组织都要实施正向的鼓励政策。同时，创新是不断失败和探索的过程，因此必须给予创新更多的鼓励和支持，而不是冷眼旁观、横加指责。只有这样，才能形成良好的氛围和环境，为创新提供一个有利的平台。

二、创新的过程

管理创新是指创造一种全新的组织资源配置范式，并能有效地加以实施。从这一概念我们可以看到，管理创新并不仅仅是提出一种新方式、新手段，而是这一新的资源配置范式应确实行之有效，帮助组织有效地配置了资源，提高了效益。例如，福特汽车公司创造的生产流水线，通用汽车公司创造的事业部制等。如果仅仅是提出了管理方面的某一新方式，却无法实施或实施后不能有效提高组织的资源配置效率，无助于组织的生存与发展，那么这种建议不过是一个创意。创意不等于管理的创新，创意可以有很多，而创新是一个最终获得成功的创意。因此，创意带有空想的味道，而创新却是实践的结果。当然，没有创意也就不会有创新，创意是创新的来源。

当前，创新的四阶段理论是一种影响最大、传播最广且具有较大实用性的过程理论，由英国心理学家沃勒斯提出。该过程理论认为创新的发展分四个阶段：准备期、酝酿期、明朗期和验证期。

（一）准备期

准备期是准备和提出问题阶段。一切创新是从发现问题、提出问题开始的。问题的本质是现有状况与理想状况的差距。爱因斯坦认为："形成问题通常比解决问题还要重要，因为解决问题不过牵涉到数学上的或实验上的技能而已，然而明确问题并非易事，需要有创新性的想象力。"准备期主要做的工作包括对知识和经验进行积累和整理，收集必要的事实和资料，了解自己提出问题能满足社会的何种需求及价值前景。

（二）酝酿期

酝酿期也称沉思和多方思维发散阶段。在酝酿期要对收集的资料、信息进行加工处理，探索解决问题的关键，因此常常需要耗费较长时间与精力，是大脑高强度活动时期。这一时期，要从纵横、正反等多方面去思维发散，让各种设想在头脑中反复组合、撞击、渗透，按照新的方式进行加工。加工时应主动使用创造方法，不断选择，力求形成新的创意。创新思维的酝酿期，特别强调有意识的选择。

为使酝酿过程更加深刻和广泛，还应注意把思考的范围从熟悉的领域扩大到表面上看起来没有什么联系的其他专业领域，特别是常被自己忽视的领域。这样，既有利于冲破传统思维方式和“权威”的束缚，打破成见，独辟蹊径，又有利于获得多方面的信息，利用多学科知识“交叉”优势，在一个更高层次上把握创新活动的全局，寻找创新的突破口。有时也可把思考的问题暂时搁置一下，让习惯性思维被有意识地切断，以便产生新思维；再有，灵感思维的诱发规律告诉我们，大脑长时间兴奋后有意松弛，有利于灵感的闪现。

（三）明朗期

明朗期即顿悟或突破期，寻找到了解决办法。明朗期很短促，很突然，呈猛烈爆发状态。人们通常所说的“豁然开朗”“千里寻它千百度，蓦然回首，那人却在灯火阑珊处”等都是描述这种状态的。在明朗期，灵感思维往往起决定作用。

（四）验证期

验证期是评价阶段，是完善和充分论证阶段。突然获得突破，飞跃出现在瞬间，结果难免稚嫩、粗糙甚至存在若干缺陷。验证期是把明朗期获得的结果加以整理、完善和论证，并且进一步充实。创新思维所取得的突破，假如不经过这个阶段，创新成果就不可能真正取得。验证一是理论上验证，二是放到实践中检验。另外，验证期的心理状态较平静，但需耐心、周密、慎重，不应急于求成。

第四节　创新的通用战略

我们常见的典型战略可以根据其聚焦的基本方向进行分类：聚焦产品与市场的战略；聚焦机会与风险的战略及聚焦时间与产业的战略。

一、聚焦产品与市场的战略

这类战略最关注的是如何通过开发产品和市场来获取具有卓越竞争优势的市场地位。Porter（波特）提出的 3 种通用性战略——低成本战略、差异化战略、利基战略，以及安索夫的多元化战略就属于这一类。

（一）低成本战略

选择低成本战略的企业就是要在与其竞争力相关的方面降低成本。低成本理论认为，成本更低的企业能够获得更高的回报或更高的市场份额，或者两者兼得。然而，这个战略并不是意味着只单独考虑如何降低成本，如果产品不是顾客需要的，成本控制得再好也毫无价值。

降低成本最常见的方法是批量生产，以促使企业产生规模经济和学习效应。这需要企业在前期对大型设备和机械进行大量投资，以及拥有对大型供应链的管理能力。降低成本带来的高利润又滋生了新一轮的再投资，这就使得低成本批量生产的战略具有了可持续性。全球化现象的产生是这个战略的更高阶段，此时，市场快速扩大，规模经济效应更加明显。低成本战略和低价格战略是不一样的，低成本使得公司能够增加收入和利润。产品在市场中的价格取决于竞争对手所提供的相关产品的价格和产品的相对优势等因素。通常，我们都认为成本降低只是因为生产规模的扩大。实际上，企业要想降低成本，还需要从学习和过程创新的角度进行系统管理。可以从以下三个可能的途径来降低成本：缩小规模（包括撤资和劳动力分层）、规模生产中的经验效应（学习）、组织提升（过程创新）。

【企业实践】

格兰仕的低成本战略

通过实行规模经营，格兰仕有效地降低了单位产品的直接生产成本、分销成本、推广成本、技术成本和原材料采购成本等，成为行业的成本领先者。

首先，通过迅速扩张规模，提高了对机器、设备和厂房的利用效率，且工人生产效率不断提高。

其次，实行大规模运输、储存和无差异广告宣传，有效地降低了单位产品的分销成本和推广成本。

再次，实行大规模采购，增强了对原材料供应商的砍价实力，从而降低了原材料采购成本。

最后，实现规模经营，降低了单位产品所包含的技术成本，例如，2000 年格兰仕投入新产品研究开发费用高达 2 亿元人民币，但分摊到 1200 万台产品上，每台增加的成本费用只有 10 多元，这要远远低于具有同样技术含量但生产规模较小的企业的技术成本。

（二）差异化战略

差异化战略就是企业尝试提供比竞争对手更加特殊或者卓越的产品或服务。这个战略主要是基于感知价值的相对差异性而提出的。通过增加产品的附加值，差异化战略能够赢得顾客忠诚，并使得顾客的价格敏感性降低，帮助企业有效避免竞争带来的影响。差异化战略在产品生命周期中的引入期最为适用，产品的创新能够吸引一部分顾客，他们更愿意以高价购买产品的使用价值，而不是等到价格更低的产品出现。

差异化战略在产品成熟期也适用，通过有效的商品细分和市场营销能够使产品重新赢得市场。运用差异化战略要求企业在产品营销上具有很强的创新能力。另外，差异化战略还需要组织保持行动的快速和灵活性，借此来塑造品牌的独特性和品牌优势，并持续走在模仿者的前面。很显然，差异化战略的一个根本驱动力就是产品和市场的创新。

【企业实践】

麦当劳的差异化战略

美国快餐食品连锁店麦当劳的差异化战略有两点：家庭化和一致性。

家庭化：麦当劳针对儿童进行宣传和服务，其特色很大程度上基于家庭。麦当劳用干净的卫生间、游乐区和套餐玩具等，让人们感到舒适和愉快，成功吸引了儿童以及儿童所在的家庭前去用餐。

一致性：麦当劳要保证顾客在每家门店吃到的食物和得到的服务都是一致的。麦当劳选择经营的简单的快餐式食品，是有严格、统一的规范的，并尽可能保持其一致性。当人在异国他乡的麦当劳店里，吃到同本国麦当劳相同的食品时，会感到非常亲切，麦当劳通过一致性，营造了一种放心和舒适的体验，从而扩大了市场。

资料来源：BIT1120171061 周媛媛. 战略决策的案例：麦当劳的差异化战略——一致性与家庭化［EB/OL］.（2019.01.14）［2020.09.01］http：//www.xyswpt.com/circle/index.php？act = theme_detail&c_id = 5&t_id = 1200.

（三）利基战略

利基战略理论表明，企业可以通过将产品定位于竞争相对没有那么激烈的次级细分市场来获得更高的回报。以下是利基市场的三种基本类型：①其他企业放弃或者忽视的市场；②不易受到普通市场衰退影响的市场；③还未被竞争者发现的新兴市场。

规模较小的企业因为资源的限制而更加青睐利基战略。很多小企业的战略都是发掘有特殊需求、容量不大的利基市场，开发创新性的产品来满足市场需求。通过锁定某个利基市场，企业可以避免和其他对手的直接竞争。利基战略可以通过差异化或者低成本的手段来满足特殊的市场需求。

【企业实践】

利基经典：美国西南航空的织网术

从1973年至今，连续40多年盈利，成为全球民用航空行业持续盈利时间最长的公司，不论是“9·11”事件，还是2005年航空燃油暴涨，抑或是2008年全球金融危机，全球航空市场哀鸿遍野，却能一枝独秀——美国西南航空，就是这样的达人企业。

当坐飞机还是特定人群的高端消费或职务福利的时候，美国西南航空做的却是把它平民化，让普通人也可以根据需要坐飞机出行——廉价航空概念由此诞生。

美国西南航空在成立之初，为了避开与美国联合航空公司（1926年创立）、美国达美航空公司（1928年创立）和美国航空公司（1939年创立）三大巨头的正面竞争，美国西南航空发现了被忽略的中小城市城际交通需求，确定了为这部分细分客户服务的市场定位。

美国西南航空的具体做法是在中小城市之间开通高密度的直达航班。例如，如果某人要从中小城市A前往中小城市D，他可随时拎上包奔赴机场，买最近出发的城际直达航班。即便是短途出行，也可以通过密集的直达航班实现快速移动，这种业务模型被称为网状模式，极大地填补了细分市场的空白，满足了小众消费者的需求。

低价格并不意味着低利润或没利润，前提是要有低成本支撑。

美国西南航空的策略是使用地方小机场，机场使用费低；与其它航空公司不断升级的豪华客机相比，美国西南航空讲究的是实用，他们的飞机机型只有一种——波音737，这样不但便于维护和调配，还因为航线密集，飞机的使用率高，分摊成本低。航班绝对准点，客人从到达机场到出发只要30分钟；没有指定座位，登机牌是塑料做的，可以循环使用；没赶上这个航班，就等一个小时后的下一个航班；飞机上不提供餐食，如有需要可以付费购买……

资料来源：木元哲，祖林．美国西南航空的织网术——避开正面竞争，从被忽略的小众需求切入市场［J］．现代班组，2017（6）：22－23.

（四）多元化战略

多元化战略认为，相对于只在核心领域展开竞争，拓展公司的核心业务具有更低的风险，可以获得更高的回报。开展多元化战略就是为了通过从事公司核心业务以外的活动来增加股东价值。多元化对企业来说是某种意义上的创新，企业走出自己的核心领域，开展新的企业活动，即使这类活动对于其他企业来说并不新颖，但对于企业内部来说也是一种创新。

二、聚焦机会与风险的战略

这一类战略是基于风险和公司未来方向进行分类的。Miles、Snow（迈尔斯、斯诺）提出的经典战略分类（防御型战略、探索型战略、分析型战略、反应型战略），就很好地解释了这类战略的关注倾向。这类战略是建立在对未来的设想和战略意图之上的。这类战略强调要有比他人更加具有创造性和开放性的思考模式。

（一）防御型战略

防御者是那些已拥有狭小的产品市场，并且不太倾向于到已有领域外探索新机会的企业。它们尝试进入和维持在一个产品和服务相对稳定的、相对来说比较安全的细分市场，提供有限但是对竞争者来说具有更高质量和更低价格的产品和服务。聚焦在一个狭小市场的结果就是，这些企业很少在技术、组织结构或运营方式上做重大调整。这些企业中的大多数通常也并不处于它们所在行业的发展前沿。它们倾向于忽视那些对它们当前运营领域没有直接影响的产业变革，将精力集中在有限的区域内并尽可能做到最好。它们把主要的注意力都放在提高现存业务的效率上。

防御者寻求的是一个稳定的商业环境。防御型企业的组织结构对于服务它们当前的领域来说是最优的，但是它们缺乏到新领域探索的能力。

（二）探索型战略

探索者是指那些不断寻找新的市场机会的企业。这些企业经常会对新兴的市场趋势的潜在反应做试验。它们通过产品和市场的创新为市场带来改变和不确定性。市场营销常被用来探寻新的机会。这些企业对于潜在的机会十分敏感。探索型企业非常注重做“第一”。无论是新产品发布的第一还是开拓新市场领域的第一，尽管最后被证明不是所有的努力都会有高回报。它们通常在一个产品广泛且会周期性“洗牌”的市场领域中运营。探索型的战略是很冒险的，很多探索型项目都以失败告终。探索型战略在某种意义上会造成资源的浪费，由于它们在广泛的市场领域中运作，因此在技术上很难实现在所有领域都有效率。探索型企业很难做到短期利益最大化，因为它们投入了很多资源来满足未来可能产生的需求。相对防御型企业而言，探索型企业更能适应动态的环境。探索者就定义来看，指那些具有高度创新能力和前瞻性的企业。它们通过不断地调整产品市场来把握机会。技术和组织系统上的灵活性，使得它们能够快速调整以适应新兴的环境。

（三）分析型战略

分析者是指那些在两类市场中都运作的企业：一类是相对稳定的市场，另一类是富于变化的市场。在相对稳定的市场中，组织会利用模式化的结构和流程进行常规而有效的运营。在富于变化的市场中，核心管理者会密切监视竞争者以获得新思想，并迅速采用那些最具前景的想法。分析者倾向于维持稳定而有限的产品线和服务，但是它们也能够快速反应以跟上行业的发展。它们很少成为第一个进入某一新产品或服务领域的企业。通过仔细监测与其核心产品有同样市场基础的主要竞争者，它们常常可以以后来者的身份凭借更具成本效率的产品或服务进入市场。

市场营销扮演了双重角色。首先，帮助企业找到新的产品或市场机会；其次，促进企业传统产品和服务的销售。分析型企业在选择性模仿探索者的成功行为的同时，避免了研发上的大量支出。分析型企业通过建立双重技术核心展开竞争。稳定的技术环节用于开发标准基础上的高效生产系统。灵活的部分是以研究小组的形式存在的，目的在于将新的产品设计调整至与企业当前的技术能力相适应。分析者技术上的双重属性使得企业在高效生产熟知的产品或服务的同时，又能够跟上探索者突破式发展的脚步。

分析者同时拥有探索者和防御者的部分特性。分析者认为，它们面临的发展难题是如何在保持并发展传统的产品和顾客基础的同时，发掘新的产品和市场机会。企业可通过同时发展稳定产品和新兴产品来解决这一问题。

（四）反应型战略

反应者是指那些在经营环境中遭遇变化但却不能够有效地做出反应的企业。反应型企业通常缺少一致的产品 - 市场方向或一致的战略 - 结构关系。它们既不积极地维持现有的产品和市场，也不会和竞争对手一样冒险探索新市场。除非受到经营环境的逼迫，否则它们很少进行任何形式的调整。反应者是非常不稳定的组织，因为它们始终不对环境变化做出回应。它们常常对环境的改变和不确定性做出不合适的回应，更加糟糕的是它们不愿意对未来采取积极的行动。

三、聚焦时间与产业的战略

此类战略考虑的是竞争的动态性，以此确定有利的进入时机和产业定位。在某种意义上，此类战略会被认为是聚焦竞争者的战略，因为它们的目标就是超越行业内的竞争者。这类战略的关键在于进入市场的时机。进入市场的时机应该在产业发展到结构条件都非常适合企业自身的时间点上。Kerin（凯琳）等（1992）

提出的先行者战略就属于此类战略。成功依赖于在某一时刻对产业结构及对其未来发展的准确把握。

这类战略的主要区别在于企业创新方面，倾向于成为市场的第一或者早期进入者的公司与倾向于成为追随者和后来者的公司有明显的不同。

每个不同分类方向中，战略形式间也存在一定的关联，这一点在聚焦时间的战略和聚焦机会与风险的战略间尤为明显，不同战略类型间的概念重叠可以说明这一点。

四、前瞻性战略方向和创新

企业的战略方向对于理解产品创新和组织绩效是至关重要的［Atuahene - Gima（鸿翥吉马）等，2001］。前瞻性战略的特点在于能够增强企业的竞争力，使企业大胆行动和明智决策。这表明一个前瞻性的战略方向包含以下几点：积极专注于创新，满足顾客明确的和潜在的期望，促进企业对新市场机会的发掘和捕捉［Kohli（克里）等，1990］。其目的就是引领或者改变市场竞争，这需要有高水平的市场情报搜集能力和反应能力。

在对明确的顾客需求做出反应之外，前瞻性的企业同样在开发顾客无法描述的新产品方面探索机会。市场导向让企业能够预测不断变化的市场条件，对市场需求做出反应，同时也会给市场带来更多的改变。

如果企业的前瞻性战略中包含了非常强烈的市场导向，就会产生蕴含了高风险的、积极的产品创新行为。前瞻性和市场导向驱使企业对产品和生产方法进行研究、开发和改进。简单来说，前瞻性战略有助于提升企业的创新能力。

复习与思考题

1. 为什么说“管理的本质是维持和创新，有效的管理在于适度的维持与适度的创新的组合”？
2. 维持与创新的关系是什么？
3. 创新的类别有哪些？
4. 创新的作用是什么？
5. 创新职能的基本内容有哪些？
6. 创新要经历哪些过程？
7. 如何有效地组织系统内的创新活动？
8. 创新的通用战略有哪些？

参考文献

［1］周三多，陈传明，鲁明泓．管理学——原理与方法［M］．5 版．上海：复旦大学出版社，2009.

［2］周三多．管理学［M］．5 版．北京：高等教育出版社，2018.

［3］张永良．管理学基础［M］．2 版，北京：北京理工大学出版社，2014.

［4］冯国珍．管理学［M］．3 版．上海：复旦大学出版社，2017.

［5］焦强，罗哲．管理学［M］．4 版．成都：四川大学出版社，2016.

［6］广小利，李卫东．管理学［M］．北京：北京理工大学出版社，2016.

［7］张作俭．管理方法与技巧［M］．北京：科学技术文献出版社，2004.

［8］陈劲，郑刚．创新管理：赢得持续竞争优势［M］．2 版．北京：北京大学出版社，2013.

［9］顾天辉，杨立峰，张文昌．企业战略管理［M］．北京：科学出版社，2008.

［10］斯蒂芬·罗宾斯，玛丽·库尔特．管理学［M］．13 版．刘刚，程熙镕，梁晗，等译．北京：中国人民大学出版社，2017.

［11］迈克尔·希特，斯图尔特·布莱克，莱曼·波特．管理学［M］．3 版．徐二明，译．北京：中国人民大学出版社，2018.

［12］理查德·达夫特．管理学［M］．11 版．王蔷，译．北京：中国人民大学出版社，2018.

［13］周祖城．企业伦理学［M］．3 版．北京：清华大学出版社，2015.

［14］北京同心动力企业管理顾问有限公司．中国企业文化管理研究报告［M］．北京：兵器工业出版社，2008.

［15］哈罗德·孔茨，海因茨·韦里克．管理学［M］．10 版．张晓君，等译．北京：经济科学出版社，1998.